Ingrid Zundel

Kommunitarismus in einer alternden Gesellschaft

Neue Lebensentwürfe Älterer
in Tauschsystemen

Münchner Studien zur Kultur- und Sozialpsychologie
herausgegeben von Heiner Keupp

BAND 16

KOMMUNITARISMUS IN EINER ALTERNDEN GESELLSCHAFT

Neue Lebensentwürfe Älterer
in Tauschsystemen

Ingrid Zundel

Centaurus Verlag & Media UG

Die Deutsche Bibliothek – CIP-Einheitsaufnahme

Zundel, Ingrid:
Kommunitarismus in einer alternden Gesellschaft :
Neue Lebensentwürfe Älterer in Tauschsystemen /
Ingrid Zundel. - Herbolzheim : Centaurus-Verl., 2006
  (Münchner Studien zur Kultur- und Sozialpsychologie ; Bd. 16)
  Zugl.: Berlin, Freie Univ., Diss., 2005
  ISBN 978-3-8255-0602-5   ISBN 978-3-86226-942-6 (eBook)
  DOI 10.1007/978-3-86226-942-6

ISSN 0942-9549

Umschlaggestaltung: Antje Walter, Hinterzarten
Umschlagabbildung: „Zeit". © SV-Bilderdienst: bonn-sequenz.
Satz: Vorlage der Autorin
Druck: primotec-printware Herbolzheim

Wirklich reich ist,
wer mehr Träume in seiner Seele hat,
als die Realität zerstören kann.

Arthur Khessin – DSL

Diese Arbeit ist im Jahre 2004
meinen Enkeltöchtern
Muriel (5 Jahre alt) und Chiara (3 Jahre alt)
gewidmet.

Vorwort des Reihenherausgebers

Das Buch von Ingrid Zundel zur Bedeutung zivilgesellschaftlichen Engagements von älterwerdenden Menschen kommt zur rechten Zeit, um nicht nur verbreitete Vorurteile bzw. verkürzte Blickweisen in Frage zu stellen, sondern auch hoffnungsvolle Perspektiven aufzuzeigen. Das freiwillige Engagement von älteren Bürgerinnen und Bürgern ist gleich in doppelter Weise von Verkürzungen betroffen.

Zum einen konstruieren die aktuellen gesellschaftlichen Diskurse zu unserer „alternden Gesellschaft" vor allem ein demographisches Horrorszenario, das dann mit düsteren Prognosen zu einem Generationenkrieg oder zu einem Zusammenbruch sozialstaatlicher Systeme verkoppelt wird. Gegenwärtig jagen uns Thesen vom „Clash of Generations" oder vom „biologischen und sozialen Terror der Altersangst" (so im Klappentext von Frank Schirrmachers „Das Methusalem-Komplott") Zukunftsängste ein. Da ist vom „demografischen Salto" die Rede, der die klassische „Bevölkerungspyramide" von einer „zerzausten Wettertanne" zum „kopflastigen Pilz" hat werden lassen. Diese Szenarien, deren demographische Basis gar nicht bestritten werden soll, verbreiten eher Panik und Hilflosigkeit, als dass sie auf zentrale gesellschaftliche Veränderungsprozesse und deren Konsequenzen für die Lebensführung im Alter hinweisen und darauf vorbereiten. Hier vermittelt Ingrid Zundel einen ganz anderen Blick. Er will aufzeigen, dass der aktuelle gesellschaftliche Umbruch zu einer historisch neuen Mischung von Chancen und Risiken der Lebensgestaltung führt, die alle Lebensphasen betrifft. Ins Zentrum rückt die Notwendigkeit der „Selbstsorge".

Die zweite Verkürzung der Perspektive entsteht dann, wenn das Freiwilligenengagement generell und vor allem des älteren Bevölkerungssegments als ausbeutbare gesellschaftliche Ressource in Zeiten magersüchtiger Staatsfinanzen betrachtet wird. Wer wollte bestreiten, dass Gesellschaft und Sozialpolitik von aktiven Seniorinnen und Senioren in vielfacher Hinsicht „profitieren" können, aber diese Ressourcen sind nicht instrumentalisierbar und können sich auch nur dann wirklich entfalten, wenn sie sich aus der Perspektive der „Selbstsorge" heraus entfalten können.

Die Realisierung von Ideen der Selbstsorge auch und gerade im Hinblick auf das Alter erfordert zivilgesellschaftliche Kompetenzen. Zivilgesellschaft ist die Idee einer zukunftsfähigen demokratischen Alltagskultur, die von der identifizierten Beteiligung der Menschen an ihrem Gemeinwesen lebt und in der Subjekte durch ihr Engagement zugleich die notwendigen Bedingungen für gelingende Lebensbewältigung und Identitätsarbeit in einer offenen pluralistischen Gesellschaft schaffen und nutzen. Die neuesten Daten aus dem Freiwilligensurvey, der gerade von Infratest ausgewertet wird, zeigen eindrucksvoll, dass immer mehr älter werdende Menschen, die Bedeutsamkeit zivilgesellschaftlicher Ressourcen entdecken und sich beginnen, in die Gestaltung unserer Gesellschaft einzumischen.

„Bürgerschaftliches Engagement" wird aus dieser Quelle der vernünftigen Selbstsorge gespeist. Menschen suchen in diesem Engagement Lebenssinn, Lebensqualität und Lebensfreude und sie handeln aus einem Bewusstsein heraus, dass keine, aber auch wirklich keine externe Autorität das Recht für sich beanspruchen kann, die für das Subjekt stimmigen und befriedigenden Konzepte des richtigen und guten Lebens vorzugeben. Zugleich ist gelingende Selbstsorge von dem Bewusstsein durchdrungen, dass für die Schaffung autonomer Lebensprojekte soziale Anerkennung und Ermutigung gebraucht wird, sie steht also nicht im Widerspruch zu sozialer Empfindsamkeit, sondern sie setzen sich wechselseitig voraus. Und schließlich heißt eine „Politik der Lebensführung" auch: Ich kann mich nicht darauf verlassen, dass meine Vorstellungen vom guten Leben im Delegationsverfahren zu verwirklichen sind. Ich muss mich einmischen. Eine solche Perspektive der Selbstsorge ist deshalb mit keiner Version „vormundschaftlicher" Politik und Verwaltung vereinbar. Ins Zentrum rückt mit Notwendigkeit die Idee der „Zivilgesellschaft". Eine Zivilgesellschaft lebt von dem Vertrauen der Menschen in ihre Fähigkeiten, im wohlverstandenen Eigeninteresse gemeinsam mit anderen die Lebensbedingungen für alle zu verbessern. Zivilgesellschaftliche Kompetenz entsteht dadurch, „dass man sich um sich selbst und für andere sorgt, dass man in die Lage versetzt ist, selber Entscheidungen zu fällen und eine Kontrolle über die eigenen Lebensumstände auszuüben sowie dadurch, dass die Gesellschaft, in der man lebt, Bedingungen herstellt, die allen ihren Bürgerinnen und Bürgern dies ermöglichen". So heißt es eingängig in der Ottawa Charta der Weltgesundheitsorganisation.

Der gesellschaftliche Modernisierungsschub, der vor allem seit den 70er Jahren den gesellschaftlichen Grundriss der Bundesrepublik nachhaltig verändert hat, hat in Form neuer sozialer Bewegungen und Initiativen auch eine selbstaktive Gestaltungskraft hervorgebracht. Für viele neue Probleme des Alltags gab es in den traditionellen Strukturen alltäglicher Lebenswelten keinen Lösungsvorrat, auf den man einfach hätte zurückgreifen können. Für eine Reihe von neuen biographischen Konstellationen (wie z.B. die weibliche

Doppeloption Familie und Beruf oder Erfahrungen von Vorruhestand, Alt-werden familiäres Auffangnetz) gab es keine institutionell abgesicherten Lö-sungsmöglichkeiten, und in vielen Bereichen war das Vertrauen auf „das Be-währte" erschüttert, und gerade die neuen sozialen Bewegungen verstanden sich als kollektive Zukunftswerkstätten, in denen – im Sinne des „demokrati-schen Experimentalismus" – neue Lösungsentwürfe erprobt wurden. In einer Vielzahl konkreter Projekte wurden neue Wege erprobt. Diese Projekte lassen sich verstehen als „soziale Experimentierbaustellen" und als emanzipatorische Antworten auf Risiken der aktuellen Modernisierungsprozesse deuten.

Ingrid Zundel bleibt nicht bei einer Analyse der gesellschaftlichen Verän-derungsprozesse stehen, sondern zeigt ihren Leserinnen und Lesern etwas von diesen „sozialen Experimentierbaustellen". Sie hat Menschen befragt, die sich auf den Weg gemacht haben, neue Lebensentwürfe im höheren Lebensalter zu erproben und damit zukunftsfähige Lösungen jenseits von staatlicher Bevor-mundung und individualistischen Ich-AGs zu entwickeln. Gerade in einem Land, das sich vor einer ungewissen Zukunft eher ängstigt, werden ermuti-gende Erfahrungen weitergegeben. Aber hier werden nicht in naiver Haltung, Beispiele hochgejubelt, sondern sie werden kritisch evaluiert. Es werden Fehler beleuchtet und ausgewertet, denn nur so kann sich das Potential des „demokratischen Experimentalismus" wirklich entfalten.

Wer sich der Frage öffnet, wie das eigene Älterwerden selbst gestaltet wer-den könnte und wie man zu lebbaren Alternativen zu den katastrophischen Szenarien, die den Büchermarkt überfluten, gelangen kann, der kann sich in dem vorliegenden Buch durch Realutopien in reichem Maße Anregungen holen.

München, Juli 2005   Heiner Keupp

Inhaltsverzeichnis

XIV

Vorwort

Als Psychologin lege ich eine in dieser Disziplin etwas ungewöhnliche Arbeit, nämlich eine interdisziplinäre zu einem brandaktuellen Thema vor. Man könnte sie in der Gemeindepsychologie und Praxisforschung einordnen. Wir haben es hier mit einer anwendungsbezogenen Forschungsarbeit zu tun, deren Resultate weit in die Zukunft weisen.

Die gegenwärtige Kritik an den Geistes- und Sozialwissenschaften entzündet sich insbesondere zu Zeiten knapper finanzieller Ausstattung der Universitäten daran, daß aus diesen Disziplinen kaum für die Gesellschaft brauchbare Resultate wie etwa aus den Naturwissenschaften zu konstatieren sind. Hier wäre einmal ein Ansatz dazu.

Die untersuchten Tauschsysteme, Seniorengenossenschaften, Zeittauschbörsen und selbstorganisierte, gemeinschaftliche Wohnprojekte, die heute immer noch ein Schattendasein führen (weil solche Projekte keinen Werbeetats haben und die Bekanntmachung vor allem durch Mund zu Mund-Propaganda geschieht), reichen in alle gesellschaftlichen Schichten und alle Altersgruppen. Die Focussierung auf die ältere Generation ist der Tatsache geschuldet, daß die Verfasserin als Gerontologin tätig ist und ihr Interesse vor allem dem Alter künftiger Generationen, d.h. ihrer Enkel, Ur-Enkel und Ur-Ur-Enkel gilt.

Diese Arbeit soll ein Wegweiser für künftiges Altern darstellen, das keinesfalls – und da sind sich alle Zukunftsforscher und der Club of Rome einig – annähernd finanziell so ausgestattet sein wird, wie die gegenwärtige Altengeneration, die ihren Kindern sowohl Vermögen als auch Grundbesitz vererben kann. Natürlich ist dies eine Tendenzaussage, denn es gibt auch heutzutage Altersarmut. Und die wird sich bereits in der heutigen Erwerbstätigen-Generation dadurch verstärken, daß es keine durchgehenden Berufsbiografien mehr gibt.

Gegenwärtig sind die von mir untersuchten Modelle von der Mittelschicht getragen. Das wird sich künftig ändern, wenn die Not alle Menschen zur Beteiligung an derartigen Unterstützungsangeboten zwingt.

Was der Gerontologin wichtig ist, kann psychologisch mit der Frage nach dem Lebenssinn des alternden Menschen umschrieben werden. 30 Jahre liegen durchschnittlich vor den sog. Ruheständlern! Eine so lange Zeitspanne, mehr als Kindheit, Jugend und Ausbildungszeit zusammen, sollte nicht allein konsumierend verbracht werden. Es gilt, neue Rollen für das Alter zu finden! Wenn die Jugend dann die Alten als aktive Helfer im Sozialsystem wahrnimmt, könnten die heutigen Diffamierungen (in den angelsächsischen Ländern: ageism) abnehmen.

Die minutiös aufgezeichneten, halbstrukturierten Interviews können deshalb nicht in den Anhang verbannt werden, weil unmittelbar aus ihnen B e f u n d e generiert werden. Damit aber eine raschere Information gewährleistet ist, verweise ich auf die zusammenfassenden Kapitel 15 und 16 sowie 19 mit den Ergebnissen der Forschungsfragen. Im Kapitel 20 werden die Lebensentwürfe dann in den Kommunitarismus eingebettet.

Ingrid Zundel

1. Einführung

1.1. Was verstehen wir unter einer „alternden Gesellschaft"?

Seit dem Ende des 19. Jahrhunderts hat sich die Altersstruktur der Bevölkerung zugunsten der älteren Altersgruppen verschoben[1]). Aus der Alterspyramide ist seit dem 1. Weltkrieg eine Pilzgestalt geworden. Geburtenrückgang und Zunahme an Lebensalter dank moderner Medizin und gesunder Lebensgestaltung sind die Marker für diese schwerwiegende demografische Veränderung in allen Industriegesellschaften, am stärksten aber in Deutschland[2].

„Mit der Zunahme alter Menschen an der Gesamtgesellschaft ist insbesondere eine Zunahme des Anteils der Hochaltrigen verbunden."[3] Dies zieht gravierende Folgen für Wirtschaft und Gesellschaft nach sich. Demografische Gewichtungen werden sich so rasch verschieben, wie es Bevölkerungsvorausberechnungen nahelegen, so daß eine Anpassung mit dem Ziel einer neuen Kultur des Alters vorangetrieben werden muß, denn in den kommenden dreißig Jahren – so das Scenario – ist mit einem Anstieg der über 65-Jährigen um ca. 7 Mio. auf über 20 Mio. zu rechnen. „Der Anteil der 80-Jährigen wird sich von derzeit etwa 4% auf über 11% erhöhen."[4]

Für die Zukunft wird erwartet, daß „die Bevölkerungszahl in Deutschland auch dann, wenn ein jährlicher Zuwanderungsüberschuß von 100.000 oder 200.000 Personen unterstellt wird, bis 2050 auf rd. 65 bis 70 Mio. abnehmen wird. Zugleich werden sich die zahlenmäßigen Gewichtungen der verschiedenen Altersgruppen – ebenfalls in Abhängigkeit von der zugrunde zu legenden Höhe der Migration – zueinander weiter erheblich verändern." Der Anteil der Jüngeren, unter 20, wird von rd. 21% auf rd. 16% abnehmen, der Anteil der 60+ Generation von 22% auf 36/37% bis ca. 2050 deutlich ansteigen. Die erwerbsfähige Generation (20 bis 60 Jahre) wird anteilsmäßig fallen von

---

[1] Dritter Bericht zur Lage der älteren Generation (2001). Alter und Gesellschaft. Stellungnahme der Bundesregierung. Bericht der Sachverständigenkommission. Bundesministerium für Familie, Senioren, Frauen und Jugend (Hg.). S. 14, 15.

[2] Klose, Hans-Ulrich (1993). Zukunft ist, was wir daraus machen. Innovative Optionen für unsere alternde Gesellschaft. In: Altern hat Zukunft. Bevölkerungsentwicklung und dynamische Wirtschaft. Opladen: Westdt. Verlag.

[3] Vierter Bericht zur Lage der älteren Generation (April 2002). B.1 Demografischer Wandel und Hochaltrigkeit. Bundesministerium für Familie, Senioren, Frauen und Jugend (Hg.). S. 18, 19.

[4] Statistisches Bundesamt (2000a): Bevölkerungsentwicklung Deutschlands bis zum Jahr 2050. Ergebnisse der 9. koordinierten Bevölkerungsvorausberechnung. Wiesbaden: Statistisches Bundesamt (Hg.).

heute 56% auf rd. 47%. So wird sich „der Altersaufbau der Bevölkerung zwischen 1950 und 2050 ... u m g e k e h r t haben". Es wird dann mehr als doppelt so viele über 60-Jährige wie jüngere Menschen geben[5].

Am gravierendsten zeigt sich dies in den größeren Städten, die schon heute eine erheblich ältere Bevölkerung haben als das ländliche Umland[6]. Die jüngeren Haushalte mit Kindern wandern ins Umland ab, die Älteren bleiben meist zurück. Bei den Älteren nehmen die Single-Haushalte überproportional zu, vor allem Ehescheidungen und der Verwitwung von Frauen geschuldet. „Das alleinstehende und sich allein versorgende Alter ist heute fast schon typischer für unsere Gesellschaft als das familiale."[7]

„Deutschland macht ... als erstes Industrieland Erfahrungen mit einer zahlenmäßig abnehmenden Bevölkerung" trotz hochgerechneter Zuwanderung[8].

Außerdem wird es einen fortschreitenden Wandel der Familienstrukturen geben, d.h. immer weniger alte Menschen werden mit Familienangehörigen leben. Es ist heute normal, daß vier bis fünf Generationen gleichzeitig leben, zwei davon im Rentenalter. Diese Situation ist in der Geschichte der Menschheit ohne gleichen. Dafür werden Ältere verstärkt Hilfsdienste für Hochaltrige übernehmen, da viele jüngere, erwerbstätige Frauen keine häusliche Pflege mehr übernehmen werden[9].

Soziale Netzwerke und Unterstützungspotentiale außerhalb der Familie werden immer wichtiger, insbesondere, wenn künftige Alterskohorten nicht mehr über ausreichende Finanzressourcen verfügen werden, wie sich dies heute schon durch massive Kürzungen in den Alterssicherungssystemen ankündigt. Meine Prognose, die auf Einschätzungen von Zukunftsforschern basiert, kann deshalb zur Ausgangslage für eine stärkere Bedeutung von Lebensentwürfen Älterer in Tauschsystemen genommen werden. Heutzutage führen solche Lebensentwürfe noch ein Nischendasein.

Sowie die heutige materielle Situation von älteren Haushalten, „verstanden als Einkommens- und Vermögenssituation, ... maßgeblich durch Entscheidun-

---

[5] Dritter Bericht zur Lage der älteren Generation (2001). Alter und Gesellschaft, a.a.O., S. 14, 15.

[6] Kort-Weiher, Gesine (2002). Die Bedürfnisse der Senioren beachten. Andere Infrastrukturen werden die Gesichter der Städte verändern. In: Das Parlament Nr. 19-20 vom 10./17.5.02.

[7] Tews, Hans-Peter (1992). Die neuen „Alten" – aus der Sicht der Soziologie. In: GfK-Tagung (Hg.): Die neuen Alten – Schlagworte der Medien oder marketingrelevante Zielgruppe? Nürnberg. S. 5-24.

[8] Die alternde Gesellschaft. Mehr ältere, weniger jüngere Menschen in Deutschland. In: Derriere.de. Online-Magazin für Politik und Gesellschaft. Dossier vom 13.6.2002.

[9] Vierter Bericht zur Lage der älteren Generation (2002), a.a.O., S. 207.

gen und Entwicklungen in früheren Lebensphasen geprägt"[10] ist, wird dies auch in künftigen Kohorten der Fall sein. Zwar ist unbestreitbar, daß die gegenwärtige ältere Generation durchschnittlich die bestsituierte in Deutschland, die es je gab, ist, aber in künftigen Alterskohorten (also der unserer Enkel und Urenkel) wird dies vermutlich sehr viel schlechter aussehen, denn wir stehen erst am Anfang des Produktivitätsgewinns, was bedeutet, daß immer weniger Menschen im Erwerbsleben gebraucht werden. Dadurch wird sich naturgemäß auch die Alterssicherung verschlechtern (vgl. Kapitel 1.2). Auch *Motel* stellt fest, daß eine Rückkehr der Altersarmut auf breiter Front erwartbar sei[11].

Die Phase des mittleren Erwachsenenalters „schnurrt" immer stärker zusammen, weil tendenziell die Ausbildung länger dauert, die Pensionierung aber bislang früher einsetzt. Oft werden heute schon ein Drittel der Lebenszeit (bis zu 30 Jahren) im sog. Ruhestand verbracht, eine längere Zeitspanne als Kindheit, Jugend und Ausbildung zusammen[12].

An dem Scenario einer durchschnittlich verlängerten Lebenszeit, aber auch knappen Ressourcen im Alter, setzt meine Arbeit an. Dazu müssen auch die Hintergründe der Arbeitswelt und ihre theoretische Fundierung in den Blick genommen werden. Alte, nicht mehr erwerbsfähige Menschen müssen finanziell altersgesichert werden. Was geschieht, wenn immer weniger Erwerbstätige für Versorgungssysteme der zunehmenden Alten zuständig sein müssen? „Bereits im Jahr 2015 wird das Sozialversicherungssystem in seiner heutigen Form von den dann Erwerbstätigen nicht mehr finanziert werden können."[13] Wie können die Menschen sich selber helfen?

[10] Künemund, H. (2000). In: Martin Kohli, Harald Künemund. Die zweite Lebenshälfte. Gesellschaftliche Lage und Partizipation im Spiegel des Alterssurvey. Bd. 1, Opladen: Leske u. Budrich.

[11] Motel, Andreas (1998). Einkommen und Vermögen. In: Wolfgang Clemens, Gertrud M. Backes (Hg.). Altern und Gesellschaft. Gesellschaftliche Modernisierung durch Altersstrukturwandel. Opladen: Leske u. Budrich. S. 100.

[12] Zundel, Ingrid (1995). Muster erfüllten Ruhestands – Einzelfallstudien zu ehemaligen Verwaltungsangestellten der Öffentlichen Dienstes am Beispiel der Freien Universität Berlin. Diplomarbeit, vorgelegt am Inst. f. Psychologie der Freien Universität Berlin.

[13] Mosdorf, Siegmar (1993). Europa vor der Alternative: Altersheim oder Laboratorium der Moderne? In: Altern hat Zukunft, a.a.O., S. 95.

1.2. Eine Gesellschaft ohne Arbeit?

„Geht unserer Gesellschaft die Arbeit aus?" lautet eine provokante Frage *Anthony Giddens*[14]. Gemeint ist in diesem Zusammenhang stets die Erwerbsarbeit, denn „Arbeit ist genug vorhanden, nur keine bezahlbare mehr".

Pointiert überschreibt dann auch *Helmut Saiger* sein Werk „Die Zukunft der Arbeit liegt <u>nicht</u> im Beruf"[15]. Erwerbsarbeit sei das zentrale Medium der Identitätsentwicklung der Moderne g e w e s e n[16]. *Ulrich Beck* (1997) spricht in seinem Essay „Kapitalismus ohne Arbeit" vom Mythos der Vollbeschäftigung. Im bisherigen Modell unserer Demokratie und Gesellschaft sei Beteiligung an Erwerbsarbeit eine der Voraussetzungen auch für demokratische Beteiligung gewesen. Wenn Erwerbsarbeit weiter schrumpfe, müsse überlegt werden, wie Demokratie jenseits von Erwerbsarbeit zu begründen sei. *Beck* macht den Vorschlag der „öffentlichen Arbeit" und beruft sich dabei u.a. auf *Hannah Arendt*[17], die die Situation, in der wir uns gegenwärtig befinden, nämlich abnehmende Erwerbstätigkeit, hohe Arbeitslosigkeit, schon sehr früh vorhersah, indem sie sagte, Arbeit müsse nicht das Zentrum des Lebens sein (gemeint war Erwerbsarbeit). Sie stellte dagegen das Herstellen, Handeln und das Tätigsein. Dies stärke auch den Zusammenhalt zwischen den Menschen[18]. (Vgl. dazu Kapitel 4).

Schon heute stoßen die Alterssicherungssysteme an ihre Grenzen. Das bedeutet für künftige Altengenerationen, daß ein noch so hoher Prozentsatz an Rentenbeiträgen der noch Erwerbstätigen nicht ausreichen wird, eine öffentliche Altersversorgung in ausreichendem Maße für alle zu sichern, wenn bereits für das Jahr 2050 eine ungefähre Relation von 1 Arbeitnehmer auf 1 Rentner prognostiziert wird. Darauf ist unsere Gesellschaft völlig unzureichend vorbereitet.

---

[14] Giddens, Anthony (1997). Jenseits von Links und Rechts. Die Zukunft radikaler Demokratie. Frankfurt a.M.: Suhrkamp. Giddens gilt als Wortführer des „Dritten Weges" und ist intellektueller Berater von Tony Blair, dem britischen Premierminister.

[15] Saiger, Helmut (1998). Die Zukunft der Arbeit liegt <u>nicht</u> im Beruf. Neue Beschäftigungs- und Lebensmodelle. München: Kösel.

[16] Keupp, Heiner (1999). Visionen einer Zivilgesellschaft. Neue Perspektiven der Freiwilligenarbeit. In: Stiftung Mitarbeit Nr. 34.

[17] Arendt, Hannah (1984). Vita activa oder vom tätigen Leben. München – Zürich: Piper & Co., 4. Aufl.

[18] Dem Kapitalismus geht die Arbeit aus. Gerhard Schröder und der Soziologe Ulrich Beck diskutieren das Ende der Vollbeschäftigung und öffentliche Arbeit. In: VORWÄRTS – Brennpunkt 7.8.97.

4

Sicher werden vorübergehend Fachleute auf dem Arbeitsmarkt fehlen, geschuldet dem enormen Geburtenrückgang. Aber, was danach kommt, wenn immer weniger Menschen am Erwerbsleben teilhaben können, ist kaum im öffentlichen Bewußtsein.

Hier gilt es, sich an bereits vorhandenen Modellen zu orientieren wie das einer Grundsicherung für alle Menschen (bislang ab 1. Januar 2003 nur für Langzeit-Arbeitslose bzw. Sozialhilfeempfänger), und insbesondere für die Älteren an Modellen in Tauschsystemen (die bereits beispielhaft vorhanden sind). Denn damit können Rentner fehlende Finanzressourcen aufbessern. Daß sie dazu imstande sind, beweisen eben diese Modelle.

2. Ziel der Untersuchung

Ich werde drei bewährte Modelle vorstellen:

- Seniorengenossenschaften,
- Zeittauschbörsen und
- selbstorganisiertes, gemeinschaftliches Wohnen im Alter[19].

Diese Modelle erscheinen mir zukunftsweisend für künftige Altengenerationen. In diesen Projekten steckt ein Erkenntnisgewinn, der über die Beschreibung der Seniorengenossenschaften von *Ulrich Otto*[20] hinausführt. Allen drei Modellen gemeinsam ist die Selbstbestimmung der engagierten Menschen. Geld zur Durchführung dieser Projekte spielt hier nicht die entscheidende Rolle, auch bei den Wohnprojekten nur bedingt, so daß der Staat weitgehend außen vor bleibt als „enabling state" oder Ermöglichungsverwaltung, jedoch nicht im liberalistischen Sinne eines Nachtwächterstaates. „... Staatliche Politik soll sich im wesentlichen nicht selbst um die Erstellung des konkreten Bedarfsausgleichs ... kümmern, sondern vielmehr Rahmenbedingungen, Anreize und Wettbewerb schaffen, die ... individuelle Vorsorge und die Gemeinschaft fördern."[21]

Diese Arbeit verfolgt drei übergeordnete Ziele, nämlich

- Verbesserung der finanziellen Lage späterer Rentner-Generationen
- gesellschaftliche Nutzung brachliegender Kompetenzen älterer Menschen
- neue Sinnfindung im Alter

sowie zwei nachgeordnete Ziele, die den Erfolg der Modelle sichern können, nämlich

- Herausarbeiten von Schwierigkeiten, Problemen und Hürden in den untersuchten Modellen
- Aufzeigen von Lösungsmöglichkeiten.

---

[19] Hier findet indirekter Tausch statt, indem man sich für andere einsetzt und dabei sehr viel für sich selbst zurückerhält (z.B. Gemeinsamkeit statt Einsamkeit; Großelterndienste etc.). Vgl. 14.2.3.1 Interview mit Martin Link.

[20] Otto, Ulrich (1995). Seniorengenossenschaften. Modell für eine neue Wohlfahrtspolitik? Opladen: Leske und Budrich.

[21] Otto, Ulrich (1995), a.a.O., S. 76.

6

Anhand von halbstrukturierten, narrativen Interviews soll aufgezeigt werden, was möglich ist, um neue Lebensentwürfe im Alter zu konstituieren, um nicht nur bei drohender Verarmung Hilfestellung in Gemeinschaftsprojekten zu geben, sondern auch Kompetenzen und Erfahrungen Älterer gesellschaftlich zu nutzen und den Älteren selber neuen Lebenssinn zu eröffnen. Dies sei mit dem Slogan „ich für mich mit anderen für andere" umrissen, jedoch wird das sog. Bürgerschaftliche Engagement in dieser Arbeit beschränkt auf die drei genannten Modelle, in denen Eigenarbeit auch der Allgemeinheit dient. Insofern handelt es sich hier nur um ein Segment des Bürgerschaftlichen Engagements.

Mit Blick auf die ältere Generation fragt *Hannelore Jani-Le Bris* in diesem Zusammenhang, welche Gesellschaft es sich wohl leisten könne, rund 1/5, später 1/4 seiner Bürger „hinter den Fernseher bzw. auf Reisen zu schicken, d.h. dieses Lebenserfahrungspotential brach liegenzulassen? Oder sozialethisch gefragt: bleiben diese Menschen integriert oder werden sie abgeschoben?"[22]

Es kommen in meiner Studie Vertreter verschiedener Engagement-Ebenen zu Wort, nämlich hauptamtliche Experten und „Experten des eigenen Lebens", die in den Projekten leben und arbeiten. Ich will dabei nicht nur positiv, wie in den meisten Literaturveröffentlichungen dargestellt, drei Modelle im Sinne eines „Laboratoriums der Moderne" (*Siegmar Mosdorf* a.a.O.) beschreiben, sondern vor allem auch untersuchen, wo Hürden, Barrieren und Probleme liegen, weil hier Verbesserungen an den Rahmenbedingungen vorgenommen werden müssen. Was heute noch in meinen folgenden Beispielen „ergänzende Maßnahmen im Sozialsystem" genannt werden kann, wird bei künftigen Altengenerationen weitaus zentraler angesiedelt sein. D.h. ältere Menschen (und natürlich nicht nur sie) werden sich zunehmend sozialen Aufgaben zuwenden müssen, um fehlende Finanzressourcen zu ersetzen. „... in Experimenten der Bürgerarbeit können Modelle einer ‚aktiven Wohlfahrt' erprobt und umgesetzt werden, in der auch die Empfänger von Wohlfahrtsleistungen ermutigt werden, mehr Verantwortung für ihr eigenes Leben zu übernehmen."[23] „Aber die schönsten Modelle, so viel sie auch erreichen und so

[22] Jani-le-Bris, Hannelore (1995). Perspektiven für ein neues Engagement. In: Konrad Hummel (Hg.). Bürgerengagement – Seniorengenossenschaften, Bürgerbüros und Gemeinschaftsinitiativen. Freiburg i. Br.: Lambertus, S. 129.

[23] Beck, Ulrich (1999). Transnationale Bürgergesellschaft oder: Wie wird politisches Handeln im Zeitalter der Globalisierung möglich? In: ZUKÜNFTE 27, Zukunftsprojekt Bürgergesellschaft. Gelsenkirchen: Sekretariat für Zukunftsforschung und Gesellschaft für Zukunftsgestaltung (Hg.). S. 2.

erfolgreich sie auch sein mögen, bleiben ein Tropfen im Ozean, wenn sie nicht *transferriert, multipliziert und fortentwickelt werden.*"[24]

Der psychologische Aspekt betrifft den einzelnen älteren Menschen, der in seinem sog. Ruhestand nicht ausschließlich hedonistisch konsumieren sollte (was er bei knappen Finanzressourcen später auch kaum noch realisieren kann), sondern für sich mit anderen eine Aufgabe übernehmen, um selbst einen Lebenssinn im Alter zu rekonstruieren. Für die meisten Älteren bedeutet, sich einen neuen Lebenssinn zu schaffen, auch gesünder zu altern und damit unser Krankenversorgungssystem zu entlasten.

In der Einleitung zum sog. 4. Altenbericht der Bundesregierung[25] heißt es auf Seite 19: „Ältere und auch sehr alte Menschen verfügen über erstaunliche Kompetenzen zur Problembewältigung und vermögen mit Unterstützung durch geeignete Maßnahmen ein hohes Maß an Autonomie, an Lebensqualität und an Lebenszufriedenheit zu bewahren oder zurückzugewinnen. Geeignete Ressourcen im sachlichen und personellen Umfeld gilt es optimal zu erschließen."

In den Mittelpunkt des gesellschaftlichen Interesses rücken daher die Bedingungen einer erfolgreichen Selbstverwirklichung durch Selbstbestimmung der sich ihrer Individualität bewußt werdenden Menschen, die *Peter Paulus* nach einer Auswertung der umfangreichen psychologischen Literatur zu diesem Thema dann als gegeben ansieht,

- „wenn das Individuum sein Handeln letztlich immer mehr daran ausrichtet, was ihm aus Selbsterkenntnis und Selbstbewußtsein heraus zu tun notwendig erscheint (Bewußtwerdungsmodell);
- es seinen eigentlichen zentralen Bedürfnissen und Kompetenzen entsprechend tun möchte (Entfaltungsmodell); ihm selbst aus eigenem Sinn- und Wertempfinden als sinnvoll erscheint (Sinnfindungsmodell);
- es aufgrund seiner organismisch bewerteten Erfahrungen als richtig empfindet (Erfahrungskongruenzmodell);
- sich ihm aus der Teilhabe an einem umfassenden Bewußtsein als naheliegend erweist (transpersonales Modell)"[26].

---

[24] Jani-le-Bris (1995), a.a.O., S. 133.
[25] Vierter Bericht zur Lage der älteren Generation (2002), a.a.O.
[26] Paulus, P. (1993). Selbstverwirklichung und psychische Gesundheit. Göttingen: Hogrefe.

Außerdem rekonstruiert der ältere Mensch, der sich am Ende der Berufstätigkeit in einer rollenlosen Rolle befindet, mit derartigen Aktivitäten seine Identität, wenn er eine „Tätigkeitskultur jenseits des Erwerbssystems" entwikkelt[27].

---

[27] Knopf, Detlef, Schäffter, Ortfired und Schmidt, Roland (Hg.) (1989). Produktivität des Alters. Berlin.

3   Umbau der Arbeitsgesellschaft und des Sozialstaats

Das heutige Erwerbssystem ist die Ausgangslage für die Zukunft des Sozialstaats. *Dahrendorf*[28] meint, die Methoden der Arbeitsgesellschaft reichen nicht mehr aus, um die Arbeitsgesellschaft zu erhalten, ebenso nicht mehr die Methoden des Sozialstaates, um diesen aufrecht zu erhalten. Die neue soziale Frage sei nichts weniger als eine Frage des Gesellschaftsvertrages, also der ... *Grundübereinkunft über Werte und Regeln nach denen wir leben wollten.* Das sei die Legitimitätsfrage. *Dahrendorf* plädiert für ein Mindesteinkommen (Grundsicherung) für die Arbeitslosen, wobei „die knappen Mittel die richtigen, die bedürftigen Empfänger finden" müßten. Als echter Liberaler meint er, daß die „Leute sich selber aus ihrer Misere herausarbeiten" sollen. Es bleibt zu bezweifeln, daß das à la long für Bedürftige noch möglich sein wird. Die von mir untersuchten Modelle sind vom Bildungsbürgertum initiiert, wobei längerfristig sicher auch Bedürftige sich einbringen und davon profitieren werden.

Gegenwärtige und in die Zukunft projizierte Ängste bezüglich möglicher Arbeitslosigkeit und damit Identitätsverlust führten zur Konjunktur der Diskussion um den Kommunitarismus (*Etzioni* 1997)[29], eine Forschungsrichtung, die in den USA in den achtziger Jahren ihren Ausgang nahm.

Inzwischen ist Kommunitarismus oder Gemeinsinn als normative Forderung in maskierter Form in sämtlichen deutschen Parteiprogrammen (siehe weiter) enthalten. Dabei haben Gesellschaft und Politiker naturgemäß und zunehmend ein Interesse, insbesondere Versorgungslücken im Sozialbereich durch freiwillige, unentgeltliche Arbeit (früher Ehrenamtlichkeit genannt)[30] zu schließen. Heute spricht man von „Bürgerschaftlichem Engagement", was Handeln zugunsten des Gemeinwohls bedeutet. Es umfaßt wesentliche Bereiche des „Ehrenamtes", der Selbsthilfe, der Bürgerbeteiligung und des Freiwil-

---

[28]   Dahrendorf, Ralf (1987). Fragmente eines neuen Liberalismus. Stuttgart: Deutsche Verlagsanstalt.

[29]   Etzioni, Amitai (1997). Die Verantwortungsgesellschaft. Individualismus und Moral in der heutigen Demokratie. Frankfurt a.M., New York: Campus.

[30]   Der Begriff der Ehrenamtlichkeit stammt aus der Kirchengeschichte. Die deutschen Kirchen waren stets auf unentgeltliche Arbeiten angewiesen. Im säkularen Bereich gibt es zwar immer noch den „ehrenamtlichen Richter", die „ehrenamtliche Betreuerin" etc., deren Entlohnung gesellschaftlich anerkannte Ehre ist, aber in den unzähligen Verbänden, aber auch politischen Parteien ist in der Regel der Lohn nicht mehr Ehre, sondern Anerkennung für Kompetenzeinsatz, Sozialkontakte, kostenlose Fort- und Weiterbildung, ja, und auch Sinnstiftung.

ligen- und Vereinswesens und ist in unserer Gesellschaft unverzichtbar. Es trägt zur Stärkung der Demokratie und zu mehr Teilhabe, Mitmenschlichkeit und Verantwotungsbereitschaft bei. „Der Begriff des ‚bürgerschaftlichen Engagements' bündelt Gemeinsinn, neue Gemeinschaftsformen, Verantwortung und themenbezogene Tätigkeiten zu einer neuen Figur des Ehrenamts, das mit diesem Namen nicht mehr richtig beschrieben wäre (vgl. auch *Joas* 1995; *Roth* 1995 sowie die Beiträge in *Evers/Olk* 1996, *Klie* u.a. 2000)." *Schmid u. Otto* beschreiben dieses Engagement so: „Von Anfang an wird explicit die Spannung zwischen autonomer, ... selbstreferentieller Praxis einerseits, dem gesellschaftlichen anspruch an Verpflichtung und Einbindung andererseits thematisiert und in beide Richtungen offengehalten."[31]

Unter der Bedingung sozialstruktureller Modernisierung lösen sich alte soziale Milieus zwar teilweise auf, dafür verknüpften sich aber neue Gemeinschaften, in denen die Teilnehmer nicht nur Unterstützung bekämen, sondern diese auch selbst mitproduzierten. Vor diesem Hintergrund beschriebe das Theorem der Individualisierung weder die Atomisierung von ehemals gemeinschaftsgebundenen Individuen ..., sondern „befreite Gemeinschaften" (vgl. auch *Beck* 1986, 1997; *Keupp* 1997)[32].

Eine erbitterte Diskussion wird seitens der Arbeitslosen und ihrer Interessengruppen geführt in der, sicher häufig nicht unberechtigten Annahme, daß mit einem vermehrten Einsatz unentgeltlich arbeitender Freiwilliger weitere Arbeitsplätze vernichtet werden. Wenn also verstärkt unentgeltliches, bürgerschaftliches Engagement gefordert wird, müssen die Akteure beachten, daß dies heutzutage vordringlich im Non-Profit-Bereich geschieht und dadurch keine Erwerbsarbeit entfällt.

In die Kommunitarismus-Debatte (vgl. Kapitel 7.1) eingebettet ist der Gemeinwohl- und Demokratie-Diskurs. *Eberhard Göpel* führt dazu aus: „Die besorgte Debatte um das Gemeinwohl, um Gemeinsinn in einer individualisierten Gesellschaft kreist um die Frage, ob das ‚soziale Kapital', d.h. der Bereich sozialer Beziehungen und Kontexte, in dem sich Menschen be-

---

[31] Schmid, Josef, Otto, Ulrich et al. (2003). Intentionen, Instrumente und Wirkungseinschätzungen ausgewählter Förderstrategien Bürgerschaftlichen Engagements im förderalen Staat. In: Enquete-Kommission „Zukunft Bürgerschaftlichen Engagements". Dt. Bundestag (Hg.). Opladen: Leske u. Budrich. Schriftenreihe Bd. 7., S. 27.

[32] Heinze, Rolf G. und Strünck, Christoph (2000). Die Verzinsung des sozialen Kapitals. Freiwilliges Engagement im Strukturwandel. In: U.Beck (Hg.). Die Zukunft von Arbeit und Demokratie. Frankfurt a.M.: Suhrkamp. S. 173.

heimaten und mit dem sie sich identifizieren können, verloren geht." Und zum Demokratie-Diskurs: „Hier ist die Rede von der ‚Zivilgesellschaft', als dem demokratischen Kern der Gesellschaft, der aus dem Engagement ihrer Mitglieder besteht. Er (Anm.: der Demokratie-Diskurs) fragt nach den Bürgern, die sich einmischen, öffentliche Anliegen zu ihren eigenen machen und sich für konkrete Verbesserungen der Lebensverhältnisse engagieren."[33]

Wenn also Menschen neue soziale Beziehungen aufnehmen, was *Göpel* mit „sozialem Kapital" bezeichnet, um gemeinsam neue Lebensstile zu entfalten, sei es in Seniorengenossenschaften, sei es in Zeittauschsystemen oder gemeinschaftlichen Wohnprojekten, so sollte den Skeptikern nicht bange sein, daß diese Tugenden verloren gingen. Die Menschen, die ich in meiner Untersuchung vorstelle, mischen sich ein, machen „öffentliche Anliegen zu ihren eigenen" und engagieren sich verantwortlich für konkrete Verbesserungen der Lebensverhältnisse.

3.1. Handeln als Kreativitätskategorie

Wo liegen die ideengeschichtlichen Wurzeln für verantwortliches Handeln in der Zivilgesellschaft[34], für Bedürfnisse des menschlichen Tätigseins (Arbeitens?) und damit die Wurzeln für den „Kommunitarismus"?

Handeln ist ein Schlüsselbegriff der Philosophie und Sozialwissenschaften, wobei „Handlungstheorie" ein Brennpunkt des heutigen theoretischen Interesses ist. Dies sei schwer verständlich, so *Joas*, „wenn es nicht als Beleg für den längst gehegten Verdacht wahrgenommen wird, daß sich der akademische Betrieb mit Vorliebe der Bearbeitung unnötig abstrakter, selbstgewählter Probleme widmet, statt die vorhandenen Kräfte auf die Lösung der wahrhaft drängenden Probleme der Gegenwart zu richten"[35]. Eine handlungstheoretische Grundlegung findet sich u.a. bei *Herbert Mead* und *Alfred Schütz* (zit. nach *Joas*).

---

[33] Göpel, Eberhard (2002). Gesundheit fördern durch bürgerschaftliches Engagement. Aktuelle Ziele und Voraussetzungen für eine Neuordnung öffentlicher Gesundheitspolitik. In: Zs. Wechselwirkung und Zukünfte. H. 6, Nr. 118, Jg. 24. Gelsenkirchen: Sekreriat für Zukunftsforschung u. Gesellschaft für Zukunftsgestaltung (Hg.). S. 17.

[34] Walzer, Michael (1992). Was heißt zivile Gesellschaft? In: Zivile Gesellschaft und amerikanische Demokratie. Frankfurt a.M.: Campus. S. 64-97. 1980 tauchte der Begriff „Zivilgesellschaft" zum ersten Male bei ihm auf.

[35] Joas, Hans (1996). Die Kreativität des Handelns. Frankfurt a.M.: Suhrkamp. S. 11.

Die „kognitive Wende" hat den Behaviorismus so weit verändert, „daß zunächst die Handlungskonzeptionen untersuchter Personen zum Gegenstand werden konnten". Zur Zeit aber werde immer stärker der Begriff des Verhaltens auf Handlung umgestellt. *Joas* bezeichnet als die bedeutendste Theorie *Habermas'* Theorie des kommunikativen Handelns (Frankfurt a.m., 1981) sowie *Gidden's* Theorie der (aktivischen) Strukturierung. „Unter dem Einfluß von Strukturalismus und Systemtheorie gibt es ... wichtige Versuche, die gängige handlungstheoretische Grundlegung prinzipiell infrage zu stellen und soziologische Theorie von einer solchen Grundlegung unabhängig zu machen." Wegen der Unübersichtlichkeit handlungstheoretischer Ansätze schlägt *Joas* eine eigene Auseinandersetzung in nur einer Disziplin, nämlich der Soziologie, vor, da seiner Ansicht nach „in dieser Disziplin mehr von dem ursprünglichen Problemreichtum erhalten bleibt" (S. 14). Zu den vorherrschenden Modellen des rationalen und normativ orientierten Handelns will er als Oberbegriff ein drittes hinzufügen, nämlich eines vom kreativen Charakter menschlichen Handelns. Damit ist für alles menschliche Handeln eine kreative Dimension eingeführt.

Im Kapitel „Produktion" stellt *Joas* fest, daß die „Gleichsetzung der Arbeit mit einer Produktion im Sinne der Hervorbringung neuer Gegenstände fragwürdig" sei. Eine Vielzahl von Tätigkeiten, die vermittelnd, schützend und dienend seien, würden in den Produktionskreislauf eingeschaltet (S. 140). Hier findet sich bereits der Hinweis auf den neuen Produktionsbegriff im Alter (vgl. Kap. 4.1 Produktivität im Alter). Der Arbeitsbegriff werde der Vielfalt der Handlungsformen nicht gerecht.

Der Begriff „Produktion" verliere jede Trennschärfe, weil intendierte wie nicht-intendierte, selbstverwirklichende wie entfremdete Tätigkeiten als Produktion bezeichnet werden können (S. 145). Auch *Habermas* (zit. nach *Joas*) wendet sich gegen das Produktionsparadigma, da es keine begrifflichen Mittel bereitstelle, das Verhältnis zwischen produzierender Arbeit und anderen kulturellen Äußerungsformen auszuklären (S. 154). Er erklärt es schließlich aus empirischen Gründen für veraltet, da es *„mit dem historisch absehbaren Ende der Arbeitsgesellschaft seine Plausibilität verliert"* (*Habermas*, Diskurs, S. 99, zit. nach *Joas*). Mit der schwindenden Bedeutung der Arbeit (gemeint ist hier Erwerbsarbeit) für die Individuen durch Arbeitszeitverkürzung und Wertewandel verliere das Produktionsparadigma seinen weltbewegenden Sinn ... Die Abnahme arbeitszentrierter Werte gelte zunächst nur für hochentwickelte Industriegesellschaften. Was bei H. fehle, sei, warum die Forderung nach kreativer Tätigkeit sich nicht auf die Freizeitsphäre richten sollte. Nur weil H. „Produktion" nicht als Metapher für Kreativität allen Handelns verstünde, bleibe ihm die mögliche Aktualität einer Entkoppelung von „Kreativität" und produzierender Arbeit verborgen. (S. 155). Das Ende der Arbeitsgesellschaft sei nicht gleichzusetzen mit einem Bedeutungsverlust der Kreativitätsidee. Es sei vielmehr nötig, die Kreativitätsidee unabhängig von marxistischen Konnotationen zu entfalten und dadurch zu einer allgemeinen Handlungstheorie und einer auf ihr beruhenden Gesellschaftstheorie beizutragen.

An dieser Stelle wollen wir den Versuch unternehmen, Handeln und Tätigsein in Übereinstimmung zu bringen. Eine Antwort findet sich bei *Hannah Arendt.*

4. Vita activa – Vom tätigen Leben[36]

„Was tun wir, wenn wir tätig sind?" fragt *Hannah Arendt* schon 1959 in Sorge um den Zustand der Arbeitsgesellschaft. Die elementaren Dimensionen des Tätigseins sind die Grundbedingungen menschlicher Existenz. *Arendts* umfassende historische Analyse gilt den drei Grundtätigkeiten Arbeiten, Herstellen, Handeln. In der Moderne vermag der Mensch das klassische Muster der Einheit eines planenden, entwerfenden und herstellenden Subjekts immer weniger zu erfüllen. Gemeint ist dabei immer noch Erwerbstätigkeit, denn Ende der fünfziger Jahre, als *Arendt* ihr Werk vorlegte, befanden sich die Industrienationen im Aufschwung, und Vollbeschäftigung war eines der wirtschaftlichen Ziele. Da dies in der Postmoderne auf lange Sicht nicht mehr einlösbar erscheint, können wir die Analyse *Arendts* durchaus auf bürgerschaftlich engagierte Menschen beziehen, nämlich das planende, entwerfende und herstellende Subjekt kann hier seine Befriedigung als verantwortlich handelndes finden. Da neue Lebensentwürfe (in dieser Arbeit insbesondere für ältere Menschen) focussiert werden, finden wir die Ausgangslage für den Kommunitarismus in der „Vita activa".

Die politische Philsosophie *Hannah Arendts* genießt heute soviel Aufmerksamkeit wie nie zuvor. Da sie weder fachliche noch geistespolitische Abgrenzungen akzeptierte, Pluralität und Freiheit forderte, wurde ihre Sprödigkeit auch mit „Denken ohne Geländer"[37] umschrieben, das in der „Zivilgesellschaft"[38] durchaus präsent ist.

Die Analyse beginnt *Hannah Arendt* in der griechischen Polis, wo die niedrigsten Arbeiten diejenigen waren, die den Körper am meisten abnutzten (z.B. von Bauern und Bildhauern, S. 78). 80% der Menschen, die in freier Arbeit, d.h. Handwerk und Handel beschäftigt waren, besaßen, so schätzt man heute, keine Bürgerrechte. „Musik, Dichtkunst und Malerei gehörten demnach zum Werken, nicht zur Arbeit" und so gehörten bei den alten Griechen Maler und Bildhauer verschiedenen Ständen an. Diese Bewertung hielt sich noch viele Jahrhunderte, bis in die Renaissance. Die niedrige Bewertung kör-

---

[36] Arendt, Hannah (1984), a.a.O.
[37] Honneth, Axel (1993). Kommunitarismus – Eine Debatte über die moralischen Grundlagen moderner Gesellschaften. Frankfurt a.M.: Campus.
[38] Walzer, Michael (1992), a.a.O.

perlicher Arbeit sei sklavisch, „weil sie durch die Notdurft des Körpers erzwungen werde". Erst mit dem Aufkommen der politischen Theorien gingen Unterscheidungen zwischen Arbeiten, Herstellen und Tätigsein (= Handeln) verloren. Kontemplation hatte das Primat und nivellierte alle Tätigkeiten. „Das bisher höchste aller Tätigkeiten, das Handeln, wurde auf das Niveau der Notwendigkeit degradiert."

Das Christentum, das für alle da war, stellte diese Werte-Hierarchie auf den Kopf, denn Arbeit wurde innerhalb des tätigen Lebens glorifiziert. Es habe keinen Unterschied mehr zwischen der „Arbeit des Körpers" und „dem Werk unserer Hände" gegeben. In den Anfangsstadien der modernen Entwicklung wurde aber bereits zwischen produktiver und unproduktiver, später zwischen gelernter und ungelernter Arbeit, dann zwischen Kopf- und Handarbeit unterschieden. Aber den Kern der Sache, so *Arendt,* treffe nur die frühe Unterscheidung zwischen produktiver und unproduktiver Arbeit. Sie liege dem Werk der beiden großen Theoretiker, *Adam Smith* und *Karl Marx* zugrunde, denn ausschlaggebend für die neuzeitliche Rangerhöhung der Arbeit sei gerade ihre Produktivität gewesen, da sie überdauere (S. 80). Hier wird Produktivität noch als mit der Schaffung von Produkten gleichgesetzt, was in der Moderne sich hin zu Dienstleistungstätigkeiten wandelt (vgl. die Ausführungen von *Joas* im vorigen Kapitel).

Tatsächlich aber gehe es beim Arbeiten um Mühsal und diese „sei von einer unüberbietbaren Dringlichkeit", denn von ihre hänge das Leben ab. Es sei geradezu ein Kennzeichen der Arbeit, daß sie nichts objektiv Greifbares hinterlasse, daß das Ergebnis ihrer Mühe gleich wieder verzehrt werde und nur ein kleiner Teil überdauere. Das immer gleichbleibende, unproduktive Arbeiten wurde in der Moderne als Restkategorie aus der Vergangenheit abgetan zugunsten der Glorifizierung von Arbeit durch sichtbare, allgemeine Produktivität.

4.1. Exkurs: Produktivität im Alter

Die Gerontologie widmet ein großes Forschungsgebiet dem Konzept der Produktivität im erfolgreichen Alter[39]. *Klaus R. Schroeter* nennt „erfolgreiches" und „produktives" Altern eine Allodoxie in Anlehnung an *Bourdieu.* Dies sei eine Falle, denn dieses Dispositiv sei strategische Verknüpfung der heterogenen Altersfacetten. Er meint, diese von *Havighurst* schon 1961 in die Gerontologie eingeführte Begrifflichkeit könne man heute besser unter „aktiv gestalteter Umweltaneignung" subsumieren. Dazu gehöre Selbstentfaltung, das Ausmaß vorhandener Kompetenzen sowie erfolgreiche Selektion ausgewählter Tätigkeitsbereiche und Kompensation vorliegender Einschränkungen (Theorie der „selektiven Optimierung mit Kompensation", vgl. *Baltes u. Baltes,* [1989b], *Kruse* [1996]).

Was sind die inneren und äußeren Gründe, fragt *Schroeter* und beschreibt antwortend „Resilienz", die es erlaube, trotz gegebener Risikofaktoren mit Hilfe protektiver Faktoren negative Konsequenzen zu vermeiden und auch normales Funktionieren nach Rückschlägen wieder herzustellen. Resilienz sei eine Form von Plastizität (*Staudinger, Greve,* 2001, zit. nach *Schroeter,* S. 98 f.). Bei den in seinem Beitrag in Rede stehenden Kohorten sei der spätere Altersverlauf nicht focussiert. Das bedeutet, daß sich die Verfasser in diesem Zusammenhang mit den sog. „jungen Alten" beschäftigen, die auch in dieser Studie gemeint sind. Soziale und gesellschaftliche Produktivität wird hier mit körperlicher und geistiger Gesundheit, sozialer Kompetenz, persönlicher Handlungskontrolle und Lebenszufriedenheit, Konflikt- und Interaktionsfähigkeit, Denk- und Erinnerungsvermögen, resultierend aus Lebenssinn, beschrieben. Die „adaptive Kompetenz", wie von *Featherman, David L.* (1989) und *Baltes et al.* (zit. nach *Schroeter*) beschrieben, darf unseres Erachtens aber nicht eine völlige Norm- und Rollenkonformität, wie dies der Verf. in das Konzept mit einschließt, beinhalten. Das würde der Interindividualität im Alter widersprechen und Selbstbestimmung einschränken.

Das Konzept ist zwar deswegen nicht unumstritten, weil es als normative Forderung, daß alte Menschen besser altern, wenn sie produktiv sind, nicht

---

[39] Baltes, M., Montada, L. (Hg.) (1996). Produktives Leben im Alter. Ffm., NY.
Knopf, D., Schäffter, O., Schmidt, R. (Hg.) (1989/1995). Produktivität des Alters. 3. Aufl., Berlin.
Lepenies, A. (1996). Produktives Helfen im Alter. Praktische Beispiele. In: Baltes, M., Montada, L. (Hg.), a.a.O., S. 374-381.
Schäffter, O. (1989b). Produktivität des Alters – Perspektiven und Leitfragen. In: Knopf, D., Schäffter, O., Schmidt, R. (Hg.), a.a.O., S. 20-25.

verallgemeinerbar ist. An Hochaltrige und/oder Kranke, die nicht mehr produktiv sein können, erzeugt ein derartiges Ansinnen einen unethischen Leistungsanspruch. Das Alter kann ja bis zu 30 Jahren umfassen, wie bereits ausführt. Wenn dann noch die Variabilität des Alters in den Blick genommen wird, erscheint es unmoralisch, die Forderung nach Produktivität an alle alten Menschen zu richten. Auch *Rosenmayr* (1995, S. 145, zit. nach *Schroeter*) bemängele zu Recht die Übergeneralisierung eines dogmatischen Optimismus in der Gerontologie. Es müsse immer auch das Nichterreichen der Forderung nach Produktivität im Alter mitgedacht werden, sonst stünden den erfolgreich Gealterten die gescheiterten Alten gegenüber.

Wo liegt der Bezug zu *Arendt*? Ihr Arbeitsbegriff, der immer Handlung voraussetzt, ist die Grundlage von Produktivität. „Sollten wir wirklich noch einen ‚wohlverdienten Ruhestand‘ konzipieren", fragt *Tews*. Die Praxis spricht heute eine andere Sprache. „Auf diese Weise tragen nicht nur die rüstigen, konsumorientierten und hedonistischen ‚jungen Alten‘ zur Produktivität des Alters bei, sondern auch all die älteren Menschen, die mit ihren Vulnerabilitäten und existentiellen Knappheiten – aus ihrer Sicht – abnehmende Kapitalien anbieten, die von verschiedenen Branchen und Diensten – ob in gemeinnütziger oder gewinnbringender Absicht – aufgegriffen und produktiv gewendet werden" (*Tews*, S. 100).[40]

Tews wende sich, so *Schroeter*, damit von den „prozeßorientierten" Produktivitätsvorstellungen ab, wie sie vor allem in den geragogischen und gerontopsychologischen Diskursen zu finden seien (u.a. von *M. Baltes*, 1996; *Schäffter*, 1989; *Staudinger*, 1996) und weiter auch von dem physiologischen und psychologischen Alterungsprozeß. Er focussiere Verhalten im Alter. Daher spräche er auch nicht von „Produktivität des Alters" sondern von „Produktivität im Alter". Ich schließe mich hier *Tews* an, indem ich diesen Exkurs gleichlautend bezeichne, und dies, weil meine Arbeit im empirischen Teil genau dieses Verhalten im Alter beschreibt.

W e n n aber ältere Menschen noch unentgeltlich produktiv sind, sollte man das Erwirtschaftete nicht nach Bruttosozialprodukt berechnen, zumal ja ein equivalenter Stundenlohn beliebig ist, sondern einfach ein erhebliches volkswirtschaftliches Potential konstatieren. Vgl. dazu die eindrucksvollen Berech-

---

[40] Tews, Hans-Peter (1996). Produktivität des Alters. In: M. Baltes, L. Montada (Hg.), a.a.O., S. 184-210.

nungen aufgrund der Datenbasis des Alters-Surveys von *Künemund*[41], wonach durch unentgeltliche Arbeit Älterer von 60-85 Jahren ca. 21% der jährlichen Zahlungen der gesetzlichen Altersversorgungssysteme kompensiert werden. Da meine Empirie Hinweise geben soll, was jenseits des kapitalistischen Systems möglich ist, können solche Berechnungen lediglich der Unterstützung des Vorstellungsvermögens des Produktivitätsfaktors der Alten dienen, um den Umfang dieser Tätigkeiten schon heute klarzumachen. Daß hier noch ungeheure Produktivitätspotentiale schlummern, scheint im Rahmen der sozialen Bedingtheit wahrscheinlich.

4.2. Von der Einzigartigkeit des Menschen

Die Menschen s i n d nicht nur verschieden, so *Arendt*, sie unterscheiden sich sprechend und handelnd aktiv voneinander. Ihre Einzigartigkeit stelle sich im Sprechen und Handeln dar. Zwar teile der Mensch die Verschiedenheit mit allem Seienden, nicht aber die Einzigartigkeit, jedes einzelne Glied menschlicher Pluralität als Vielheit sei in seiner Art einzigartig.

Diese Einzigartigkeit des Menschen ist für mich die Basis, auf der ich Interviewforschung mit Hilfe narrativer Interviews durchgeführt habe. Die meisten Befragungen in der Praxis erfolgten an Frauen. Trotz aller Individualität haben sie im Alter eine besonders ausgeprägte Pluralität, Heterogenität und Differenzierung von Lebenslagen, Lebensstilen und Umgangsformen (*Beck-Gernsheim,* 1991)[42].

Dies scheint mir die Begründung dafür, daß meistens Frauen die Initiatoren für gemeinsames Leben im Alter und bei der Gründung von Seniorengenossenschaften sind. *Beck-Gernsheim* nennt Frauen „die heimliche Ressource der Sozialpolitik". Frauen sind es auch, die stärker mit anderen kommunizieren, wenn es um das Weitertragen von Ideen geht.

Ein Leben ohne alles Sprechen und Handeln wäre kein Leben mehr, so *Arendt.* Sprechend und handelnd treten wir in die Welt und bestätigen in einer Art zweiter Geburt unser Geborensein, indem wir die *Verantwortung* dafür

---

[41] Künemund, H. (2000). In: Martin Kohli, Harald Künemund. Die zweite Lebenshälfte. Gesellschaftliche Lage und Partizipation im Spiegel des Alterssurvey. Bd. 1. Opladen: Leske und Budrich.

[42] zit. nach Backes, Gertrud M. (1991). Geschlecht und Alter(n) als künftiges Thema der Alter(n)ssoziologie.

übernehmen. *Handeln und etwas Neues beginnen sei praktisch dasselbe. Daher könnten Menschen Initiative ergreifen und etwas Neues in Bewegung setzen* (S. 166)[43]. Der Begriff des Handelns enthält die Mitverantwortung, die in der Zivilgesellschaft gefragt ist. Handeln heißt „im Leben sein", inter homines esse. Hier liegen die ideengeschichtlichen Wurzeln des „Kommunitarismus" und in praxi für „bürgerschaftliches Engagement".

In Anlehnung an *Arendt* gehen *Leopopld Rosenmayr* und *Franz Kolland* von einer handlungstheoretischen Perspektive aus und untersuchen Handeln im Alter in seiner über das bloße Tätigsein hinausgehenden Bedeutung. Dabei stellen sie bewußt die Adaptations-Assimilationskomponente der in der Gerontologie gebräuchlichen These von der selektiven Optimierung durch Kompensation (nach *Baltes* und *Baltes,* 1990, s. vor) entgegen. (Vgl. dazu Kapitel 3.1, Handeln als Kreativitätskategorie).

Im Alter, nach der Berentung, nach der „empty-nest"-Phase, wenn die Kinder aus dem Hause sind, sollten daher die gesunden Älteren handelnd etwas Neues beginnen. Potentiale, wie Erfahrungswissen, Expertise, Verantwortungsbewußtsein und häufig auch Geduld zeichnen ältere Menschen in besonderem Maße aus. Schließlich ist das Alter ein soziales Konstrukt auf dem Kontinuum des Lebenslaufs.

4.3. Der Weg von der Freiheit über Selbstsucht zum Gemeinsinn

Mit der Erschaffung des Menschen falle auch die Erschaffung der Freiheit zusammen. Im Handeln und Sprechen zeige der Mensch seine Identität. „... Die ursprüngliche Fremdheit des durch Geburt in die Welt Gekommenseins" wird in der Distanz festgehalten, wobei es „... gleichgültig sei, daß diese Fremdheit sich zum einen im Selbstopfer, zum anderen in absoluter Selbstsucht manifestiere". Vom Standpunkt des Miteinander handele es sich in beiden Fällen um Phänomene der Verlassenheit.

So kann man nach *Arendt* den modernen Individualismus in seiner extremsten Form als Verlassenheit in Selbstsucht interpretieren. Erst der Aufbruch aus dieser Verlassenheit führt zum Gemeinsinn moderner Prägung, zum Kommunitarismus. Sollen Handeln und Sprechen sich voll entfalten, so *Arendt,* konstituierten sie sich nur im Miteinander der Menschen.

---

[43] Kursiv: I. Zundel.

20

„Ohne diese Eigenschaft über das Wer der Person mit Aufschluß zu geben, wird das Handeln zu einer Art Leistung wie andere gegenstandsgebundene Leistungen auch." Es werde dann Mittel zum Zweck wie das Herstellen ein Mittel sei, einen Gegenstand zu produzieren, und das trete immer dann ein, wenn das eigentliche Miteinander zerstört sei (S. 170). Insofern konstituiert gemeinsames Handeln in Sozialität auch eine (neue) Identität im Alter; es entstehen neue Kommunitäten.

In ihrem Kapitel „Selbstreflexion und Gemeinsinn" (S. 272) entwickelt sie die kartesische Methode der Selbstreflexion, bei der der „Verstand nur das erkennen kann, was er selbst hervorgebracht hat und in gewissem Sinne in sich selbst zurückhält". Erkenntnisideal sei die Mathematik (S. 275), denn Erkenntnis sei noch nicht einmal indirekt mit Gegenständlichem befaßt. Offenbar führe sie nach *Hegel* in die für den gesunden Menschenverstand „verkehrte Welt" (Zitat *Hegel* nach *Arendt*), sie sei in der Tat, wie *Whitehead* meine, „das Resultat des auf dem Rückzug befindlichen Gemeinsinns"[44]. Und Gemeinsinn, so *Arendt*, sei ursprünglich der Sinn gewesen, „durch den alle anderen Sinne, die von sich aus rein subjektiv und privat sind, in eine gemeinsame Welt gefügt und auf eine Mitwelt zugeschnitten werden, der also das Vermögen ist, durch das die Gemeinsamkeit der Welt sich dem Menschen so erschließt, wie ihre Sichtbarkeit sich ihm durch das Sehvermögen erschließt, dieser Gemeinsinn gerade wurde jetzt als gesunder Menschenverstand zu einem *inneren Vermögen ohne allen Weltbezug*"[45]. Er verkam zu einer Verstandesstruktur, ja ersetzte verbal den gesunden Menschenverstand.

Was bedeutet das für unser Thema?

Es ist festzustellen, daß Gemeinsinn, heutzutage in aller Munde, wenn auch praktisch immer noch nicht ausreichend verbreitet, an die ursprüngliche Bedeutung wieder anschließt, wonach „alle Sinne ... in eine gemeinsame Welt gefügt und auf eine Mitwelt zugeschnitten werden ...".

Mit dem Verstand, d.h. mit Selbstreflexion kann auch der ältere Mensch imstande sein, sein künftiges Defizit zu erkennen, nämlich daß er anschließen sollte an seine bisherigen Erfahrungen, um sowohl seine Identität zu sichern als auch letztendlich von einer intrinsischen Motivation her den Weltbezug herzustellen. Daraus folgt aus der Fremdperspektive gesellschaftlich positive Wahrnehmung der Älteren als noch nützliche Bürger des Gemeinwesens.

---

[44] Whitehead, A.N. The Concept of Nature. Ann Arbor edition, zitiert nach Arendt, a.a.O., S. 367.
[45] Kursiv: I. Zundel

„... Der Gemeinsinn steht so hoch an Rang und Ansehen in der Hierarchie politischer Qualitäten, weil er derjenige Sinn ist, der unsere anderen fünf Sinne und die radikale Subjektivität des sinnlich Gegebenen in ein objektiv Gemeinsames und darum eben Wirkliches fügt. Damit bleibt homo faber auf indirekte Weise dem Miteinander der Menschen verhaftet." (S. 203 ff.)

4.4. Der Weg vom Erkenntnisinteresse zu den Folgen menschlichen Handelns

Arendt schrieb ihr Werk 1960 im Amerikanischen (Titel: „The Human Condition"), zu einer Zeit, als die Folgenabschätzung wissenschaftlicher Forschung noch nicht Allgemeingut war, als Ethikräte, die sich damit befassen, ob der Mensch alles herstellen sollte, dessen er vermag, noch unbekannt waren. Vielmehr stand beim Prozeß des „Herstellens" von Wissenschaft das Erkenntnisinteresse im Vordergrund; das Produkt der Erkenntnis war lediglich ein Nebeneffekt. Das Wie des Entstehens war für die Wissenschaftler von größerer Bedeutung, als das Was des Entstandenen.

Für unser Thema bedeutet das, daß die (Wieder-)Geburt des Kommunitarismus genau diese Folgen menschlichen Handelns, hier das in-den-Blick-Nehmen neuer Lebensentwürfe der Älteren und die Umsetzung in die Praxis und eben nicht ausschließlich ein wissenschaftliches Erkenntnisinteresse zur Folge hat. Das Produkt der Erkenntnis, nämlich ein neuer Lebensentwurf wird in den Mittelpunkt gerückt. Die Arbeit an neuen Lebensentwürfen Älterer ist Bürgerarbeit und gemeinschaftsstiftendes Handeln. Folgerichtig führt dies zur Überlegung, wie es von der (abnehmenden) Erwerbsarbeit zum Bürgerengagement kommen kann.

5. Grundlegung: Von der Erwerbsarbeit zum Bürgerengagement

U. Beck spricht von „Bürgerarbeit" als gemeinschaftsstiftendem Handeln, als einer Zwitterform von Arbeit und politischem Handeln, die es einer Gesellschaft, die in den letzten 2000 Jahren Arbeit zum anthropologischen Wesensmerkmal des Menschseins überhöht habe, erlaube, einen ersten, selbstbewußten Schritt aus dem Wertimperialismus der Erwerbsarbeit in eine neue Art von Selbstverantwortlichkeit zu tun[46].

Und das geschieht auch in einem weit größeren Ausmaß als uns bisherige Befunde belegen. Wenn in dem Speyerer Werte- und Engagement-Survey von 1997 und weiter in dem Freiwilligensurvey von 1999 festgestellt wird, daß „ungefähr 2/3 der Bevölkerung ab 14 Jahre in irgendwelchen organisierten Zusammenhängen freiwillig, unbezahlt und außerberuflich ‚aktiv' sind und daß ca. die Hälfte von ihnen, d.h. etwa 1/3 der Bevölkerung ab 14 darüber hinaus verantwortliche Tätigkeiten ausübt, auf die Ausdrücke wie ‚ehrenamtliche Tätigkeit', ‚Freiwilligenarbeit' oder ‚Bürgerengagement' anwendbar sind", dann sind die geringeren Zahlenangaben auf frühere methodische Probleme bei den Erhebungen zurückzuführen, so *Beck*. „Freiwilliges Engagement" ist in Deutschland keineswegs eine knappe Ressource[47].

5.1. Das Ende der Arbeitsgesellschaft und ihre Zukunft

„Das Ende der Arbeit und ihre Zukunft" hat *Jeremy Rifkins* sein 1997 in vierter Auflage erschienenes Werk überschrieben[48]. Damit schließt er an *Arendt* an, die in der Einleitung ihres Werkes[49] vorausschauend von der „Aussicht auf eine Arbeitsgesellschaft, der die Arbeit ausgegangen ist" spricht; was könnte verhängnisvoller sein, als der Verlust der einzigen Tätigkeit, auf

---

[46] Beck, Ulrich (2000). Wohin führt der Weg, der mit dem Ende der Vollbeschäftigung beginnt? In: Die Zukunft von Arbeit und Demokratie. U. Beck (Hg.) Edition Zweite Moderne. Ffm: Suhrkamp. S. 46.

[47] Klages, Helmut (2000). Engagementpotential in Deutschland. In: Freiwilliges Engagement in Deutschland. Ergebnisse der Repräsentativerhebung zu Ehrenamt, Freiwilligenarbeit und bürgerschaftlichem Engagement. Zugangswege. Joachim Braun, Helmut Klages (Hg.). Stuttgart, Berlin, Köln: Kohlhammer, S. 114, 115.

[48] Rifkin, Jeremy (1997). Das Ende der Arbeit und ihre Zukunft. Frankfurt a.M., Fischer-Taschenbuch.

[49] Arendt (1984), a.a.O., S. 12.

die die Gesellschaft sich noch verstehe? *Rifkin* setzt sich in seinem Werk mit Zeitgenossen, Utopisten und unserer Gegenwart, der Postmoderne oder dem Computer- oder Informationszeitalter auseinander. Zukunftsbezogen sei die „dritte Säule der neuen Gesellschaft", das „Bürgerschaftliche Engagegement".

Jahrhundertelang galt die protestantische Arbeitsethik als identitätsstiftend für den Menschen. Und es scheint so, als sei das auch heute noch in vielen Bereichen, insbesondere in den neuen Bundesländern, der Fall, wenn man an die psychischen Zusammenbrüche der Menschen bei Arbeitslosigkeit denkt[50]. Es war eine Errungenschaft der Neuzeit, Arbeitszeit zu verkürzen, Freizeit und damit Freiheit für eigene, nicht entfremdete Arbeit zu gewinnen. Plötzlich ist zu viel Freizeit da, sei es, daß man „abgewickelt", arbeitslos ist, sei es, daß die Berentung ansteht, die zunächst begrüßt, dann aber häufig zur „rollenlosen Rolle", Langeweile und Depression führt[51]. Leider wird diese gewonnene Freiheit heutzutage in der Spaßgesellschaft häufig vertan. „Freiheit wozu?" lautet die für den Menschen fundamentale Frage. Es geht um die „Requalifizierung von Zeit"[52].

Ältere Menschen mit ihrer scheinbar grenzenlosen, „späten Freiheit"[53] werden noch immer in der Öffentlichkeit als defizitär, als Belastung für die Erwerbstätigen dieser Gesellschaft wahrgenommen. Dabei können sie, mindestens als gesunde Alte bis in ihre Hochaltrigkeit hinein noch ihre Kompetenzen und Erfahrungen gesellschaftlich nutzbar machen, wie wir an Beispielen sehen werden.

„Es erscheint als durchaus denkbar, daß künftige Generationen mehr als die heute Älteren nach emanzipatorischen oder kontemplativen Wegen suchen werden. ... Auch die Suche nach Selbstverwirklichung, Selbstaktualisierung und Kreativität erfordert einen aktiven Beitrag: letztlich Leistung".[54] An anderer Stelle fragt *Schroeter*, „... ob und inwieweit Altersaktivitäten und nachberufliche Tätigkeiten utalitaristische Tauschbeziehungen darstellen". Freisetzungen im Alter seien also auch auf ihre sozialen Nützlichkeiten hin zu überprüfen (S. 47).

---

[50] Das Land Brandenburg hat noch immer in seiner Verfassung das <u>Recht</u> auf Arbeit. Diese Verfassungsnorm kann allerdings nicht (mehr) eingelöst werden.

[51] Thomae, H., Kruse, A. und Wilbers (1987) (Hg.). Kompetenz und soziale Beziehungen im Alter. München: Deutsches Jugendinstitut.

[52] Heinze, Rolf G. und Strünck, Christoph (2000), a.a.O.

[53] Rosenmayr, Leopold, a.a.O.

[54] Schroeter, Klaus R. (2000). Die Lebenslagen älterer Menschen im Spannungsfeld zwischen „später Freiheit" und „sozialer Disziplinierung": forschungsleitende Fragestellungen. In: Gertrud M. Backes, Wolfgang Clemens (Hg.) Lebenslagen im Alter. Opladen: Leske u. Budrich. S. 45.

5.2. Anerkennung der Älteren oder bloße Tolerierung

Wer sind diese „Älteren"? 1994 gehören dazu ca. 1/5 aller Menschen unserer Gesellschaft, „weil sie selbst über 60 Jahre alt sind". Da sich ein rascher Wandel im Bevölkerungsaufbau vollzieht, ist um das Jahr 2030 u.a. mit etwa 21 Mio. Personen über 60 Jahre zu rechnen. Weil die Bevölkerung insgesamt in Deutschland abnehmen wird, handelt es sich hier um ein drängendes gesellschaftspolitisches Problem[55]. Hier wird bei den Älteren zwischen „über 60 Jahre alt" und über „80 Jahre alt" unterschieden. Andere Forscher sprechen von den über 60-Jährigen als den „jungen Alten" (z.b. *Tews*, a.a.O.). Oder die Unterscheidung wird für die jungen Alten bei 55-69 Jahre angesetzt, die mittlere Altersphase als sog. Konsolidierungsphase zwischen 70 und 85 Jahre, danach folgen die alten Alten[56]. In der vorliegenden Arbeit werden die „jungen Alten" (*Kohli*)[57], sei es ab 60 oder ab 55 Jahre focussiert – entscheidend ist nicht das kalendarische Alter, sondern *daß sie gesund und kompetent* sind.

Es fällt zunehmend schwerer, eindeutige und abgrenzende Bestimmungsfaktoren für „Alter" zu benennen, und mit der Abkehr vom kalendarischen Alter hin zum funktionalen Alter herrsche eine „neue Unübersichtlichkeit" (*Habermas*, zit. nach *Backes, Clemens*, 2003)[58].

Laslett hat für eben diese Gruppe eine „flexible" Theorie des „dritten Lebensalters" aufgestellt und meint, daß einige sie eher beschreibend als analytisch beurteilen werden, weder auf Lebenspläne noch deren Strategien beschränkt. Doch wird die Beziehung zwischen Gesellschaft und Individuum durch beide geprägt. Zu den zwei übergreifenden Alterstheorien, der „Disengagement Theory" und der „Aktivitätstheorie" gehört die des „dritten Lebensalters" ursprünglich zur zweiten Theorie. Ihre Betonung liegt auf Planen und Ausführen bis zu dem Augenblick, wenn das „Vierte Lebensalter" sich einstellt. Rückzug scheint im „dritten Lebensalter" nicht infrage zu kommen, gewiß nicht Rückzug ins Nichtstun oder von anderen Menschen[59].

---

[55] Mayer, K.U., Baltes, P.B., Gerok, W., Häfner, H., Helmchen, H., Kruse, A. et al. (1994). 28. Gesellschaft, Politik und Altern. In: Alter und Altern: Ein interdisziplinärer Studientext zur Gerontologie. Berlin, New York: De Gruyter. S. 722 f.

[56] Clemens, Wolfgang u. Gertrud M. Backes (Hg.)(1998). Altern und Gesellschaft. Modernisierung durch Altersstrukturwandel. Opladen: Leske u. Budrich. S. 13.

[57] Kohli, Martin, Künemund, Harald (Hg.) (2000). Die zweite Lebenshälfte. Gesellschaftliche Lage und Partizipation im Spiegel des Alterssurvey. Bd. 1. Opladen: Leske u. Budrich.

[58] Backes, Gertrud M., Clemens, Wolfgang (2003). Lebensphase Alter. Eine Einführung in die sozialwissenschaftliche Altersforschung. Weinheim, München: Juventa. S. 55 f.

[59] Laslett, Peter (1991). A Fresh Map of Life. The Emergence of the Third Age. Cambridge, MA: Harvard Univ. Press. P. 156 f.

„Für die Älteren steht ein genereller Anerkennungsprozeß noch aus ... Wenn sie über die Rolle von (willkommenen) Konsumenten und (unwillkommenen) Empfängern von Pensionen und Unterstützungen hinaus anerkannt sein wollen, müssen die Alten *sich durch Lebensstil und Haltung einzeln und persönlich legitimieren*[60]. Andererseits, schreibt *L. Rosenmayr* (1989), seit der Studentenbewegung der 68er sei ein Toleranzpotential hinsichtlich gesellschaftlicher Randgruppen und sozial Schwacher gewachsen. Dies sei immerhin durch Jugendmacht geschaffen und begünstige heute den noch zögernden Anerkennungsprozeß der Ansprüche der Älteren und Alten[61]. Der Verf. Verweist auf die Tatsache, daß die Älteren und Alten der Zukunft dadurch, daß sie im Durchschnitt eine bessere Schul- und Ausbildung aufzuweisen haben, sie auch mehr Anspruch auf gesellschaftliche Achtung erwarten werden. Aber sie stoßen auch auf eine kleinere Jugend- und Jungerwachsenenpopulation, die „mit eher scheelen Augen auf alle Ansprüche der Alten sehen wird". Ein bedeutsames Thema sei das Verständnis des Zusammenhangs von Alter und Gesellschaft in einer Zeit des demografischen Wandels, ältere Menschen müßten ausdrücklich als eine Ressource für unsere Gesellschaft begriffen werden[62].

Und schließlich, so *L. Rosenmayr,* geben die Alten (55+) den Jungen (20-40) an Zeit und Geld viel mehr, als sie von diesen erhalten. Auch die Sympathie-Bilanz sei asymmetrisch[63].

Riley et al. (2002) entwerfen in ihrem Paradigma „Aging and Society" den Idealtypus einer altersintegrierten Gesellschaft „in der soziale Segregation der verschiedenen Altersgruppen aufgehoben ist". Sie meinen, daß die lebensweltliche Dreiteilung der Bereiche Bildung, Arbeit, Freizeit künftig aufgehoben wird dadurch, daß diese flexibel gehandhabt werden. Phasen der Bildung wechseln mit Phasen der Arbeit oder Freizeit, gegründet auf dem Konzept des „lifelong learning". Dadurch würden auf natürliche Weise Altersbarrieren aufgelöst, und es entstünde eine stärkere Solidarität zwischen den Generationen.

Amrhein weist diese Idee als Utopie zurück, da die zentralen funktionalen Mechanismen modernen Gesellschaften widersprächen und höchstens im Sin-

---

[60] Kursiv: I. Zundel.
[61] Rosenmayr, Leopold (1989). Wandlungen der gesellschaftlichen Sicht und Bewertung des Alters. In: Zs. für Gerontopsychologie und -psychiatrie, 2, H. 1-3, S. 96-101.
[62] Kruse, Andreas (2002). Zentrale Themen des Dritten Altenberichts. In: Alter und Gesellschaft. Frank Schulz-Nieswandt (Hg.). Weiden und Regensburg: eurotrans-Verlag, S. 23.
[63] Rosenmayr, Leopold (2/2001). Jung gegen Alt? In: Im blick. Informationen vom Landesseniorenrat Baden-Württemberg.

ne einer „reflexiven Modernisierung" altersdifferenter Strukturen vorstellbar sei. Eine gewisse Entfremdung zwischen den Generationen bleibe ein unmittelbares, wenn auch unbeabsichtigtes Produkt des Modernisierungsprozesses[64].

Ich schließe mich in dieser Frage *Riley* et. al. an und meine, daß dies eine Frage der Erfahrung und Reife des Forschers ist (Riley ist weit über 80 Jahre alt, Amrhein ein Nachwuchsforscher, der offenbar nur von seiner gegenwärtigen Erfahrung ausgehen kann). *Mayer* et. al. spekulierten schon 1994, daß die „Grünen eine Generationenpartei sind", sich aber „bald in eine Partei älterer Menschen verwandeln"[65]. Tatsächlich hat die Partei „Bündnis 90 – die Grünen" die „Grauen Panther" der *Trude Unruh* eine zeitlang beheimatet; diese sind aber inzwischen im Streit ausgeschieden und haben eine politisch völlig unbedeutende Partei „Die Grauen" gegründet. Langfristig wird das nicht so bleiben, und damit wäre die politische Anerkennung des gewaltigen Potentials der Älteren vollzogen.

Was ist heute schon zu tun?

* Gesunde, kompetente ältere Menschen sollten in stärkerem Maße als bisher gesellschaftlich nicht mehr bezahlbare Arbeiten freiwillig und bürgerschaftlich engagiert übernehmen. Zum Leitbild sollte „die Bereitschaft zu aktiver ... Mitverantwortung, zu einem Kernbestandteil der Bürgerrolle" gehören[66].
* Durch „Selbstsorge"[67] können sie den Sozialstaat entlasten[68]. Sie tun damit etwas für ihren eigenen Lebenssinn und zur Verbesserung ihres sozialen Umfeldes und werden dadurch voraussichtlich weniger dem maroden Gesundheitswesen zur Last fallen[69].

---

[64] Amrhein, L. (2002). Dialog der Generationen durch altersintegrative Strukturen? Anmerkungen zu einer gerontologischen Utopie. In: Zs. Gerontologie und Geriatrie 33, S. 315-327.

[65] Mayer, Karl-Ulrich, Baltes Paul B., Gerok, Wolfgang et al. (1994), a.a.O., S. 723.

[66] Klages, Helmut (2000), a.a.O. S. 169.

[67] Foucault, Michael, zit. nach Keupp, Heiner (1998). Visionen einer Zivilgesellschaft – Neue Perspektiven der Freiwilligenarbeit, a.a.O.

[68] Mit den folgenden Interviews kann teilweise belegt werden, daß neue, identitätsstiftende Aktivitäten vor Verlassenheit bewahren, und den Sozialstaat da entlasten, wo Finanzressourcen fehlen. Knopf, Detlef (1994). Ehrenamtliche Arbeit – Chancen zur Selbstverwirklichung im Alter. In: „Aktiv im Alter", Landessportbund und Paritätischer Wohlfahrtsverband Berlin (Hg.). Vgl. auch Vierten Bericht zur Lage der älteren Generation, a.a.O., S. 363, 28. Außerfamiliale soziale Unterstützung, freiwilliges Engagement.

[69] Everard, K.M. (1999). The Relationsship Between Reasons For Activity and Older Adult Well-Being. In: Journal of Applied Gerontology, 18, p. 325-340.

- Sie schaffen eine Kultur, die beispielhaft auf Jüngere, Arbeitslose wirken kann[70].

- Sie sollten in ihrem „Bürgerschaftlichen Engagement" einen außerfamiliären Generationen-Mix anstreben (wie auch schon vielfach praktiziert, vgl. Interviews).

- Das „Bürgerschaftliche Engagement" Älterer muß durch Fort- und Weiterbildung über Verbände *qualitätsgesichert* werden, um gesellschaftlich gleichberechtigt mit bezahlter Tätigkeit zu gelten[71].

- „Bürgerschaftliches Engagement" darf nicht Arbeitsplätze vernichten, wohl aber Erwerbsarbeit ergänzen und sogar in Bedarfsbereichen (Öffentlicher Dienst), wo mit Sicherheit keine Erwerbsstellen mehr geschaffen werden können, einspringen[72].

- Ältere Menschen werden dann auch gesellschaftliche Anerkennung finden, wie das heutzutage bereits zunehmend geschieht[73].

Wenn ich hier normative Forderungen aufstelle, so schließe ich damit an *Schroeter* und andere an, daß die Propagierung eines aktiven und produktiven Alters die Seneszenz im Lichte einer „Werkstatt für Lebensstile" erscheinen lasse und es zu prüfen gelte, inwieweit die in einer „Multioptionsgesellschaft" (*Gross* 1994, zit. nach *Schroeter*) „gerierenden Freiräume auch im Alter Distinktionsbestrebungen fördern und dabei neue Aktivitäts- bzw. Produktivitätsverpflichtungen hervorrufen" (vgl. *Tews* 1994b, zit. nach Schroeter)[74]. (Siehe Anlage C, Perspektiven bürgerschaftlicher Entwicklung.)

---

[70] Vgl. Ericson, Generativität sowie aus dem Freiwilligensurvey (1999): Die bundesweite Erhebung zur Ehrenamt, Freiwilligenarbeit und bürgerschaftlichem Engagement: „ca. 22 Mio. Deutsche engagieren sich im Durchschnitt 15 Std. im Monat freiwillig, was einer ungefähren Jahres-Arbeitsleistung von mehr als 3,9 Milliarden Stunden entspricht." (Befragung von 15.000 Deutschen aller Jahrgänge).

[71] Außerfamilale soziale Unterstützung, freiwilliges Engagement. In: Vierter Bericht zur Lage der älteren Generation, a.a.O. S. 363 sowie Klages, Helmut (2000), a.a.O., S. 170.

[72] Dies ist ein „kippliger Balanceakt", denn „Lückenbüßer" im Sinne einer „Reservearmee", wie man dies von Frauen, die erwerbstätig sein wollten, bisher sagte, sollten Freiwillige nicht sein. Vgl. Keupp, Heiner (1997). Gesellschaftliche Bedeutung von Tätigkeiten außerhalb der Erwerbsarbeit. Gutachten für die „Kommission Zukunftsfragen" der Freistaaten Bayern und Sachsen. Bochum, München.

[73] Bürsch, Michael (2001). Nachhaltige Strukturen für Bürgerschaftliches Engagement. In: Freiwillig. Magazin zum Internationalen Jahr der Freiwilligen. Bundesministerium für Familie, Senioren, Frauen und Jugend. S. 26. B. nennt dies „Knotenpunkte im Netz einer Lokalen Anerkennungskultur".

[74] Schroeter, Klaus R. (2000), a.a.O. S. 43.

5.3. Abnahme der Erwerbstätigen und eingeschränkter Lebensstandard, aber mit Grundsicherung

Die Arbeitsgesellschaft der Industrienationen steht erst am Anfang des Produktivitätsgewinns, was bedeutet, daß in künftigen Generationen nur ein kleiner Teil der erwerbstätigen Bevölkerung bezahlter Erwerbsarbeit nachgehen wird. „... daß die Bedeutung des Menschen als des wichtigsten Produktionsfaktors in der gleichen Weise schwinden wird, wie die Bedeutung des Pferdes für die landwirtschaftliche Produktion durch die Einführung von Traktoren zunächst abnahm und schließlich völlig eliminiert wurde."[75] Nun mag das ein wenig zugespitzt sein, aber: Selbst bei einer radikalen Umverteilung der wenigen Erwerbsarbeit auf mehr Menschen wird u.a. nach Auffassung *Rifkins* keine auch nur annähernde Vollbeschäftigung mehr gelingen. Logischerweise werden dadurch die Alterssicherungssysteme weiter geschwächt und die Altenpopulation bis ca. 2050, die ich mit meiner Arbeit im Blick habe, nicht mehr ausreichend – im Vergleich zur Gegenwart – alimentiert werden können.

Die Frage nach der generellen Alimentierung der Bevölkerung wird von Zukunftsforschern damit beantwortet, daß das für eine allgemeine Grundsicherung (Bürgergeld)[76] im Sinne der Daseinsfürsorge nötige Finanzkapital durch eine Besteuerung des auf den Weltmärkten floatenden Kapitals gewährleistet werden könne. Wenn man nach heutiger Kaufkraft von einer Grundsicherung von mtl. 800 Euro ausgeht, bedeutet das auch, daß der Lebensstandard großer Bevölkerungsteile erheblich eingeschränkt werden wird. Es wird beispielsweise nicht mehr möglich sein, daß Alleinstehende Mehrraumwohnungen oder gar Häuser bewohnen. All das muß keine Horrorvision, insbesondere für das Alter, sein, denn wir wissen, daß die ältere Generation nach dem zweiten Weltkrieg mit einem sehr viel bescheideneren Lebensstil durchaus einen Grad der Zufriedenheit erreichte, der ihnen das Leben lebenswert erscheinen ließ, was sicherlich nach den Schrecken des Krieges einsichtig war.

---

[75] Rifkin (1997), a.a.O.
[76] Mitschke, Joachim sowie Artikel o.Verf. (1998). Bürgergeld für alle ist bezahlbar. Wenn die Technik in Zukunft immer mehr Erwerbsarbeit ersetzt, braucht die Arbeitsgesellschaft ein neues Fundament, eine Grundsicherung ohne Arbeit. In: ZUKÜNFTE 23. Gelsenkirchen: Sekretariat für Zukunftsforschung und Gesellschaft für Zukunftsgestaltung (Hg.).

Natürlich bedeutet eine generelle Grundsicherung[77] nicht die Einführung einer kommunistischen Gesellschaft, es wird auch weiterhin und zwar verstärkt eine Schere zwischen arm und reich geben, zwischen wenigen Arbeitsplatzbesitzern und Besitzern an Produktionsmitteln und nicht oder unzureichend am Arbeitsmarkt Partizipierenden. „Da einige dieser Tätigkeiten kein Geld bringen, müssen die entsprechenden Renten- und andere Versicherungsleistungen steuerfinanziert werden. Im Endeffekt kann das zu einer für alle BürgerInnen garantierten Grundsicherung führen."

Claus Offe (2003) führt aus, daß viele Theoretiker der Sozialpolitik derzeit aus dem Grundsatz der staatsbürgerlichen Rechte auf Leistungen und Einkommen herausfordern, allen Bürgern einen „voraussetzungslosen Anspruch auf ein steuerfinanziertes Grundeinkommen zuzugestehen, wobei die Höhe dieses Einkommens möglichst in der Nähe der Armutsgrenze liegen sollte (um einen Anreiz für zusätzliche Erwerbsarbeit zu schaffen). Die Realisierung solcher ökonomischer Bürgerrechte hätte ... wünschenswerte Konsequenzen: Erstens würde der Bedarf an allen Arten von ‚Hilfen' ... radikal reduziert, einfach deswegen, weil alle Bürger ausreichend mit Einkommen versorgt sind. Zweitens würden sich unter dem Einfluß einer solchen bürgerrechtlichen Einkommensgarantie viele Leute ... – vorübergehend oder dauernd – aus dem Arbeitsmarkt zurückziehen, weil sie anderen Tätigkeiten nachgehen wollen ... Auf diese Weise würden sie helfen, das Heer der arbeitsuchenden Arbeitslosen zu vermindern." Es würden u.a. Tätigkeiten aufgewertet, die jenseits der Erwerbsarbeit durchaus nützlich seien, z.B. in Familie, der Gemeinde, in freiwilligen Vereinen und Einrichtungen[78].

Warum beziehe ich generationsübergreifende Überlegungen zur Abnahme von Erwerbsarbeit, zur künftigen Grundsicherung und zum Bürgerschaftlichen Engagement aller Menschen in diese Arbeit mit dem Focus auf die alternde Gesellschaft mit ein?

„Die Hauptsorge verantwortlicher Sozialpolitiker ... gilt seit Jahren der Sicherheit gegenwärtiger und zukünftiger Renten, die bei einer Verdoppelung des Altersquotienten bis zum Jahre 2030 alles andere als ‚sicher' erscheinen.

---

[77] Biesecker, Adelheid (2000). Welche Zukunft? Neun Thesen zur Zukunft des Bürgerschaftlichen Engagements. In: ZUKÜNFTE 34. Gelsenkirchen: Sekretariat für Zukunftsforschung u. Gesellschaft für Zukunftsgestaltung (Hg.). A. Biesecker ist die einzige Frau in der Enquete-Kommission der Bundesreg. für Bürgerschaftliches Engagement.
Offe, Claus (2003). Prinzipien sozialer Gerechtigkeit und die Zukunft des Sozialstaats. http://www.goethe.de/br/poa/wsf/offe.de.htm
[78] Offe, Claus (2003), a.a.O.

Bei einem Erwerbsniveau des Jahres 1993 ... würden im Jahr 2040 100 Er-werbstätige für 83 Senioren aufkommen müssen; 1993 waren es 48."[79]

1. Die Rückwirkung abnehmender Erwerbstätiger auf soziale Sicherungs-systeme, auf die die Alten angewiesen sind, machen eine solche globale Betrachtung erforderlich.
2. In der Lebenslaufforschung ist das Alter nur eine Station auf dem Konti-nuum des Lebens.

Die von mir beschriebenen Modelle bürgerschaftlichen Engagements werden sich in der Gesellschaft der Zukunft sicherlich nicht nur in der älteren Generation bewähren.

5.4. Rifkins zivilgesellschaftliche Vision

Rifkin entwirft nach diesem Scenario eine zivilgesellschaftliche Vision einer weiterentwickelten Demokratie, in deren Zentrum „bürgerschaftliches Enga-gement" steht. „Die politische Debatte verharrt bis heute im Spannungsfeld von Markt und Staat – und wird so den Herausforderungen und Chancen des neuen Zeitalters immer weniger gerecht. Würde der gemeinnützige Bereich als dritte Säule zwischen Markt und Staat ernst genommen, änderte sich das Wesen des politischen Diskurses grundlegend."[80]

5.5. Selbstsorge der Älteren

Nach den vorhergehenden Ausführungen werden viele Ältere in ein, zwei Generationen nicht mehr in der Lage sein, bei Bedürftigkeit teure Hilfsdienste in Anspruch zu nehmen, sondern werden auf Selbsthilfe, die nach *Keupp* „Dienstleistung und Selbsthilfe zugleich" ist, setzen müssen[81]. Dabei können neue Lebensmuster, von denen ich drei bewährte hier vorstelle, hilfreich sein. Hinzu kommt noch ein weiterer Effekt, nämlich die Sinnfindung im Sozial-

---

[79] Backes, Gertrud M., Clemens, Wolfgang (2003) a.a.O., S. 51 f.
[80] Rifkin (1997), a.a.O.
[81] Keupp, Heiner (1997). Neue Alltagssolidarität in der Risikogesellschaft. In: Zwischen Egotripp und Ehrenamt. Agr. Bürgerschaftliches Engagement für München (Hg.) Dokumentation zum Studientag, S. 24.

engagement für einen Großteil der noch kompetenten, gesunden Alten, die noch über ausreichende soziale und psychische Ressourcen verfügen.

„Reflektierte und gelungene Selbstsorge, danach zu fragen, was ich will und was für mich gut ist, ist nicht nur kein Widerspruch zur Bereitschaft, im Alltag praktische Solidarität zu üben, sondern sogar ihre Voraussetzung."[82] Wenn zu Zeiten des gesellschaftlichen Umbruchs nur eine Verlustbilanz ausgemacht wird, dann greift das zu kurz. „Individualisierungsprozesse werden gleichgesetzt mit Erosionsprozessen. Deshalb gilt es, einem weniger trauerumflorten Blick auf diese Prozesse zu richten, die ein ganz wesentlicher Motor für jene Veränderungen sind, die unseren Alltag gegenwärtig tiefgreifend beeinflussen."[83]

1895 äußerte *Max Weber* bereits in seiner Antrittsrede (Universität Freiburg) vorausschauend: „Nicht wie die Menschen der Zukunft sich befinden, sondern wie sie sein werden, ist die Frage, die uns beim Denken über das Grab der eigenen Generation hinaus bewegt, die auch in Wahrheit jeder wirtschaftspolitischen Arbeit zugrunde liegt. Nicht das Wohlbefinden der Menschen, sondern diejenigen Eigenschaften möchten wir in ihnen emporzüchten, mit welchen wir die Empfindung verbinden, daß sie menschliche Größe und den Adel unserer Natur ausmachen."[84]

L. Rosenmayr führt aus, daß die zunehmende Lebenserfüllung *außerhalb* des Berufs die Akzeptanz der Nicht-Berufstätigkeit erhöhe[85].

Außerdem, so *E.O. Müller*[86], funktioniere eine Ökonomie des Glücks nur dann, wenn Muße frei gewählt und nicht als Ersatz für Erwerbsarbeit herhalten müsse. Es geht im Alter um das richtige Verhältnis von Muße (Freizeit) und Sinnerfüllung, vorzugsweise durch bürgerschaftliches Engagement, wobei die neue Ehrenamtlichkeit gleichzeitig Selbsthilfe oder wie *Keupp* sie nennt, Selbstsorge sein wird.

---

[82] Keupp, Heiner (1997), a.a.O., S. 24.
[83] Keupp, Heiner (2001). Eine Gesellschaft der Ichlinge? Unveränd. Sonderdruck, hg. vom Sozialpäd. Institut im SOS-Kinderdorf e.V. München: Eigenverlag.
[84] Weber, Max (1938/1988). Gesammelte Politische Schriften. Antrittsrede im Vorwort der 3. Aufl. Der Nationalstaat und die Volkswirtschaftslehre. Tübingen: J.C. Mohr (Paul Siebeck), S. 12.
[85] Rosenmayr, L.. (1989), a.a.O., S. 99 f.
[86] Müller, E.O., Forum Bürgerbewegung. In: ZUKÜNFTE 26, 7. Jg., Winter ‚98/'99. Sekretariat für Zukunftsforschung u. Gesellschaft für Zukunftsgestaltung (Hg.). S. 43.

5.5.1. Selbsthilfe und veränderte Familienstrukturen

Betrachten wir die Privatsphäre der Menschen, die sich im Bedarfsfalle gegenseitig unterstützen. Der Familienzusammenhang hat sich gewandelt. Vor allen in den Großstädten leben die Generationen „bei innerer Nähe und äußerer Distanz" (*Tartler*, 1961) nicht mehr in gemeinsamen Haushalten oder nahebei. „Intergenerationale Koresidenz in Familien findet bei den sog. jungen Alten kaum statt."[87] Oft leben die Kinder und Enkel weit entfernt von Eltern und Großeltern.

Nicht außer acht gelassen werden sollen auch die sog. *Patchwork-Biographien,* d.h. Familien mit mehreren Eheschließungen und mit in die neue Ehe eingebrachten Kindern und Angehörigen, so daß es Kinder gibt, die sowohl Eltern als Vizeeltern, mehr als vier Großeltern, Urgroßeltern, neue Halbgeschwister usw. haben. Hier entstehen Netzwerke, die a u c h Hilfsdienste übernehmen können. Durch die Langlebigkeit der Alten spricht man heute von „Sandwhichgenerationen", der vier Generationen, Kinder, Eltern, Großeltern und Urgroßeltern (in Ausnahmefällen Ururgroßeltern) angehören können. „Die ‚mittlere Generation' ist nicht mehr die Elterngeneration, sondern die Großelterngeneration ... Großeltern sind heute vielfach die Hilfe*gebenden* und weniger die Hilfe*empfangenden*. Von ihnen geht Hilfe gegenüber den Urgroßeltern wie auch gegenüber den Enkelkindern aus."[88]

„Aber", so *Heiner Keupp*[89], „diese in sozialen Netzen erzeugte Alltagssolidarität bleibt oft auf private Welten reduziert, hat also die Tendenz zu ‚Stammeskulturen'. Unterstützt wird, wer zu uns gehört, zu meiner Familie, zu meinem Clan ..." Diese innerfamiliale Unterstützung ist sicher wichtig, aber darüber hinaus gibt es noch „ein frei flottierendes Potential an Gemeinsinn in der Gesellschaft", so *Helmut Klages*[90].

Dieses Potential an Gemeinsinn gilt es zu kanalisieren hin zu bürgerschaftlichem Engagement, was in gewisser Weise dann auch Selbsthilfe bzw. Selbstsorge ist. Zwar lösen sich alte soziale Mileus teilweise auf, dafür wer-

---

[87] Lang, Oliver (1996). Die Einkommens- und Vermögenslage künftiger Altengenerationen in Deutschland. In: Enquete-Kommission „Demographischer Wandel", Dt. Bundestag (Hg.) Herausforderungen unserer älter werdenden Gesellschaft an den Einzelnen und die Politik. Heidelberg: Decker.

[88] Lehr, Ursula (1991). Psychologie des Alterns. 7. Aufl. Heidelberg, Wiesbaden: UTB Quelle & Meyer. S. 52.

[89] Keupp, Heiner (1997), a.a.O., S. 26.

[90] Klages, Helmut (1993). Körber-Stiftung. S. 40.

den aber neue Gemeinschaften „geknüpft", in denen die Teilnehmer nicht nur Unterstützung erhalten, sondern diese selbst mitproduzieren[91]. Dies wird durch meine Interviews zu den selbstorganisierten, gemeinschaftlichen Wohnprojekten besonders deutlich.

Klages weist an anderer Stelle auf einen „Mittel- oder Oberschichtsbias, als einer Schranke der Partizipation" hin. Zwar gäbe es diesen Effekt auch in anderen Engagementbereichen. Beim „Bürgerschaftlichen" Engagement falle er aber besonders stark aus ...[92] Gemeint ist, daß die meisten Engagierten ihre Auslagen (Fahrgelder etc.) selbst bezahlen müssen. Unter anderem deshalb können sich Unterschichtsangehörige derzeit kaum engagieren, wie die Verf. aus ihrer eigenen Praxis weiß. Langfristig wird sich das ändern müssen.

5.5.2. Qualitätssicherung auch bei sog. Ehrenamtlichen?

Für Hilfsbedürftige werden Freiwillige durch Institutionen nur in sog. Randtätigkeiten (wie Einkaufen, Putzen, Vorlesen, Begleitungsdienste) unentgeltlich eingesetzt. Das könnte sich langfristig ändern, weil Altenpfleger und einschlägige Berufe ohnehin schlecht bezahlt werden und der Arbeitsmarkt daher von diesen Fachkräften leergefegt ist.

Sind solche „Gemeinwohl-Unternehmen" dann staatlich teilfinanziert – wobei sie über den Mitteleinsatz rechenschaftspflichtig sind –, stellt sich die Frage der Kontrolle und Qualitätssicherung der unentgeltlich geleisteten Arbeit. Es ist zu erwarten, daß solche Kontrollen langfristig auch in den von mir untersuchten, selbstorganisierten Projekten stattfinden werden, zumal hier hochwertigere als Randtätigkeiten geleistet werden.

Eingetragene Vereine haben Qualitätssicherung manchmal über ihre Satzung oder Geschäftsordnung geregelt. An dieser Stelle herrscht noch öffentlicher Klärungsbedarf, der wegen des Altenpflegeanteils in einigen Seniorengenossenschaften, die hier dargestellt werden, wichtig wird.

„Die Qualität von Partizipation entscheidet letztlich über die Qualität der Demokratie und das Funktonieren des Gemeinwesens."[93]

---

[91] Heinze, Rolf G. und Strünck, Christoph (2000), a.a.O., S. 173.
[92] Klages, Helmut (1993), a.a.O.
[93] Drewes, Sabine (2003). Qualitätskriterien für Bürgerbeteiligung im Rahmen der lokalen Agenda 21. In: Bürgerschaftliches Engagement, Enquete-Kommission „Zukunft Bürgerschaftliches Engagements", Deutscher Bundestag (Hg.). Opladen: Leske und Budrich. S. 165.

5.6. Dimensionen von Bürgerengagement
– Bürgergesellschaft als Reformperspektive –

„Die Konsequenzen einer sich herausbildenden globalen Netzwerkgesellschaft ‚breiten sich über den gesamten Bereich der menschlichen Aktivität aus, und transformieren die Art, wie wir produzieren, konsumieren und managen, organisieren, leben und sterben' (*Castells* 1991, S. 138, zit, nach *Keupp*). Von diesem Wandel ist auch das freiwillige soziale Engagement betroffen. Es löst sich aus den milieuspezifischen Kontexten, in denen traditionelle Engagementformen ihre spezifische Paßform gefunden hatten."[94] Entstehende Bewegungen suchen zeitgerechte Anpassungen von individuellen Engagementbereitschaften zu erproben. Ein Zerfall könne nicht diagnostiziert werden, wohl aber ein „Formwandel sozialer Integration" (*Habermas*, 1998, zit, nach *Keupp*, 2003, a.a.O., S. 15). „Die subjektiven Bedürfnisse und Orientierungen sind ein zentraler Bezugspunkt für die Förderung zukunftsfähiger Lebensstile."[95]

Wenn es schon heute gelänge, „bürgerschaftliches Engagement" für relativ gesunde, ältere Menschen stärker noch als bisher[96] ins Blickfeld zu rücken,

1. würde sich das negative Altersbild in einer vom Jugendwahn geprägten Umwelt entscheidend verändern: Nicht mehr als nutzlose Rentenverbraucher, alt, krank, hilfsbedürftig und zurückgezogen aus dem sozialen Umfeld, wie dies höchstens für die Hochaltrigkeit zutreffend ist, würde die jüngere Generation die Älteren wahrnehmen, sondern als solidarisch engagierte Mitbürger, die sehr wohl wissen, wie schwer der Generationenvertrag in der Rentenversicherung durchzuhalten ist. Wenn es auch in der gerontologischen Literatur bislang keine Hinweise auf etwa einen „Krieg der Generationen", oder wie der SPIEGEL 1999 titelte, „Generationen im Konflikt, Jung gegen Alt"[97] gibt, könnten Konflikte in den nächsten 50 Jahren angelegt sein.

2. Kurzfristig, bis zur nächsten Wahl, agierende Politiker können auf Dauer einen stabilen Generationenvertrag in der Rentenversicherung ohnehin nicht garantieren und es spricht alles dafür, daß bei einer massiven Abnah-

---

[94] Keupp, Heiner (2003). Lokale Einrichtungen zur Förderung bürgerschaftlichen Engagements … In: Bürgerschaftliches Engagement. Enquete-Kommission a.a.O., S. 13.
[95] Keupp, Heiner (2003), a.a.O. S. 31.
[96] Drei Modelle hierzu sind Bestandteil meiner Untersuchung: Seniorengenossenschaften, Zeittauschringe und Wohngemeinschaften.
[97] SPIEGEL Spezial Nr. 2/1999.

me der erwerbstätigen Bevölkerung[98] für künftige Generationen langfristig nur eine minimale, steuerfinanzierte Alterssicherung vorhanden sein wird. Dies ist ein weiterer Grund, daß „bürgerschaftliches Engagement" der alternden Gesellschaft beistehen kann.

3. Nachbarschaftshilfe ist – mindestens in der Großstadt –, ebenso wie die sich gegenseitig unterstützenden Familienmitglieder einer Großfamilie, die räumlich zusammen wohnt, äußerst rar geworden, ja es gibt beieinander lebende Mehrgenerationen-Familien kaum noch. Wenn „Wahlverwandtschaften" und Freundeskreise hier greifen, könnten mangelnde finanzielle Ressourcen Älterer durch gegenseitige Hilfeleistung ausgeglichen werden. *Keupp* formuliert das so: „Die heute relevanten Netzwerke sind in abnehmendem Maße die traditionellen Ligaturen, also Familie, Verwandtschaft oder Nachbarschaft. Sie verlieren in dem tief greifenden Prozess gesellschaftlicher Individualisierung an Gewicht. Bedeutsamer werden dagegen die postraditionellen Ligaturen oder Gemeinschaften. Darunter sind ... selbst organisierte Initiativen ..."[99]

5.6.1. *Untersuchungsumfang in psychologischer und soziologischer Perspektive*

Wenn ich im Folgenden drei bereits existierende Lebensentwürfe, Seniorengenossenschaften, Tauschbörsen und neue, selbstorganisierte Wohnformen beschreibe und *auch auf ihr mögliches Scheitern hin untersuche*, so bleibt die Hoffnung, daß künftige, in größerer Zahl auftretende Notlagen zum Erfolg „verdammen". Dabei geht es dann nicht nur mehr um zu verändernde Rahmenbedingungen, sondern dann auch um Verhaltensänderungen der beteiligten Menschen (psychologische Dimension), die die Not einleiten wird.

Heute schon wenden sich Menschen gegen eine „fürsorgliche Belagerung" des Sozialstaates[100] hin zu emanzipatorischer Selbstbestimmung mit Teilhabe!

---

[98] Saiger, Helmut (1998). Die Zukunft der Arbeit liegt nicht im Beruf, a.a.O., S. 13 ff.
    Beck, Ulrich, Schröder, Gerhard (7.8.1997). Dem Kapitalismus geht die Arbeit aus. Das Ende der Vollbeschäftigung u. öffentlichen Arbeit. Diskussion im VORWÄRTS, Brennpunkt, S. 12.
    Beck, Ulrich (1997). Kapitalismus ohne Arbeit. In: Stiftung Mitarbeit (Hg.). Zukunftsfähige Gesellschaft. Demokratische Entscheidungen für eine dauerhaft tragfähige Gesellschaft (236 S.).
[99] Keupp, Heiner (2001). Eine Gesellschaft der Ichlinge? Unveränderter Sonderdruck, herausgegeben vom Sozialpädagogischen Institut im SOS-Kinderdorf e.V. München. Eigenverlag. S. 77.
[100] Keupp, H. (1998). Von der „fürsorglichen Belagerung" zur „eigenen Stimme" der Betroffenen. In: R. Geislinger (Hg.). Experten in eigener Sache. Psychiatrie, Selbsthilfe und Modelle der Teilhabe. München: Zenit. S.,19-30.

Alternative Formen des Denkens und Handelns wecken Widerstandspotentiale in der Risikogesellschaft. Risikogesellschaft bedeutet hier Enttraditionalisierung alltäglicher Lebensformen, Herauslösung aus Lebenszusammenhängen, „in denen sie über verläßliche soziale Verknüpfungen verfügten, in denen Vertrautheit, Sicherheit und Geborgenheit möglich war. Zugleich waren solche Zusammenhänge immer auch Einschränkungen selbstbestimmter Lebensentscheidungen und -wege"[101].

Also Motive der Selbstbestimmung sind es, die in einer Gesellschaft im Wandel, der sog. „fluiden" Gesellschaft, Menschen (hier Ältere) „riskante Chancen" in „Empowerment-Perspektive"(*Keupp*) sich neu entwerfen lassen.

Klages spricht von der Formel „von Pflicht- und Aktzeptanzwerten zu Selbstentfaltungswerten", die das Engagement nicht etwa schwächen, sondern vielmehr gerade deutlich umgekehrt verstärken[102].

Die drei Lebensformen für das Alter habe ich deshalb ausgewählt, weil

1. sie sich im Großen und Ganzen bereits gut bewährt haben (vor allem in Baden-Württemberg);
2. allen dreien gemeinsam die selbstorganisierte, auf Selbstbestimmung angelegte Zielsetzung ist, sowie das Einbringen von Zeit als Tauschobjekt[103].

---

[101] Keupp, Heiner (1997). Neue Alltagssolidarität ..., a.a.O., S. 20.
[102] Klages, Helmut (2000), a.a.O., S. 119.
[103] In der Vorstellungsschrift des gemeinschaftlichen Wohnprojekts WABE in Stuttgart (s.dort) heißt es: „Was sich vordergründig als ein Teilen von Raum darstellt, bringt im alltäglichen Zusammenleben ein vielseitiges Teilen von Zeit mit sich. *Gemeinschaftliches Wohnen bedeutet Tauschen,* damit alle gewinnen."

6. Forschungsdesign

Bei der Betrachtung der zuvor genannten kommunitaristischen Ansätze in Deutschland will ich nicht allgemein bürgerschaftliches Engagement untersuchen, sondern beschränke mich auf die Untersuchung der drei genannten Programmelemente älterer Menschen (teils gemeinsam mit jüngeren), nämlich

- die sog. Seniorengenossenschaften (die i.d.R. eingetragene Vereine sind)
- die Tauschbörsen (die Zeit und Talente tauschen und weniger Gegenstände)
- die neuen Wohnformen Älterer mit Jüngeren im urbanen und suburbanem Raum.

Sie beruhen auf einem individualistischen Ansatz der Selbstbestimmung. Dieser ist eingebettet in Verantwortung für das Gemeinwesen und somit ein Beitrag zum Kommunitarismus. Selbstbestimmung, Mitbestimmung und Mitwirkung sind die Grundpfeiler einer Zivilgesellschaft, wobei Mit*bestimmung* für Ältere gegenwärtig allenfalls in kleinen, überschaubaren Bereichen (wie in unseren Beispielen) möglich ist, während Mit*wirkung* – wenn auch vielfach rudimentär – über Seniorenbeiräte in Städten und Gemeinden sowie in Altenheimen bereits verwirklicht ist.

Hinter dem individualistischen Ansatz der Selbstbestimmung steht die Philosophie des Empowerment. Der Bürger wird zum „Subjekt des eigenen Handelns"[104] und entwirft damit seine Identität neu. „Identität braucht Anerkennung, und Anerkennung ist an soziale Zugehörigkeiten gebunden."

Der weitere psychologische Ansatz, Motivation in der Person für ihr Engagement festzustellen, wird durch den soziologischen Ansatz, Anreizsysteme und Barrieren von außen auszumachen, ergänzt. Dennoch wird mit dieser Arbeit eine Synthese im Sinne von *Schroeter* versucht, Psychogenese und Soziogenese zusammenzuführen[105], wobei er sich auf *Norbert Elias* (zit. nach

---

[104] Klages, zit. nach Keupp, a.a.O. sowie:
Keupp, H. (1998). Ohne Angst verschieden sein. Von der fürsorglichen Belagerung zum Empowerment. In: T. Bock & H. Weigand (Hg.). Handwerksbuch Psychiatrie. Bonn: Psychiatrie-Verlag. S. 76-92.
[105] Schroeter, Klaus R. (2000), a.a.O., S. 34 u. 40.

Schroeter) beruft. „Der Mensch tritt nicht als ‚homo clausus' auf, sondern stets in relationalen Interaktionen, wobei der einzelne niemals völlig, sondern nur relativ autonom in Erscheinung tritt. Dabei gibt es auch keine einseitigen Abhängigkeiten, sondern nur ‚fluktuierende Machtbalancen', was wiederum impliziert, daß Spannungen und Konflikte zur inneren Logik und Dynamik der Figurationen gehören." (a.a.O., S. 40)

Barrieren und ihr Einfluß auf „Bürgerschaftliches Engagement" sind bisher nur marginal untersucht worden (z.b. von *Petersen, U., Otto, U.* siehe weiter). Sie können das Scheitern eines Projektes zur Folge haben. Um das zu verhindern, sind die Rahmenbedingungen wichtig, aber auch Einflüsse der Akteure im „Bürgerschaftlichen Engagement", die – wenn überhaupt – besonders schwer veränderbar sind.

Dazu werden Experteninterviews durchgeführt und interpretiert, d.h. mit Experten, die in oder mit den infrage stehenden Projekten arbeiten. Die Projekte werden nicht nur in der bisherigen Literatur vorwiegend positiv dargestellt[106], sondern auch von den handelnden Personen selbst. Es gelingt nicht durchgängig, sich an die Schwierigkeiten und Probleme heranzutasten. Ich glaube aber, daß ich ein sozialstaatliches Aktionsfeld zur Verbesserung der Rahmenbedingungen aufzeigen kann.

Seniorengenossenschaften scheinen mir nach dem vorher Ausgeführten richtungsweisend für künftige Generationen zu sein, ebenso wie die beiden anderen untersuchten Ansätze, Tauschbörsen und Wohngemeinschaften. Insofern weist diese Arbeit deutlich in die Zukunft. Ich beanspruche keinesfalls, eine fundierte Einschätzung der erkennbaren und vermuteten Veränderung sämtlicher Lebens- und Arbeitsbereiche der Gesellschaft für die nächsten Generationen geben zu können, vielmehr werden die m.E. nötigen prognostizierenden Aussagen hier teilweise literaturgestützt berichtet. In einem solchen Scenario werden die von mir untersuchten Ansätze ihr Nischendasein aufgeben. Exemplarisch wird in dieser Arbeit beschrieben, wo und wie Hilfen von außen von der älteren Bevölkerung bei abnehmenden finanziellen Ressourcen als flankierende Maßnahmen eingesetzt werden können. Hierbei geht es auch um *soziale Prävention* und einen Teilaspekt von Sozialbericht-

---

[106] Beispielhaft unter vielen anderen: Landschaft Bürgerschaftliches Engagement (1996). Das Praxis-Handbuch der ARBES. Kontaktstelle für praxisorientierte Forschung e.V.

erstattung. *Kohli* meint, zwischen Forschung und deskriptiver Sozialbericht-
erstattung bestehe kein prinzipieller Gegensatz[107].

„Wir stehen meines Erachtens erst am Anfang der Erkenntnis, daß der Sozialstaat nicht nur Verantwortung für die hilfsbedürftigen Mitglieder der Gesellschaft trägt, sondern auch Verantwortung dafür, daß Menschen unter komple-
xen gesellschaftlichen Verhältnissen sozial und bürgerschaftlich handeln
‚dürfen‘.“[108]

Für derartige Zukunftsrisiken können die heutigen Ansätze ergänzende
Leistungen bieten.

---

[107] Kohli, Martin, Harald Künemund (Hg.) (2000), a.a.O., S. 25.

[108] Hummel, Konrad (1995). Das bürgerschaftliche Engagement als Lernprojekt des Sozialstaates. In:
K. Hummel (Hg.). Bürgerengagement. Seniorengenossenschaften, Bürgerbüros und Gemeinschaftsinitiativen. Freiburg i.Br.: Lambertus. S. 20.

7. Definitionen

7.1. Der Begriff des Kommunitarismus

Der Begriff „Kommunitarismus", was so viel heißt wie Gemeinsinn, tauchte 1980 als Antwort auf die Grenzen einer neo-liberalen Theorie und Praxis auf. Nach *Etzioni*[109] bezeichnet der Begriff „Kommunitarismus" ein Bündel von Eigenschaften (Tugenden). Seine Hauptthemen sind, daß individuelle Rechte (Freiheit, Autonomie) ausbalanciert werden müßten mit sozialer Verantwortung und daß Individuen nicht in Isolation existieren können, sondern beeinflußt werden durch die Werte ihres Kulturkreises. Sollte eine solche Rückbesinnung nicht gelingen, glauben Kommunitarier, wird die westliche Gesellschaft weiter fortschreiten, ohne Normen, selbstsüchtig und interessendurchsetzend zu existieren und dadurch untergehen.

Die Betonung für das Individuum liegt also auf seinen Rechten *und* Pflichten. Innerhalb der Kommunitarier gibt es heftige Auseinandersetzungen, wieviel der Staat dazu beitragen müsse/könne oder – wie derzeit nicht mehr nur die Liberalen meinen, daß ein Weniger an Staat das Gebot der Stunde sei – Sozialdemokraten nennen es „Umbau des Sozialstaates". „Wir haben Werte, die den Bürgern wichtig sind – wie ... Eigenverantwortung und Gemeinsinn – zu häufig zurückgestellt hinter universelles Sicherheitsstreben. ... Allzu oft wurden Rechte höhe bewertet als Pflichten."[110] In diesem Zusammenhang wird Präsident Kennedy zitiert: „Frage nicht, was der Staat für dich tun kann, sondern was du für die Gesellschaft leisten kannst."

Hier setzt meine Betrachtung der neuen Lebensmodelle Älterer an, wenn der Sozialstaat zunehmend an seine Grenzen stößt. Was können ältere Menschen, auch folgender Generationen, tun, um ihr Leben so unabhängig wie möglich von staatlichen Leistungen zu gestalten?

---

[109] Etzioni, Amatai (1997), a.a.O.
[110] Der Weg nach vorne für Europas Sozialdemokraten. Ein Vorschlag von Gerhard Schröder und Tony Blair (9.5.00 im Internet: http://spd.landtag-bw.de/dokumente/schroeder_blair.html), S. 2.

7.2. Was verstehe ich unter „Experten"?

Zu definieren bleibt der Begriff des „Experten".

Gemeinhin versteht man darunter einen Sachverständigen (im vorliegenden Fall sachverständigen Hauptamtlichen). „Experte" steht im Kontrast zu Laie oder Dilettant. Dadurch werden kontrastierende Handlungsmuster gekennzeichnet und zwar „sowohl in beschreibender als auch in bewertender Hinsicht. Beschreibung und Bewertung sind kontextabhängig und perspektivengebunden". Der Experte sei Inhaber von Sonderwissen (Überblickswissen). Dieses könne sich aber verändern[111]. Ich meine, es ist ein recht demokratischer Prozeß, wenn dieses Sonderwissen abgegeben, also aufgelöst wird. *Hesse* meint, es gäbe keine Trennschärfe zwischen Experten und Laien, „gute duale Muster aber sind trennscharf angelegte Muster" (S. 40).

Als „ExpertInnen des eigenen Engagements" bezeichne ich Menschen, die über ihre Stellung in der Institution, in der sie sich engagieren sowie ihre Tätigkeit dort reflektiert haben. Dies festzustellen gelingt über ihre Ausdrucksfähigkeit und läßt sich rückschließen durch ihre längerfristige Mitarbeit, d.h. Akzeptiertsein von den anderen dort Engagierten (Haupt- und Ehrenamtlichen). Sie sind sowohl Nutznießer des Systems als auch Engagierte. Sie sind vom Laien zum Experten geworden.

Ein Experte besitzt wertvolles Fachwissen und dadurch Macht (a.a.O.). Ein „Experte/eine Expertin des eigenen Engagements" muß seine/ihre Macht stets von neuem legitimieren. Seine/ihre Arbeit ist aufgewertet worden, was als Demokratisierungsvorgang in der Zivilgesellschaft aufgefaßt werden kann. „Die Gegenwart scheint mir", so *Hesse,* dadurch gekennzeichnet, daß die Einheit von gesellschaftlichem Leitbild und ... Fachmensch-Wertung zerfällt ..., zugleich verliert das Bild vom wissenschaftlich-technischen Fortschritt deutlich an Kraft, als d a s gesellschaftliche Leitbild zu fungieren, andere Bilder wie das von der Risikogesellschaft ... und ich füge hinzu, das von der Zivilgesellschaft, in der Bürger sich zu eigenem und zum Nutzen anderer engagieren" machen ihm Konkurrenz. „Bei alledem wird die hierarchische Trennung von Fachmensch und Laie unstabil. Unstabil wird auch die Abgrenzung von Mann und Frau in der Gegenwart ..." (a.a.O.)

---

[111] Hesse, Hans-Albrecht (1998). Experte, Laie, Dilettant. Opladen und Wiesbaden: Westdt. Verl., S. 35-38.

Hieraus leite ich meine Definition von „ExpertInnen des eigenen Engagements" her.

Auch „Träumer"/Idealisten sind unter den „ExpertInnen des eigenen Engagements", die „ihre" Idee leben, wobei aber der Beweis noch aussteht, ob sie später selbst auch Hilfe aus „ihrem" System, für das sie sich engagiert haben, bekommen werden.

8. Ein Ausschnitt aus der Kommunitarismus-Debatte

8.1. Kritische Kontroverse über das (amerikanische) Konzept des Kommunitarismus

Die Ursache der Krise moderner Demokratien wird u.a. in kommunitaristischen Theorieansätzen mit der Unfähigkeit, ihre moralischen Grundlagen zu reproduzieren, erklärt. „Community" wird nicht nur im Sinne von Gemeinschaft verwendet, sondern bedeutet auch Nachbarschaft.

Die Bewegung kritisiert den Kapitalismus von links und den Sozialstaat von rechts. Sie ist daher parteiübergreifend, sowohl in den USA als auch in Deutschland. Der Kommunitarismus lasse sich nicht im Rechts-Links-Schema verorten. Die Positionen verteilen sich auf einem Kontinuum zwischen den Polen Individualismus und Kollektivismus[112]. Somit finden wir ihn auch heute in sämtlichen deutschen Parteiprogrammen indirekt aufgegriffen (vgl. auch das *Tony-Blair*-Papier, inhaltich übernommen durch *Gerhard Schröder*).

Eine Analyse der Grundsatzprogramme der CDU, SPD, FDP und der Grünen belegt dies wie folgt:

CDU: „Für eine Gesellschaft des Gemeinsinns. Wir treten für eine solidarische Gesellschaft ein und wenden uns gegen Egoismus, Entsolidarisierung und Anspruchsdenken, gegen soziale Kälte und Ellbogenmentalität ... Wir fordern die Verantwortung und das Engagement des Bürgers für die Gemeinschaft ..."[113]

SPD: „In einer Gesellschaft, in der immer mehr alte Menschen mit immer weniger jungen Menschen zusammenleben und sich die Formen und Bedingungen des Zusammenlebens spürbar verändern, sind solidarische Beziehungen wichtiger denn je. Sie müssen erhalten, erweitert, geschützt und unterstützt werden. ... Mit der Verkürzung der Erwerbsarbeitszeit vergrößert sich das Angebot für die freibestimmten Tätigkeiten. Die gewonnene Zeit wollen wir nicht der Freizeitindustrie überlassen. Alle müssen die Chance bekommen, sich für ihre Nachbarschaft oder Umwelt oder gewerkschaftliche oder politische Aufgaben zu engagieren. Es muß für alle möglich werden, nach

---

[112] Honneth, Axel (1993), a.a.O., S. 14.
[113] Freiheit in Verantwortung. CDU – Das Grundsatzprogramm (neueste Fassung). Beschlossen vom 5. Parteitag, Hamburg, 20.-23.2.1994, S. 16.

eigener Wahl kreativ zu sein. Die Gesellschaft muß dafür die Voraussetzungen verbessern. ...
Solidarität ersetzt nicht Eigenverantwortung, erträgt nicht Bevormundung.
Sie soll auch als Hilfe zur Selbsthilfe wirksam werden."[114]

FDP: „Die FDP ist eine Partei für das ganze Volk. Eine Partei für alle, die fragen, was sie für ihre Gemeinde, ihr Land und ihr Volk tun können, anstatt immer gleich nach dem Staat zu rufen. Wir wenden uns an alle, die mehr Freiheit und Verantwortung und weniger staatliche Bevormundung wollen."
(S. 2)

„Ziel liberaler Gesellschaftspolitik ist es, dem Bürger möglichst viele Chancen zur Gestaltung seines Lebens zu eröffnen. Im Mittelpunkt liberaler Gesellschaftspolitik steht die Politik für Familien und andere Verantwortungsgesellschaften, in denen Menschen dauerhaft Verantwortung füreinander übernehmen. *Dazu zählen auch Generationen übergreifende Verantwortungsgemeinschaften.* Sie sind in unserer heutigen individualisierten Gesellschaft von besonderer Bedeutung. Verantwortungsgemeinschaften sind zu achten und rechtlich abzusichern. Pluralisierung, Individualisierung und neue Lebensentwürfe von Frauen und Männern haben in der hiesigen Gesellschaft zu vielfältigen familiären Lebensformen und Lebensmilieus geführt ..."
(S. 48 f.)[115]

Grüne: „Die Bürgerinnen und Bürger wollen und sollen nicht vom Staat bevormundet werden. Viele können sich selbst helfen, wenn ihnen die Mittel dazu an die Hand gegeben werden ... *Der Sozialstaat muß bürgerschaftliche Gruppen als Kooperationspartner begreifen und fördern.* Hierzu gehört es, Nachbarschaften zu stärken, kleine soziale Netze zu unterstützen, wie auch die Arbeit von Selbsthilfe-Initiativen, Trägern sozialer Arbeit mit sozialräumlichen Bezügen, Vereinen und gesellschaftlichen Gruppen ... Bürgerschaftliches Engagement und Selbstverwirklichung sind keine Gegensätze ... Aufgabe der kommunalen Politik ist es, für moderne Menschen und veränderte Motivlagen passende Angebote und Gelegenheiten zu fördern, in denen sich Menschen selbst entfalten und gleichzeitig etwas für andere tun können ..."[116]

---

[114] Letztes gültiges Grundsatzprogramm der SPD 1998.
[115] Bürgerprogramm 2002 der FDP, beschlossen auf dem Bundesparteitag 10./12. Mai 2002.
[116] Die Zukunft ist grün. Grundsatzprogramm von Bündnis90/Die Grünen. Beschlossen auf der Bundesdelegiertenkonferenz in Berlin am 15.-17.3.2002. S. 66, 67.

Zu den wichtigsten Wortführern gehören außer dem „Vater des Kommunitarismus", *Amitai Etzioni: Robert N. Bellah, Charles Taylor, Walter Rawls, Benjamin Barber, Axel Honneth, Alasdair MacIntyre, Richard Rorty, Michael J. Sandel* und *Michael Walzer*[117].

Der Kommunitarismus gehört nach *Etzioni*[118] zu einer „guten Gesellschaft". Säkuläre Sozialkonservative hätten vor den Rechten des Individuums weitaus mehr Respekt (als religiöse Fundamentalisten), befassen sich aber mit dem Verlust von Tugenden (S. 25). Zur gleichen Zeit sähen Libertäre und Liberal-Konservative die individuellen Freiheiten einer Flut von Bedrohungen ausgesetzt. Von ihnen werde die bloße Vorstellung einer „guten Gesellschaft" bereits abgelehnt. So wird behauptet, der Individualismus werde nur durch die größtmögliche Autonomie gewährleistet. „Entweder gehen sie davon aus, die Freiheit sei am besten innerhalb einer festen Ordnung garantiert oder aber die Gesellschaft finde am ehesten zu einem Zustand der Ordnung, wenn die Freiheit des Einzelnen am größten sei." (S. 26) Dagegen besage das kommunitaristische Paradigma, die „gute Gesellschaft" sei eine, die sowohl soziale Tugenden als auch individuelle Rechte beinhalte. *Es gehe um ein Gleichgewicht beider Orientierungen.* Sei denn die Behauptung richtig, ein Mehr an sozialer Ordnung bedeute für die Mitglieder einer Gesellschaft notwendigerweise ein Weniger an Freiheit und umgekehrt? Könne mehr Ordnung und mehr Freiheit das Optimum für eine Gesellschaft sein?

Michael Walzer sieht im Kommunitarismus einen Widerstreit innerhalb der gepriesenen Tugenden zwischen der Balance Individuum und Gemeinschaft. Als Ergebnis von Toleranz fürchtet er die Entpolitisierung mit dem Ergebnis der Nicht-Partizipation an der demokratischen Willensbildung bis hin zur Öffnung autoritär-harmonisierender, populistischer Propaganda. Stattdessen setzt er auf Konfliktaustragung. Öffentliche Kommunikation lege sich heutzutage durch Massenmedien quantitativ vermehrt als vorstrukturierte Erfahrung über lebensweltliche Erfahrung[119].

Soweit der Kommunitarismus mit dem Feminismus kollidiert, wird diese Kritik hier ausgeblendet, weil sie als theoretische Basis der von mir untersuchten empirischen Modelle nicht zielführend ist; vielmehr sind bislang die

---

[117] Walzer, Michael (1990). Kritik und Gemeinsinn. Berlin: Rotbuch-Verlag.
[118] Etzioni, Amitai (1997), a.a.O.
[119] Zit. nach Geiger, Klaus F. (1997). Wer redet heute noch von der Zivilgesellschaft? In: Kapitalismus am Ende des 20. Jahrhunderts. Johanna Klages und Peter Strutynski (Hg.). Hamburg: VSA.

Hauptträger der untersuchten Basisorganisationen Frauen. Wir werden erfahren, daß es auch zwischen Frauen Machtkämpfe gibt. „Das Fehlen eines angemessenen Erklärungsansatzes für Machtphänomene wirkt sich auch darin aus, daß die Machtbeziehungen zwischen verschiedenen Gemeinschaften kaum berücksichtigt werden. ... Aus dieser Diagnose ziehen *Frazer und Lacey* (1993) den Schluß, daß sich Kommunitaristen trotz ihres Schwerpunktes auf der Gemeinschaftsidee nicht genügend mit den Problemen, die Gemeinschaften mit sich bringen, beschäftigen."[120]

8.1.1. Auseinandersetzung mit dem Liberalismus

Die Kommunitaristen sahen und sehen sich noch heute in der Auseinandersetzung mit dem Liberalismus: Das Individuum ist ein soziales Wesen, sagen die Kommunitaristen, und das sog. Gute müsse in sozialen Kategorien formuliert werden.

Geuss[121] führt aus, „Ideale des Individualismus, der Toleranz und der Beschränkung staatlicher Macht gelten als Mißverständnisse oder gar ideologische Tarnung imperialistischer Bestrebungen", *Huntington*[122] meint, „what is universalism to the West is imperialism to the rest". Liberalismus habe keine Antworten auf Fragen der Armut, der Ungleichheit der Lebensbedingungen und -Chancen, der Zerstörung der Umwelt usw. Er behindere eher Problemlösungen, da er an den Prinzipien der Privatinitiative und der Verteidigung des Privateigentums festhalte. Unbehagen könne aber auch als Zeichen seiner andauernden Vitalität (*Geuss*, a.a.O.), für Offenheit einer möglichen Revision gehalten werden. Habe der Liberalismus überhaupt noch feste Umrisse?

Der Liberalismus, fährt *Geuss* fort, sei ein relativ abstraktes Gebilde ohne feste Umrisse, eine Sammlung von Charakteristika wie Ideale, Werte, Begriffe, Perspektiven usw.

---

[120] Below, Michael (15. Jan. 97).
   In: http://bi-node.teuto.de/leute/m.belowl/lib-komm-referat/node19.html sowie node11.html
[121] Geuss, Raymond (Cambridge 2001). Das Unbehagen am Liberalismus. In: DZ Phil. Berlin, 49, H.4, S. 499-516.
[122] Huntington, Samuel (1977/1998). The Clash of Civilization and the Remaking of World Order. London: Simon and Schuster. P. 184.

Max Weber[123] bebildert diese politische Praxis mit „die Hand in die Speichen des Rades der Geschichte zu legen". Und geschichtsmächtig, als Erfindung des frühen 19. Jahrhunderts fußt der Liberalismus auf einer langen Ahnentafel: *Spinoza, Locke, Montesquieu, Tocqueville, Adam Smith, Humboldt*[124]. Letzterer führt aus, der Staat habe für die Sicherheit der Bürger zu sorgen, solle sich darüber hinaus jeden Eingriffs in deren Privatleben enthalten.

Nochmals *Etzioni*: Libertäre und liberale Individuen nähmen insbesondere Anstoß an sozialen Formulierungen des *Allgemeinwohls*, die zentraler Bestandteil dichter sozialer Ordnungen seien. Jeder solle seine eigene Konzeption des guten Lebens entwerfen, „und öffentliche Politiken und Moralvorstellungen dürften lediglich *Vereinbarungen* darstellen, die vom Individuum freiwillig getroffen wurden"[125]. Libertäre und liberale Individuen wollten nur eine lockere (thin) Ordnung. *Der Kommunitarismus aber bedürfe einer sozialen Ordnung, die sich durch eine Reihe gemeinsam geteilter Werte auszeichne und den Individuen gegenüber verpflichtend sei.* Menschen dagegen, die von sozialer Anarchie umgeben seien (Verbrecher, Orientierungslose) verlangten nach *jeder Form sozialer Ordnung*! (S. 36). Die Herausforderung aber sei, eine soziale Ordnung zu errichten, die *dauerhaft*[126] von ihren Mitgliedern anerkannt werden würde. Dies bezeichnet *Etzioni* als Verantwortungsgesellschaft, gekennzeichnet durch das Spannungsverhältnis zwischen eigenen Präferenzen und sozialen Verpflichtungen, „indem der Bereich jener Pflichten erweitert wird, die man als moralische Verantwortlichkeiten annimmt", denen man aus Überzeugung nachkomme.

James K. Glassmann (zit. nach *Etzioni*) schreibt (S. 31): „... Tatsächlich bin ich ein Liberaler – bzw. ich wäre gerne ein Liberaler, wäre dieses Wort nicht von Leuten mißbraucht worden, die man besser ... Sozialisten, Sozialdemokraten oder Progressive nennen sollte." Wir sehen uns also einer semantischen Konfusion ausgesetzt.

---

[123] Weber, M. (1938/1988). Politik als Beruf. In: ders. Gesammelte Politische Schriften. Tübingen: J.C.B. Mohr (Paul Siebeck). S. 545.
[124] Humboldt, W. (1960). Ideen zu einem Versuch, die Grenzen der Wirksamkeit des Staats zu bestimmen. Andreas Flitner und Klaus Giel (Hg.). Darmstadt: Schriften zur Anthropologie und Geschichte. S. 56-97.
[125] Etzioni, Amitai (1997), a.a.O.
[126] Kursiv: I. Zundel.

Dahrendorf nennt die „Quadratur des Kreises", Wohlstand, Freiheit, Zivilisiertheit und Zusammenhalt in Einklang zu bringen. „Auf irgendeine Weise haben entweder Wohlstand oder Zivilisiertheit oder Freiheit ... fast überall Schaden genommen. Deshalb ist ein Wiederaufbau der bürgerlichen Gesellschaft unter neuen Bedingungen so wichtig."[127]

Er[128] beruft sich weiter auf den Norweger *Walter Lippmanns*[129] und umschreibt die unvollständige Welt, in der wir leben, als eine der Ungewißheit. *Die „gute Gesellschaft" sei ein unfertiger Prozeß*, ständig im Bestreben, unsere Lebenschancen zu verbessern mit Versuch und Irrtum (vgl. *Karl Popper*[130]). Moralische Urteile könnten nur über Individuen, nicht aber über Institutionen gefällt werden. Es gäbe gute und schlechte Regierungen, wobei die guten ohne Korruption und Lügen auskommen. Arcadien sei keine größere Bedrohung als Utopia und der gut geplante Staat, wobei wir eher vom kompetenten Staat als vom moralischen sprächen (S. 42).

Liberalismus sei im 19. Jahrhundert auf dem richtigen Wege gewesen. Dann habe er innegehalten und nur noch den status quo verteidigt. Kollektivismus habe das Vakuum der Ideen ausgefüllt. Liberalismus müsse von den Irrtümern des „laissez-faire-Denkens" befreit werden. Er stehe für Gesetzes-Regeln im besten und vollständigen Sinne. Die „gute Gesellschaft" habe sogar mehr zu bieten, als die „offene Gesellschaft"[131]. Sein Schlüsselthema sei, die Generationen in Vergangenheit und Zukunft, eine Politik der Gerechtigkeit. Die Zukunft, so *Dahrendorf*, liege ... in zweideutiger, unbeständiger, schwieriger Beziehung zwischen Glaube, Indifferenz und Ernsthaftigkeit ...

Man könne Kommunitaristen und Liberale nicht länger auseinanderdividieren, meint *Honneth*[132], denn die Konvergenz zeige sich in einem bestimmten Grad gemeinsamer Bindung an übergreifende Werte, „also an eine kulturelle Gemeinschaft oder Lebensform", ohne die „die Funktionsfähigkeit einer mo-

---

[127] Dahrendorf, Ralf (1997). Wohlstand, Zivilisiertheit und Freiheit: Ist eine Quadratur des Kreises möglich? In: Georgios Chatzimarkakis, Holger Hinte (Hg.). Freiheit und Gemeinsinn. Vertragen sich Liberalismus und Kommunitarismus? Bonn: Lemmens. S. 77-94.

[128] Dahrendorf, W. (1997). After 1989. Morals, Revolution and Civil Society. Oxford: St. Anthony's College and London ...: Mc.Millan Press Ltd.

[129] Lippmanns, Walter (1938/1943). The Good Society. Zit. nach Dahrendorf (1997), After 1989..., a.a.O.

[130] Popper, Karl R. (1973). Objektive Erkenntnis. Ein evolutionärer Entwurf. Hoffmann und Campe: Kritische Wissenschaft.

[131] Bellah, Robert (1991). The Good Society. Zit. nach Dahrendorf (1977), a.a.O.

[132] Honneth, Axel (1993), a.a.O., S. 16.

dernen Demokratie nicht zu gewährleisten ist". *Michael Walzer* sei derjenige, der offensichtlich einen Schlußstrich unter die Kontroverse ziehen wolle.

8.1.2. Das „Kommunitaristische Manifest"

Die FAZ druckte in ihrer Ausgabe vom 8.3.94, S. 37, das „Kommunitaristische Manifest" (verabschiedet in Princeton am 18.11. 1991) ab, das deutlich die Handschrift von *Etzioni* trägt. Dieser Plattform traten nicht nur Konservative und Linke bei, nein auch Liberale, was ganz allgemein ein Umdenken in der globalisierten, von der Ökonomie beherrschten Welt mit unglaublicher Beschleunigung im sog. Modernisierungsprozeß einläutete. Es ist ein Versuch, Balance wiederherzustellen und nicht weiter den Tendenzen von Atomisierung und Entfremdung, von Vereinzelung und Materialismus Vorschub zu leisten.

Die Kommunitaristen warnen in ihrem Manifest: „Amerikanische Männer, Frauen und Kinder gehören vielen Gemeinschaften, lokalen Verbänden, gesellschaftlichen, religiösen und ethnischen Vereinigungen an. Menschliches Sein und individuelle Freiheit können nicht außerhalb der miteinander verflochtenen und sich überlagernden Gemeinschaften, denen wir alle angehören, gedeihen. Ebensowenig kann irgendeine Gemeinschaft auf lange Sicht überleben, wenn ihre Mitglieder nicht einen Teil ihrer Aufmerksamkeit, ihrer Kraft und ihrer Mittel *gemeinsamen Vorhaben* widmen. Die ausschließliche Verfolgung privater Interessen löst das Netz gesellschaftlicher Strukturen auf, von dem wir alle abhängen, und schadet dem Bemühen um demokratische Selbstverwaltung ..."

„Hier wird ganz im *Tocqueville*schen Sinne das Lebensgesetz moderner Demokratien auf den Begriff gebracht. Demokratien können nur dann überleben, wenn sie von der Gemeinschaft der Bürger in einer aktiven Bürgergesellschaft getragen werden."[133]

Mit deutlich zeitlicher Verzögerung sind die Ideen des Kommunitarismus nun zu uns über den Atlantik gekommen, im Sinne eines „cultural lag" und werden in vielen Bereichen Deutschlands, vor allem im Musterländle Baden-Württemberg, auch gelebt.

---

[133] Vorlaender, Hans (1987). Was kann der Liberalismus vom Kommunitarismus lernen? In: liberal. Vierteljahreshefte der Friedrich-Naumann-Stiftung für Politik und Kultur, H. 2, Mai 1987, 39. Jg., S. 33-39.

8.2. Der Ordnungsbegriff und persönliche Autonomie

Ein Problem sei, daß der Ordnungsbegriff von einer konservativen Aura umgeben sei. Vielleicht sei es besser, von Gemeinschaft zu sprechen, weil sich totalitäre, autoritäre Gesellschaften vorrangig auf Zwangsmittel zur Reglementierung stützen.

Kommunitaristische Gesellschaften stützen ihre Ordnung auf normative Mittel: Erziehung, Führungskraft, Konsens, Gruppendruck, Beispiele (Vorbilder). Sie sind auf *Grundwerte* verpflichtet. *Hier verlaufe die Trennlinie zwischen „Law and Order" und der kommunitaristischen Idee einer sozialen Ordnung*[134].

Wichtig seien vermittelnde Instanzen der Gesellschaft, um Individuen vor dem Zugriff des Staates zu schützen. Der Hauptunterschied zwischen dem sozialkonservativem und dem kommunitaristischen Pradigma sei der „Stellenwert, den man jeweils der Autonomie einräumt" (S. 40). Bei den Konservativen fungiere der starke Staat vor jeglichem Individualismus. Es gehe um Zwang versus Freiwilligkeit (S. 41). Individuelle Vorlieben und Neigungen müßten mit Interesse an der sozialen Ordnung ins Gleichgewicht gebracht werden.

Etzioni arbeitet den Unterschied zwischen negativer und positiver Freiheit heraus; Freiheit reiche über den Horizont individualistischen Denkens hinaus. Die negative Freiheit sei der Bereich, in dem sich der Mensch ungehindert durch Andere betätigen kann. Positive Freiheit sei das Recht, Dinge zu tun, die man für erstrebenswert hält, selbstverantwortliche Entscheidungen zu treffen. Es handele sich um eine *sozial konstruierte Autonomie*. Hierzu müßten Gesellschaften „metastabil", d.h. wandlungsfähig bleiben (gesellschaftlicher Umbau, keine bloße Reparatur). In „guten Gesellschaften" werde der Föderalismus gestärkt[135].

Der Philosoph *Hermann Lübbe* führt in seinen sieben „Zukunftsthesen zur Jahrtausendwende" aus, daß erst der Regionalismus politische Kraft entfalte und mitwirkungsbereiten Bürgersinn entfalte[136].

„Das soziale Gefüge beeinträchtigt nicht die Ausbildung von Individualität, vielmehr stützt, nährt und ermöglicht es diese." (S. 53) In den letzten Jahr-

---

[134] Kursiv: I. Zundel.
[135] Etzioni, Amitai (1997), a.a.O.
[136] Lübbe, Hermann (1999). Zukunftsthesen zur Jahrtausendwende. In: MUT. Forum für Kultur, Politik und Geschichte N 385. S. 31-35.

zehnten wurde uns in großen Städten vielfach vor Augen geführt die Atomisierung der Individuen, die zu Auswüchsen an Anomie, Entfremdung, Rückzugstendenzen und unsozialem Verhalten führte. Also: Autonomie dürfe nicht ungebunden sein, sondern müsse in eine soziale Struktur von Bindungen und Werten eingebettet sein (*Etzioni*, a.a.O., S. 55).

Der Hauptunterschied zwischen dem sozialkonservativen und kommunitaristischen Paradigma bestehe „im Stellenwert, den man jeweils der Autonomie einräumt" (a.a.O., S. 40). Im Kommunitarismus beschränke sich die Förderung von Tugenden auf eine Anzahl von Grundwerten. Individuelle Vorlieben und Neigungen müßten im Interesse einer sozialen Ordnung ins Gleichgewicht gebracht werden[137].

8.3. Zur Bedeutung des Werte-Konstrukts in der Kommunitarismus-Debatte

Hans Joas[138] setzt sich mit der Vorbedingung des Kommunitarismus, nämlich mit der Entstehung der Werte auseinander. Die Wertphilosophie entstünde eben gerade dort, wo das Vertrauen in die historisierenden Varianten des Denkens, das die Identität des Wahren und des Guten behauptet, zerginge. „Der Begriff ‚Wert' tritt an die Stelle, an der in der philosophischen Tradition der Begriff des ‚Guten' stand." (a.a.O., S. 38)

Solle man die altmodische Konzeption vermeiden und besser von Einstellungen, Praktiken, Kultur sprechen? In der empirischen sozialwissenschaftlichen Forschung gäbe es keinen Zweifel über die Ausbreitung sog. Postmaterialistischer Werte in den hochentwickelten westlichen Gesellschaften. In der jüngeren Generation, so *Joas*, beobachte man stärker nichtinstrumentelle Wertorientierungen, wie Ästhetik, Kreativität, individuelle Selbstverwirklichung und Schutz der Natur. Im Umkehrschluß wären die Wertorientierungen der Älteren (das ist unser Focus in dieser Arbeit) stärker instrumentelle nach dem baden-württembergischen Motto „Schaffe, spare, Häusle baue", allerdings, wenn man die 60-75-Jährigen im Blick hat, sicherlich mit fließenden Übergängen in postmaterielle Orientierungen. Außerdem setzen instabile Lebensmuster Grenzen:

„Ohne Beschäftigung oder eine demokratische Beteiligungschance ist es sicher gewiß schwieriger und seltener, sich postmaterialistisch zu orientie-

---

[137] Etzioni, Amitai (1997), a.a.O.
[138] Joas, Hans (1997). Die Entstehung der Werte. Frankfurt a.M.: Suhrkamp.

ren." Gerade hier aber setzt die vorliegende Arbeit an, die aufzuzeigen versucht, daß es andere Muster von Entlohnung gibt, wie *Be*lohnung, Anerkennung, Sinngebung, was natürlich nur bei ausreichender Alimentierung (heute noch: Renten, Pensionen; später Grundsicherungen für alle) greift.

Ist die politische Debatte seit den sechziger Jahren über Werte eine Domäne der Konservativen? (vgl. z.B. *H. Kohl*, „geistig-moralische Wende"). In den USA veränderte sich die Ausgangslage unter dem Einfluß der Kommunitarismus-Debatte[139]. Es gab seit den achtziger Jahren eine Wiederbelebung gemeinschaftsbezogener Werte gegen den Vormarsch des Individualismus in all seinen Formen: nutzenorientiert, rechtfixiert oder auf Ästhetik, Selbstverwirklichung zentriert als Voraussetzung zum Schutze des Wohlfahrtsstaates, also ur-linke Werte. Dies trug zum Abbau überkommener Polarisierungen bei. Aus welchen Erfahrungen resultiere dieses scheinbar paradoxe Gefühl einer nicht wählbaren und doch freiwilligen Bindung an Werte? Einwände dagegen:

1. Der Argwohn, jeder Diskurs über Werte stelle den Versuch dar, anderen Werte aufzuoktroyieren (liberale und postmoderne Kritik)
2. Bedeutung der Werte-Diskussion werde in einem Zeitalter kompletter Ungewißheit bestritten.

„Im Gegensatz zu dem öffentlichen Lamento über den Verfall der Werte", so *U. Beck*, fördere allerdings die Individualisierung zukunftsweisende Eigenschaften: es entstehe ein soziokulturelles Milieu, in dem Selbstverantwortung und Selbstbestimmung hochbewertet und eingeübt würden, also Eigenschaften und Orientierungen, die für die Entlastung des (Sozial-)Staates wesentlich seien[140].

Nach *Durkheim,* einem „laizistischen Republikaner" (zit. nach *Joas*), verinnerlichten viele Menschen immer noch Werte und reagierten auf eine Verletzung mit großer Empörung. Dies sei, so *Durkheim*, der sicherste Indikator der tatsächlichen Geltung von Werten. Dürfen wir wirklich subjektive Wertgewißheit heute als Zeichen von Unbildung oder als Ausdruck eines historisch inadäquaten Bewußtseins interpretieren? Sei das nicht Elitarismus?

MacIntyre[141] beschreibt besagte Werte als individuelle Freiheitsrechte, Gerechtigkeitsvorstellungen, Ablehnung körperlicher Gewalt. Ethik wird

---

[139] Honneth, Axel (1993), a.a.O., Einleitung.
[140] Beck, Ulrich (2000), a.a.O.
[141] MacIntyre, Alasdair (1987). Der Verlust der Tugend. Zur moralischen Krise der Gegenwart. Frankfurt a.M., New York: Campus.

heute anders gefaßt als im 17./18. Jahrhundert, als sie weitgehend mit dem Altruismus gleichgesetzt wurde. Von der Tugend zur Regel habe diese nun zentrale Bedeutung in der modernen individualistischen Moral erlangt (S. 309).

Wie ließen sich Werte zu einer universalistischen Moral integrieren? Gelänge eine Vermittlung zwischen Liberalismus und Kommunitarismus in Konfrontation mit der *Habermas'schen* Diskursethik? (*Joas* a.a.O., S. 25)
    Zur Beweisführung bemüht der Verf. zahlreiche handlungstheoretische Modelle (vgl. Kap. 3.1)

8.4. Angewandte Ethik: Ein Bündel von Eigenschaften

Mit *Rawls* setzte in den späten fünfziger Jahren eine Neuinterpretation des politischen Denkens ein. Für ihn ist die politische Theorie und Philosophie angewandte Ethik, in seinem politischen Denken *ist die Haupttugend einer Gesellschaft die Gerechtigkeit. Sandel* setzte sich mit *Rawls* vor allem über den Begriff der Gerechtigkeit auseinander[142].
    „In *Rawl's Konzeption* bildet sich derartiger Zusammenhalt (gemeint ist gesellschaftliche Einheit und Loyalität: Zundel) durch die breite öffentliche Zustimmung zu einer politischen Gerechtigkeitskonzeption, durch einen diesbezüglichen, stabilen, übergreifenden Konsens aller einzelnen Gruppierungen."[143]

Das von *Etzioni* entwickelte Paradigma einer „guten Gesellschaft" ist ein empirisches, obwohl Argumente auf politische Theorie und Sozialphilosophie zurückgreifen, sind sie doch nicht die Grundlagen seines Paradigmas. Er behauptet, Libertäre und Liberale hätten unrealistische Annahmen über die Natur des Individuums. Es sei ein Irrtum, Individuen allein als freie Menschen zu begreifen und sie im Gegensatz zu sozialen Wesen zu sehen, „... obgleich der Begriff ‚kommunitaristisch' Assoziationen zu Kommunen oder Gemeinden und lokaler oder regionalen Verwaltungseinheiten weckt", handele es sich nicht um einen konkreten Ort, sondern um „ein Bündel von Eigenschaften". Zentral sei der funktionalistische Ansatz des „gesellschaftlichen Bedürfnisses", d.h. Rückführung auf das Funktionieren der Gesell-

---

[142] Etzioni, Amitai (1997), a.a.O.
[143] Below, Michael (15.1.97), a.a.O.

54

schaft durch Beiträge, die von ihren Teilen geleistet werden müßten, um dem Ganzen gerecht zu werden, um sich zu erhalten (z.B. Arrangements zur Erneuerung von Ressourcen). Es gelte, sich auf die Wirkfaktoren zu konzentrieren, ein ahistorischer Erklärungsansatz zur „gegenseitigen Abstützung".

In den USA setzte man großes Vertrauen in den Staat zur Unterstützung der Schwachen, also hier eher ein sozialliberal-sozialdemokratischer Ansatz, mindestens noch in der Ära *Clinton.* Hier hat es aber auch nie den „überfürsorglichen Staat", der allein für Sozialfürsorge seiner Bürger verantwortlich ist, gegeben.

Ist der Kommunitarismus daher auch ein Rezept für Deutschland?

Eine verbindende Klammer zwischen dem Diskurs über die Bedeutung von Gemeinschaften und Gemeinsinn sei das Subsidaritätsprinzip[144]. Dieser Begriff ist eng verbunden mit der katholischen Soziallehre und *Oswald von Nell-Breuning.*

„... Die beste Gemeinschaftshilfe ist die Hilfe zur Selbsthilfe; wo immer Gemeinschaftshilfe zur Selbsthilfe möglich ist, soll daher die Selbsthilfe unterstützt, Fremdhilfe dagegen nur dann und insoweit eingesetzt werden, wie Gemeinschaftshilfe zur Selbsthilfe nicht möglich ist oder nicht ausreichen würde."[145]

---

[144] Probst, Lothar (1997). Bürgergesellschaft, Gemeinschaft und Sozialstaat. In: ZUKÜNFTE 21. Gelsenkirchen: Sekretariat für Zukunftsforschung u. Gesellschaft für Zukunftsgestaltung. S. 37.
[145] Nell-Breuning, Oswald von (1985). Gerechtigkeit und Freiheit. Grundzüge der katholischen Soziallehre. München: 2. Aufl., S. 55 ff.

9. Bürgerbeteiligung Älterer als Beitrag zur Zivilgesellschaft[146]

Partizipation Älterer bei Lösungen gesellschaftlicher Fragen wird unumgänglich, wenn in Kürze ein Drittel der Bevölkerung über 60 Jahre alt sein wird. Sie findet auch bereits statt, allerdings meistens nur mitwirkend, nicht mitbestimmend, mitgestaltend, und zwar über die Seniorenvertretungen in Städten und Gemeinden, über Verbände, die in übergeordneten Wohlfahrtsverbänden organisiert sind (z.B. im Paritätischen Wohlfahrtsverband oder der BAGSO[147], über Stifts- und Heimbeiräte. Wenn auch die Gewerkschaften Seniorengruppen unterhalten, so haben diese doch ebenfalls wenig zu vermelden, kümmern sich die Gewerkschaften ohnehin vorwiegend um Arbeitsplatzinhaber zu Lasten der Arbeitslosen, die sie nicht organisieren.

Der Begriff der „Zivilgesellschaft" hat, trotz der Erstformulierung 1980, also in der Neuzeit, von *Michael Walzer,* viele Urheber. Die Überzeugung, daß eine entwickelte Zivilgesellschaft zur Stärkung der Demokratie beitrage, entstand nicht erst in den letzten Jahren, sondern beruht auf einer langen Tradition. Sie reicht von *John Locke* (1632-1704) mit seinem Kernanliegen: Schutz vor staatlicher Willkür, über *Montesquieu* (1689-1755) und *Alexis de Tocqueville* (1805-1859), der zivilgesellschaftliche Vereinigungen als Schule der Demokratie fordert, bis zum Altliberalen *Ralf Dahrendorf* mit seinem Konzept der Bürgergesellschaft und *Jürgen Habermas*[148]. Nach *Dahrendorf* ist die Bürgergesellschaft „eine Welt, die dem einzelnen Lebenschancen offeriert, ohne daß der Staat eine Rolle spielen muß" (1992, zit. nach *Merkel* und *Lauth*). Die Bürgergesellschaft sei eine aktive Gesellschaft, die zum Tun herausfordere: Etwas tun heiße, selbst etwas tun, in freier Assoziation mit anderen. Es führe zur bunten Welt der freiwilligen Verbände und Organisationen, dann auch zu den autonomen Institutionen, ... also zur Bürgergesellschaft. Sie sei das Medium des Lebens mit Sinn und Bedeutung der erfüllten Freiheit (*Dahrendorf* 1994, zit. nach *Merkel* und *Lauth*).

---

[146] Zivilgesellschaft oder Bürgergesellschaft sind die synonym gebrauchten deutschsprachigen Übersetzungen des angelsächsischen Begriffs „Civil Society".

[147] BAGSO = Bundesarbeitsgemeinschaft für Seniorenorganisationen, Bonn.

[148] Merkel, Wolfgang und Lauth, Hans-Joachim (1999). Was ist eigentlich Zivilgesellschaft? In: ZUKÜNFTE, 8. Jg., H. 27. Zukunftsprojekt Bürgergesellschaft. Gelsenkirchen: Sekretariat für Zukunftsforschung (Hg.).

Da die Lebenszeit Älterer rapide zunimmt, muß es selbstverständlich werden, daß der Ältere, der sich gesellschaftlich einbringt, genauso an Partizipation in der Zivilgesellschaft teilnimmt, wie der Angehörige der mittleren Generation. Es bestehe schließlich ein Austausch zwischen mittlerer und älterer Generation[149]. „Das Alter bedeutet für unsere Gesellschaft nicht nur Belastung, sondern auch Gewinn."

9.1. Vernichtet Kommunitarismus Erwerbsarbeitsplätze?

Keupp schreibt in seinen „Visionen einer Zivilgesellschaft"[150], auch er habe zunächst gemeint, es sei gefährlich, wenn der Staat durch Rekrutierung von Ehrenamtlichen aus der Verantwortung für ein professionell und institutionell gut entwickeltes System sozialer Dienstleistungen herauszuschleichen versuche. Seine Skepsis auf mögliche Ausbeutung ehrenamtlicher Tätigkeit durch staatliche Instanzen hielt auch noch weiter an. Dies ist zweifellos ein ernstzunehmender Einwand gegen die Grundsätzliche Idee des Kommunitarismus. Der Vorwurf erfolgt gegen die Neo-Liberalen, die den Staat vehement zurückdrängen wollen, die Eigenverantwortung stärken, an sich positive Forderungen sofern sie nicht die Schwächsten der Gesellschaft treffen.

Vernichtet „bürgerschaftliches Engagement" bezahlte Arbeitsplätze? Werden staatliche und private Sozialunternehmen (sog. NGOs, non-governmental organizations) nicht vordringlich auf Freiwillige abstellen, um Geld zu sparen? Sind sie nicht in einer Zwangslage angesichts leerer Kassen?

„Dennoch hat der Kurswechsel in der Politik bei vielen Menschen, die hauptamtlich dort arbeiten, wo verstärkt fürs Ehrenamt geworben wird, die Furcht vor dem Verlust ihres Arbeitsplatzes ausgelöst ..."[151]

Aber es ist ja nicht so, daß Arbeitsplätze wegfallen, *weil* Menschen sich unentgeltlich engagieren, sondern diese bewahren das staatliche System an solchen Stellen vor dem Zusammenbruch, wenn sie gesellschaftlich notwendige Aufgaben übernehmen! Hier gilt es, Ängste abzubauen und Überzeugungsarbeit zu leisten.

Max Weber unterscheidet Gesinnungs- und Verantwortungsethiker[152]. „... Nach den ‚Folgen' fragt die absolute Ethik nicht." Analog: Der Gesinn-

---

[149] Kruse, Andreas (2002), a.a.O.
[150] Keupp, Heiner (1998), a.a.O.
[151] Rüskamp, Wulf (2001). Das Bürgerland Handbuch. Landesregierung Baden-Württemberg (Hg.) im Auftrag der Interministeriellen Arbeitsgruppe „Ehrenamt/Bürgerschaftliches Engagement".
[152] Weber, Max (1938/1988), a.a.O., S. 539.

ungsethiker würde eher einen Systemzusammenbruch riskieren, als einzusehen, daß die Arbeit für die Menschen geleistet werden muß, auch dann, wenn sie nicht mehr bezahlbar ist. Der Verantwortungsethiker geht von der Realität aus, nämlich, daß bestimmte Erwerbsarbeitsplätze bereits weggefallen sind und auch in absehbarer Zeit nicht wiederbelebt werden können. Die Arbeit (für den Menschen) aber bleibt. Worauf soll er noch warten? Er wird sich also freiwillig unentgeltlich engagieren.

Aber, so *Dahrendorf,* man müsse wissen, daß *Max Webers* Unterscheidung (zw. Gesinnungs- und Verantwortungsethik) nicht als Entschuldigung für moralisch inakzeptable Aktionen gewertet werde, das Wort Realpolitik sei deshalb zurecht mißtrauisch zu betrachten[153].

Wir bekennen uns in erster Linie zur Verantwortungsethik und würden Systemzusammenbrüche zu verhindern suchen.

9.2. Verwirrspiel „Dritter Sektor"

Was ist gemeint? Der Begriff „Dritter Sektor" auf dem Arbeitsmarkt ist noch immer unzureichend definiert und daher nicht trennscharf. Bekanntlich ist er begrifflich angesiedelt ergänzend zum Markt, dem ersten Sektor und dem Staat als zweitem Sektor (hier: sog. Arbeitsbeschaffungsmaßnahmen = ABM) und steht im Verdacht, der Niedriglohnsektor zu werden. Zum „Dritten Sektor" zählen außerdem gemeinnützige Unternehmen, Organisationen der alternativen Ökonomie, sog. Non-Profit-Organisationen wie Wohlfahrtsverbände[154]. Diese wiederum beherbergen eine Vielzahl von kleineren Organisationen, wie Weltanschauungsvereine, Tauschbörsen, Seniorengenossenschaften, innovative Beschäftigungsgesellschaften, Stiftungen, vorwiegend auch auf unentgeltlicher, freiwilliger Basis. So entsteht umfänglicher Klärungsbedarf, wenn man sich beim „Dritten Sektor" lediglich auf nicht *ent*lohnte, sondern *be*lohnte Tätigkeiten bezieht. Er bietet für viele einen Ausweg aus der sog. Arbeitskrise, weil er Eigeninitiative und Kommunitarismus (Gemeinsinn) bei den Bürgern auffrischt. Mag sein, daß auch wegen der unzureichenden Abgrenzung gegenüber dem Profitbereich Konkurrenzängste beim Verteilungskampf zwischen bezahlter und unbezahlter Arbeit bei den auf Geld-

---

[153] Dahrendorf, Ralf (1997). After 1989. Morals, Revolution and Civil Society, a.a.O. Textübersetzung von I. Zundel.

[154] Der Dritte Sektor in Deutschland. Organisationen zwischen Staat und Markt im gesellschaftlichen Wandel (1997). Helmut K. Anheier, Eckhard Priller et al. (Hg.). Ed. Sigma.

erwerb Angewiesenen auftreten. *Horch*[155] stellt die *Wertorientierung der Profitorientierung der Wirtschaftsunternehmen gegenüber;* Wertorientierung sei allerdings bislang (1983) kaum untersucht. Das hat sich inzwischen geändert (vgl. *Hans Joas,* 1997, Kap. 8.3).

Ulrich Beck sieht den Nonprofit-Sektor im „Geleitzug der Moderne" mit funktionaler Ausdifferenzierung gesellschaftlicher Teilbereiche und damit im gesellschaftlichen Modernisierungsdiskurs. Es handele sich um Suchstrategien für die Zweite Moderne, die sich in ihren Strukturprinzipien grundlegend von der Industrie-Moderne unterscheide. Er schlägt vor, daß „Gemeinwohl-Unternehmer" im Auftrag der Kommunen Bürgerarbeit verteilen. Diese werde zwar nicht entlohnt, sondern immateriell belohnt durch Qualifikationen, Ehrungen, Anerkennung ... oder durch „Favor Credits", wie z.b. einen gebührenfreien Platz in einem Kindergarten. Damit werde auch ein ein Beitrag „zur Bereicherung der demokratischen Kultur" geleistet ...[156].

Um „Favor Credits" handelt es sich schließlich auch bei den durch bürgerschaftliches Engagement in Tauschsystemen erworbenen Punkten, die den Engagierten begünstigen, sofort oder später äquivalente Dienste in Anspruch nehmen zu können.

Die Organisationen auf dem Non-Profit-Sektor und ihre Befürworter fordern, daß diese vom Staat in ihrer Grundstruktur besser finanziert werden als bisher, was billiger ist, als wenn der Staat bezahlte Arbeitsplätze im Sozialbereich einrichten muß, da er mit seiner finanziellen Unterstützung unentgeltliche Arbeitsleistungen erhält, die ein nicht unbeträchtliches Bruttosozialprodukt substituieren. Zum Vergleich: Im Jahre 1991 sind 47 Mrd. bezahlte Arbeitsstunden dokumentiert gegenüber *77 Mrd. unbezahlter Arbeitsstunden!* Es gäbe „enorme Betätigungsfelder für den unentgeltlichen Sektor"[157]. Der Staat müßte selbst ein Interesse daran haben, mehr Finanzmittel im Verhältnis zur unentgeltlichen Gegenleistung einzusetzen, da es ihn im Sinne der Daseinsfürsorge entlastet. „Wenn der Staat nur Almosen für den Dritten Sektor übrig hat, setzen manche Akteure auf private Unterstützung. Fundrai-

[155] Horch, H.-D. (1983). Strukturbesonderheiten freiwilliger Vereinigungen. Analyse und Untersuchung einer alternativen Form menschlichen Zusammenarbeitens. Frankfurt a.M., New York: Campus.

[156] Beck, Ulrich (1986). Risikogesellschaft. Auf dem Weg in eine andere Moderne. Frankfurt a.M.: Suhrkamp. S. 365.

[157] Giarini, O., Liedke, P.M. (1991). „Wie wir arbeiten werden". Der neue Bericht an den Club of Rome.

sing, Stiftungen und Sponsoring sind die Zauberworte um den ‚Primärsektor der Selbstverwirklichung' voranzubringen", so der Stiftungsberater *Rupert Graf Strachwitz*[158].

Der Nonprofit-Sektor sei längst nicht mehr eine Residualgröße; seine starke Präsenz sei die Garantie für gesellschaftliche Freiheiten. Hier handelt es sich um ein liberales Modell, d.h. geringe Sozialausgaben und ein relativ großer Nonprofit-Sektor, ein Typus in Ländern mit aufstrebender Mittelschicht[159].

Als Beispiele für Non-Profit-Organisationen des Dritten Sektors sollen hier focussiert werden:

---

[158] Zs. ZUKÜNFTE, 7. Jg., H. 26, 1999. S. 43.
[159] Salaman, Lester M., Anheier, K. (1997). Der Nonprofit-Sektor: Ein theoretischer Versuch. In: Der Dritte Sektor in Deutschland, a.a.O.

10. Seniorengenossenschaften und Tauschbörsen

Das Konzept der Seniorengenossenschaften, das in Baden-Württemberg über einen Modellversuch des Stuttgarter Sozialministeriums im Jahre 1990 für vier Jahre ausgeschrieben wurde, ist zweifellos ein übergreifendes, was die Initiierung von Freiwilligenarbeit in Selbsthilfe gegen eine Gratifikation in Zeitgutschriften anbetrifft. Sie werden „als Chiffre für die Überwindung einer segmentierenden, bevormundenden und defizitorientierten Altenhilfe und -politik betrachtet. Leitziele des Altersbildes dieser Chiffre sind Eigenständigkeit, Selbstbewußtsein, Ressourcenorientierung und Bürgerstatus."[160] Selbsthilfe und Selbstorganisation werden damit zu Weg und Ziel. Die Rahmenbedingungen dafür muß eine „Ermöglichungsverwaltung" (s. vor) stellen.

Die Seniorengenossenschaften verstehen sich als „Bedarfsausgleichssysteme"[161]. „Die Aktivierung der eigenen Potentiale für eine größere Gemeinschaft und auch für koordinierende und planende Tätigkeiten bildet den programmatischen Kern der ‚Seniorengenossenschaften'."[162]

Die Funktionsweise der Zeitguthaben ist wie in den Tauschringen ähnlich aufgebaut. Der Unterschied besteht vor allem darin, daß Tauschringe einen möglichst regen Umlauf ihrer Verrechnungseinheiten (s. weiter) und kein Horten von Guthaben anstreben, während Seniorengenossenschaften zum Prinzip haben, Guthaben aus eigener Arbeit für spätere eigene Bedarfsfälle aufzusparen. Im Gegensatz zur Geldrente verliert die Zeitrente nicht an Wert (1 Std. bleibt 1 Std.) und sie wird nur im Bedarfsfalle gewährt, während die Geldrente immer ausgeschüttet wird[163].

Die übergreifenden Funktionen einer Seniorengenossenschaft werden an dieser Stelle lediglich aufgezählt, mit Inhalt gefüllt werden sie unterschiedlich vor Ort (vgl. Interviews). Es sind dies: Funktion zur Erhaltung der Selbständigkeit (ADL-scores[164], aber auch Haushaltsführung), Beratungsfunktion in allen Lebenslagen, Betreuungsfunktion für Hilfsbedürftige, Finanzleistungsfunktion (solidarische Hilfen, Bereitstellung von Fahrzeugen etc.) und schließlich Koordinierungsfunktion (d.h. mit außergenossenschaftlichen Lei-

---

[160] Otto, Ulrich (1995), a.a.O., S. 15.
[161] Otto, Ulrich (1995), a.a.O., S. 127.
[162] Heinze, Rolf G. und Strünck, Christoph (2000), a.a.O., S.205.
[163] www.tauschring-archiv.de/html/senior1.html 5.4.2003.
[164] ADL = activity of daily living, d.h. tägliche Verrichtungen u. Selbstpflege.

stungsangeboten), Anregung altersgerechter Wohneinrichtungen. Die Entwicklungspotentiale seien auch heute längst noch nicht ausgereizt[165].

Die Organisationsform einer sog. Seniorengenossenschaft wird den Mitgliedern freigestellt. Da das deutsche Genossenschaftsrecht vielfach eine große Hürde darstellt, insbesondere auch der unangemessen hohe Mitgliedsbeitrag, ziehen die meisten eine Vereinsgründung vor.

Tauschbörsen dagegen haben als begrenzter Zweckverband bereits eine lange internationale Tradition. Beiden Projekten gemeinsam ist, daß Arbeitszeit der Freiwilligen gleich Arbeitszeit ist, d.h. es gibt keine Hierarchie in der Art der Tätigkeit. ‚Ich gebe Zeit' bedeutet, meine Lebenszeit ist gleichwertig mit der anderer und wird mit Zeitpunkten statt mit Geld vergütet. „Ein funktionsfähiges Institutionensystem der nicht-monetären gesellschaftlichen Zeitnutzung könnte ... die Perspektive auf eine gerechtere Verteilungsstruktur der Lebenschancen ... eröffnen."

Es gehe um neue Weisen der Verwertung verfügbarer Ressourcen, die Nutzung brachliegender Tätigkeitspotentiale zur qualitativen und quantitativen Verbesserung von Versorgungslagen, und zwar außerhalb des fiskalischen bzw. marktlichen Geld-nexus[166].

Darüber hinaus geht es um organisierte Eigenarbeit, die sog. Jedermannstätigkeiten in einer „Schattenwirtschaft" umfaßt. In den siebziger Jahren des vergangen Jahrhunderts kam bereits eine Dreiteilung des Lebens auf gegenüber des bisherigen Zweierschemas, Erwerbsarbeit – Freizeit, nämlich nun Erwerbsarbeit, Nicht-Erwerbsarbeit (die „unentfremdeten, autonomen Tätigkeiten") und Freizeit. Die „in den beiden ersten Lebensdekaden erworbene Sozialisation und Ausbildung" sei „nicht mehr in der Lage, einen zuverlässigen ‚Vorrat' an Orientierungen und Kompetenzen für den gesamten Lebenslauf bereitzustellen ...". Von Arbeit werde man allerdings auch bei diesen autonomen Tätigkeiten zwischen Markt und Haushalt nur dann sprechen können, wenn sie von dem Arbeitenden selbst als „vorbedachtes" und von anderen als „nützliches" Ziel bewertet wird und wenn die Anstrengungen zu diesem Ziel „in einem vernünftigen Verhältnis der Effizienz bzw. der technischen Produktivität stehen". Insofern würde nach den Kriterien der effizienten Zielorientierung, der sozialen Validierung der Ziele und der adäquaten Pro-

---

[165] Otto, Ulrich (1995), a.a.O., S. 35.
[166] Offe, Claus, Heinz Rolf G. (1990). Organisierte Eigenarbeit. Das Modell Kooperationsring. Frankfurt/Main, N.Y.: Campus.

duktivität ein Großteil der autonomen Tätigkeiten unter Hobbies und damit als Freizeitverwendung klassifiziert werden[167].

Von vornherein sollte „auf die vorgestellte Rolle einer ergänzenden und kompensatorischen ‚Nebenökonomie‘ im haushaltsnahen Wohnumfeld" hingewiesen werden, „um das System nicht mit unrealistischen Erwartungen und den ihnen entsprechenden Enttäuschungen zu überlasten" (S. 308).

Sicher werfen Kooperationsringe bzw. Tauschsysteme eine Vielzahl von *Problemen, Barrieren und Hürden*[168] auf, als da sind:

Matching-Probleme, Unausgeglichenheit von Angebot und Nachfrage. „Hier liegen offenbar anspruchsvolle, konstruktiv zu lösende Optimierungsprobleme."

Ein Ausweg könnte z.b. durch eine externe Instanz geboten werden, z.b. in Form einer Ausfallbürgschaft von einem Wohlfahrtsverband, der seine Standardleistungen notfalls gegen Zeittausch-Gutscheine gewährt[169].

„Ein gut bestätigtes und oft als paradox beklagtes Merkmal informeller Austauschnetze besteht darin, daß diejenigen Bevölkerungsgruppen, ... die am wenigsten auf die daraus resultierenden Wohlfahrtsgewinne dringlich angewiesen sind", die Probleme am leichtesten bewältigen und umgekehrt[170]. Es liegt nahe, daß daher eine schichtspezifische und altersmäßige Mischstruktur die besten Voraussetzungen für funktionierende Tauschsysteme bietet.

Ein weiteres Problem ist das *Transaktionsrisiko,* für seine Punkte keinen erwarteten einwandfreien Gegenwert zu erhalten. In einem System, das auf Vertrauen gründet, kann es keine Reklamationsentschädigungen geben.

In dieser informellen Ökonomie gibt es nur Augenschein und Erfahrungsurteil. Um gravierende Haftungs- und Gewährleistungsprobleme zu vermeiden, sollten nur ausnahmsweise Arbeiten mit hohen und spezifischen Qualifikationen (z.B. im Gesundheits- und Sicherheitsbereich) angeboten und verlangt werden.

Offe und Heinze (a.a.O.) zählen auf, was relativ problemlos getauscht werden könne (S. 309):

---

[167] Offe, Claus, Heinze, Rolf. G. (1990). a.a.O., S. 104, 105.
[168] Probleme, Barrieren und Hürden werden textlich zur Verdeutlichung eingerückt.
[169] Offe, Claus, Heinze, Rolf G. (1990), a.a.O., S. 325.
[170] Offe, Claus, Heinze, Rolf G. (1990), a.a.O., S. 267.

„Sachbezogene Dienste im Wohnumfeld, wie Errichtung, Instandhaltung, Reinigung und Pflege von Wohnräumen, einschl. kleiner Modernisierungsmaßnahmen (z.b. Wärmeisolierung) und Installationen; Reparatur, und Wartung von Einrichtungsgegenständen und Geräten; Anlage und Pflege von Nutz- und Ziergärten, evtl. auch kleine landwirtschaftliche Aktivitäten einschl. Nutztierhaltung; Wartungen und kleinere Reparaturen an ... Fahrzeugen; Entrümpelung und ggf. Übernahme von Teilen der Hausmüllentsorgung; Beschaffung, Konservierung und Veredelung von Nahrungsmitteln; Herstellung, Fertigstellung, Änderung, Reparatur und Pflege von Textilien; sonstige Veredelungsarbeiten.

Personenbezogene Dienste im Wohnumfeld: einfache, persönliche Dienste für Kinder, Kranke, Behinderte und Ältere, einschl. unspezifischer Dienste wie ,Besuche', ,Gesellschaft leisten', Vorlesen, usw., Entlastung von professionellem Hilfs- und Pflegepersonal; Einkaufs-, Besorgungs- und Transportdienstleistungen; ,party-service' und ,catering'; Hilfen beim Umgang mit Behörden und Gerichten (z.B. Ausfüllen von Steuererklärungen) wie beim Umgang mit Herstellern im Einzelhandel (z.B. Geltendmachen von Garantieansprüchen, Beratung bei Anschaffungen etc.); Beratung und Hilfestellung bei der Einrichtung, Bedienung und Nutzung von technischen Geräten (Kamera, Unterhaltungselektronik, Computer); Unterricht und Anleitung: Schularbeitenhilfe, Sprachunterricht, Musikunterricht, Kochkurse."

Man könne die Liste sicher noch erweitern, und die Beteiligten sollten selbst weitere Tauschhandlungen erschließen, z.B. Gebrauchsüberlassung, Tausch von Immobilien (vgl. USA-Erfahrungen), auch professionelle und paraprofessionelle Dienste seien nicht ausgeschlossen. Konkurrenz zum 1. Arbeitsmarkt verbietet, daß dies im nennenswerten Ausmaß geschieht, da durch Zeitwertpunkte kein Kosten-Nutzen-Kalkül auftreten wird.

Seit den neunziger Jahren boomt die Tauschringbewegung in Deutschland. Lt. Bundesministerium für Familie, Senioren, Frauen und Jugend gibt es derzeit mehr als 280 Tauschringe in Deutschland[171], z.B. 28 allein in Berlin, etliche in Chemnitz, Dresden, Frankfurt a.M., Heidelberg, Kassel, Köln, Leipzig, Magdeburg, München, Nürtingen, Singen/HT usw., aber auch bereits in kleineren Orten.

---

[171] Vierter Bericht zur Lage der älteren Generation. Mit Stellungnahme der Bundesregierung. Bundesministerium FSFJ, Stand April 2002. S. 215.

„Eine verschenkte Stunde ist keine vertane Zeit" und „Dabei tun sie, was ihnen Spaß macht, um zu lassen, was sie hassen" – so oder ähnlich lautet das jeweilige Motto[172].

Die Programmatik beider Konzepte (Seniorengenossenschaften und Zeittauschbörsen) liegt im Kontext der Bürgerarbeit, focussiert wird in dieser Arbeit der Altensektor. Wenn der Umbau des Sozialstaates in den Blick genommen wird, muß sich die „Altenarbeitslandschaft" hin zu einem wellfaremix verändern. Die Initialzündung für solche Modelle aus einer innovativen Verwaltung, bedeutet aber nicht, *daß die Akteure in Freiwilligkeit nicht selbstbestimmt ihrer Tätigkeit nachgingen.* Eine weitere Forderung dieser aktiven Älteren ist Teilhabe im Zusammenhang ihrer Aktivitäten. Dies alles geht unter dem Label „Kommunitarismus" zusammen.

10.1. Zur Geschichte geldunabhängiger Tauschsysteme

In vielen Ländern Europas hat die Idee von geldunabhängigen Tauschsystemen Fuß gefaßt, wobei Großbritannien seit 1989 die Vorreiterrolle spielt (z.Zt. gibt es dort mehr als 300 miteinander vernetzte Tauschringe).

Zurück gehen Tauschsysteme auf die USA, Canada, Australien und Neuseeland Anfang der achtziger Jahre. Sie werden dort LETS (= local exchange trading system) genannt. Ziel eines LETS ist der Tausch von Produkten und Leistungen außerhalb der Landeswährung. Kleinräumigkeit (lokale Systeme) sind Voraussetzung für Funktionsfähigkeit, um weite Wege zu vermeiden. Allerdings ist im Gegensatz bislang zu Deutschland in den angelsächsischen Ländern eine gute Vernetzung gelungen[173].

Das Modell des Kooperationsringes (ein Oberbegriff für Zeittauschbörsen) unterscheide sich von der LETS-Bewegung, daß hier keine Nebenwährung wie z.B. den „Green Dollars" vorläge. Die Nebenwährung sei noch eng an das Leistungssystem und/oder Marktpreise angelehnt, was bei „Kooperationsringen" nicht der Fall sei[174].

Der britische Ökonom *John Maynard Keynes*, der heute fälschlicherweise als Apostel für immer mehr Staatsverschuldung angesehen wird, ist tatsäch-

---

[172] Tauschring Wrangel-Kiez, Berlin-Kreuzberg (Flyer).
[173] Borchardt, Wolfgang und Wirtz, Joachim (Hg.) (1996). Geldloser Ressourcentausch für Vereine, Betriebe und Projekte. Beiträge zur Demokratieentwicklung von unten. Ein Instrument zur Förderung der ökonomischen Selbsthilfe. Band 11. Bonn.
[174] Offe, Claus, Heinze, Rolf G. (1990), a.a.O.

lich ein vehementer Zinskritiker gewesen. Er hielt große Stücke auf den – wie *Keynes* ihn nannte – „merkwürdigen" Propheten *Silvio Gesell*, den „Vater" der LETS-Bewegung. *Keynes* glaubte daran, daß die Zukunft mehr vom Geiste *Gesells* als von dem von *Marx* lernen würde. „Der Zweck von Gesell's Buch (gemeint ist: „Die natürliche Wirtschaftsordnung durch Freiland und Freigeld") als Ganzes kann als die Aufstellung eines antimarxistischen Sozialismus beschrieben werden, eine Reaktion gegen das laissez-faire, auf theoretischen Grundlagen aufgebaut, die von jenen von *Marx* grundverschieden sind."[175]

Der Arbeits- und Wirtschaftssoziologe *Rolf G. Heinze* spricht von Kooperationsringen, „... die jenseits des Geldmediums und oberhalb des engeren haushaltlichen Leistungsaustausches brachliegende Tätigkeitspotentiale nutzbar machten ...". Bei den meisten Tauschringen gehe es nicht um den Versuch des Entwurfs einer ganz und gar anderen Wirtschaftsordnung, vielmehr um Ergänzungen und Kompensationsmechanismen, die deutlich im Rahmen der reformpolitischen Spielräume lägen, die der staatlichen Politik zur Verfügung stünden. Die in Tauschringen eingeführte Zeitwährung mache „Zeit zirkulationsfähig"[176].

Wir haben es hier mit einer Form des Kommunitarismus zu tun, die aus den zunehmend schwieriger werdenden ökonomischen und gesellschaftlichen Verhältnissen in den westlichen Industrienationen geboren wurde. Der finanzielle Spielraum privater und öffentlicher Haushalte wird immer enger. Außerdem geht mit dem gesellschaftlichen Wandel, der Vereinzelung der Menschen und der demographischen Entwicklung eine wachsende soziale Isolierung, vor allem älterer Menschen einher. Das gegenwärtige Geldsystem trägt dazu bei, daß menschliche Arbeitskraft im Bereich der Dienstleistungen nicht mehr ausreichend genutzt werden kann, da sie für viele Menschen unbezahlbar geworden ist. „Es gibt sehr viele Leute, die geldarm, aber ‚zeitreich' sind."[177]

---

[175] Keynes, John Maynard (1936). Allgemeine Theorie der Beschäftigung, des Zinses und des Geldes. Cambridge: McMillan, S. 300.

[176] Heinze, Rolf G. (1998). Tausch-Netzwerke. Chancen und Potentiale in der erwerbsarbeitsfixierten Gesellschaft. In: ZUKÜNFTE 23. Gelsenkirchen: Sekretariat für Zukunftsforschung u. Gesellschaft für Zukunftsentwicklung. S. 36 sowie:
Organisierte Eigenarbeit. Das Modell Kooperationsring (1990). Claus Offe und Rolf G. Heinze (Hg.). Frankfurt a.M., New York: Campus.

[177] Offe, Claus (1995). In: Austausch der Tauschring-Initiativen, a.a.O.

10.2. Geldloser Ressourcentausch mit Verrechnungseinheiten

Was ist ein „Talent"? Es ist einerseits eine antike Geldeinheit, andererseits ein Synonym für eine menschliche Fähigkeit. Vor diesem Hintergrund sind „Talente" im bargeldlosen Tauschsystem als Verrechnungseinheiten eingeführt worden. In solchen Systemen sind sie „moralische Guthaben" und Verpflichtungen zwischen den Teilnehmern. In Tauschsystemen oder Tauschringen werden Dienstleistungen selten direkt getauscht, insofern ist eine zentrale Buchführung über diese Verrechnungseinheiten erforderlich, wobei jede/r TeilnehmerIn das Recht hat, dort Einblick zu nehmen[178].

10.3. Schwierigkeiten beim Ressourcentausch

Dieses Tauschprinzip wird auch als Counter-Trading, Bartern oder mit Kompensationsgeschäften beschrieben. „Der Effekt des Überbarterns entsteht dann, wenn die angebotenen und nachgefragten Leistungen und Waren innerhalb eines Tauschsystems keine Interessenten finden und auf den Konten keine Bewegungen stattfinden können."

In allen Untersuchungen werde dieses Problem als Hauptschwierigkeit bei der Nutzung bzw. Weiterentwicklung von Tauschringen hervorgehoben[179].

In dieser Literatur, in der anschlußfähig an die bestehenden Modelle der Tauschringe, ein Scenario für geldlosen Ressourcentausch zwischen Vereinen, Betrieben und Projekten entworfen wird, gibt es den *Hinweis auf Möglichkeiten des Scheiterns der Tauschringmodelle,* was ja ein Focus meiner Arbeit ist.

Eine Möglichkeit, dem Scheitern durch Überbartern zu begegnen, ist eine überregionale Vernetzung lokaler Tauschringe. Überregionalität ist bei Seniorengenossenschaften (noch) nicht flächendeckend gelöst, trotz einiger bereits vollzogener Vernetzung.

„Als einzige Lösung kommt deshalb die *moralische Selbstbindung der Teilnehmer* ... infrage, die sich darauf festlegen müssen, bei auftauchenden Ungleichgewichten zwischen Angebot und Nachfrage der Versuchung *zum*

---

[178] Netzwerk Selbsthilfe e.V., Berlin, Kreuzberger Tauschring, Berlin, Verein f. Kooperation, Partizipation und Selbsthilfe e.V., Berlin (1995). Förderverein f. Jugend- und Sozialarbeit e.V., Berlin (Hg). Austausch der Tauschring-Initiativen vom 27. bis 29. Oktober 1995 in Berlin. Dok. u. Materialsammlung.

[179] Borchardt, Wolfgang, Wirtz (Hg.) (1996), a.a.O.

Ausweichen in das Geldmedium zu widerstehen."[180] Das sollte in der Geschäftsordnung festgeschrieben werden.

Darüber hinaus muß bedacht werden, daß „jeden Tausch ... aufgrund unserer gesellschaftlichen Erfahrungen die Vermutung (begleitet) übervorteilt zu werden, und es scheint wichtig und schwierig zu sein, Kreisläufe zu schaffen, in denen dieses omnipotente Mißtrauen zugunsten kooperativer Beziehungen abgebaut wird"[181].

Eine weitere Problematik, die allerdings zumeist in lokaler Kleinräumigkeit (noch) nicht greift, ist die Besteuerung für Tauschtransfers und die Forderung auf Nichtanrechnung von Tauschguthaben der Teilnehmer auf Leistungen der Arbeits- und Sozialämter. Hier muß die sozialpolitische und gemeinwesenorientierte Zielsetzung unbedingt berücksichtigt werden, denn es gibt ja (bisher noch) „keinen Abfluß von Leistungen und Finanzen aus der lokalen Ökonomie"[182]. Um zu einer „progressiven Entstaatlichung" zu gelangen, müssen lokale Einheiten des geldlosen Ressourcentauschs verstärkt politische Unterstützung und Rechtssicherheit erfahren.

10.4. Zeiteinheiten

Im Talent-Experiment Hochschwarzwald, in Lenzkirch, entspricht 1 Talent = 0,50 Euro. Dennoch können Talente nicht in die Landeswährung umgetauscht werden. Sie haben nur innerhalb der einzelnen örtlichten Tauschsysteme Gültigkeit und werden nicht verzinst.

Die phantasievollen Namen für Verrechnungseinheiten lauten in anderen Gegenden „Kreuzer", „Batzen", „peanuts", „Klüngel" usw. Die Wertigkeit entspricht entweder festgelegten, heute Euro-Beträgen (entsprechend der LETs-Bewegung, siehe vor) oder Zeiteinheiten. Letztere sind wünschenswerter, wenn man von der herrschenden Geldwert-Ideologie wegkommen will.

Wie schon in Kap.10 ausgeführt, arbeiten *Seniorengenossenschaften* weitgehend mit Zeiteinheiten. Das hat den zusätzlichen Vorteil, daß es keine Hierarchien in der Art der Arbeit gibt, d.h. wenn jemand eine Std. Kaffee kocht oder Kuchen backt, ist das gleichwertig mit einer Std. Angebot von Computer-Know-how bzw. Installieren einer Software. „Minderwertige

---

[180] Offe, Claus, Heinze, Rolf G. (1990), a.a.O., S. 319.
[181] Offe, Claus, Heinze, Rolf G. (1990), a.a.O., S. 27.
[182] Offe, Claus, Heinze, Rolf G. (1990), a.a.O, S. 28.

Tätigkeiten soll es nicht geben; Lebenszeit ist schließlich für alle Menschen gleich wertvoll."[183]

Angebot und Nachfrage regeln Tausch- bzw. Marktzeitungen oder erfolgen direkt im Verlauf von Treffen („Stammtischen")[184]. Bei der Seniorengenossenschaft Ulm erhält jede/r zu Beginn ein „Schöpfungsrecht", d.h. einen Kredit in Höhe von 500 „Talenten", der bei jeder Tauschaktion verrechnet wird. Der Mitgliedsbeitrag beträgt hier 70 „Talente" zuzüglich 30 Euro p.a. für lfd. Bürokosten. Teilnehmer können Privatpersonen, aber auch juristische Personen (Kleinbetriebe und Organisationen) sein.

10.5. Motive der Teilnehmer beim nicht-monetären Austausch

Zwar sind die Leistungen, die die Teilnehmer aus dem Kooperationsring beziehen, (noch) vergleichsweise gering, aber man kann Geldausgaben einsparen und Hilfe in speziellen Not- und Bedarfslagen einfordern u n d gewähren. Die Aussagen stammen von 75 Befragten eines Tauschnetzes in Amsterdam. Die Teilnehmer finden es ganz besonders attraktiv, daß sie beim Tausch mehrere Ziele gleichzeitig verfolgen können, nämlich außer dem genannten, noch auf einfache Weise Kontakte schließen zu können und dabei freiwillige Arbeit zu leisten, ohne dabei auf eigene Vorteile zu schauen. So ergibt sich eine Mischung aus pragmatischen, sozialen und wirtschaftlichen Motiven in unterschiedlicher Gewichtung. Es gibt auch das Motiv, „das eigene Leistungsvermögen zu betätigen und zu bestätigen". „Man spart Ausgaben", meint ein Teilnehmer, „und man hat die Möglichkeit, neue Dinge auszuprobieren, es ist ein sehr menschenfreundliches System mit vielen Möglichkeiten, durch das die Handlungsmöglichkeiten von Leuten mit kleinen Einkommen phantastisch ausgeweitet werden"[185]. Die Motive dürften in deutschen Tauschringen ähnlich gelagert sein.

---

[183] „Tauschrausch", Berlin-Kreuzberger Tauschring, a.a.O.

[184] Tauschring Zentrale ... Nürtingen. Tausend und ein Talent sowie „Marktzeitung" (zwei Flyer o. Datum).

[185] Offe, Claus und Heinze, Rolf G. (1990), a.a.O., S. 226 ff. Die Aussagen beziehen sich auf das Amsterdamer Austauschnetz „Over & Weer" 1988.

10.6. Zukunftsmodell für die Altenhilfe

Visionen, nicht Utopien werden gebraucht, um Zukunft in einer ökonomisch weniger prosperierenden Zeit zu gestalten! Es gilt also den Blick auf Prozesse zu richten, „die ein ganz wesentlicher Motor für jene Veränderungen sind, die unseren Alltag (schon heute) tiefgreifend beeinflussen"[186].

Wenn also nach Beispielen gesucht wird, die zukunftsweisend auch für künftige Altengenerationen mit zunehmend unzureichender Kapitaldecke sein könnten, so könnten Tauschsysteme hilfreich sein. Ein nicht zu unterschätzender side effect ist dabei die menschliche Begegnung, die Isolierung und Einsamkeit entgegenwirkt.

Es wird berichtet, daß sich über Tauschaktionen Freundschaften gebildet haben, die Freizeit miteinander gestaltet wird. Solidarität wird angeregt und gestärkt. Auf der informellen Ebene ergeben sich „Kontakte zwischen den Bewohnern des jeweiligen räumlichen Einzugsgebiets" auch im Rahmen eines „regen Vereinslebens"[187].

Selbstbewußtsein und Selbstvertrauen der Mitglieder werden gefördert, indem Menschen brachliegende Fähigkeiten nutzen und ihre Zeit sinnvoll einsetzen können. Einfallsreichtum und Kreativität werden entwickelt bei der Suche nach Angebot und Nachfrage.

10.7. Selbstverständnis konkreter Einrichtungen

Um einen kleinen historischen Einblick in den Entstehungsgeschichte von Tauschsystemen (Seniorengenossenschaften) zu geben, wird nachstehend über die Anfänge bis zur Gegenwart berichtet.

Der frühere Ministerpräsident *Lothar Späth* brachte Ende der achtziger Jahre die Idee freiwilliger Bürgernetze aus den USA mit als Antwort auf die Überforderung des Sozialstaats. Die Engagierten werden dort volunteers genannt, was bei uns mit „Freiwillige" übersetzt wird, aber unbefriedigend erscheint, weil diesen Begriff auch das Militär benutzt.

1999 wird festgestellt: „Während die Bundesrepublik weiterhin die Reform des Sozialstaats verweigert, machen sich die Bürger an die Arbeit. Sie errichten Organisationen gegenseitiger Hilfe und verändern soziale Wirklichkeit.

---

[186] Keupp, Heiner (2001). Eine Gesellschaft der Ichlinge?, a.a.O.
[187] Offe, Claus, Heinze, Rolf G. (1990), a.a.O., S. 322.

Der Staat muß sich entscheiden: Fördert er das neue Engagement oder steht er im Weg?"[188]

Beispielhaft sind die Seniorengenossenschaften, die in Baden-Württemberg entstanden sind.
In der Seniorengenossenschaft Wiblingen b. Ulm gibt es einen Hospizverein mit freiwilligen Helfern für die rd. 250 Senioren des Stadtteils. So wurden in Baden-Württemberg 24 Modellstandorte gegründet und zahllose Initiativen wie in Adelberg, Riedlingen, Kirchheim unter Teck, Nürtingen, Waldshut-Tiengen, Köngen – sämtlich unter dem Dach von ARBES[189] in Baden-Württemberg vernetzt. ARBES vermittelt Kurse und Schulungen der Freiwilligen, inzwischen tun das auch Städte und Gemeinden. Engagierte lernen Gruppen zu moderieren, frei zu sprechen und neuerdings werden Mentoren ausgebildet, z.B. in Heidelberg, die in Projekten eingesetzt, Schwierigkeiten zu beheben helfen, Vernetzungen ermöglichen, Ansprechpartner für Freiwillige sind, den Coaches in der Industrie vergleichbar. Die Programme sind offen für soziale Phantasie der Engagierten. Bewußt gibt es eine inhaltliche Unschärfe. Der Bürger tritt als Ko-Produzent sozialer Dienste in Erscheinung, „Brennpunkte der sozialen Arbeit mit Betagten" sind nicht mehr „exklusiv der professionell gestützten Fachlichkeit vorbehalten". Die polare Gegenüberstellung aber geriete zu oberflächlich, wolle man nicht im Blick einen sozialplanerischen Diskurs behalten, eine alternative und konkurrierende Option zur Vermeidung von Konkurrenz. Dazu gehöre Mut zu ungesicherten Projekten[190].

10.7.1. Seniorengenossenschaft Riedlingen

Da ist die Kleinstadt Riedlingen an der Donau, weitab von Hauptverkehrsrouten gelegen. Hier hat sich die einzigartige Riedlinger „Seniorengenossenschaft" etabliert, ein Netz gespannt unterhalb des Sozialstaats. Mitglieder helfen Mitgliedern durch Sozialdienste für Bedürftige. Ganz durchgehalten wird hier der Zeittausch in „Talenten" nicht; man *kann* sowohl Punkte auf

---

[188] Heuser, Uwe Jean (1999). „Die Zukunft der Solidarität" In: DIE ZEIT Nr.16, 15.4.99. Vorbilder aus der Provinz.
[189] ARBES = Arbeitsgemeinschaft Bürgerschaftliches Engagement/Seniorengenossenschaften.
[190] Schmidt, Roland (1995). Seniorengenossenschaften und die Modernisierung der Altenhilfe. In: Konrad Hummel (Hg.) Bürgerengagement. Seniorengenossenschaften, Bürgerbüros und Gemeinschaftsinitiativen. Freiburg i.Br.: Lambertus.

einem Konto sammeln, als auch sich ein *geringes Entgelt* auszahlen lassen für seine Leistung. Die Punkte lassen sich sogar vererben. Es geht um „freiwillige Sozialarbeit als Altersvorsorge".

Die Konditionen für Dienstleistungen sollen als „Lückenfüller" des sozialen Netzes günstig sein. 500 Mitglieder hatte die Organisation 1999, die 60 DM Jahresbeitrag zahlten. Die meisten sind bis Anfang siebzig aktiv, dann nehmen sie zunehmend selbst Hilfen des Systems in Anspruch. Die Aktiven fahren Mittagessen aus, bieten einen Fahrdienst an, beraten Ältere und helfen bei Behördenangelegenheiten. Es gibt ein Kontakttelefon für Einsame. Neu sind nicht die Angebote, aber die Zusammenfassung aller Dienste, aus denen immer mehr Initiativen entstehen. In diese Form der Zivilgesellschaft sind auch Sozial- und Wohlfahrtsverbände eingebunden, ebenso wie Kommunen und der deutsche Städtetag – so entstand ein Konzept des pluralistischen Sozialstaats[191].

10.7.2. Seniorengenossenschaft „Klima e.V." in Köngen
(als erste in Baden-Württemberg)

Der im empirischen Teil von mir interviewte Beamte, seinerzeit Geschäftsführer von „Klima", zieht zwei Jahre zuvor öffentlich eine positive Bilanz[192]. „Ein Paradebeispiel ... eine ehrenamtliche Arbeit in Köngen zu finden: Die Seniorengenossenschaft ‚Klima' (Köngener Leben im Alter)." Dies wurde 6 Jahre nach der Gründung 1991 geschrieben. Sie war die erste genossenschaftliche Initiative im Lande Baden-Württemberg und begann mit einer Modell-Tagespflegestation. „Die Ehrenamtlichen bekommen für jede geleistete Stunde ein Guthaben", die Eltern und Kinder später in Anspruch nehmen könnten. Der Geschäftsführer lobt die sehr gute Atmosphäre in der Tagespflege, sie sei angenehm und entspannt. Das Verhältnis zwischen Ehren- und Hauptamtlichen und Patienten sei ganz hervorragend. Das soziale Klima in Köngen sei aufgeschlossener als früher. „Klima" habe 300 Vereinsmitglieder bei nur ca. 9.000 Einwohnern in Köngen. Die *Anfangsprobleme,* organisatorische, finanzielle, steuerliche und rechtliche seien beispielhaft für ganz Baden-Württemberg gelöst worden.

---

[191] Heuser, Uwe Jean (1999), a.a.O.

[192] „Klima" schafft gutes soziales Klima. Geschäftsführer zieht positive Bilanz zum „Tag der Freiwilligen". In: Bürgerschaftliches Engagement 14. Sozialministerium Baden-Württemberg (Hg.). S. 17.

Was ungelöst geblieben sei, sei eine Mitnahme des Punkteguthabens bei Umzug in einen anderen Ort.

Willi Veigele veröffentlichte im ARBES-Infodienst 1996 ebenfalls eine positive Stellungnahme unter der Überschrift „Niemand hat mir das zugetraut – ich auch nicht". W.V. war sein ganzes Leben lang in Köngener Vereinen tätig. Im Alter von 73 Jahren fand er ein neues Betätigungsfeld bei „Klima" mit seiner erfolgreichen Tagespflege. Diese begann mit einer festangestellten Altenpflegerin und einer Freiwilligen für 8 alte Menschen. Für jede geleistete Stunde wurden der Helferin 4 Zeitpunkte gutgeschrieben, die später, wenn sie selbst Betreuung brauchte, von ihr abgerufen werden könnten. Wenn ihr Konto leer sei, müsse sie – entsprechend seinerzeitigem Stand – 75 DM pro Tag für die Tagespflege entrichten. Essen sei inbegriffen. Da die Punkte übertragen werden können, sammelt eine Helferin für ihre hilfsbedürftige Schwiegermutter.

W.V. war zuständig für Reparaturen und besorgt Material für die Bastelstunden, außerdem hatte er als stellvertr. Vorsitzender des Vereins mit 300 Mitgliedern viel Vorstandsarbeit zu leisten.

„Klima" hatte das Ziel, mit einem geplanten Altenpflegeheim in Köngen zusammenzuarbeiten. Eine aktive Helferin berichtete, wie sie mit zwei Hilfsbedürftigen eingehakt zum Einkaufen ging und „überall komisch angeguckt" wurde; alle hätten sich gewundert, daß sie „so etwas" mache. Inzwischen sei das selbstverständlich und sie fühle sich gut dabei.

10.8. Gemeinwohlunternehmen mit dürftiger Finanzausstattung

Nur wenige „Gemeinwohlunternehmen" haben eine ausreichende finanzielle Basis, die meisten sind entweder eingetragene Vereine (z.B. Seniorengenossenschaften, Tauschringe), deren Basisfinanzierung die Mitgliedsbeiträge sind, die sich aber außerdem auf ein Finanzierungsmix aus Zuschüssen, Sponsorengeldern, Fundraising (was in Deutschland erst anläuft) stützen. Sie sind damit relativ unabhängig vom Staat, weil sie auch ihre Infrastruktur mit Freiwilligen bedienen.

Meine Untersuchungen haben ihren Schwerpunkt in einem alten Bundesland (Baden-Württemberg); ein Dritter Sektor in den neuen Bundesländern ist erst in Ansätzen vorhanden. „Zivilgesellschaftliche Strukturen" wurden „durch zwei Diktaturen zwischen 1933 und 1989 ... für einen lebensfähigen Dritten Sektor nachhaltig erschüttert"[193]. Dennoch ist es gelungen, die größte Wohlfahrtsorganisation der ehemaligen DDR, die Volkssolidarität mit immer noch über einer halben Million Mitgliedern und über 35.000 ehrenamtlichen Helfern in den Deutschen Paritätischen Wohlfahrtsverband einzugliedern[194], der häufig mit Tauschsystemen kooperiert.

---

[193] Seibel, Wolfgang (1997). Erfolgreich gescheiterter Institutionentranfer: Eine politische Analyse des Dritten Sektors in den neuen Bundesländern. In: Der Dritte Sektor in Deutschland, a.a.O.
[194] Seibel, Wolfgang (1997), a.a.O.

11. Wohnen und Wohnumfeld Älterer

Wie wichtig das Wohnumfeld für ältere Menschen ist, zeigen bereits frühere Forschungen aus den 70er und 80er Jahren. „Ob das Alter eine fruchtbare Periode des Ruhestands im Hinblick auf persönliche Erfüllung und soziale Mitwirkung oder eine sterile Ausdehnung sogenannter ‚freier Zeit' ist, hängt weitgehend ab vom Zugang des einzelnen zu Diensten und Waren, die er benötigt sowie zu Aktivitäten und Menschen, die er mag (Amenity seeking). Mit anderen Worten ist die Qualität des späteren Lebensabschnittes abhängig von der Qualität der Wohnung und der Wohnumwelt sowie deren Erreichbarkeit."[195] Forschung über Altenwanderung liegt vorwiegend aus den USA vor, wo die Menschen in der Lebenslaufperspektive wesentlich flexibler sind, aber auch über Altenwanderung hierzulande[196].

In diesem Zusammenhang wurde auch innerstädtisches Umzugsverhalten untersucht[197]. Die Alltagsweisheit, einen alten Baum verpflanze man nicht, sollte nicht überzogen werden, denn es gäbe deutliche Hinweise darauf, daß sich die „alten Bäume" immer häufiger selbst verpflanzen. Etwa jede 3. Person zwischen 55 und 70 Jahren ziehe noch einmal um, und zwar sei das Umzugsverhalten bei Mietern stärker ausgeprägt als bei Eigentümern, wie zu erwarten war[198]. In einer Studie im Heidelberger DZfA wurden Motive für das Umzugsverhalten Älterer, die in eine neue Privatwohnung (nicht in ein Heim) zogen, untersucht, wonach das Streben nach Sicherheit zweitrangig gegenüber dem Bedürfnis nach besserer Anbindung an kulturelle Angebote war. Solche Umzüge sollten daher unter der „Perspektive der Optimierung der

---

[195] zit. nach der Übers. von Klaus Friedrich aus: Carp, F.M. (1979). Improving the Functional Quality of Housing and Environment for the Elderly through Transportation. In: Byerts, T.O. et al. (Ed.). Environmental Context of Aging.

[196] Koch, R. (1976). Altenwanderung und räumliche Konzentration alter Menschen. Forschungen zur Raumentwicklung 4. Bonn: Bundesforschungsanstalt für Landeskunde und Raumordnung.

[197] Nipper, J. (1978). Zum intraurbanen Umzugsverhalten älterer Menschen. Geographische Zeitschrift 66, S. 289-311 sowie:
Thomi, W. (1985). Zur räumlichen Segregation und Mobilität alter Menschen in Kernstädten von Verdichtungsräumen. In: Frankfurter Wirtschafts- und sozialgeographische Schriften 47, S. 15-58. Frankfurt: Wirtschafts- und Sozialgeographisches Inst.

[198] Heinze, R.G., Eichener, V., Naegele, G., Bucksteeg, M. & Schauerte, M. (1997). Neue Wohnung auch im Alter. Folgerungen aus dem demographischen Wandel für Wohnungspolitik und Wohnungswirtschaft. Darmstadt: Schrader-Stiftung.

Person-Umwelt-Passung" vor dem Hintergrund neuer Bedürfnisse und Möglichkeiten, etwa der im Alter stärker verfügbaren Zeit, gesehen werden[199].

Derartige Bewertungen über Wohnen und Wohnumfeld sind wichtig für unser Thema des selbstorganisierten, gemeinschaftlichen Wohnens. Stimmen Wohnung und Wohnumfeld, so kann damit ein hoher Grad an Lebenszufriedenheit im Alter erreicht werden. *Lawton* (1982, zitiert nach *Flade*[200]) hat das Persönlichkeitsmerkmal der Kompetenz als oberste Grenze der Kapazität einer Person im Hinblick auf ihre Vitalität, körperliche Gesundheit und Motorik, ihre sensorischen, perzeptorischen und kognitiven Fähigkeiten, die zur Autonomie führen, bezeichnet. Und Kompetenz und Autonomie sind es, außer Geduld und Frustrationstoleranz, die den Prozeß bis zum Einzug in ein gemeinschaftliches Wohnprojekt einer Wohngruppe älterer Menschen gelingen lassen.

M. M. Baltes[201] weist aber auch darauf hin, daß „anregende Umwelten" für das Wohlbefinden älterer Menschen vonnöten sind, denn mangelnde Kompetenz bzw. Unselbständigkeit im Alter kann auf ungeeignete Umweltbedingungen zurückzuführen sein. „Gelernte Hilflosigkeit" sowie gelernte Abhängigkeit sind fremd induziert und demzufolge nur indirekt eine Funktion des Alters. Durch Ausschöpfung der Reservekapazität kann Lebensqualität im Alter erhöht werden.

Ein altersgerechter Wohnungsbau kann sich nicht in Barrierefreiheit erschöpfen, sondern muß dem gesamten Spektrum der alltäglichen Lebensvorgänge Rechnung tragen[202].

Warum wollen ältere Menschen in Anlagen für betreutes Wohnen einziehen? Für die Motivation vgl. Tabelle 17 aus *Saup, Winfried* (2003)[203]. Nehmen wir einen Teil der Motivationen für einen Umzug in Betreutes Wohnen (z.B. letzter Umzug im Leben, Privatheit bei Hilfe- und Pflegebedürftigkeit, prak-

---

[199] Oswald, F., Wahl, H.-W. & Gäng, K. (1999). Umzug im Alter: Eine ökogerontologische Studie zum Wohnungswechsel privatwohnender Älterer in Heidelberg. Zs. für Gerontopsychologie und -psychiatrie, 12, 1-19.

[200] Flade, Antje (1997). Wohnen im Alter aus psychologischer Sicht. In: Blonski, Harald (Hg.). Wohnformen im Alter. Weinheim u. Basel: Beltz.

[201] Baltes, M.M. (1995). Verlust der Selbständigkeit im Alter. Theoretische Überlegungen und empirische Befunde. In: Psychologische Rundschau 46, S. 159-170.

[202] Narten, Renate (1997). Wohnbedürfnisse alter alleinstehender Frauen. In: Blonski, Harald (Hg.). Wohnformen im Alter. Weinheim u. Basel: Beltz.

[203] Saup, Winfried (2001). Ältere Menschen im Betreuten Wohnen. Ergebnisse der Augsburger Längsschnittstudie.

tische Alltagshilfe, Möglichkeit zum Engagement), so kann festgestellt werden, daß diese auch für ein selbstorganisiertes Gemeinschaftsprojekt eine Rolle spielen. Für die *Abgrenzung* zum Betreuten Wohnen sprechen dann die Begründungen der Bewohner, die Betreutes Wohnen n i c h t weiterempfehlen würden. Bei selbstorganisierten Gemeinschaftsprojekten fällt – wie wir sehen werden – weg, daß sich Bewohner allein gelassen fühlen, daß sie die Grundpauschale als zu hoch empfinden (die meisten dieser neuen Projekte sind staatlich gefördert), ja, daß man in gemeinschaftlichen Wohnprojekten Alltagshilfen bekommt, die auch später über notwendig werdende Pflegehilfe (die von außen zu mobilisieren ist) erbracht werden sollen. Das Idealbild eines gemeinschaftlichen Wohnprojektes vermeidet all diese Probleme.

12. Lebensentwürfe in Gestalt neuer Wohnformen
– selbstorganisiertes Wohnen in Gemeinschaft –

Die Wohnform des Drei-Generationen-Haushalts, die noch im 19. Jahrhundert die Regel war, ist praktisch verschwunden, „der Mythos der Großfamilie ist vielfach widerlegt"[204]. Die neuen oder jungen Alten streben dank des gesellschaftlichen Generationenvertrages, d.h. der Rentenversicherung, größere Autonomie an. Der Trend geht zum selbstbestimmten Leben, zumeist, mindestens in den Städten, unabhängig von der Familie, bei innerer Nähe und äußerer Distanz. Das eigene Einkommen ist Voraussetzung für ein selbstbestimmtes Leben im Alter. Solange ältere Ehepartner noch beieinander leben, aber auch Alleinbleibende, i.d.R. Frauen, wird die angestammte Wohnung bevorzugt. Dabei ist ein Ein-Personen-Haushalt nicht notwendigerweise mit Isolation gleichzusetzen.

Wird die Hochaltrigkeit mit Einschränkungen und möglicherweise Hilfsbedürftigkeit in den Blick genommen, machen sich älter werdende Menschen Gedanken, wie sie denn einmal leben wollen.

Sicher, heutzutage bevorzugt die Mehrheit weiterhin in der Wohnung zu verbleiben und dann aushäusige Dienste in Anspruch zu nehmen. Oft wird dabei die mit der Hochaltrigkeit zunehmende Isolation, wenn Anverwandte und Freunde versterben, verdrängt.

Der bevorzugte Verbleib in der angestammten Wohnung könnte sich ändern, wenn aushäusige Dienste nicht mehr (vom Staat oder vom Einzelnen) ausreichend bezahlbar sein werden.

Andere – und das in zunehmendem Umfang – planen ihr Alter, indem sie sich Gedanken machen, wie sie künftig leben wollen, ohne zu vereinsamen und möglicherweise nachbarschaftliche Hilfen zu organisieren, wenn Finanzressourcen die Inanspruchnahme teurer Dienste nicht zulassen und/oder bei Pflegebedürftigkeit mit staatlichen Zuschüssen die emotionale Zuwendung zu kurz kommt. Planungen solchen selbstorganisierten, gemeinschaftlichen Wohnens bedürfen erfahrungsgemäß eines Vorlaufs von 7 – 10 Jahren, also fangen vorausschauende Menschen damit schon ab etwa 50 Jahren an. „Es dauert zum Teil mehrere Jahre, bis eine Wohninitiative in Konkurrenz zu konventionellen Bauträgern und zahlungskräftigen Investoren eine passende

---

[204] Henckmann, Antje (1999). Aufbruch in ein gemeinsames Altern. Neue Wohnformen im Alter. Opladen: Leske u. Budrich, S. 79 ff.

Liegenschaft erhält. Daß dies vor allem den Wohnperspektiven älterer Menschen zuwiderläuft, liegt auf der Hand."[205]

Ältere Menschen können durchaus noch ihre Lebensstile in kreativer Weise verändern. „Das Fortfallen beruflicher ... sowie die Abnahme familiärer Verpflichtungen kann zu neuen Formen des Lebensführung anstoßen." Man kann bei einer solchen Neuorientierung von einem schöpferischen Akt ausgehen und sollte sich „... nicht allein auf die Frage konzentrieren, inwieweit es älteren Menschen gelingt, ihre Selbständigkeit und den in früheren Lebensjahren ausgebildeten Lebensstil aufrechtzuerhalten"[206].

Neuartige, altersheterogene oder generationenübergreifende Wohnformen geben jenseits von Familien- und Singlehaushalten und institutionalisierter Heimversorgung Impulse für ein selbstbestimmtes und solidarisches Miteinander Älterer[207]. Bedürfnisse gemeinschaftlichen Wohnens werden vor allem von Frauen, jungen und alten, Alleinerziehenden, aber neuerdings auch von Familien geäußert (vgl. Projekt WABE in Stuttgart-Burgholzhof). Dabei wird in der Öffentlichkeit häufig nicht genau unterschieden zwischen Wohngemeinschaft, Hausgemeinschaft, Mehrgenerationenwohnen oder integriertem Wohnen.

Anschließend an studentische Stadt- und Landkommunen der sechziger Jahre organisierten sich seit den siebziger Jahren Wohngruppenprojekte, teilweise im Verbund mit alternativen Arbeitsformen und ökologischem Anspruch beim Bauen bzw. Umbauen im Bestand. Dort suchten Menschen, vor allem aus städtischen Ballungsgebieten, nach Auswegen aus Isolation und alleinigen sozialen Bindungen in der Kleinfamilie. Daheim mit den eigenen Eltern, blicken Ältere oft selbst auf Pflegeerfahrungen unter Aufbietung all ihrer Kräfte zurück oder hilfsbedürftige Alte wurden notfalls in Pflegeheimen untergebracht. Den sog. Neuen Alten war klar, daß der Erhalt möglichst langer Selbständigkeit auch bei eingeschränkter Mobilität einhergeht mit menschengerechter (nicht altengerechter, denn z.B. auch Mütter brauchen Barrierefreiheit für Kinderwagen) Gestaltung des Wohnraumes und Qualität der Wohnumfeldbedingungen. Da sie viele Probleme auf sich zukommen

---

[205] Petersen, Ulrike (2000).Erfahrungen für die Zukunft nutzen. In: BAGSO-Nachrichten I/2000, S. 16

[206] Kruse, Andreas (1999). Lebensstile und Wohnformen im Wandel. Workshop in Hamburg: Lebensstile – Wohnbedürfnisse – Wohnformen, 20./21.4.1999. In: 1998-2001 Newsletter 3/99, Bundesministerium für Familie, Senioren, Frauen und Jugend (Hg.).

[207] Petersen, Ulrike (1997). Idee und Praxis gemeinschaftlicher Wohnformen im Alter. In: H. Blonski, Harald (Hg.) Wohnformen im Alter. Weinheim, Basel: Beltz, Ed. Sozial.

sahen, schlossen sie sich zusammen, um alternative Wohnformen zu entwicklen. Sie wollten sich gegenseitig unterstützen, Verantwortung füreinander übernehmen, verschüttete Kreativität wiederentdecken, Erfahrungen wietergeben und andere zur Nachahmung anregen.

Es dominiert der Wohntyp der Hausgemeinschaft, der dem einzelnen sowohl Rückzugsmöglichkeiten als auch nachbarschaftliche Begegnungen und Aktivitäten ermöglicht. „In der Bundesrepublik liegen über die Zahl bestehender oder geplanter Projekte keine exakten Angaben vor. Ihre Bedeutung – das bestätigt das große öffentliche Interesse – beruht derzeit mehr auf qualitativen Aspekten, denn aus der Kombination von Individualität und Gemeinschaft ergibt sich eine Vielzahl von Pluspunkten:

1. Gemeinschaftliche Wohnformen beugen der Isolation und Vereinsamung vor.
2. Sie gewähren selbstbestimmte Lebensführung.
3. Sie fördern den Austausch zwischen den Generationen.
4. Sie ermöglichen ein Miteinander verschiedener Haushaltsformen.
5. Sie integrieren Randgruppen in den gesellschaftlichen Alltag.
6. Sie leisten Selbst- und Nachbarschaftshilfe.
7. Sie sind soziale Netzwerke und entlasten das Gemeinwesen.
8. Sie tragen zur kulturellen Vielfalt im Quartier bei.
9. Sie sind beständige Mieter- bzw. Nutzergruppen."[208]
10. Sie sind unter Tauschsystemen zu subsummieren (durch Einbringen von Unterstützungsleistungen und Inanspruchnahme von Hilfen.

Mich interessieren in dieser Arbeit die selbstorganisierten Modelle, „in denen Betroffene ihre eigenen Projekte durchsetzen". Aber wir finden auch solche „Kontrapunkte gemeinschaftlichen Wohnens" bei sog. „trägerinitiierten Projekten von oben", wie Kirchengemeinden, Architekturbüros und kommunalpolitischen Gremien[209]. Bei vielen Institutionen haben die BewohnerInnen echte *Mitbestimmung* durch Partizipation durchgesetzt. Gemeinsam ist all diesen Wohnformen, daß sie sich in sog. Wahlverwandtschaften zusammenfinden gegen „soziale Kälte".

„Unter ‚Familie' sind heute keineswegs nur die Eltern-Kinder-Gemeinschaften zu verstehen, vielmehr auch Wahlverandtschaften. Etwa Kleinhaushalte, die sich in gemeinsam errichteten Häusern oder Wohnungen zusam-

---

[208] Petersen, Ulrike (1997), a.a.O.
[209] Petersen, Ulrike (2000), a.a.O.

mentun. Meistens hat jeder seinen eigenen privaten Bereich, hilft aber den anderen auf seine Weise – sei es durch Kinderhüten und Nachhilfe, Gärtnern und Heimwerkern oder Einkaufen und Autoreparieren."[210] Bedingung für die TeilnehmerInnen ist es, sich die Mitbewohner, auch künftige selbst auszusuchen. Meistens sind dies Mittelschichtsmodelle. Teilweise funktionieren sie bereits, teils befinden sie sich noch in der Planung[211].

Zur Frage, wie sie selbst im Alter leben wollten, stellte eine Gruppe von über 50-jährigen fest, „daß sie große Angst davor haben, später einmal in die Hände professioneller Altenhelfer oder Wohnberater zu fallen und womöglich in irgendwelche Wohnformen ‚hineingezwungen‘ zu werden"[212]. Man will Vereinsamungstendenzen beizeiten entgegenwirken.

Nicht nur die einfache Unterscheidung nach Lebenslagen spiele eine Rolle, sondern auch differenzierte Motivationen. Das erklärt sich aus der Tatsache, daß der Mensch nie im Laufe seines Lebens so unterschiedlich ist, wie im Alter. „Das Alter selbst differenziert sich aus."[213]

So gibt es InteressentInnen, die ein näheres Zusammenleben mit jüngeren Menschen nicht anstreben, aber man möchte sie ab und zu treffen[214]. Vgl. Tabelle Phasenmodell der Wohnformenentwicklungswerkstatt (nach *Otto*, 1997).

12.1. Hürden und Barrieren

Eine solche „zwischenmenschliche Verdichtung" verläuft nicht immer harmonisch, Konflikte und Frustrationen müssen ausgehandelt werden. Diejenigen mit einer großen Frustrationstoleranz werden beim Zusammenleben Konflikte moderat austragen. Der Gruppenprozeß ist ein Dialog mit sich selbst und den anderen rund um die Wohnidee.

---

[210] Heuser, Uwe Jean und Gero von Randow. Freiwillige vor! Der Gemeinsinn wächst – trotz Geldfiebers und schwarzer Konten. Ehrlichkeit und Mitmenschlichkeit gehen nicht unter. In: DIE ZEIT Nr. 12/2000

[211] „Gemeinschaftliches Wohnen im Alter". Zentralstelle in Hannover. Inzwischen gibt es Dependencen in vielen Städten, z.B. in Berlin (Leiter: Herr Palm). Hier werden Initiativen koordiniert, und wer eine Idee hat, kann dort Menschen treffen, mit denen er sich zusammentun kann.

[212] Erfahrungsberichte aus unterschiedlichen Wohnformen. In: Newsletter 3/99 des Bundesmin. f. Familie, Senioren, Frauen und Jugend (Hg.).

[213] Hummel, Konrad (1995). Das bürgerschaftliche Engagement als Lernprojekt des Sozialstaates.. a.a.O., S. 22.

[214] Newsletter 3/99, a.a.O.

Im Paritätischen Bildungswerk Baden-Württemberg wurden aus der Begleitung der angeschlossenen Seniorengenossenschaft im Hinblick auf gemeinschaftliche Wohnprojekte auch *enttäuschte Motivationen* aufgespürt: „So scheint gerade Ältere die Vorstellung besonders zu erschrecken, daß das einmal eingegangene *Wagnis der Projektbeteiligung* nach wenigen Monaten schon wieder scheitern könnte und nochmals eine Neuorientierung erfordern würde. Deshalb hängt viel davon ab, Wohnprojekte möglichst nicht als unumkehrbare Schicksalsentscheidung auszugestalten."[215]

Zur Verdeutlichung zieht *Otto* Fallstudien aus *gescheiterten Projekten* im Raum Stuttgart heran:

„Eine ältere Dame hatte schon mehrere Anläufe unternommen, um zu einer verläßlichen Gruppe zu kommen, mit der sie ihre Wohnidee verwirklichen konnte. Über Zeitungsannonce hatten sich anfänglich auch eine ganze Menge gemeldet, es gab viele Treffen, gemeinsame Urlaube usw., aber *je konkreter die Angelegenheit wurde, umso mehr sprangen wieder ab*. Am Schluß stand sie wieder alleine, um Erfahrungen reicher, um Illusionen ärmer.

Ein älteres Ehepaar pflegte viele Jahre Kontakt zu anderen Ehepaaren und Alleinstehenden ihrer Altersgruppe. Eine intensive Freundschaft hatte sich entwickelt. Gemeinsame Wochenenden in einem gemeinsamen Ferienhaus und andere gemeinsame Unternehmungen unterschiedlichster Art hatten die Idee reifen lassen, ein gemeinsames Wohnprojekt anzusteuern. Ein Konzept wurde erarbeitet, Pläne geschmiedet, ein geeignetes Grundstück war bereits gefunden; die Idee stand kurz vor der Verwirklichung. Zur allergrößten Enttäuschung des Initiators bekamen die FreundInnen Angst vor der eigenen Courage und *ließen die Sache platzen*". Hintergrund: sie hätten ihr eigenes Wohneigentum verkaufen müssen und befürchteten, *beim Scheitern des Projektes ohne Sicherheiten dazustehen*.

„Das dritte Projekt scheiterte daran, daß die gute Idee eines Dreigenerationen-Wohnhauses und die Möglichkeit, in einem kleinen Dorf ohne jede Infrastruktur günstig ein Haus dafür zu bekommen, keine Interessenten hat mobilisieren können. Die kleine Initiativgruppe sah sich überfordert, ... selbst die notwendige Infrastruktur zu entwickeln, Mobilitätsmöglichkeiten zu schaffen usw."

---

[215] Otto, Ulrich (1996). Gemeinschaftliches Wohnen mit Älteren. Seniorengenossenschaften als geeignete Projektschmiede? In: Soziale Altenarbeit. Cornelia Schweppe (Hg.). Weinheim, München: Juventa. S. 133-163.

Sonderwohnformen stoßen fast immer auf schier unüberwindliche Schwierigkeiten hinsichtlich vorgegebener Normierungen des Welfare-mix mit Zuständigkeitsabgrenzungen, Finanzierungsregelungen und Förderrichtlinien (vgl. weiter beim Projekt „Pantherhaus"). Vgl. auch Anlage A.

12.2. Vielfalt gemeinschaftlicher Wohnformen

Petzold definiert *Wohngemeinschaft* so: „Als Wohngemeinschaft kann der mittel- oder längerfristige Zusammenschluß mehrerer, in der Regel nicht verwandter Personen zu einer Form des Zusammenlebens angesehen werden, die mit einer gemeinsamen Wohnung als Basis den Charakter einer mehr oder weniger festen Lebensgemeinschaft angenommen hat. Die Wohngemeinschaft gründet in freier wechselseitiger Anziehung der in ihr Lebenden, gemeinsamer Interessenlage in wichtigen Bereichen des Lebens und geht zuweilen mit vollständigem oder teilweisem Zusammenlegen der ökonomischen Ressourcen einher."[216]

„Die auf den ersten Blick naheliegende Übertragung der Wohngemeinschaften Jüngerer auf Wohngemeinschaften auch älterer Menschen hat sich nur sehr begrenzt bewährt, zu groß sind die Unterschiede: Privatheit und Rückzugsmöglichkeiten werden als zu gering empfunden, es gibt schwer zu harmonisierende Eigenheiten der Älteren, und die dauerhafte Bewältigung evtl. notwendigen Hilfs- und Pflegebedarfs ist schwierig. Dennoch können auf Selbstverwaltung und Gemeinschaft setzende Wohnformen erfolgreich sein, wenn sie sich auch verträgliche räumliche Rahmenbedingungen schaffen können ... Gruppenbildungs-, Gruppenfindungs- und Konsolidierungsprozesse haben hierbei ein besonderes Gewicht[217].

Probleme bereiten Grundstücks- oder Althausfindung, das Sichern der Finanzierung und das Durchstehen der langen Planungsphase und die dadurch auftretende Fluktuation.

„Es hat keinen Sinn, Vorteile des kollektiven Lebens euphorisch und alle Probleme des Alters lösend darzustellen – wie es nicht selten in einschlägigen Zeitungsberichten der Fall ist. Vielmehr kann der betroffene ältere Mensch

---

[216] Petzold, Hilarion (1980). Wohnkollektive – eine Alternative für die Arbeit mit alten Menschen. In: H. Petzold, G. Vormann (Hg.). Therapeutische Wohngemeinschaften – Erfahrungen, Modelle, Supervision. München. S. 242.
[217] Selbstbestimmt wohnen im Alter 1998-2001. Modellprogramm des BMFSFJ. Abschlußbericht der Koordinierungsstelle Heidelberg, Sept. 2001. S. 58.

nicht aus der Verantwortung entlassen werden, sich eigenständig über diese Lebens- und Wohnform zu informieren, um dann kritisch seine Entscheidung treffen zu können."[218]

„Man kann das *Mehrgenerationen-Wohnen* auch unter dem Oberbegriff des Integrierten Wohnens mit dem Schwerpunkt des Zusammenwohnens mehrerer Generationen einordnen (‚Alt und Jung unter einem Dach')."[219]

Wenn *nur alte Frauen zusammen leben wollen,* gibt es Unterschiede, ob sie in einer WG leben wollen oder jede in einer abgeschlossenen Wohnung. Was sie zusammengeführt hat, ist der Wunsch nach Gemeinsamkeit bei soziokulturellen Angeboten und Hilfeleistungen, soweit sie nicht professionell geleistet werden müssen.

In Weinheim b. Heidelberg befindet sich ein Projekt in der Planung, „Frauen bauen". An der Gruppe beteiligt ist eine interessierte Architektin, die selbst dort wohnen will, was sehr vorteilhaft sein wird. Die Planungsphase ist aber noch so am Anfang, daß ein Interview noch wenig ertragreich erscheint (Mai 2003). Die Frauen fanden sich aus der Arbeit in einer Agenda-Gruppe zusammen.

Es gibt Projekte, die „bürgerschaftlich engagiert" zustande gekommen sind, wie das 1995 gegründete *Hofje-Projekt in Berlin.* Hier leben Menschen unterschiedlichen Alters in eigenen Wohnungen mit dem Willen der gegenseitigen Nachbarschaftshilfe.

Es blieb nicht bei den großstädtischen Vorzeigeprojekten. Seit den 80er Jahren gründeten sich *Landkommunen,* das Dorf Kaufungen bei Kassel, ÖkoLeA bei Berlin, das Ökodorf Groß-Chüden in der Altmark, wo zwar auch abgeschlossene Wohnräume vorhanden sind, aber *es wird gemeinsam gewirtschaftet, gekocht.* Ein Ziel dieser Landkommunen ist es, daß sowohl *Alt und Jung* sich gegenseitig unterstützen als auch *ökologische Landwirtschaft* zu betreiben[220].

---

[218] Kerkhoff, Engelbert (1988). Die persönlichen Grundbedingungen für ein Leben und Wohnen in der Gemeinschaft und die äußeren (sozialen) Bedingungen. In: FORUM 9. Altenwohn-Gemeinschaften. Dokumentation und Diskussionsbeiträge. Reinhard Dierl und Kinie, Hoogers (Hg.). S. 65. Köln: KDA.

[219] Selbstbestimmt Wohnen im Alter (1998-2001), a.a.O., S. 57.

[220] Reform-Rundschau 10/1997, S. 12-13.

Urheber- und
Trägerschaft: Privatinitiative, Verein, Verband, Kommune, Baugenossenschaft, Wohnungsbaugesellschaft.

Standort: Innenstadt, Stadtrand, Land; Neubau oder Altquartier

Wohnungstyp: autonom oder betreute Hausgemeinschaft oder WG (Wohngemeinschaft oder Kombination dieser Formen, Siedlungs- und
Hofgemeinschaften, aber auch Netzwerke von Einzelwohnun-
gen über die ganze Stadt verteilt (vgl. D.H.G., Diakonische
Hausgemeinschaften, Heidelberg)

Finanzierung: individuelles oder kollektives Eigentum, öffentlich geförderter
Wohnungsbau, Modellförderung, Investorenkapital, Pilotpro-
jekte, Spendenmix mit Eigenkapital (vgl. D.H.G.), Baugenossenschaft (vgl. WABE, Stuttgart)

Rechtsform: Einzel- und Gruppenverträge, Haupt- und Untermietstatus,
Genossenschaft, Privateigentum, Gesellschaft bürgerlichen
Rechts, Vereinsträgerschaft[221].

Im Folgenden werden ausgewählte Projekte als Fallbeispiele anhand von
Veröffentlichungen vorgestellt, deren Praxis ab Kap. 14 in Interviews beispielhaft beschrieben wird.

Die Namensgebung der Trägervereine hat Symbolcharakter. Bei näherer
Betrachtung der gemeinschaftlichen Wohnideen kann man ihre Bandbreite an
Merkmalen festmachen, die in ihrer Gestehungsgeschichte, Konzeption und
Ausgestaltung der Wohnform gründen[222].

12.2.1. Das Hofje-Projekt in Berlin-Neukölln (s. Abb. in Anlage B)

In den achtziger Jahren wurde in Berlin-Neukölln eine Nachkriegssiedlung
abgerissen, weil die Bausubstanz zu schlecht war. Außerdem war in dieser
Gegend das soziale Klima spannungsgeladen. „Die Bewohner protestierten

---

[221] In Anlehnung an Petersen, U., a.a.O., S. 137 f.
[222] Petersen, U., a.a.O., S. 137.

jedoch, denn sie fürchteten, die höheren Neubaumieten nicht mehr aufbringen zu können."

Nachdem 1983 eine Wohnungsbaugesellschaft die marode Siedlung übernommen hatte, wurden seitens der Bewohner Gespräche geführt und schließlich der „Verein Brückenschlag e.V." gegründet mit dem Ziel, ein Mehrgenerationenprojekt zu ermöglichen, attraktiver, ökologischer und vielfältiger als das alte Konzept. Das gelang, wenn auch mit vielen Problemen, die aber gelöst werden konnten. Der Verein feierte im Mai 2000 sein zehnjähriges Bestehen.

Man plant inzwischen ein weiteres Mehrgenerationenprojekt im Bezirk Kreuzberg.

Der Begriff „Hofje" kommt aus dem Holländischen und bedeutet „Höfchen". Wie auf der Abbildung ersichtlich, befindet sich im Kernstück der Anlage ein Garten-Hof, wo sich die Bewohner treffen, ausruhen, feiern, Kinder spielen usw. „In Holland haben diese Treffpunkte eine lange Tradition und tragen wesentlich zum Aufbau einer gutnachbarlichen Struktur bei." Die einstmals geschmähte Siedlung avancierte zum Vorzeigeprojekt und hat bereits mehrere Preise gewonnen.

Wie gelang das Modell?

Die Initiatorin und Vorsitzende des Vereins, eine berentete Verwaltungsangestellte aus der Sozialverwaltung beschreibt die Ziele des „Hofje" so: „Sich gegenseitig helfen und unterstützen – davon profitieren Jung und Alt ... Die Mieter der 15 Wohnungen sind zwischen 20 und 85 Jahre alt. Wir wollen alle in Wohnungen leben, in welchen alters- bzw. behinderungsbedingte Beeinträchtigungen kein Problem darstellen. So können die Älteren auch bei Eintritt der Pflegebedürftigkeit in ihrem Zuhause bleiben." Die Wohnungen sind durchweg barrierefrei. „Wir wünschen uns Kontakt untereinander. Wir wollen einander behilflich sein, ohne uns aufzudrängen, und wir wollen zusammen leben, ohne die individuelle Wohnatmosphäre des Einzelnen zu beeinträchtigen."

Eine Mitarbeiterin der Wohnungsbaugesellschaft wurde inzwischen selbst Mitglied im Verein und meint: „Es ist eine gute Idee, um das Alter sinnvoll und engagiert zu gestalten. *Es ist ein kleines Dorf mit einer entsprechenden Gemeinschaft in einer Millionenstadt ...*

Wir haben viel Wert auf Transparenz und Durchlässigkeit gelegt. Alle Bauteile sind miteinander verbunden, durch Brücken, Galerien, Glastüren und Pergolen ... Gezahlt wird nur die Miete im Sozialen Wohnungsbau, immer mal wieder anfallende Kleinreparaturen können durch nachbarschaftliche Hilfe bewältigt werden."

Dennoch bleibt ein Wermutstropfen: Die kommunale Förderung ähnlicher Vorhaben wird kaum noch zustande kommen. Interessenten für ähnliche Projekte werden sich mit sehr viel mehr Eigenleistung beteiligen müssen[223].

12.2.2. Das „Pantherhaus" in Hamburg

1980 wurde von Interessentinnen an gemeinschaftlichem Wohnen ein Verein namens „Graue Panther Hamburg"[224] gegründet, der zum Ziel hatte, ein altes Mietshaus, möglichst mit öffentlich geförderten Wohnungen im sozialen Wohnungsbau zu finden. „Er versteht sich als Selbsthilfegruppe, weist aber auch Elemente auf, die ihn in die Nähe zu Bürgerinitiativen rücken."[225]

Allerdings besteht die Interessenorganisation hauptsächlich aus Frauen unterschiedlichen Alters, deren Anliegen es ist, der gesellschaftlichen Ausgrenzung von alten Menschen entgegenzuwirken, unter dem Motto „Recht auf Anderssein", „Recht auf den eigenen Lebensstil", „Recht auf Autonomie". Eine sehr engagierte, promovierte jüngere Politologin und Diplom-Gerontologin ist Mitinitiatorin, wohnt und arbeitet seit Jahren im Pantherhaus, das endlich 1986 in St. Pauli realisiert werden konnte. „Die Generation der GründerInnen ist bereits verstorben oder hat sich aus der aktiven Vereinsarbeit zurückgezogen."[226] Im Jahre 1996 zählte der Verein ca. 400 Mitglieder, zumeist Frauen über 65 Jahre.

Ein Schwerpunkt der Vereinsarbeit liegt auf der kritischen Auseinandersetzung mit der gegenwärtigen Wohn- und Versorgungssituation im Alter, sowie ein weites Themenspektrum zu Fragen der Altenpolitik, Partnerschaft im Alter, Rentenentwicklung, Pflegeversicherung, eine bessere ambulante Versorgung, Tod und Sterben. Die Mitglieder haben auch schon demonstriert im Zusammenhang mit diesen Fragen.

Anfang der achtziger Jahre waren die Jüngeren stark von der Idee einer wahlfamilialen Wohngemeinschaft angetan, die älteren wollten eher ein

---

[223] Bunte Mischung aus Alt und Jung. Das Neuköllner „Hofje" vereint seit fünf Jahren die Generationen unter einem Dach. In: Zs. LENZ 2/2000, S. 18-20.

[224] Die „Grauen Panther Hamburg" haben nichts mit dem Verein „Graue Panther" unter dem Vorsitz von Trude Unruh zu tun, auch nichts mit der Partei „Die Grauen".

[225] Klünder, Torsten und Sinclair, Karen (1996). ... kein Paradies auf Erden, sondern Alltag, Leben, Dasein, selbstbestimmt... (Motto nach Petersen 1992, S.109). Das Pantherhaus in Hamburg – Eine Mehrgenerationenhausgemeinschaft. In: Soziale Altenarbeit. Cornelia Schweppe (Hg.). Weinheim u. München: Juventa.

[226] Klünder, Torsten und Sinclair, Karen (1996), a.a.O.

Zusammenleben in getrennten Haushalten, aber alle die Nutzung von Gemeinschaftsräumen. *Als Diskussionsergebnis schälte sich eine Abkehr von der WG-Orientierung hin zu einem Haus mit Gemeinschaftsflächen, aber abgeschlossenen Wohneinheiten heraus.*

Die größte Schwierigkeit lag in der Suche nach einem geeigneten Haus; sie erstreckte sich über das ganze Hamburger Stadtgebiet. „Die Panther setzten alle Hebel in Bewegung: Sie informierten Presse, sprachen prominente PolitikerInnen an und hielten sämtliche öffentliche Verwaltungsstellen Hamburgs, von denen sie sich Hilfe versprachen, in Atem. ... (Sie) zogen zeitweilig sogar eine Hausbesetzung in Erwägung, um dem erträumten Ziel näher zu kommen, aber auch um ihrem Unmut Ausdruck zu verleihen."[227]

„Im April 1983 erhielt der Verein aus dem Bezirk Hamburg-Mitte den ersten Hinweis auf das Haus in der Lerchenstraße – St. Pauli –, das Eigentum der städtischen Wohnungsbaugenossenschaft SAGA ist." Es war schließlich ein Kompromiß, nicht rollstuhlgerecht und sehr verkommen, so daß noch sehr viel Geld und Arbeit hineingesteckt werden mußte.

Die Verhandlungen erwiesen sich als zäh und langwierig, „keiner der an der Sanierung Beteiligten war auf die Integration einer zukünftigen Nutzergruppe in der Umbauphase eingestellt" ... „die rechtlichen Rahmenbedingungen der Förderungspolitik und das Mietrecht sind für gemeinschaftliche Wohnprojekte wenig geeignet". Verhandlungen über Sonderregelungen waren notwendig und schließlich konnten sowohl Gemeinschaftsflächen gefördert, als auch durchgesetzt werden, „daß nur ein Teil der BewohnerInnen berechtigt zu sein braucht, eine Wohnung nach § 5 des Wohnungsbindungsgesetzes zu beziehen". Das Argument zog schließlich, daß die Höhe des Einkommens kein Hinderungsgrund für das Einziehen in diese Hausgemeinschaft sein sollte, um auch eine soziale Durchmischung zu gewährleisten. Von den vielen InteressentInnen sprangen viele dann, als es ernst wurde, wieder ab. „Gemeinschaftliche Wohninitiativen werden häufig von sehr viel mehr Menschen durchlaufen, als später einziehen."

Konflikte: „... Das Aufeinanderstoßen nicht-familialer kollektiver Denk- und Handlungsmuster mit herkömmlichen Strukturen in Politik, Planung und Verwaltung zeigt sich vor allem im Mangel an passendem Wohnraum, ungeeigneten Förder- und Belegungsrichtlinien und mühsamen, zeitraubenden Verhandlungs- und Realisierungsbemühungen.

---

[227] Klünder, Torsten und Sinclair, Karen (1996), a.a.O.

Die historisch gewachsene wohnungs- und städtebauliche Planung, Herstellung und Vermittlung von Wohnraum hat als traditionelle Bezugsgröße statistisch ermittelte kleinfamiliengeprägte oder alleinlebende „Durchschnittsmenschen". Sie richten sich im öffentlich geförderten Mietwohnungsbau sowie im Eigenheimbau ausschließlich nach Individualeinkommen und Haushaltsgröße. Diese herkömmliche Verfahrensweise korrespondiert weder mit der unkonventionellen basisorientierten Vorgehensweise noch mit den gemischter Einkommens- und Haushaltstypen der Wohngruppen."[228]

Daher, so fährt *Petersen* fort, sei es für die bundesweit vernetzenden Projektgruppen bittere Realität, daß nur ein Bruchteil der vielen lokalen Initiativen aufgrund struktureller Hindernisse und gruppendynamischer Belastungen ihre Projekte zum Erfolg führen könnten. Die Projekte erscheinen der Wohnungswirtschaft nicht attraktiv, weil sie weder „kurzfristige noch massenhafte, schematisch reproduzierbare Wohnformen" seien. Der Reibungsprozeß entsteht an der Schnittstelle von sich verändernden Wohn- und Lebensgestaltungswünsche und herkömmlichen Rahmenbedingungen. Nicht ausreichend wahrgenommen wird eine volkswirtschaftliche Entlastung im Sozialbereich durch freiwillige Selbst- und Nachbarschaftshilfe, „da sie von planungs- und förderrechtlichen Umsetzungsbarrieren überschattet werden".

Ein schriftliches Konzept, das Zielvorstellungen konkretisiert, wurde nie erarbeitet und war auch nicht erwünscht. Inzwischen hat sich in dieser Hinsicht eine Alltagspraxis entwickelt. Nach den Prinzipien Selbstbestimmung, solidarische nachbarschaftliche Hilfe und ein ganzheitliches Menschenbild wurde und wird gelebt. „*Ausgehend von einem ganzheitlichen Menschenbild wird der Mensch nicht durch Merkmale wie: Alter, Behinderung und Pflegebedürftigkeit definiert und auf diese Weise reduziert, sondern in seiner ganzen Persönlichkeit gesehen*[229] ... Statt heimähnlicher Monokulturen betriebswirtschaftlicher Prägung sollen lebendige Nachbarschaften ohne Gewinn- und Verlustrechnung entstehen."[230]

Im Pantherhaus wird gemeinsam gelebt und gearbeitet, der Wohnalltag allein reicht nicht aus, um die unterschiedlichen Interessen innerhalb des Vereins zum Tragen zu bringen. Der Verein ist das Bindeglied, schafft aber auch viele Außenkontakte durch BesucherInnen, auch bei Veranstaltungen und

---

[228] Petersen, Ulrike (1993). Vier vor, zwei zurück ... Gemeinschaftliche Wohnformen im Alter. In: Widersprüche. Zs. für sozialistische Politik im Bildungs-, Gesundheits- und Sozialbereich. Alte Menschen zwischen Norm und Selbstbestimmung.

[229] Kursiv: I. Zundel.

[230] Klünder, Torsten und Sinclair, Karen (1996), a.a.O.

Aktionen. Sein Domizil befindet sich im Erdgeschoß des Pantherhauses, liebevoll als „Herz der Panther" beschrieben. Die Büro- und Versammlungsräume dienen außerhalb der Bürozeiten gleichzeitig den BewohnerInnen für vielfältige Möglichkeiten.

1994 lebten im Pantherhaus 1 alleinstehende Frau von 83 Jahren (ehem. Polizistin und Buchhalterin, die sich politisch engagierte und nun viel reiste), 1 alleinstehende 94-Jährige (ehem. Fotografin) und 1 siebzigjähriger Witwer (ehem. Elektriker und Gewerkschafter), ein Ehepaar um die 50 Jahre alt (kaufm. tätig), 4 Singles (37, 39, 40 und 49 Jahre alt) und ein Kind von 5 Jahren. Unter den jüngeren BewohnerInnen sind ein Sozialpädagoge, ein Altenpfleger und eine Politologin und eine betreibt das später gegründete Panther-Café.

Das Leben im Pantherhaus wird als ein *Lern- und Kommunikations-Prozeß* beschrieben, daß seit neun Jahren existiere mit Streiten, Feiern, Alltag teilen, Krisen und Grenzerfahrungen bewältigen. Durch die Aushandelungs- und Annäherungsprozesse ist die Hausgemeinschaft gewachsen:

„Das waren oft diese alltäglichen Kleinigkeiten (das unterschiedliche Sauberkeitsbedürfnis im Haus, die Pflege des Gartens) oder unausgesprochene Zwistigkeiten zwischen einzelnen BewohnerInnen, die zum Sprengstoff wurden (...) Wir haben aber mittlerweile gelernt, damit umzugehen, die Dinge auf den Tisch zu packen." Das Austragen der Konflikte war immer eingebettet in den gemeinsamen Wunsch, miteinander leben zu wollen. ... Obwohl es keine schriftliche Hausordnung gibt, wurden im Laufe der Zeit stille Übereinkünfte und Regeln entwickelt, die auch eingehalten werden. Wenn jemand seine Ruhe haben möchte, hängt er/sie ein Schild ‚Bitte nicht stören' an die Haustür. Dieses Rückzugsbedürfnis wird akzeptiert. ... Eine Bewohnerin beschreibt das so: „Vielleicht sind wir als Hausgemeinschaft ein bißchen vergleichbar mit einem schon etwas länger verheirateten Ehepaar: Die Zeit der Euphorie, aber auch das Konfliktpotential ist vorüber, man arrangiert sich eben auch miteinander, ohne daß es deswegen langweilig ist."[231]

In den Gemeinschaftsräumen findet das gemeinsame sonntägliche Abendessen (als Angebot!) statt, und sie werden selbstverständlich hinterher aufgeräumt und saubergemacht. Dieses Abendessen hat nicht mehr den Charakter von Hausversammlungen wie in der Anfangsphase, sondern ist ein geselliges

---

[231] www.graue-panther-hamburg-ev.de./texte/wohnprojekte htm

Zusammensein. Die Panther fragen sich, ob ihre Lebensgemeinschaft wohl Modellcharakter hat.

Im Internet fand sich eine Beschreibung der weiteren Wohnprojekte aus 2002, wonach das Pantherhaus aus 8 Wohnungen bestehe, die Wohn-Pflege-Hausgemeinschaft in St. Georg seit 1993 als Neubau mit 15 Wohnungen und die Hausgemeinschaft in Harburg seit 1995 mit 12 neugebauten Wohnungen. „In diesen altersgemischten Projekten werden die ebenerdigen Gemeinschaftsflächen für vereins- und stadtteilbezogene Aufgaben genutzt, aber auch anderen Gruppen zur Verfügung gestellt. *Das Vorschlagsrecht bei Bewohnerwechsel obliegt den Hausgemeinschaften in Absprache mit dem Verein und dem jeweiligen Eigentümer.*

Die medizinische und pflegerische Versorgung kranker oder behinderter BewohnerInnen erfolge durch externe ambulante Dienste, aber das zwischenmenschliche und soziale Miteinander verbleibe in der Gemeinschaft. „Das Zusammenleben ist weder animations- noch betreuungsbedürftig, sondern ergibt sich aus den individuellen Fähigkeiten und Wünschen sowie den persönlichen und kollektiven Höhen und Tiefen des menschlichen Daseins"[232].

In der Planung befindet sich bereits ein neues Projekt, das „Halbe-Halbe-Wohnprojekt".

Nach ausgiebigem Materialstudium und Gesprächen mit Frau *Dr. Ulrike Petersen* erschien hier ein direktes Interview wenig ergiebig, zumal meine Forschungsschwerpunkte, Motivation und Barrieren durch die umfangreiche Dokumentation von P. abgedeckt sind.

12.2.3. „Diakonische Hausgemeinschaften" e.V.(D.H.G.), Heidelberg

Sie sind deshalb unter dem Rubrum „selbstorganisiert, selbstbestimmt" subsummierbar, weil diese „integrativen Wohnprojekte" von einem Träumer und Initiator, *Ingo Franz* (Sozialpädagoge und Theologe), nach einem Vorbild in Freiburg i.Br. ins Leben gerufen wurden, aber von Menschen (jungen, alten, Behinderten) *in eigener Regie* nachgefragt werden. Es handelt sich bei den D.H.G. nur insofern um einen Finanzträger, als ein Ankauf mit Umbau im Altbestand durch den Verein finanziert wurde; die meisten Wohnungen aber sind vom Verein lediglich angemietet worden und werden an die Bewohner weitervermietet. Der Zusammenhalt der Bewohner geschieht über Treffen

---

[232] www.graue-panther-hamburg-ev.de ..., a.a.O.

bzw. gemeinsame Mahlzeiten im Markushaus der Kirchengemeinde, wo sich die Bewohner – sofern möglich – ehrenamtlich in vielfältigen Diensten engagieren. Der Verein pflegt eine enge Zusammenarbeit mit *verschiedenen Kostenträgern,* wie Diakonie, Internationaler Christlicher Jugendaustausch, Caritas, Freiwilligenbörse, Paritätischer Wohlfahrtsverband u.s.w. Dennoch gibt es trotz regelmäßiger Spendenakquisition finanzielle Probleme (vgl. Kap. 10.8), die aber bislang immer irgendwie gelöst werden konnten.

Der von *Ingo Franz* gegründete, gemeinnützige Verein hat nur wenige genuine Mitglieder, er gründet sich vor allem auf Spenden, damit „Menschen mit unterschiedlichem Bedarf an Hilfe in einem fördernden Umfeld leben"[233] können, also „Familien, Berufstätige und Studierende, ältere und jüngere Menschen", mit dem Anspruch, dafür mind. 2 Std. wöchentlich „bürgerschaftlich engagiert" entweder in einer Wohngemeinschaft, in Nachbarschaftshilfe oder auch im Zentralhaus der Markusgemeinde, wo sich auch die Vereinsgeschäftsstelle befindet, tätig zu werden. Der Verein[234] hat im Laufe des 9-jährigen Bestehens verschiedene Häuser und Wohnungen angemietet, die er dann an einzelne oder Gruppen weitervermietet. „... die Selbständigkeit in der Lebensgestaltung (ist) wichtig. Zusätzliche gemeinschaftliche Räume erleichtern das lebendige Miteinander ..."[235] Derzeit wohnen rd. 80 BewohnerInnen, Singles, Paare und Familien, über Heidelberg verstreut in Nachbarschafts- oder in Wohngemeinschaften. „Auch die äußeren Rahmenbedingungen mit Gemeinschaftsräumen, Computern, einer Gemeinschaftswerkstatt, Car-Sharing usw. sind für Menschen in unterschiedlichen Lebenslagen attraktiv."[236] Sie befinden sich in der Zentralstelle der ev. Markusgemeinde, Heidelberg.

12.2.4. ÖkoLeA, Landkommune und Bildungswerk

ÖkoLeA bedeutet „ökologische Lebens- und Arbeitsgemeinschaft" und hat ihren Sitz in Klosterdorf b. Strausberg in der Mark Brandenburg. Seit 1993 leben etwa 18 Erwachsene (davon 3 über 60 Jahre alt) und 9 Kinder auf dem alten märkischen Hof, „feiern Feste, lösen Probleme, unterstützen einander,

---

[233] Aus: Integrative Wohnprojekte. Lebensfelder für solidarische Nachbarschaft. Flyer der „Diakonischen Hausgemeinschaften" Heidelberg, o. Datum.
[234] Vgl. Satzung.
[235] Flyer, a.a.O.
[236] „Diakonische Hausgemeinschaften e.V." (2002/2003). Caritas in der Gemeinde leben lernen. Zusatzbrief zu: Diachronie. Das Magazin der Diakonischen Hausgemeinschaften. Integrative Wohnprojekte. Lebensfelder für solidarische Nachbarschaft.

kümmern sich gemeinsam um die Kinder, pflegen Tiere und Garten, bauen, restaurieren und, und, und ...“[237] Das Bildungswerk-Team umfaßt 1 Diplom-Volkswirtin, Pädagogin und Heilpraktikerin (sie ist Geschäftsführerin des Bildungswerks), 1 Soziologin, 1 Buchbinder und Waldorfpädagogen, 1 Professor der Politikwissenschaft und 1 Heilpraktiker und Gartenbauer. Ein ehemaliger Kuhstall von ca. 80 qm beherbergt Tagungsraum, Werk- und Atelierraum. Dazu gehören Sanitärräume und 1 Küche. Im Sommer kommt noch eine große Scheune zur Nutzung dazu sowie Wiese und Garten. Auch Gäste können hier in begrenztem Umfange in Wohnwagen übernachten.

Die Gruppe führt aus: „Wir sehen uns als Teil der ländlichen Region Märkisch Oderland und des Grenzgebietes Ostbrandenburg – Polen und wollen uns bewußt darin verankern. Deshalb suchen und pflegen wir die Zusammenarbeit und den Austausch mit anderen Gruppen, Vereinen und Institutionen in der Umgebung[238].

Diese Landkommune geht also über gemeinsames Leben und (für sich) arbeiten noch weit hinaus. Sie verknüpfen Bildung mit Geselligkeit und laden z.b. zum Sonntagsfrühstück mit vielen selbsthergestellten, biologischen Produkten ein. Es gibt inzwischen bei ÖkoLeA eine biologische Holzofen-Bäckerei, die ihre Waren auch zum Verkauf anbietet. Ebenso kann man hier Marmeladen, Salben, Kräutersalz, Tees, Öle, Ziegenkäse usw. erwerben.

In einer Kleiderkammer legt jeder/jede BewohnerIn nicht mehr benötigte Kleidungsstücke ab, die von anderen Bewohnern/Bewohnerinnen übernommen werden können.

Ein Vortrag lautet: „Menschenwürdig älter werden! Wie können Jung und Alt gut miteinander leben?“ Eine schriftliche Vereinbarung darüber gibt es aber nicht, wie ich in meinem späteren Interview mit Frau S. höre.

12.2.5. WABE in Burgholzhof (Stuttgart)

„Zwischen Privatheit und Sozialstaat entstehen im Sinne bürgerschaftlicher Selbsthilfe neue Formen der Beteiligung und der Gestaltung von Lebensräumen.“[239] Weil abstrakte Ideen von Gemeinschaft nicht viel taugen, kommen Interessenten, die in Gesprächen und gemeinsamen Unternehmungen

---

[237] Aus dem Programm ÖkoLeA Bildungswerk Januar bis Juni 2003. Gesellschaft, Handwerk, Kunst, Gartenbau, Gesundheit.

[238] ÖkoLeA Bildungswerk Programm, a.a.O.

[239] Link, Martin (1995). Älter werden und verbindlich zusammenleben. In: Konrad Hummel (Hg.) Bürgerengagement ..., a.a.O.

sich kennen- und schätzen lernen, zusammen, bevor sie der Idee des gemein-schaftlichen Wohnens näher treten. Indem sie die individuellen Eigenarten des jeweils anderen untereinander akzeptieren lernen, ensteht Sympathie, die für die Energie, das gemeinsame Wohnprojekt zu wagen und durchzusetzen nötig ist. Eine überschaubare optimale Gruppengröße ist erforderlich, um Kontakte, Nähe und Distanz zu ermöglichen.

Im Verein WABE[240] geht man von 8-12 Wohneinheiten mit 15 bis 25 Bewohnern aus. Dies sei auch die geeignete Gruppengröße für gegenseitige Unterstützung in allen Lebenslagen. Im Mittelpunkt stehen Freiwilligkeit und Einsicht in Notwendigkeiten. Das primäre Netz bezieht sich auf „Jung hilft Alt – Alt hilft Jung" und bietet weitestgehende Hilfen an bis zur Grenze bei schwerer Krankheit und Pflege, die dann von außen notwendig wird. Diese Primär-Hilfen sehen so aus:

- Hauswirtschaftliche Dienste (Reinigung, Einkäufe, Fahrdienste, usw.), Notrufbereitschaft nach einem bestimmten Modus
- Pflegedienste bei Krankheit und leichter Pflege nach interner Absprache
- Rehabilitation, Nachsorge nach Krankheit, Wiederherstellung von physischer und mentaler Gesundheit und Lebensfreude
- Gemeinschaftlich organisierte Aktivitäten wie Ausflüge, Reinigung und Wartung der Gemeinschaftsräume, Pflege der Außenanlagen, kleinere Reparaturen[241].

(Im übrigen siehe das ausführliche Interview mit *Martin Link* unter 14.2.3.1).

Ich will es bei diesen wenigen Beispielen aus der Literatur belassen und mich verstärkt aktuellen Interviews zuwenden.

---

[240] WABE soll bewußt an eine Bienen-Wabe erinnern und steht für „Gemeinschaftliche Lebens- und Wohnformen für jung und alt, für Einzelpersonen, Paare, Familien und Alleinerziehende" (nach Martin Link). In: Älter werden und verbindlich zusammenleben, a.a.O., S. 201.

[241] Link, Martin (1995), a.a.O.

13. Empirischer Teil mit eigenen Untersuchungen

13.1. Methodische Grundlegung

Eine kleine Auswahl[242] von Experten (vgl. Kap. 7.2), genauer von 13 Personen, die mir insbesondere in Gesprächen auf Tagungen als geeignet genannt wurden, habe ich im Rahmen qualitativer Forschung befragt. Eine schriftliche Fragebogenaktion zumal mit Ja-/Nein-Schemata erschien mir zu unergiebig. Sie kann auch nicht explorativ ausgewertet werden, sondern benötigt feste Merkmalsdimensionen, von denen lediglich die Stärke der Ausprägung gemessen werden, nicht aber die Subjektivität des Einzelnen im Sinne der Praxisforschung erfaßt werden kann[243].

Der Informant mit seiner Bilanzierung ist nach *Bude*[244] ein „Theoretiker seiner selbst". „Die Erzählform sichert die Authentizität der Erfahrungsrekapitulation" (*Bude, Heinz* a.a.O.) und führe damit auch zur Gestaltschließung. Aber, so *Bude*, wir machen auch Erfahrungen, die nicht in Erzählform darstellbar seien, damit entstehe eine Engführung des Erfahrungsbegriffs. Der Forscher müsse die „Tendenz der Zuspitzung" organisieren, die gegenläufige Tendenz sei die Zersplitterung in unserer Erfahrung. Ich habe versucht, insbesondere bei den Laien Zuspitzung durch gezielte Nachfragen zu organisieren. Nicht relevante Erzählpassagen wurden bei der Auswertung der minituösen Transkriptionen ausgelassen.

Die Wahl dieser Methode ist also der „Gegenstandsangemessenheit" der Forschung geschuldet, wonach die empirischen Forschungsmethoden und der Forschungsprozeß so gestaltet werden müssen, daß sie die Gewähr bieten, den

---

[242] Ich vermeide den Begriff „Stichprobe" zur Kennzeichnung meiner Untersuchungsgruppe, weil man wegen der Verallgemeinerbarkeit nur im quantitativen Paradigma von Stichprobe sprechen kann.

[243] Hoff, E.H. (1985). Datenerhebung als Kommunikation: Intensivbefragungen mit zwei Interviewern. In: Jüttemann, G. (Hg.), Qualitative Forschung in der Psychologie. Weinheim: Beltz. S. 161-185.
Markard, M. (1991). Methodik subjektwissenschaftlicher Forschung. Jenseits des Streits um quantitative und qualitative Methoden. Hamburg u. Berlin: ARGUMENT.

[244] Bude, Heinz (1985). Der Sozialforscher als Narrationsanimateur. Kritische Anmerkungen zu einer erzähltheoretischen Fundierung der interpretativen Sozialforschung. In: KZfSS 37, S. 327-336.

Gegenstand in seinen wesentlichen Bestimmungen zu erfassen (*Held*, 1985, S. 25, zit. nach *Otto*)[245].

„Qualitative Forschung hat ihren Ausgangspunkt im Versuch eines vorrangig deutenden und sinnverstehenden Zugangs zu der interaktiv hergestellten und in sprachlich wie in nicht-sprachlichen Symbolen repräsentiert gedachten Wirklichkeit. Sie bemüht sich dabei, ein möglichst datailliertes und vollständiges Bild der zu erschließenden Wirklichkeitsausschnitte zu liefern."[246]

Die Herangehensweise erfolgte in offenen, halbstrukturierten Interviews, wozu *Kruse und Schmitt* (a.a.O., S. 128) ausführen: „Die Attraktivität halbstrukturierter Interviews für den Forscher liegt in der Möglichkeit, Situationen in den für eine Person bedeutsamen Aspekten zu erfassen. ... Indem der Interviewer die Aussagen seines Gesprächspartners kontinuierlich interpretiert und seine Fragen auf dessen Antworten abstimmt, nimmt auch sein Wissen um dessen ‚subjektiven Lebensraum' kontinuierlich zu. Auf dieser Grundlage kann er die ‚subjektive Bedeutung' (*Thomae* spricht auch von ‚kognitiver Repräsentanz', zit. nach *Kruse und Schmitt*) der im Interview zu behandelnden Thematik immer besser beurteilen. Dadurch wird es möglich, den Gesprächspartner durch ergänzende Nachfragen zu motivieren, über weitere Aspekte nachzudenken, die für ihn bedeutsam (gewesen) sind, und das Verständnis des zuvor Gesagten zu erleichtern." Mit den Möglichkeiten, die diese Methode eröffne, erhöhten sich auch die Anforderungen an den Interviewer. Er könne sich nicht darauf beschränken, seinen Gesprächspartner mit vorab festgelegten Antworten zu konfrontieren.

Lamnek nennt als zentrale Prinzipien der qualitativen Sozialforschung Offenheit, Kommunikations- und Prozeßcharakter der Forschung, Reflexivität, Explikation und Flexibilität. Sie stellen die Programmatik qualitativer Sozialforschung dar[247].

Offenheit: In der qualitativen Forschung wird der Wahrnehmungstrichter so weit wie möglich offen gehalten, um die informationsreduzierende Selektion aufgrund standardisierter Erhebungsinstrumente der quantitativen Sozialforschung zu vermeiden.

---

[245] Bartjes, Heinz, Otto, Ulrich (1999). Freiwilliges Soziales Engagement im Paritätischen Wohlfahrtsverband Baden-Württemberg. Quantitative und qualitative Befunde. Forschungsprojekt Tübingen, Stuttgart.

[246] Kardoff (1991), zit. nach Otto, U. (1995), a.a.O.

[247] Lamnek, S. (1988). Qualitative Sozialforschung, Bd. 1: Methodologie. München.

Eine so verstandene Offenheit fordere den Verzicht auf vorab zu formulierende und dann in der Untersuchung zu prüfende Hypothesen. Qualitative Sozialforschung verstehe sich demnach nicht als hypothesenprüfendes sondern als hypothesengenerierendes Verfahren[248], in unserer vorliegenden Erhebung konnten analog „Befunde" erhoben werden. Theoretische Vorarbeiten dienen der Vorstrukturierung des Feldes, hier: Projektbeschreibungen aufgrund von Veröffentlichungen (vgl. Kap. 10.7 bis einschl. 12.2.5).

Im Gegensatz zur quantitativen Forschung im mainstream, die die Kommunikation zwischen Forscher und Beforschtem als Störfaktor auffaßt, ist sie hier „konstitutiver Bestandteil des Forschungsprozesses" (*Lamnek*). Insofern rückt der Prozeß des Aushandelns der Wirklichkeitsdefinitionen in den Mittelpunkt. Um hier Näherungswerte zu erzielen, wurden die sog. Experten nach Möglichkeit in ihrem Handlungsfeld befragt. Damit ist gleichzeitig der Prozeßcharakter dieser Forschung gewahrt. Die Prinzipien der *Reflexivität, der Explikation und Flexibilität* kommen in den Auswertungspassagen zum Tragen, aber auch in der Interviewsituation selbst, wenn der Gesprächsteilnehmer gebeten wird, bestimmte Äußerungen zu vertiefen, zu erklären und zu interpretieren. Dies geschieht im Sinne der angestrebten alltagsnahen Kommunikation. Flexibilität bedeutet dennoch nicht etwa Richtungslosigkeit.

Die Interviewleitfäden konnten daher nur als ungefähre Richtschnüre dienen, von denen zugunsten der Trichtererweiterung während des Interviews häufig abgewichen werden mußte. Die Arbeit der Zuspitzung erfolgte nachträglich am Material.

13.1.2. Reflexion der Forscherrolle

Der Forscher selbst muß sich als „zentrales kommunikatives Erkenntnisinstrument" begreifen[249]. Er steht im Spannungsfeld von Nähe und Distanz, von Fremdheit und Vertrautheit und muß imstande sein, eine *Außenperspektive* einzunehmen. Er braucht den prinzipiellen Zweifel als „professioneller Fremder" und andererseits die *Innenperspektive* des Verstehens seines Interviewpartners. Erst in hergestellter Empathie lassen sich Problemfelder erschließen.

---

[248] Lamnek, zit. nach Otto U. (1995), a.a.O.
[249] Flick, U. (1991a). Stationen des qualitativen Forschungsprozesses. In: U. Flick u.a. (Hg.) Handbuch qualitative Sozialforschung, München.

13.2. Forschungsfragen

1. Welche Rahmenbedingungen muß eine „Ermöglichungsverwaltung"[250] zur Verfügung stellen, damit „bürgerschaftliches Engagement", hier in „Selbstsorge", eine nachhaltige, zukunftsweisende Chance erhält?
2. W e r sind die Engagierten, wie wurden sie rekrutiert und welche Voraussetzungen müssen sie mitbringen?
3. Welches Zeitbudget steht zur Verfügung?
4. Wie wirkt sich „Bürgerschaftliches Engagement" in eigener Sache aus?
5. Können solche Modelle einen Beitrag zum sozialen Frieden in Zeiten knapper Finanzressourcen leisten? (Metaebene)
6. Wann, wo und warum werden Barrieren sichtbar, die zum Scheitern solcher Modelle führen können?

Mit Hilfe von Experteninterviews[251] und anhand von Veröffentlichungen aus Seniorengenossenschaften, Geschäftsordnungen, Satzungen und ublikationen aus Zeittauschbörsen und Wohnprojekten werden diese Fragen zu klären versucht, mit dem Ziel, eine Perspektive in der Substitutionswirtschaft für künftige Altenkohorten zu eröffnen, wenn keine finanzielle Alterssicherung im heutigen Umfange mehr zur Verfügung steht.

Nicht alle Forschungsfragen konnten in sämtlichen 13 Interviews beantwortet werden. Gelegentlich ergaben sich Antworten implizit oder Fragen der Metaebene (z.B. Nr. 5) erschienen nicht vom Interviewten beantwortbar. Brauchbare Resultate finden sich im Kap. 19 der Forschungsergebnisse.

13.3. Datenerhebung

Wie in Kap. 7.2 beschrieben, dienten Experteninterviews als Erhebungsinstrument, was *Schmid und Otto* als „zentrales wissenschaftliches Erhebungsinstrument" bezeichnen. Es unterscheide sich von anderen Befragungen vor allem dadurch, daß die/der Befragte nicht als Person in ihren/seinen Lebenszusammenhängen interessiert, sondern alleine in seiner Funktion als Informa-

---

[250] Der Begriff „Ermöglichungsverwaltung" findet sich zum ersten Male im Diagramm „Perspektiven bürgerschaftlicher Entwicklung", Bürgerschaftliches Engagement, Heft 14, Sozialministerium Baden-Württemberg, S. 28. Vgl. Anlage C.
[251] vgl. Kap. 7.2.

tionsträger[252]. Die Auswahl erfolgte ausschließlich auf der Grundlage von (zugeschriebener) Sachkompetenz, und zwar bei mir – wie *Schmid* es nennt – nach „Reputationstechnik". Das bedeutet, daß die Wahl meiner „Experten" zumeist aufgrund von Aussagen anderer erfolgte. Dies ist zweifellos ein höchst subjektives Verfahren, das aber über die „Positionstechnik" der hauptamtlichen Experten und Printmedien objektiviert wird.

Zwar „treten bei der Anwendung dieser Erhebungstechnik ... gewisse Probleme der Validität und Reliabilität auf ...", z.b. durch Vorenthalten von Informationen oder verzerrte Wiedergabe von Fakten[253], dennoch meine ich, daß eine Gegensteuerung durch die Befragung mehrerer Personen sowie die Heranziehung von Veröffentlichungen aus den Projekten solche Defizite teilweise wettmachen kann.

Außerdem wurde eine weitgehende Objektivierung versucht durch die Anwendung von teilstandardisierten Fragebögen (siehe Anlage), Dokumentationen, Notizen und Tonbandaufnahmen. *Schmid* hält auch den „starken Einsatz von Überzeugung und Wissen als Steuerungsressource" für legitim. Und so stellen unsere Fälle Idealtypen dar, die die nötigen Eckwerte definieren „zur Reduktion von Komplexität" (vgl. *Braun,* 2002, zit. nach *Schmid und Otto).*

Es wurden Vorstandsmitglieder der einschlägigen Vereine, ein Kommunalbeamter des Baden-Württembergischen Sozial-Ministeriums und Beamte, die für Projekte zuständig sind und Engagierte von zwei Zeittauschbörsen sowie Engagierte in einer Seniorengenossenschaft und in den Wohnprojekten interviewt.

Das bedeutet eine sehr heterogene Herangehensweise bei den halbstrukturierten, mit unterschiedlichen Leitfäden gestützten, narrativen Interviews. Dazu wurden zumeist Tonbandaufnahmen ausgewertet[254]. In vier Fällen gelangen nicht medial verarbeitete Interviews, sondern sie erfolgten en passant (Engagierte von ARBES, Beamter in der Seniorengenossenschaft Köngen und mit 2 Engagierten in der Landkommune Ökolea b.Berlin). Diese Interviews wurden weitgehend mitstenographiert und hier vorwiegend in indirekter Rede protokolliert.

---

[252] Schmid, Josef u. Otto, Ulrich et al. (2003). Intentionen, Instrumente und Wirkungseinschätzungen ausgewählter Förderstrategien Bürgerschaftlichen Engagements im föderalen Staat. In: Enquete-Kommission „Zukunft Bürgerschaftlichen Engagements. Dt. Bundestag (Hg.). Opladen: Leske u. Budrich. Schriftenreihe Bd. 7., S. 15 f.

[253] Schmid, Josef u. Otto, Ulrich (2003), a.a.O., S. 15 f.

[254] Schütze, F. (1981). Prozeßstrukturen des Lebenslaufs. In: Matthes (Hg.). Biographie in handlungswissenschaftlicher Perspektive. Nürnberg. S. 67-156.

Die Interviews wurden (in den Jahren 1998 bis 2003) vorzugsweise am Einsatzort der Befragten oder in ihren Wohnungen durchgeführt, die Tauschbörsen-Interviews in der Wohnung der Interviewerin. Die Interviews sind von unterschiedlicher Länge, wenngleich in der Regel 1,5 Std. eingeplant waren. Bei überlangen Interviews sollte der Redefluß nicht unterbrochen werden zugunsten neuer Befunde. Zwar wurden sämtliche Interviews total transcribiert, nicht aber auch unergiebige Textteile ausgewertet.

13.4. Methode der Interpretation

Nach *Kohli* (1978)[255] ist ein Interview „methodisch kontrollierte Fremdinterpretatation". Wenn ich mich bei der Auswertung des interpretativen Paradigmas bediene, so liegt mein Hauptinteresse nicht auf Deutungen, sondern auf der Rekonstruktion von Handlungsmustern[256].

Bude spricht von der „Methode des Portraitisten" und führt aus: „Die soziologischen Landschaftsmaler operieren mit anschaulichen Begriffen wie Struktur, System, Funktion und Code, während die soziologischen Portraitmaler mit *sozialpsychologischen Phänomenen,* wie dem Wunsch, Anerkennung zu finden, der Bereitschaft, Macht zu demonstrieren ... befaßt sind. Die einen sehen das Gesellschaftliche gewissermaßen von außen und von Weitem, die anderen von innen und von Nahem." Es sei die von persönlichen Vorlieben abhängige Entscheidung, welche Methode (Perspektive) der Forscher wähle[257].

Die vorliegende Arbeit schließt sich interpretativ-methodisch der Perspektive des „Portraitmalers" an, die von „innen und von Nahem" sozialpsychologische Phänomene aufspürt.

Jeder Interviewpassage wird zunächst der/die Interviewte vorgestellt, danach das Interview-Setting beschrieben.

Unter „Auswertungspassagen" erscheinen die relevanten Teile der Interviews nach Forschungsfragen gegliedert, die abschnittsweise zusammengefaßt und

---

[255] Kohli, Martin (1978). „Offenes" und „geschlossenes" Interview, neue Argumente zu einer alten Kontroverse. Zs. Soziale Welt, 29, S. 1-25.
[256] Zundel, Ingrid (1995), a.a.O.
[257] Bude, Heinz (1995). Das Altern einer Generation (1938-1948). 1.Aufl. Ffm: Suhrkamp Zur methodischen Ausarbeitung des Konzepts vgl. auch:
Bude, Heinz (1987). Deutsche Karrieren. Lebenskonstruktionen sozialer Aufsteiger aus der Flakhelfer-Generation. Ffm: Suhrkamp.

interpetiert werden. Eine Interpretation entfällt dort, wo die Interviewsequenz für sich selbst spricht. In Einzelfällen wurde die spätere Anschlußsequenz an eine bereits behandelte Forschungsfrage mit „Nochmals Forschungsfrage" gekennnzeichnet. Dies geschah, um den dokumentierten Redefluß nicht zu unterbrechen.

Für einen raschen Überblick von „Zusammenfassungen und Interpretationen" eignet sich Kap. 15, unterteilt nach Projekten und Engagierten und Hauptamtlichen.

Die Gliederung erfolgte zunächst nach „Experten und Expertinnen des eigenen Engagements", d.h. die Zusammenfassungen beziehen sich auf Laien-Interviews (Nutznießer des eigenen Engagements). Weiter wurden die relevanten Interviewpassagen untergliedert nach den drei untersuchten Projekten, Seniorengenossenschaften (Kap. 14.1.1), Tauschbörsen (Kap. 14.1.2) und gemeinschaftliche Wohnprojekte (Kap. 14.1.3).

Die Auswertungspassagen wurden nach den Forschungsfragen (Kap. 13.2) ausgewählt. Ergab es sich, daß während des Interviews die Interviewte noch ein- oder mehrmals auf eine Forschungsfrage einging, wurde diese mit „Nochmals Forschungsfrage ..." gekennzeichnet. Dies geschah, um den Interviewfluß kontinuierlich aufzuzeichnen.

Gelegentlich stellte die Interviewerin Zusatzfragen, z.B. zur Motivation. Auch diese wurden in die spätere Auswertung aufgenommen.

Ergaben sich neue Befunde (hier: statt Hypothesen), die nicht antizipiert worden waren, so wurden diese numeriert und in Paranthese gesetzt, um sie später (in Kap. 18) zusammenzufassen.

Nachdem die sog. Laien-Interviews, d.h. der Nutznießer in den Projekten, die dadurch zu „Experten des eigenen Engagements" wurden, wie vorgenannt gegliedert, abgehandelt worden sind, werden die Interviews der hauptamtlichen Experten ab Kap. 14.2 in der gleichen Gliederung nach Seniorengenossenschaften (Kap. 14.2.1), Tauschbörsen (Kap. 14.2.2) und Wohnprojekten (Kap. 14.2.3) nach den Forschungsfragen (Kap. 13.2) und neuen Befunden ausgewertet.

14. Darstellung der Ergebnisse

14.1. Aus den Interviews mit „Experten und Expertinnen des eigenen Engagements"

14.1.1. Zum Thema: Seniorengenossenschaften

14.1.1.1. Aus dem Interview mit Frau V.,

77 Jahre alt, derzeit engagiert bei ZEBRA in Ulm, ehemalige Vorsitzende der *„Seniorengenossenschaft Stuttgart-Wiblingen"*, heute SGG („Solidargemeinschaft der Generationen"), 1998 geführt vor Ort, d.h. an ihrem Einsatzort ZEBRA[258]. Sie ist Mitglied von ARBES[259]. Frau V. ist Diplom-Chemikerin und war Gymnasiallehrerin bis zu ihrer Pensionierung.

Untersuchungssetting:
Ich treffe Frau V. an ihrem Einsatzort ZEBRA, wo ich das Interview auf Tonband aufnehme. Eine *generelle Zusammenfassung* findet sich am Schluß des Interviews 14.1.1.1.

Auswertungspassagen

a) Forschungsfrage 2: **Wie wurden Sie rekrutiert? Voraussetzungen**
   Hier: Engagement aufgrund persönlicher Kontakte

„... Spätherbst '91, da hat mich eine Mitsängerin aus der Kantorei, in die ich gegangen bin ..., hat mich angerufen, ‚da entsteht eine Seniorengenossenschaft, Stadtteilprojekt in Wiblingen', ... weiß daß ich in diesem ökomenischen Altenkreis mitarbeite und ... ‚in drei Wochen ist die Gründungsversammlung für diesen Verein, Seniorengenossenschaft in Wiblingen'. Sie hat sich bereit erklärt, den Vorsitz zu übernehmen, liegt aber jetzt im Krankenhaus ... und kann im nächsten halben Jahr nichts tun. Die Frage also war, ob ich da also mitmachen könnte in dem Vorstand, und da hab' ich gesagt, ich

---

[258] ZEBRA heißt „Zentrale Bürgeragentur" Ulm.
[259] ARBES heißt „Arbeitsgemeinschaft Bürgerschaftliches Engagement/Seniorengenossenschaften" (in Baden-Württemberg).

kann mir vorstellen, daß ich da als Schriftführerin oder so mich einbringen könnte. Und dann hatten wir nochmal ... eine Zusammenkunft war von diesen Leuten, die da schon ausgesucht waren für diesen Vorstand, und da hatte sich dann *keiner* bereit erklärt, den Vorsitz zu übernehmen. Die wollten also nicht von ihren bereits anvisierten Ämtern, Schriftführung usw. weggehen, und dann bin ich eben so dazu gekommen, den Vorsitz ... für diesen Verein zu machen."

Zusammenfassung und Interpretation zu a)
Frau V., die zunächst Schriftführerin (ein bescheidener Anspruch, wie das für Frauen dieser Kohorte noch üblich war) in der neu gegründeten Seniorengenossenschaft Wiblingen werden wollte, dort aber offenbar schon Konkurrenz hatte, erklärte sich schließlich bereit, den Vorsitz zu übernehmen.

b) Noch Forschungsfrage 2, **Voraussetzungen der Engagierten ...**

„Ja, eben aus dem Beruf, dieses Organisieren, auch für 'ne ganze Gruppe 'was organisieren – ich war ... zwei Wahlperioden Personalratsvorsitzende von einer großen Schule mit über tausend Schülern und über hundert Kollegen, und das hat mir dann auch so, war dann ... d e r Teil, ... den ich also auch kennengelernt habe, wie man ... Sitzungen, also Vorstandssitzungen für – da hat mich ein Kollege, der stellvertr. Bürgermeister war, hat mich da begleitet im ersten Jahr, und da hab' ich auch die ... demokratischen Dinge schon ganz gut mitbekommen. Und dann auch das Einstehen für Menschen, ja, für Kollegen, wenn sie Probleme hatten mit dem Schulleiter oder so, ... das ist mir da schon sehr entgegengekommen, weil es ja auch in so'ner Gruppierung, so 'nem Vorstand immer wieder Probleme gibt."

Zusammenfassung und Interpretation zu b)
Frau V. expliziert ihre Erfahrungen und Fähigkeiten aus dem Berufsleben (siehe weiter unter „Motivation").

c) Zur Forschungsfrage 4 **(Auswirkungen auf den Teilnehmer)**
Belastungen und Demokratisierungsbetrachtungen

„Ich war vier Jahre lang Vorsitzende – ich hab' dann nicht mehr kandidiert, weil ich nicht mehr im Stadtteil Wiblingen gewohnt habe, ich bin da weggezogen, Ende '93 glaub' ich, ja, und das ist der erste, *der persönliche Grund gewesen* – natürlich war ich sehr überlastet: eine Strecke ist 'ne dreiviertel Stunde zu meinem jetzigen Sitz, also wenn ich nach Wiblingen 'raus möchte, dann muß – man muß also in der Nähe sein von diesem Büro,wenn irgendwas schnell zu erledigen ist und ... das ist der erste Grund gewesen. Der zweite Grund ist der, daß ich davon überzeugt bin, daß genau solche Gruppierungen auch eines Wechsels bedürfen, damit neue Ideen 'reinkommen bezüglich der Organisation, damit neue Ideen 'reinkommen bezüglich der Aufgabenfelder."

Zusammenfassung und Interpretation zu c)
Nach vier Jahren Vorsitz gibt es für Frau V. zwei Gründe aufzuhören, 1. der weite Weg von ihrem neuen Zuhause, 2. befürwortet sie den demokratischen Wechsel (Reflexion).

d) Zusatzfrage nach Übereinstimmung von Zielen der Institution mit eigenen (Motivation ihres Engagements)

„Ja, insofern es bei allen Dreien ... also sowohl bei der Seniorengenossenschaft Wiblingen als auch bei ARBES, ja? Als auch jetzt beim ZEBRA darum geht, ... sich freiwillig einzubringen für das ... Gemeinwesen, ja eine ... Förderung im Gemeinwesen, ja?"

Zusammenfassung und Interpretation zu d)
Frau V. bestätigt ihre Grundeinstellung des Engagements „für das Gemeinwesen", was offenbar von den Institutionen Seniorengenossenschaft, ARBES und ZEBRA auch erwartet wird.

e) Nochmals Forschungsfrage 4, ob sie etwas für sich selbst damit tut

„Ja, ja (zögernd) auch. (Seufzt): ja, das hat sich ja geändert in diesen acht Jahren oder neun Jahren oder zehn Jahren, wenn ich den Altentreff – auch, wenn das keine Organisationsarbeit war –, doch, zum gewissen Grade schon auch, ja. Zu Anfang hat mir das viel gebracht, ja. Das hat mich aufgefangen ... (stottert) ohne Partner zu sein, sag' ich mal so', ja? Es hat mich ... in die, in ein neues Umfeld gut hineingebracht, wo ich ja auch zugezogen war, und nachher wieder Ulm – es hat mir einfach Spaß gemacht."

Interpretation zu e)

Die Frage nach der Sinnhaftigkeit ihres Tuns bringt Frau V. offensichtlich jetzt erst dazu, darüber nachzudenken (Indiz: ihre zögerliche, seufzende, stotternde Sprechweise). Hier haben wir es offensichtlich mit der Verinnerlichung des althergebrachten Ehrenamtes zu tun, wo Altruismus erwartet wurde, ohne danach zu fragen, was man selber davon hatte. Bürgerschaftliches Engagement dagegen setzt beim Individualismus an, betrachtet es als legitim, eigene Wünsche und Vorstellungen zu verwirklichen. So gibt Frau V. zu, daß sie ihr Engagement „aufgefangen" habe, als sie ohne Partner war, daß sie in ein „neues Umfeld" nach ihrem Umzug hineingekommen sei, was ihr offensichtlich neue Sozialkontakte und „einfach Spaß" gebracht habe.

Motivation und externe Anreize

Im Alltagsgeschäft reflektiert Frau V. nicht über die Auswirkungen des Engagements auf sie selbst und was ihr Interesse geleitet hat, sie fühlt sich einfach nur verpflichtet, die Arbeit zu machen. Ihre positive Erwartungshaltung, daß sie die Arbeit inhaltlich bewältigen könne, schöpft sie aus ihrem beruflichen Erfahrungswissen. Weiter führt sie aus, daß durch neue Menschen neue Ideen in Bezug auf Organisation und Aufgabenfelder „reinkommen". Im Rückschluß auf ihre eigene Motivation kann man wohl sagen, daß sie Spaß hatte am Organisieren und Erschließen neuer Aufgabenfelder.

Sie führt aus, daß sie ihre Erfahrungen aus dem Schulalltag bei Konflikten mit Kollegen einbringen konnte, beim trouble shooting im Vorstand. Außerdem hatte sie offenbar Freude am Demokratisierungsprozeß, wobei sie viel vom stellvertr. Bürgermeister lernen konnte.

Bei der Arbeit einer Vorstandsvorsitzenden der Seniorengenossenschaft Wiblingen und später bei ZEBRA sowie bei ihrer späteren Tätigkeit als Mitglied des Vorstands von ARBES mußte sie zur Ausübung dieses qualifizierten Bürgerschaftlichen Engagements[260] folgende Fähigkeiten, Erfahrungen und Lernerfolge mitbringen:

- Organisationstalent
- Menschenführung (als frühere Personalratsvorsitzende einer großen Schule)
- Einblick in ein politisches Wahlamt (Bürgermeister „begleitet" sie zunächst)

---

[260] im Folgenden BE abgekürzt.

- Lernerfolg in Demokratie (vgl. c, 2.Abs.): Frau V. tritt im BE für den politischen Wechsel im Amte ein und vollzieht ihn selbst.
- Das Sich-Einsetzen für andere Menschen (vgl. b).

f) Forschungsfrage 3, Zeitbudget?

„Ich hab' also da ... so rund, zu Anfang, in den ersten zwei Jahren auf jeden Fall, also zwanzig Stunden in der Woche verbracht. Ich hab' immer gesagt, das wäre'n Lehrauftrag, also zwei Drittel Lehrauftrag gewesen noch, ja? Und da hätt' ich dann (lacht!) 'n Haufen Geld damit verdienen können. Aber ich wollte eigentlich nicht ... es blieb mir also noch Zeit, also mein Hobby, sagt man heutzutage, dem Chorsingen zu frönen, da bin ich also schon seit meinem 11. Lebensjahr dabei, das kann ich nicht vermissen, und dann auch noch ... auf der anderen Seite für Kinder und Enkelkinder. Das ist manchmal so gerad' an der Grenze gewesen von der Zeiteinteilung. Heute bin ich ja nun, wie ich das richtig aufgegeben hatte, in Wiblingen, das war auch nicht der Grund, bin ich ja dann in den Vorstand der 1994 gegründeten ARBES hineingekommen – und da war dann wieder Aufbauarbeit zu leisten ... hab' ja noch, doch, 'n ganzes Jahr war das dann doppelt, und dann war ich bei ARBES, und ... dann, im Frühjahr '98 hab' ich den Vorsitz des Trägervereins für die ‚Zentrale Bürgeragentur' Ulm, abgekürzt ZEBRA, schwarz-weiß gestreift in den Stadtfarben übernommen, ja? Auch noch 'mal im Stadium der Aufbauphase."

Zusammenfassung und Interpretation zu f)

In den ersten zwei Jahren habe sie sich rd. 20 Wochenstd. engagiert. Interessanterweise stellt sie Gegenwertüberlegungen an: Das wäre soviel wie ein 2/3-Lehrauftrag gewesen. Sie wollte aber eigentlich kein Geld verdienen. Dieses Geldwertdenken wird uns noch bei den Tauschbörsen beschäftigen. Wichtig waren ihr darüber hinaus individuelle private Betätigungen, wie Chorsingen und für Kinder und Enkel Zeit haben. Sie meinte daher, ihr Engagement sei an ihrer zeitlichen Grenze gewesen. Bei parallel laufendem Engagement 1994/95, als sie noch nicht vom Vorstand der Seniorengenossenschaft zurückgetreten war und schon Aufbauarbeit für ARBES geleistet habe, wird es wohl mehr gewesen sein. Später, 1998, wurde sie Vorsitzende bei ZEBRA und ARBES-Vorstandsarbeit machte sie wohl auch noch.

g) Forschungsfrage 6: Barrieren von außen sowie Forschungsfrage 1: Notwendige Rahmenbedingungen: Ist ein Scheitern der Modelle möglich? (bezogen auf die Wiblinger Seniorengenossenschaft):

„Ich denke nicht. Das Scheitern ... wenn 'mal die finanziellen Zuschüsse der Stadt Ulm wegfallen würden. ... Das sind 16.000 DM im Jahr ... In der Anlaufphase waren ja noch Zuschüsse von Stuttgart, ja, für die Einrichtung der Bürger, die Sachmittel usw. Da gibt es jetzt auch noch Zuschüsse, aber ganz gezielt nur noch für Fortbildung und Teilnahme ... da könnt' es ins Wackeln kommen, denn die – ... rein aus Mitgliedsbeiträgen ist so 'was nicht zu finanzieren.“

Zusammenfassung und Interpretation zu g)

Die mir wichtige Frage nach der Möglichkeit des Scheiterns der Modelleinrichtung beantwortet Frau V. mit den notwendigen Rahmenbedingungen, die gesichert sein müßten. Sie spricht von Spenden, die der Einrichtung sehr geholfen hätten. Es wäre langfristig sicher denkbar, daß statt staatlicher Unterstützung sehr viel mehr auf Fundraising gesetzt werden müßte, wie das beispielsweise in den USA gang und gäbe ist.

h) Nochmals zur Forschungsfrage 1 (Rahmenbedingungen); Frage nach Gehältern, „sind alles Ehrenamtliche?"

„Nein, nicht ganz. Also ... wir Vorstandsmitglieder und die, die mitarbeiten, die kriegen keine Gehälter, die sind lauter Freiwillige. Es ist angestellt eine ... Art Sekretärin auf 630-Mark-Basis, weil wir genau – das sind Erfahrungswerte. Wir hatten bis, ein ganzes Jahr die Büroarbeit und alles, was damit zusammenhängt, ... also Umsetzung der organisatorischen Arbeit ... hatten wir mit Freiwilligen gemacht. Der Herr N. war am Montag 2 Std. im Büro, dann war N.C. 2 Std., dann der Gerd, ... die Frau I. war am Donnerstag 2 Std., dann war die Frau ... und da haben wir gemerkt, daß da irgend 'ne Koordination da sein muß. Das ist einfach nicht so richtig auf die Beine gekommen. Auch, wenn die sich ausgetauscht haben. Und da haben wir dann gesagt, wir brauchen ... eine Übergreifende, eine, die das Ganze zusammenhält. Die wird also aus den 16.000 DM bezahlt.

Nein, die Miete ist noch dazu, da muß ich sagen, also das sind dann etwa 21.000 DM Miete und Mietnebenkosten, das ist nur so 'ne interne Berechnung der Stadt Ulm. Dadurch – ... das kommt in unserem Etat eigentlich nicht vor, ja? ... die Maschinen, die ursprünglichen Maschinen, die wurden aus der sachlichen Anschubfinanzierung von Stuttgart finanziert. Neu ... werden sie bezahlt aus ... Spenden, ja, Gelder, die wir durch Spenden bekommen haben. Die haben wir ein bißchen auflaufen lassen ... wir hatten auch 'mal einen Bundeswettbewerb gewonnen, so Anfang '93 ... und da hat unsere Institution ..., die das da für Ulm gewonnen hat, dieses Geld haben wir da hineingegeben, und da ist das Geld da ... von Geräten, die wir noch nicht hatten, ... bzw. von der Stadt insgesamt noch, so ein Ablichtungsgerät und dann ein Computer ..."

Zusammenfassung und Interpretation zu h)
Offenbar war eine koordinierende, bezahlte Angestellte dringend erforderlich, wie die Praxis in der Seniorengenossenschaft ergeben hatte. Dies gehört zu den erforderlichen Rahmenbedingungen für BE. Außer durch Spendengelder wird das Finanzpolster der Einrichtung ergänzt durch ein Preisgeld aus einem Bundeswettbewerb sowie durch Sondermittel der Stadt für Geräte, nach Auslaufen der Anschubfinanzierung aus Stuttgart.

i) Nochmals zur Forschungsfrage 4 (Auswirkungen auf den Teilnehmer)
und Forschungsfrage 6 (mögliches Scheitern):
Frage nach Problemen, verursacht durch die dort tätigen Menschen:

„Also mit der ... Sekretärin, die hat ja da jetzt gewechselt. Ich bin mit der ursprünglichen Sekretärin, die also ab Ende '92 da war ... mit der hab' ich mich recht gut verstanden. Die war so Mitte fünfzig, kurzfristig arbeitslos. Die war verheiratet ... Sie hat sich nicht verstanden mit dem jetzigen Vorstand, also dem Nachfolger im Vorsitz. Das sind so Geschichten ... Es gab da so beim Wechsel ein bißchen Probleme ... es waren aber beide Seiten ...

Das kann tatsächlich immer wieder passieren ... wenn der Herr S. ... nicht mehr kandidieren würde oder auch 'rausgeht, also der jetzige Vorsitzende, und ... jemand anderes kommt, ja?"

Interpretation zu i)

Wie schon an anderer Stelle festgestellt, gelingt es trotz Nachfragen auf der Tätigkeitsebene der Freiwilligen kaum, per Interview *die Art von Konflikten* inhaltlich berichtet zu bekommen. Daß Konflikte zugegeben werden, ist schon viel – meistens werden sie totgeschwiegen; man will halt „seine" Einrichtung in einem guten Lichte erscheinen lassen.

In diesem Fall geht es darum, daß es zwischen der hauptamtlichen Sekretärin und dem neuen Vorsitzenden Friktionen gab, die aber nicht näher beschrieben werden. Frau V. meint auch, daß das „immer wieder passieren" könne, auch mit anderen Vorstandsmitgliedern.

j) Nochmals zur Forschungsfrage 1 (Rahmenbedingungen):
Frage nach Lösungsmöglichkeiten: Konfliktmanagement, Supervision?

„Ja, das ist dann natürlich schwierig. Aber ich persönlich sage immer, wenn z.B. ein Referent wechselt im politischen Bereich oder auch, sagen wir 'mal, ein neuer Bürgermeister kommt, da überlegt sich der ... damit er dann einen Menschen seines Zuschnitts hat, mit dem er arbeiten kann ... Und wie man dann allerdings damit umgeht, ist natürlich schwierig bei so einer Stelle (Anm.: gemeint ist jetzt die dortige Sekretärin). Kriegt die Frau dann wieder 'was anderes, nicht?"

Nachfrage: **Kann man sich nicht zusammensetzen mit allen und ein richtiges Konfliktmanagement machen?**

„Das könnte man machen. Leider ist so etwas versäumt worden ... also, wenn es wieder auftreten würde, würde ich ganz gezielt 'was machen. Ich hatte immer gedacht, es glättet sich oder das wird noch 'was ... zwischendrin war's 'mal weg, aber es hat sich dann wieder sehr aufgeschaukelt. Aber es waren beide Seiten ... Jetzt geht's. Es gibt im Vorstand Probleme, die hatte ich aber schon."

Es folgt die ängstliche Frage: „Wieweit wird das veröffentlicht?" Ich beruhige die Interviewpartnerin, ich wolle es nur kursorisch.

„Gut, also da brauche ich nicht drauf einzugehen. Es gibt im Vorstand Probleme, die im Grunde schon immer da waren durch e i n Vorstandsmitglied, das immer noch drin ist. Es kandidiert jedesmal wieder, und da gab's zu meiner Zeit schon Probleme, die an sich nicht so gravierend waren ... durch dieses Verhalten dieser e i n e n Person, geht es dann natürlich auch ins ... Konzeptionelle hinein ... Es geht vor allem darum, daß keine effektive Vorstandsarbeit geleistet werden kann, ja? So, das ist schlimmer geworden ... und dadurch gibt es ganz große Probleme."

(Zur Supervision): „... kann ich vielleicht ... sagen, weil in diesen Vorstand ... vor zwei Jahren noch and're Leute 'reingekommen: Es sind zwei jüngere Frauen drin, etwa im Alter ... sind Anfang dreißig, ja? ... mit denen hatt' ich mich gar nicht verstanden, ja? Das hat sich ganz, ganz, also ich sag' 'mal ruhig neutral verstanden. Und die beiden haben dann gesagt, sie machen so nicht mehr weiter. Dadurch hat das natürlich 'nen Riesenkrach gegeben, ... und jetzt hat sich allerdings ein Vermittler eingeschaltet, ein Psychologe, der also das Vermittlungsgespräch führen soll ... Der wurde angefordert, ja."

Zusammenfassung und Interpretation zu j)
Im Verlauf dieser Interviewpassage zeigt sich die Ängstlichkeit meiner Interviewpartnerin: „Wieweit wird das veröffentlicht?"

Nach meiner Beruhigung, „nur kursorisch", wird sie aber auch nicht deutlicher. Immerhin kann man entnehmen, daß Unverträglichkeiten auch zwischen den Vorstandsmitgliedern bestehen, vermutlich auch ein Generationenkonflikt zwischen meiner 77-jährigen Interviewpartnerin und den beiden Frauen im Vorstand von Anfang dreißig.

Da die inhaltliche Arbeit des Vorstandes durch die Zerwürfnisse beeinträchtigt schien, wurde ein Psychologe für Vermittlungsgespräche „angefordert".

k) Forschungsfrage 5: Können solche Versorgungsmodelle einen Beitrag zum sozialen Frieden zu Zeiten knapper Finanzressourcen leisten? Frage: Warum gibt es einige Hilfeleistungen nur für Geld anstatt für Zeitpunkte?

„Also wir hatten ursprünglich das Konzept, ... wenn jemand mitarbeitet, erwirbt er seine Punkte, ja? Die dann auf seinem Zeitpunktekonto gutgeschrieben werden. ... Wenn sie dann selbst Hilfen haben wollen, dann können sie ihre Punkte dann einlösen. Das ist das Urkonzept, und so haben wir es auch versucht. Daß man Zeitpunkte gibt, das ist ein Anreiz für Leute, mitzumachen. Das ist eine Anerkennung, die dokumentiert ist, ‚da, soviel hab' ich da mitgearbeitet' ...

Wenn dann so in Diskussionen kam: ‚Ja, ... das machen wir da jetzt bei der Kirche ohne irgend so'was, von der kirchlichen Seite' – Ja, hab' ich gesagt, genau das ist es, was mich immer so gestört hat ..., daß man keine Anerkennung bekommt. Kaum dokumentiert man, wieviel das ist, ... ich hab' dieses Jahr soundsoviel Stunden ..., das kann doch gar nicht sein, nicht?

(Mit enthusiastischer Stimme): Daß die Leute sehen, sooo viel hab' ich dieses Jahr mitgearbeitet, soviel hab' ich die fünf Jahre, die ich mich dafür eingesetzt hab', hab' ich sooo viel Stunden gearbeitet ..., daß es so dokumentiert wird, *das ist eine Anerkennung!*"

Sie berichtet nun weitschweifig, wie der Geschäftsführer des schweizerischen Vereins „De Senectute" und ein Sozialdezernent aus Bern die statistische Dokumentation der Seniorengenossenschaft Wiblingen eingesehen und festgestellt haben, „wenn wir diese vielen Stunden hätten bezahlen müssen ...".

Da sei ihr erstmalig aufgegangen, wieviel volkswirtschaftlichen Nutzen die Freiwilligenarbeit eingebracht habe.

Vorstandsmitglieder erhielten k e i n e Vergütung oder Punkte. Für Vorträge erhielte sie „Blumensträuße oder 'mal 'n Körbchen mit Honig und Wurst".

Sie fährt fort: „... Ich muß aber gleich dazu sagen: für ältere Menschen, die selbst nicht mehr tätig sein können, ja, die bekommen ihre Hilfen – so haben wir auch die Hilfen aufgebaut an drei Arbeitsfeldern – ... umsonst ... Wir müssen ja Leute haben, denen geholfen werden kann. ... Sie müssen allerdings Mitglied sein. Wir haben dann gemerkt, ... also in dem einen Arbeitsbereich ... hätte das schon noch geklappt. Dann kam aber der zweite Arbeitsbereich dazu, nämlich das Projekt Jung – Alt ... und daß man dafür auch Punkte bekommt. Das sind dann weitgehend auch jüngere Leute gewesen, vor allem Frauen. Und dann kam noch der dritte Bereich dazu, nämlich als Letztes dann diese Interessengruppen, wo man sich begegnet, beim Handarbeiten, ... beim Singen, beim Malen usw. Und die Leiter dieser Gruppen, die bekommen auch wieder Punkte. ... Das sind ehrenamtliche Mitglieder, wir haben nie jemand von außen geholt, der dann bezahlt werden musste ... weil wir einfach immer jemand gefunden haben! Dann hat sich 'ne Englisch-Gruppe gebildet, ... zwei ältere Männer, ‚ach, sie würden so gern Englisch ...', 'n bißl haben sie gelernt, aber ‚ich hab' mir 'n Keybord gekauft, und da hab' ich die ganze Anweisung auf Englisch, ich kann doch gar nicht. Können wir nicht 'nen Englisch-Kurs aufmachen?' Irgendjemand hat dann 'ne Frau gekannt, die hat'n paar Jahre in Amerika gelebt, also so als Beispiel. Und jetzt haben wir also 'ne breite Palette von Arbeitsmöglichkeiten, wo man Punkte gewinnen kann ..."

Sie führt weiter aus, Haushaltshilfe sei bei den Hilfsangeboten nicht dabei, „... nur so Hausarbeiten, die leicht sind, Vorhänge 'rauf und 'runtermachen, (,auf die Leiter komm' ich nicht mehr') oder 'mal 'n Teppich ganz gründlich saubermachen. Da woll'n wir einfach denen, die da Geld verdienen wollen, nicht Geld nehmen. So, deshalb. Höchstens 'mal evtl. so'n Großputz 'mal, aber alles, was er selber macht. Oder wenn sie krank sind und sagen, ,ich kann halt 14 Tage nicht, dann mach' ich's wieder'. Oder auch der Handwerker hilft ihm, ... auch nicht mit der Handwerkskammer ins Gehege kommen, sondern nur so Hilfsdienste, ja?"

Sie meint, daß sie aber oft nicht genügend Leute für derartige Hilfsdienste haben. „Da ist z.B. ... grobe Gartenarbeit, die die Leute nicht mehr machen konnten, daß wir da zwei oder drei ältere Männer hatten, die gesagt haben: ,Ja, das machen wir. Aber so Punkte, nein, das machen wir nicht.' Und wenn wir zu denen gesagt haben, ,ja, das können sie doch dann, wenn sie selbst Hilfe brauchen ...'.

,Brauch' ich nicht, ich habe Enkel, die das machen.' So, die ... würden dann nur für Geld arbeiten. ... Da haben wir dann gesagt, also das klappt nicht ganz mit den Punkten – ... dann wird bezahlt, 15 DM pro Std., wobei so Leute, die das nicht bezahlen können, für die durchaus dann der sog. Hilfenfonds eintritt.

Es gibt auch heute noch Handwerker, die sagen: ,Ach Geld will ich nicht – ich brauch' doch kein Geld, ich mach' so'was doch gern!' ... Und es ist ja so, daß die Punkte ... verschenkt werden können, vererbt werden können, und also hier Kinder, die mitarbeiten ... und Punkte bekommen, die können das dann ihrer Großmutter schenken. Dann hat die Großmutter Punkte für evtl. 'was ihr 'mal wichtig ist. Und wir haben einen allgemeinen Punktetopf gegründet, ... da kann man Punkte 'reingeben, wenn man sagt, ,ach, egal, diese Punkte will ich gar nicht haben' oder auch Punkte als Vermächtnis, wenn ich also wegziehe und auch sterbe, dann sollten meine Punkte in den Punktetopf gehen. Wer das dann nicht will – die verfallen dann. ... Also Punkte sind nicht geldwert. ...

Und dieser Hilfenfonds ist also (auch) ein Geldfonds, in dem Gelder sind aus der Käsbohrer-Stiftung, Gelder aus der ,Aktion 100.000' von der Südwest-Presse, ... die wir da 3.000 DM bekommen haben in unseren Hilfenfonds, um diese Hilfen zu gewährleisten für Leute, die sie nicht bezahlen können, ganz zweckgebunden, ja."

Zusammenfassung und Interpretation von k)
Ich habe die Suada meiner Interviewpartnerin zugunsten weiterer Informationen außerhalb meiner Leitfaden-Fragen (Hintergrund: Durchlöcherung des Prinzips Zeitpunkte-System ohne Geldwert) nicht unterbrochen, auch, um ggf. neue Befunde generieren zu können.

Sie beschreibt zunächst das Urkonzept des Zeitpunktegewinns ohne Geldwertbasis für den freiwilligen Einsatz von Kompetenzen, umgesetzt in Hilfeleistungen, die bei Bedarf gegenseitig abgerufen werden können. Dazu ist eine Buchführung erforderlich.

Die gewonnene *Anerkennung* sei im Zeitpunkte-Konto dokumentiert, was den Nutzen von Bürgerschaftlichem Engagement offenlegt. Die aufgeführten volkswirtschaftlichen Tätigkeiten können größtenteils von den finanzschwachen Nutzern nicht auf dem 1. Arbeitsmarkt gegen Entgelt abgefordert werden, und so wird hier deutlich, *wie BE einen Beitrag zum sozialen Frieden leistet.* Da vielen Menschen in unserem kapitalistischen System ein Denken im „Zeitspenden" als gleichwertig (aufgewandte Stunde ist gleich Stunde) noch fremd ist (d.h. es gibt keine höherwertigen Arbeiten), funktioniert das Idealsystem noch nicht durchgängig. Für (körperlich) schwere Arbeit verlangen Handwerker u.U. noch Geld, was aber auf einen Std.-Lohn von 15 DM begrenzt ist. *Wichtig ist hier, daß eine Konkurrenz zum 1. Arbeitsmarkt durch die geringe Vergütung bewußt vermieden wird* („Da woll'n wir einfach denen, die da Geld verdienen wollen, nicht Geld nehmen.").

Darüber hinaus gibt es einen Hilfefonds, in den Spendengelder (Käsbohrer-Stiftung, Aktion 100.000 der Südwest-Presse) einfließen, die zweckgebunden für Hilfsbedürftige ausgegeben werden sollen (z.B. für Handwerker, die Geld verlangen, begrenzt auf 15 DM pro Std.). Ein zweiter Hilfefonds nimmt gespendete Zeitpunkte für BE auf, z.B. von Menschen, die intrinsisch motiviert, auf Zeitpunkte verzichten oder von Menschen, die wegziehen oder versterben. Ein Auszahlen in Geldwert ist nicht möglich. Hier wird wiederum das Urkonzept gestärkt.

Punkte erhalten auch Leiter von Interessengruppen (Handarbeiten, Singen, Malen, Englisch etc.), sie werden niemals bezahlt.

Zeitpunkte erhalten n i c h t Vortragsredner und Vorstandsmitglieder.

Frau V. beschreibt die 3 Arbeitsbereiche der Seniorengenossenschaft, wobei der zweite, das Projekt „Jung – Alt" sei. Diesen Faden nimmt sie noch einmal auf.

„... Es gibt natürlich auch ... Freiwillige, die da 'mal dransitzen und sich so'n bißchen einüben. So ist im Projektbereich Alt – Jung ... eine übergreifende Aktion in Interessengruppen. Und zwar gibt's da die Interessengruppe ‚Computer-Arbeit' ja,da kommt man erst 'mal an'n Computer zu sitzen ... die älteren Männer sind da sehr dran interessiert, aber auch Frauen ... Und da ist es so, daß es im Gymnasium in Wiblingen der Computerraum für die Interessengruppe ‚Computer' zur Verfügung gestellt wird mit den Geräten und so Schüler aus der elften, zwölften Klasse sind dann dabei, anzuleiten. Es ist aber auch ein Mitglied dabei, das sich da sehr gut auskennt ... ja, das ist 'ne ganz wichtige Sache! Das ist also ein Dankeschön des Gymnasiums für ein Projekt aus dem Bereich Jung – Alt – Gymnasium, d.h. die Lehrer kamen auf uns zu:

‚Wir hätten so gerne für unsere Schüler ... einen Mittagstisch für Dienstag ... zu Dienstag, das hat schon die ev. Kirche gemacht, aber man freut sich noch 'mal über Donnerstag, da ist nachmittags Unterricht für die Schüler, die nicht nach Hause gehen können, für die hätten wir gern, daß die auch am Donnerstag eine warme Mahlzeit bekommen.'

Haben wir also übernommen dann und ja, wie sollen wir das machen? Waren dann drei, vier Frauen da, und die haben gesagt: ‚Ja, da können wir dann kochen!' Und das ganze Projekt läuft eben so, also diese Frauen, die ... am nächsten Donnerstag dran sind mit Kochen, daß die sich dann überlegen, was machen wir am übernächsten, was kochen wir da. Und geben dann die Liste mit dem, was dann eingekauft werden muß, an die Lehrer, die dafür verantwortlich sind. Die kaufen ein, und dann wird mit den Materialien gekocht, und was anschließend die Küche säubern, spülen, Geld einsammeln – das machen dann die Schüler. Als Dankeschön dafür, da kam dieser Kontakt mit dem Gymnasium ... zustande, kam dann diese Öffnung des Computerraumes."

Interpretation

Das Interessante scheint mir hier zu sein, daß aus dem ursprünglichen Konzept der Seniorengenossenschaft (vgl. Interview mit Herrn Dr. K. Hummel, 14.2.1.2) immer weitere Aktivitäten in die Gesellschaft hinein denkbar sind.

So hat sich eine Bedarfsregelung auf Gegenseitigkeit mit den Schülern des Wiblinger Gymnasiums ergeben: Mittagessenkochen von Seniorinnen gegen

Öffnung des Computerraumes der Schule. *Dies ist nun ein echtes, direktes Tauschobjekt, ohne Vermittlung über Verrechnungseinheiten, dazu noch ein intergeneratives, was modellhaft zukunftsweisend sein kann.*

Ein gemeinsames Tätigwerden von Jung und Alt wird gegenseitige Vorurteile beseitigen, das Altersbild in die Gesellschaft hinein positiv verändern, was dringend erforderlich ist, wenn im Jahre 2010 ein Drittel der Gesellschaft über 60 Jahre alt sein wird. Der Umgang mit der Differenz zwischen den Generationen sei noch unterentwickelt[261].

Befund 1:

Folgeprojekte aus der Seniorengenossenschaft: Jung-Alt-Projekt mit dem Wiblinger Gymnasium, z.b. Kochen gegen PC-Kurse und Nutzung des PC-Raumes der Schule (= direkter Tausch).

Zur Interview-Situation:

Das halbstrukturierte Interview mit Frau V. dauerte rd. 2 ½ Std., da sie sehr weitschweifig erzählte mit (verständlicherweise) Ermüdungserscheinungen in der zweiten Hälfte. Die Interviewerin hat sie aber nur selten unterbrochen, um möglichst viel für ihr Forschungsdesign herauszuholen. Durch die zeitliche Ausdehnung wurde das Vertrauensverhältnis zwischen Interviewerin und Interviewter im Verlaufe spürbar tiefer (Empathie).

Transskription: 16 Seiten.

14.1.1.2. Aus dem Interview mit Frau N.,

langjähriges Vorstandsmitglied von ARBES (a.a.O.), bis zu ihrem frühen Ausscheiden aus dem Erwerbsleben Vorstandssekretärin bei einem großen Konzern. Frau N. ist ca. 60 Jahre alt.

Untersuchungssetting:

Dieses Interview (rd. 1 Std.) fand im Jahre 2001 am Rande eines Seminars statt und konnte nicht aufgezeichnet werden. Die Interviewerin machte sich stenographische Notizen. Es ging hierbei vorwiegend um Ausführungen zum Scheitern von Modellen der Seniorengenossenschaften, was konkret zu ermitteln bei anderen Interviewpartnern schwierig war. Frau N. hatte als Vor-

---

[261] Walzer, Michael (1992). Theorie der Differenzen. Zitiert nach Hummel, Konrad (1995), a.a.O.

standsmitglied von ARBES eine gute Übersicht und Vergleichsmöglichkeiten zwischen den Seniorengenossenschaften.

Auswertungspassagen

zur Forschungsfrage 6, (mögliches Scheitern):

Der Interviewerin war zu Ohren gekommen, daß die Seniorengenossenschaft Köngen vor Jahren schon gescheitert sei. Frau N. erwiderte auf Nachfrage, e i n Grund sei ihrer Meinung nach, daß die engagierten Bürger sich zu sehr als Helfer gesehen und zu wenig eigene Verantwortung für das Projekt übernommen hätten. Sie hätten sich „von der Kommune einsetzen lassen". Die Hauptamtlichen vor Ort hätten keinen Kontakt zu den engagierten Bürgern hergestellt, offenbar wegen mangelnder Teamfähigkeit. Grundsätzlich könne gesagt werden, Scheitern sei dann wahrscheinlich, wenn ein Bürgermeister nicht hinter dem Projekt stehe. Auch in Riedlingen sei die Unterstützung des Bürgermeisters äußerst gering gewesen – man habe ihn dort abgewählt.

Was die SG Wiblingen anbetreffe, so bestehe diese „schlecht und recht seit 10 Jahren". Kontraproduktiv sei gewesen, daß der Informationsfluß innerhalb des Vorstands nicht geklappt habe. Man habe sich gegen Einmischung von außen gewehrt, aber große Schwierigkeiten gehabt im Überwinden von „etabliertem Denken in Vereinsstrukturen". Wichtig sei es auch, ein „nichtkapitalistisches Denken" zu entwickeln, denn wenn Kommunen mit Geld großzügig Aktivitäten unterstützten, dann würde insbesondere das Engagement der Älteren stagnieren. Wenn „die Stadt sich zu viel einmische", dann machten die Initiativen „dicht".

Der Solidaritätspakt zwischen Hauptamtlichen und Freiwilligen müsse sich grundsätzlich stärker ändern. ARBES und das Sozialministerium von Stuttgart hätten darauf gedrungen, in das Curriculum der Fachhochschule einen „Bürgerkurs Sozialmanagement" aufzunehmen. Man sei darüber mit Studenten ins Gespräch gekommen, die sich sehr „erschrocken" zeigten, weil sie die Organisationen für „Jobkiller" hielten[262]. Da müsse noch sehr viel Überzeugungsarbeit geleistet werden.

---

[262] Vgl. dazu Keupp, Heiner (1998). Visionen einer Zivilgesellschaft. In: Stiftung Mitarbeit Nr. 34.

116

Befund 2

Aufnahme eines „Bürgerkurses Sozialmanagement" in das Curriculum der Fachhochschule, um Studenten und Bürger als Gasthörer für gemeinsames Arbeiten zwischen Hauptamtlichen und Freiwilligen zu qualifizieren.

Eine Interpretation dieses Interviews wird weiter unten im Kap. 15, „Überblick in Zusammenfassungen sämtlicher Interviews" und im Kap. 16, „Zusammenschau der Projekte hinsichtlich Hürden und Barrieren" versucht. Klar ist, daß hier die Barrieren von den Akteuren verursacht wurden.

14.1.2. Zum Thema: Tauschbörsen

14.1.2.1. Aus dem Interview mit Frau M.-T.
vom Tauschring „Nimm und Gib" in Eppelheim

Frau M.-T. ist ca. Anfang 40, verh. seit 1982, eine 19-jährige Tochter, einen 17-jährigen Sohn. Abitur u. Lehramtsstudium (Romanistik, Slawistik) in Heidelberg. Auslandsaufenthalte in Frankreich und USA. Nach der Kinderphase berufstätig: Sprachenschule „Deutsch als Fremdsprache" und Nachhilfeunterricht. Ehemann: Physiker. Familie wohnt in Eppelheim seit 1993.

Gründung des Tauschrings Eppelheim: 1997.

Untersuchungssetting:
Frau M.-T. kam im März 2003 zu mir, da sie sehr entfernt wohnt.

Auswertungspassagen

a) Forschungsfrage 2: **Was brachtest Du mit für die Arbeit bei der Tauschbörse?**

„In jedem Fall habe ich aus dem Mentorenkurs[263] als auch über meine hauptamtliche Tätigkeit in der Freiwilligenbörse viele äh Anregungen, viele Inspirationen mitgenommen, beispielsweise auch den Gedanken, daß ... sich na,

---

[263] Ich kannte Frau M.-T. aus dem Mentorenkurs (zur Ausbildung von Mentoren im BE) Rhein-Neckar-Kreis, den ich als Ko-Trainerin leitete.

der Tauschring ‚Nimm und Gib Eppelheim' über's Internet vernetzen könnte mit der Tauschbörse ‚Markt der Talente' in Heidelberg. Wir haben auch Überlegungen angestellt, ob wir nich vielleicht auch Kontakt aufnehmen beispielsweise mit ähnlichen Einrichtungen in Berlin, Hamburg, München, daß wir mit den Tauschringen dort kooperieren, daß wir da vielleicht so auf der Ebene äh äh nach Unterbringungsmöglichkeiten, Privatquartiere – das bieten ja einige von uns an oder auch so Planungen äh von touristischen Programmen, beispielsweise Schwetzinger Festspiele – das is ja in unmittelbarer Nachbarschaft von uns: Schwetzingen – das wir da beispielsweise anbieten Konzertkarten zu arrangieren etc. pp."

Befund 3
Neu in Tauschringen erscheint das Angebot von Ferienquartieren und Kartenservice für Touristenprogramme.

Nachfrage zu Forschungsfrage 2: Wann bist Du in die Tauschbörse eingetreten?

„Äh, nein, ich gehöre nicht zu den Gründungsmitgliedern. Die Tauschbörse gibt es jetzt seit 5 Jahren, wir feiern jetzt im April, glaube ich, is es soweit, unser 5-jähriges Bestehen. Ich bin ungefähr seit 2 ½ Jahren in der äh, in der Tauschbörse, im Tauschring Eppelheim. Wie ich dazu kam? Das is auch ganz lustig, dis hat auch sehr lange gedauert, bis ich dann 'mal die Klinke gedrückt habe im, im Tauschring, an der, an der Tür des Bürgerkontaktbüros. Der Hintergrund war, äh, äh, ich war eigentlich schon immer in der Elternarbeit aktiv und somit auch in dem Gymnasium in Eppelheim. Für meine beiden Kinder Elternvertreter bin ich gewesen und habe darüber eben einige aktive Eltern kennengelernt, wobei wiederum eine Dame auch aktiv im Tauschring ‚Nimm und Gib' engagiert war, und sie erzählte mir darüber, und ich sagte: ‚ja, ja, ich komme.' Und es dauerte doch ca. 1 Jahr, bis ich dann vor der Tür stand und mich also als Mitglied hab' aufnehmen lassen. Und dann war die Situation noch so, daß der Tauschring – man brauchte immer auch eine Aktivengruppe, d.h. die Bürodienst versieht, Telefondienst, die Beratungen durchführt etc. pp. – und zu diesem Zeitpunkt war eben auch Bedarf in d e r Hinsicht da, und da dachte ich mir, so kann ich am besten einsteigen, da lern' ich dann alle Leute kennen und blick' ein bißchen hinter die Kulissen und kann dann da auch 'n bißchen mit – vielleicht regeln."

Zusammenfassung und Interpretion zu a)

Die Interviewte war kein Gründungsmitglied des Tauschrings „Nimm und Gib" in Eppelheim, sondern kam erst nach ca. 2 ½ Jahren dazu. Sie wollte in der Aktivengruppe mit Bürodienst und Beratungen tätig werden, weil sie sich davon einen Blick „hinter die Kulissen" und Kontakte mit anderen Leuten versprach.

Sie bezieht sich auf Gelerntes in anderen Engagementfeldern (Mentorenkurs, Freiwilligenbörse), wonach sie Vernetzung mit anderen Tauschbörsen anstrebe, offenbar zur Vermeidung von Überbartern und für eine Nachhaltigkeit des Projektes. Interessant sind die besonderen Angebote der Eppelheimer Tauschbörse, wie Angebote von Privatquartieren und die geplante Beschaffung von Konzertkarten, was für das touristische Einzugsgebiet von Heidelberg sicher wertvoll und erfolgversprechend ist.

In der zweiten Sequenz beruft sie sich darauf, daß sie schon früher als Elternvertreter in der Schule engagiert war (was die Kontinuitätstheorie stützt), daß sie dann aber doch zögerlich war, in die Tauschbörse einzutreten.

b) Forschungsfrage 1, **nach Voraussetzungen, Rahmenbedingungen und für Nachhaltigkeit**

„Der Mitgliedsbeitrag liegt bei 12 € pro Jahr, also 1 € pro Monat undte ja, also das is jeweils äh in Halbjahresschritten zu entrichten. Das is die einzige pekuniäre Einnahme. Mit dieser Einnahme finanzieren wir auch unser sog. Marktblatt, was alle 4 Monate erscheint, und in dem die Anzeigen eben von den Mitgliedern abgedruckt werden, die Angebote als auch die Gesuche."

c) Frage nach ihrer Motivation: **Warum machst Du das?**

„Also, wenn ich so zurückschaue, weswegen ich an die Tür letztendlich, an der Tür geklopft habe, em war der Gedanke, daß ich in Eppelheim, in diesem kleinen Ort unweit von Heidelberg, etwas mitbewegen wollte, ich hatte eigentlich schon die Motivation darin gesehen, daß dieses Senioren-, daß dieses – wie soll man das sagen – daß diese Senioreneinrichtung in unmittelbarer Nachbarschaft von mir em, daß ich da einsteigen wollte in die Unterstützungsmaßnahmen, aus d e m Grund, weil der Supermarkt in unmittelbarer

Nachbarschaft von diesem Seniorenzentrum geschlossen wurde, und ich dachte, nun ja, ich hab' 'ne 4-köpfige Familie zu versorgen, ich geh' mehrmals in der Woche einkaufen, da könnte ich ja eigentlich auch da irgendwie äh was äh was unterstützen da, irgendwie eingreifen. Ich dachte eben, im Tauschring, was ja auch letztendlich stimmte, sind eben auch einige – zu dem damaligen Zeitpunkt waren es zwei ältere Damen – die tatsächlich auch in so'ner Einrichtung lebten, die sind jetzt mittlerweile ausgetreten oder auch verstorben, und äh, weil man da auch auf Angebote eingehen kann, wenn Menschen krank sind, wenn sie bettlägerig sind usw.

Ich hatte keine konkreten Vorstellungen über die Tätigkeit, muß ich ganz ehrlich sagen. Ich bin da hingekommen, und dachte, ich laß' es 'mal auch mich wirken. Ich bin eigentlich so'n offener, interessierter Mensch, ich hatte dann so'n bißchen Freizeit, meine Kinder waren größer, und ich dachte, ich müßt' mich da irgendwie in der Gemeinde so'n bißchen einbringen und hab' nach so'nem Ansatzpunkt gesucht. Em, im Laufe der Zeit, muß ich sagen, ich bin sehr froh, daß ich's damals geschafft habe an diese Tür zu klopfen, em, weil als Zugereiste in einem kleinen Ort unweit von Heidelberg hat man's ja erst irgendwie 'n bißchen schwerer, hm, da is man ja immer die, die Frau, die von außen kommt, die anders lebt, die mit anderen Menschen, so in ihrem Freundeskreis zu tun hat, em, die einfach nich so dem gewohnten Bild entspricht. Und über diese, über den Tauschring ‚Nimm und Gib‘ em hab' ich eben auch Menschen kennengelernt, die im Prinzip, man kann sagen auch zu 99% alles Zugereiste!"

Befund 4:
Die Motivation, als Zugereiste, als Neuling und aus einer anderen Schicht stammend wie das Umfeld, sich im Tauschring zu engagieren, um die Außenseiterposition zu durchbrechen, erscheint neu.

Nachfrage nach der Motivation der anderen im Tauschring:

„Ich denke, die Motivation von uns allen ist, Kontakte knüpfen – das Soziale steht im Vordergrund. Es ist natürlich auch so, em, daß einen das Konzept natürlich, em, anspringt. Nicht jeder macht alles im Haushalt, im Garten oder in welchen Bereichen auch immer gleichermaßen gerne. Em, da kann man sich einfach so etwas den Alltag versüßen, man kann den Alltag sich erleichtern, es wird auch entspannter – ich denk' jetzt 'mal an mich mit zwei Kindern, Mann, großer Haushalt, viele Gäste, em, sehr spontan, ja also so zu allem bereit, ja? Em, für mich hat sich das entspannt. Ich weiß, wenn ich jetzt irgendwas organisiere für mich, was für mich wichtig is, em, wenn meine Kinder unversorgt sind, ich weiß, wen ich anrufen kann, für meine Tochter hab' ich Kontakte zur vegetarischen Küche, für meinen Sohn hab' ich auch die passenden Kontakte, em, wenn meine Kinder noch kleiner wären, wüßte ich auch, wen ich zur Betreuung meiner Kinder, äh, anheuern kann, unkompliziert. Es gibt 3, 4 Mitglieder immer, die gerne mit Kindern zusammenarbeiten. Ich, äh, lerne auch die entsprechenden Leute kennen über unseren Stammtisch, der sich einmal im Monat trifft – em, es is einfach so'n kleines, aber feines verbindliches Netz."

d) *Nochmals zu Forschungsfrage 2):* Haben Kenntnisse, Fähigkeiten und Erfahrungen Dir bei der Tätigkeit dort geholfen?

„Ja – doch in meinem Engagementfeld ja, Bürgerkontaktbüro-Tauschring. Das würd' ich eigentlich schon sagen. Ja, so dieser Umgang mit wildfremden Menschen – ich hab' jahrelang in einer Sprachenschule gearbeitet, hab' da unterrichtet, war da in der administrativen Ebene – ich denk' eigentlich schon, daß das von Vorteil war, ja."

e) *Forschungsfrage 3)* Zeitaufwand?

„Oh, das is eine Frage, da könnte man auch meine Kinder jetzt interviewen, mitunter etwas zu viel – em äh, also ich sag' jetzt mal so: Einmal im Monat bin ich donnerstags definitiv zwischen 17 und 19 Uhr in der Sprechstunde. Darüber hinaus äh betreue ich äh den Entstehungsprozeß von unserem sog. Marktblatt, das is keine sehr anspruchsvolle Tätigkeit, aber man braucht etwas Zeit und Muße dazu, und em d.h. man muß immer die Anzeigen auf dem neuesten Stand halten, em, em, das, den Beitritt oder Austritt von Mitgliedern festhalten em, der Computer hat auch sein Eigenleben, em, mitunter Abstürze und dergleichen mehr. Ja und dann muß für diese Zeitung noch kopiert werden und gefaltet und dieses und jenes. Also sagen wir mal, – wir sind da schon in der Gruppe: Wir treffen uns regelmäßig einmal im Monat für 3, 4 Std. in 'ner größeren, in 'ner kleineren Gruppierung, also sagen wir 'mal im Schnitt bin ich damit rd. 10 oder 12 Std. zugange, mitunter auch mehr. ..."

Zusammenfassung und Interpretation von c), d) und e)

Als *Motivation* gibt meine Interviewpartnerin an, daß sie als Zugereiste eine gewisse Außenseiterposition in dem kleinen Ort E. empfunden habe und um diese zu durchbrechen, wollte sie sich in der Gemeinde einbringen und hat nach einem Ansatzpunkt gesucht. Als „offener, interessierter Mensch" wollte sie die Angelegenheiten der Tauschbörse zunächst einmal auf sich wirken lassen. In der eigenen Fremdwahrnehmung empfindet sie ihr Anderssein (... „die von außen kommt, die anders lebt, die mit anderen Menschen, so in ihrem Freundkreis zu tun hat ... die einfach nich so dem gewohnten Bild entspricht") und ich meine, damit auch ihre Zugehörigkeit zur gehobenen Mittelschicht (ihr Mann ist Physiker, sie hat selbst studiert), was die These stützt, daß die meisten bürgerschaftlichen Engagementfelder derzeit (noch) von Mittelschichtsangehörigen besetzt werden.

Frau M.-T. stellt dann mit Erstaunen fest, daß ca. 99% der im Tauschring Engagierten Zugereiste, nicht Alt-Eingesessene sind.

Eine weitere Motivation war, daß sie „etwas mitbewegen wollte". Anlaß bot eine in der Nähe gelegene Senioreneinrichtung und die Tatsache, daß der nahegelegene Supermarkt geschlossen wurde. Das brachte sie, die sowieso für ihre 4-köpfige Familie mehrmals wöchentlich einkaufen ging, auf die Idee, dort Einkaufshilfe anzubieten. Weiter dachte sie an Hilfeleistungen für kranke, bettlägerige alte Menschen, was aber wohl bis dato nicht zum Tragen kam. Zwei ältere Damen dieser Senioreneinrichtung sind inzwischen als Mitglieder der Tauschbörse ausgetreten oder verstorben.

Auf die Nachfrage, was wohl die Motivationen der anderen Tauschring-Mitglieder seien, erläutert sie anhand ihrer eigenen Gefühle, daß alle gern Kontakte knüpften und das Soziale im Vordergrund stehe. Das Tauschring-Konzept springe einen förmlich an, denn nicht jeder mache sämtliche Arbeiten in Haus, Garten oder anderen Bereichen gleich gern. Man könne sich durch Hilfen anderer den „Alltag versüßen", alles geschehe entspannter. Sie schildert, wie sie Hilfen mobilisieren könne, wenn sie spontan irgenwo hinwollte. Über den Stammtisch kenne man ein „feines, verbindliches Netz".

Sie bestätigt, daß ihr ihre Erfahrungen aus der Sprachenschule beim Umgang mit „wildfremden Menschen" sowie ihre dortige Tätigkeit in der Administration in ihrem Engagementfeld geholfen haben.

Der zeitliche Aufwand läge derzeit bei zwei Sprechstd. einmal im Monat (donnerstags, 17-19 Uhr). Für die Mithilfe bei der Entstehung der Marktzeitung schätzt sie ihre Gruppenteilnahme einmal mtl. auf 3-4 Std. oder mehr. Insgesamt schätzt sie ihr Engagement auf das Doppelte, nämlich 10-12 Std. monatlich.

f) Nochmals zur Forschungsfrage 1), Rahmenbedingungen:

„Wir finanzieren das Marktblatt über die Mitgliedsbeiträge, und das kommt eigentlich auch sehr gut hin. Also wir finanzieren damit auch, sagen wir 'mal, die Tintenkartuschen da für den Computer im Bürgerkontaktbüro. Die PCs hat das Bürgerkontaktbüro angeschafft, ja. Portokosten sparen wir ein, wir sind relativ gut zu Fuß alle (lacht), wir wohnen in einem kleinen, überschaubaren Ort, der leicht zu begehen is und em, äh, zu dieser Aktivenrunde, ... also 3-4 weitere Personen kommen dann noch hinzu, die dann auch das Marktblatt austragen oder auch die Kopiertätigkeit übernehmen, das Falten etc. pp."

g) Frage nach möglichen Problemen mit dem Finanzamt. Sind Eure Tauschtransfers steuerfrei?

„Die sind steuerfrei, soweit ich weiß. Aber festlegen kann ich mich da nicht. ... Auf Leistungen der Arbeits- und Sozialämter werden Tauschringleistungen auch nicht angerechnet. Also mich hat bisher noch nie jemand darauf angesprochen."

Frage nach Tauschring-Währungsscheinen?

„Ja, das muß man sich so vorstellen: Bei erbrachter Leistung, die Leistung orientiert sich an ‚Talenten', d.h. 4 ‚Talente' entspricht 1 Std. Arbeit, egal, was für eine Arbeit man da ausübt. Em, diese erbrachte Leistung wird dann auf unseren sog. Schecks festgehalten, d.h. da wird dann drauf vermerkt, wer die Arbeit ausgeübt hat, was der Inhalt der Arbeit ist, der zeitliche Rahmen und die ensprechende Bewertung in ‚Talenten'. Und dieser Scheck geht dann in das Bürgerkontaktbüro, in unsere Sprechstunde, wo dann der Aktivenkreis diesen Scheck nimmt und ihn dann quasi auf das ‚Talente'-Konto einträgt. Das kann man sich so vorstellen: Wir vier machen da 'ne Buchhaltung, stellt man sich so vor: Jedes Mitglied wird auf einer Karteikarte festgehalten, es gibt ein Soll- und Haben-Verhältnis, und auf diesen quasi Kontenblättern werden dann eben die Transaktionen ensprechend gewertet. Die Fragestellung nach Kreditaufnahmen hatten wir bisher noch nicht, ergänzen kann ich da vielleicht, daß wir sog. Limits eingeführt haben, d.h. also, wenn Mitglieder, äh, an einen, äh, also an ein Soll-Limit von minus 50 ‚Talenten' überschreiten, em, werden sie freundlich daran erinnert, daß wir eine Konvention haben bis minus 50, und daß es nunmehr dringendst an der Zeit wäre, daß sie welche Tätigkeit auch immer aufnähmen, um wieder ein wenig Plus-‚Talente' einzuarbeiten, ja? Das is so 'was wie'n Kredit. Umrechnung in Euro haben wir nicht, das wollen wir nich. Also gesetzt der Fall, jemand zieht weg und hat ein dickes Haben-Konto, entscheidet der Inhaber des Kontos, was damit passiert. Es gibt Möglichkeiten, also es gibt die eine Möglichkeit, daß er sagt: Er überträgt diesen Betrag einer guten Freundin, einem guten Freund auf sein Konto, er kann aber auch sagen, er is sozial eingestellt, er möchte es jemand übertragen, der ganz doll in den Miesen hängt, und er hat noch eine dritte Möglichkeit, er kann auch sagen, da möchte er sich gar nicht mit beschäftigen, er gibt diesen Betrag auf unseren Sozialfonds. Wir denken aber noch nicht in langen Zeiträumen. Es gibt aber Überlegungen, daß manche Mitglieder sagen, ‚ja, in einigen Wochen muß ich X, Y, Z ansprechen, was Übernachtungskapazitäten anbelangt, ich mache ein großes Familienfest z.B.', em, derjenige sammelt nun Talente, das Plus-Konto übersteigt 50 Talente(das is auch 'ne Konvention bei uns, 50 Talente plus is Maximalwert), aber auf Sondervereinbarung, d.h. auf Rücksprache, nach Rücksprache mit der Aktivenrunde, mit dem Büroteam kann man dann auch weiter anhäufen, um dann ausreichend Volumen zu haben, um beispielsweise die Gäste, äh, über den Tauschring dann, Übernachtungen dann anzubieten, d.h. das zu finanzieren."

Zusammenfassung und Interpretation f), g):
Zu den Rahmenbedingungen gehört die Finanzierung des Marktblattes und des Computerzubehörs durch die in Euro geleisteten Mitgliederbeiträge (12 Euro p.a.). Das Bürgerkontaktbüro Eppelheim stellt sowohl die Räume als auch die Computer der Tauschbörse zur Verfügung. Portokosten für Versand der Marktzeitung entstehen nicht, da diese in dem kleinen Ort von Aktiven der Tauschbörse ausgetragen wird.

Daß Tauschaktionen steuerfrei seien und es Probleme mit Anrechnungen auf Arbeitslosen- und Sozialhilfe-Leistungen auch noch nicht gegeben habe, scheint das allgemein Übliche zu sein (vgl. *Offe, Claus*, a.a.O.). Frau M.-T. schildert nun ausführlich die Abrechnungs-Modi der „Talente" (4 „Talente" =

1 Arbeitsstd., wobei die Art der Arbeit gleichwertig sei). Über Werte-Schecks läuft die Buchhaltung, Kredite sind durch Limits (Soll-Limit = 50 „Talente") begrenzt. Eine Umrechnung in die Landeswährung ist auch bei hohen Haben-Konten nicht vorgesehen, was dem „reinen Modell" eines Korporationsringes entspricht. Kann das Mitglied mit dem hohen Haben-Saldo nichts mehr anfangen, sind die „Talente" übertragbar, auch in einen Sozialfonds. Sondervereinbarungen zum Aufsparen eines größeren Guthabens für höhere Aufwendungen, z.B. für Übernachtungskapazitäten sind nach Absprache mit dem Aktivenkreis möglich.

h) Frage nach der Möglichkeit, Non-Profit-Organisationen bzw. juristische Personen in den Tauschring aufzunehmen:

„Meinem Kenntnisstand nach ist eine Verknüpfung, d.h. Aufnahme von Non-Profit-Organisationen eigentlich nicht angedacht, oder noch nicht angedacht. Das Bürgerkontaktbüro, das Räume und PCs zur Verfügung stellt, ist ein Projekt der Stadt Eppelheim und dem Paritätischen Wohlfahrtsverband. Nach drei Jahren wurde das Projekt in die Selbständigkeit entlassen. Wir sind ein Splitter, also ein Mosaikstein im Bürgerkontaktbüro, wobei man sagen muß, also wir, der Tauschring, sind von den Mitgliedern her relativ jung. In den anderen Splittern, Ak-, Aktionskreisen von dem Kontaktbüro kann man sagen, sind die Mitglieder, äh, ganz klar äh, vom Alter her der Seniorengruppierung zuzurechnen. ...

Probleme gibt es eigentlich keine – das klingt unglaublich –, aber es gibt keine Probleme. Em, wir können den Raum vom Bürgerkontaktbüro eigentlich jederzeit nutzen, es definiert uns're Nutzung, die hängt eben mit der Sprechstd. zusammen. Wir können jederzeit 'rein, die aktiven Leute, d.h. also wir 4 Frauen, jede hat einen Schlüssel – Probleme gibt's da eigentlich wenig.

Es gibt im Bürgerkontaktbüro eine hauptamtliche junge Dame, die, ich weiß nicht für wieviel Std. im Monat, für wenige Std., als Sekretärin eingestellt ist, sonst gibt's nur Ehrenamtliche".

Zusammenfassung und Interpretation von h):
Frau M.T. sagt an anderer Stelle, der 5 Jahre bestehende Tauschring sei noch jung, vieles sei noch nicht angedacht, auch nicht die Aufnahme von Non-Pro-

fit-Organisationen bzw. juristischen Personen. Sie schildert hier die Entstehung des Bürgerkontaktbüros als, wie wir wissen, Einrichtung des Modellversuchs in Baden-Württemberg, dem auch die Seniorengenossenschaften angehörten. Diese Einrichtungen wurden nach drei Jahren in die Unabhängigkeit entlassen, d.h. die Städte und Gemeinden sind von da ab für die Folgefinanzierung verantwortlich. Der Tauschring E. als „Splitter" des Bürgerkontaktbüros sei „relativ jung" im Gegensatz zu den übrigen Aktionskreisen, denen eher Senioren angehören.

Daß es keine Probleme gäbe, liegt sicher daran, daß es sich um eine ganz kleine Einheit handelt mit nur 4 aktiven Personen und einer teilzeitbeschäftigten Sekretärin des Bürgerkontaktbüros.

i) Forschungsfrage 6, nach der Möglichkeit des Scheiterns

„Der Tauschring könnte scheitern, z.B. durch Überbartern. Sagen wir 'mal so, der Tauschring hatte schon eine Mitgliederliste mit ca. 50 Mitgliedern, das war, wie man mir jetzt gerade erzählt hat, in den ersten 18 Monaten. Em, von den 50 sind jetzt noch 20, 21 übriggeblieben, wobei von den 21 vielleicht maximal noch 10 von dieser Ur-Gruppierung da sind. Em, seitdem ich beim Tauschring dabei bin, ist eine starke Bewegung: Menschen kommen, Menschen gehen. Manche bleiben ein Jahr, andere treten nach vier Jahren aus, aus unterschiedlichen Motivationen.

Teilweise klagen sie darüber, daß ihre Angebote nich, also keinen Anklang finden, d.h. sie werden dann mit den Verwaltungs-Talenten überschüttet.

Wir verlangen ja für die Verwaltung pro Monat 1 ‚Talent', wird in den Verwaltungpool eingegeben. Andere sagen, familiär, beruflich hat sich so viel ergeben, daß sie einfach von der Zeit her nicht mehr das Fenster haben, um für andere etwas tun zu können, ja? Em, im Moment würd' ich sagen, von den 21 Mitgliedern sind gut 15 aktiv. Was hat man von einem Tauschring mit 30, 40 Mitgliedern, wenn das Gros der Gruppe schläft – es ist befriedigender, wenn sich viel tut, wenn sich in der großen Menge der Mitglieder, äh, etwas abzeichnet. Das is ja auch Sinn und Zweck. Probleme mit Menschen tauchen dann auf, wenn beispielsweise ein Mitglied, wenn die Angebotsskala des Mitglieds wenig in Anspruch genommen wird, d.h. wenn auf dem Mitgliedskonto sich wenig bewegt, und dann die Halbjahresabrechnung für das Büroteam, d.h. wir werden ja mit den ‚Talenten' auch quasi vergütet, d.h. unser Einsatz im Büro, wenn das Mitglied dann den neuen Kontostand erfährt und dann eben sagt, ‚Ja, warum, weshalb, wieso‘, und, äh, dann die die Erwartung formuliert, ‚dann tut ihr doch 'mal 'was, daß sich auf meinem Kontostand wieder 'was ins Positive bewegt‘, und das is nich uns're Aufgabe. Also da geraten wir dann schon in Konflikt, und da kam's dann schon 'mal vor, daß ein Mitglied sagte: ‚Ja, also unter den Voraussetzungen steigt man sofort aus.‘ Und dann bleibt eben ein Negativ-Kontostand stehen, den man dann versucht, mit dem Sozialfonds wieder aufzufüttern.

Das ‚Talent‘, das jedes Mitglied pro Monat also abführt in den Büro-Topf, diese ‚Talente‘-Einnahmen, die werden, die werden in der Aktiven-Runde und in der Runde derer, die die Marktblätter austragen, verteilt. Da ham wa also 'n Schlüssel. Da ham wa einfach entsprechend der Zeiten, die wir zusammensitzen, z.B. bekommt die Aktiven-Runde mehr ‚Talente‘ aus dem Büropool als jetzt z.B. diejenigen, die alle 3, 4 Monate mal das Marktblatt für 'ne Std., 1 1/2 Std. austeilen.“

j) Frage: Habt Ihr eine Vermietagentur für Gegenstände?

„Nicht 'ne Vermietagentur. Aber wir haben in dem Spektrum an Angeboten, haben wir auch eine Rubrik, em, ‚Verleih‘ z.B. Da werden Kinderspiele verliehen, da wird auch 'mal 'n Fondue-Geschirr verliehen, da wird das Angebot gemacht, ein' Aktenvernichter auch 'mal auszuleihen, äh, oder 'mal 'n Fahrrad, was man noch als drittes, viertes in der Garage stehen hat.

Gegenstände direkt zu tauschen, da war einfach noch nich so das Interesse ausgeprägt. Also was wir z.B. auch haben, die Rubrik ‚Zu verschenken‘, em, daß da auch 'mal Inliner von den Kindern zum Verschenken angeboten werden, aber weggeben gegen Punkte gab es vielleicht ein einziges Mal. Aber ansonsten ist es noch nich so.“

Befund 5:
Neben dem Tausch Arbeitskraft gegen „Talente“ werden auch Geräte verliehen gegen „Talente“.

Zusammenfassung und Interpretation von j)
Frau M.-T. kommt nun doch noch auf Probleme zu sprechen. Der Tauschring könnte künftig durchaus einmal scheitern am Überbartern. Sie schildert dabei den Frust einiger Mitglieder, deren Angebote nicht nachgefragt werden. Das Büroteam sei aber dafür nicht verantwortlich zu machen. Wenn solche Mit-

glieder dann wieder ausstiegen, bliebe ein Negativ-Konto (mind. mit Verwaltungs-„Talenten") bestehen, daß sie dann mit Hilfe des Sozialfonds ausgleichen müßten. Seit sie dabei wäre, gäbe es ein ständiges Kommen und Gehen im Tauschring. Einge würden sich ärgern, daß sie für die Verwaltung mtl. 1 Euro abführen müßten.

Diese Verwaltungskasse würde unter den vier aktiven Bürotätigen nach einem festgelegten Schlüssel verteilt; die Austeiler der Marktzeitung bekämen weniger. Sie habe gehört, daß es in den ersten 18 Monaten rd. 50 Mitglieder gegeben habe, die inzwischen auf 21 zurückgegangen seien. Davon seien etwa 15 aktiv. Sie empfindet das nicht als negativ, denn was nütze eine größere Anzahl an Mitgliedern, die dann nicht aktiv seien?

Auf die Frage, ob auch Gegenstände getauscht würden, sagt sie, das sei die absolute Ausnahme. Eher würden Gegenstände, wie Fahrräder, Aktenvernichter, Fonduegeschirr, Kinderspiele verliehen. Auch Schenkungen würden in der Marktzeitung inseriert.

Dauer des Interviews: 1,5 Std.

14.1.2.2. Interview mit Herrn U.
        des Tauschringes „Markt der Möglichkeiten", Heidelberg

Herr U. ist ledig, lebt mit Freundin seit 1983. Geboren in Heidelberg, Vater: Lehrer, der häufiger versetzt wurde. Aufgewachsen in Kehl, Rheinau und Haussach (schwäb. Alb), Abitur in Bruchsal. Bundswehr. Gelernter Einzelhandelskaufmann u. Managemant-Assistent bei Hertie Frankfurt/Main-Höchst, Wiesbaden und Berlin. Nicht abgeschlossenes Soziologiestudium in Frankfurt bei Prof. Adorno. 2 Jahre selbständig: Naturkostläden in Frankfurt/Main und Ingelheim. Schließlich Erbschaft eines Miethauses mit 8 Parteien in Heidelberg, in dem er selbst 1 1/2 Jahre wohnte, das ihm Basis für den Lebensunterhalt wurde. Von dort zog er nach Sandhausen bei Heidelberg. Seit 6 Jahren tätig als Journalist und Reisefotograf, gemeinsam mit seiner Freundin. Auslandsaufenthalte: Marokko, Skandinavien.

Untersuchungssetting:
Herr U., der in Sandhausen wohnt, suchte mich in meinem Appartement in Heidelberg, im April 2003, auf.

Auswertungspassagen

a) Zur Forschungsfrage 2), **Wer sind die Engagierten?**

„Ja, ich war Gründungsmitglied im Herbst '96. Äh, die Idee war mir 'ne ganze zeitlang schon durch Radio-, Fernseh-, Zeitungsmeldungen in den Kopf gelangt – äh, von anderen Tauschbörsen, von denen ich gelesen und gehört habe, nachdem bei einer Agenda-21-Initiative in Heidelberg, em, wir in 'ner kleinen Gruppe 'mal einfach 'was Konkretes machen wollten, wobei wir am Wohnzimmertisch saßen und die anderen, äh, drei, äh, meinten, ja dis könnte man gemeinsam tun. Em, ja, ich hab's vorgeschlagen, wollte am Anfang das nicht alleine machen, sondern nur mit Mitstreitern ... Die Frau X war damals dabei, wir waren im Endeffekt die beiden Aktiven, die dis vorangetrieben haben und ha'm in derrr Recherche, ob's da irgendwelche anderen Leute in Heidelberg gibt, em, sind wir auf einen dritten gestoßen, der, em, für eine Diplomarbeit einer, seines Diplompädagogik-Studiums eher die Begründung eines Heidelberger Tauschrings auch schon vorbereitet hat. Und wir drei ha'm dann diese organisatorischen Grundzüge dann durchgezogen."

b) Auf die Frage, haben Sie da eine Aufgabe beim Tauschring?

„Entsprechend meiner Vorlieben hab' ich eigentlich die ganze Zeit schon überwiegend Organisatorisches gemacht, bin jetzt für Öffentlichkeitsarbeit zuständig und tu das neben, ja, organisatorischen Sachen. Wenn man mit als Längster in so'nem Verein ist, kennt man halt auch mit die meisten Leute und kann da und dort 'mal 'n bißchen ..."

c) Frage: Gibt es 'ne Marktzeitung?

„Ja, wir bringen die vierteljährlich in kompletter Form, in zwei Folgemonaten aktualisiert dann in Kurzformen 'raus. Äh, ich hab' standardmäßig Inserate drin, äh, über die eigentlich relativ wenig läuft."

d) *Was bedeuten Ihnen die Aufgaben im Tauschring – das kostet ja auch viel Zeit nich?*

„Äh, ja. Diese soziale Arbeit kostet mich letztendlich, ich will 'mal sagen, fast keine Zeit, weil das, was ich zeitlich investiere, ich nämlich auch wieder zurück ... Seit ich den Tauschring mache, z.B. hab' ich nie wieder meine Fenster putzen müssen. Ich bin seit, seit ich Gymnasiast war, war ich eigentlich immer politisch engagiert und hab' da reine Freizeit investiert, und die Arbeit, die ich jetzt für den Tauschring mache, die bekomme ich gutgeschrieben und kann mir dafür andere Leistungen eintauschen. ... Wir haben 4 ‚Talente' die Zeit-Stunde.“

Zusammenfassung und Interpretation a), b) c) und d):

Seit Herr U. vorwiegend von den Mieteinkünften seines Heidelberger Miethauses lebt und freiberuflich tätig ist, hatte er offenbar noch Kapazitäten frei, um sich um die Gründung eines Tauschringes zu bemühen. Über sein politisches Engagement in einer Agenda-21-Gruppe gewann er 2 Mitstreiter. Aufgrund seiner Vorlieben (und Management-Ausbildung) kümmert er sich um Organisatorisches und die Öffentlichkeitsarbeit des Tauschringes. Als ein „nach dem Lustprinzip lebender Mensch“ hat er seither nie mehr Fenster geputzt (diese Leistung erbringt für ihn ein Tauschring-Partner). Herr U. kümmert sich um die vierteljährlich erscheinende Marktzeitung, die in den beiden Folgemonaten aktualisiert wird. Darüber laufe aber relativ wenig, meint er.

Er sieht als politischer Mensch ganz klar, daß er früher bei seinem Engagement als Gymnasiast reine Freizeit investiert habe, jetzt aber für seinen Einsatz sozialer Zeit auch etwas zurückbekomme über das „Talente“-System (4 „Talente“ für 1 Arb.-Std.).

e) *Nochmals zur Forschungsfrage 2)* **bezüglich Voraussetzungen, Erfahrungen, Fähigkeiten aus seinem Berufsleben, antwortet Herr U.:**

„Ich muß sagen, eher meine politischen Erfahrungen über die ganzen Jahre, em, haben mir im Endeffekt mehr geholfen. Äh, berufliche Sachen? Ja gut, die kann, ja dadurch, daß ich, äh, mein Haus nicht nur verwalte, sondern da auch handwerklich tätig bin, konnt' ich den ein' oder andern Auftrag im Tauschring auch erledigen, also handwerkliche Aufträge. Nur, äh, das sind also eher so Nebenkriegsschauplätze, dis meiste is organisatorische Arbeit und die hab' ich halt bei Greenpeace oder Friedensinitiativen oder in der Studentenzeit, politische, quasi gelernt."

Zur Nachfrage über seinen monatlichen Zeiteinsatz im Tauschring:

„Im Monat vielleicht – also dis is nich so, daß ich alle Zeit, die ich, äh, da aktiv bin, mir auch wirklich ‚bezahlen' lasse, weil, em ja, da würden die, ja mein Konto würde überlaufen. Äh, im Monat werden's sein 15 Std., von denen ich mir die Hälfte ‚bezahlen' lasse (Anm.: Er meint: in Punkten vergüten läßt)."

Zusammenfassung und Interpretation e):
Seine beruflichen Qualifikationen haben ihm nicht so viel geholfen bei Fragen der Organisation und Öffentlichkeitsarbeit wie seine politischen Erfahrungen, insbesondere bei Greenpeace, Friedensinitiativen und während der Studentenzeit. Als Nebeneffekt bezeichnet Herr U. seine handwerklichen Fähigkeiten, die er auch in seinem Miethaus einsetze und gelegentlich im Tauschring anbiete. Von seinen rd. 15 Engagement-Std. monatlich lasse er sich nur 50% über das Punkte-System vergüten, also auch hier ein idealistisch-politischer Anteil bei seinem Einsatz.

f) Nochmals Forschungsfrage 2: **Wie ist die Alterszusammensetzung im Tauschring, Ältere ab 55/60 Jahre?**

„... vielleicht, also nich so viele, es sind vielleicht 20%, eher 'n bißchen weniger. Wir haben 165 Mitglieder im Augenblick."

g) Zur Forschungsfrage 6, **Probleme, z.B. Überbartern?**

„Diese Probleme gibt's, ja na klar, bei sehr aktiven Leuten. Wir ha'm da 'ne Regel eingeführt, daß alles, was über 100 ‚Talente' resp. 25 Arbeitszeitstunden positiv auf 'm Konto is, das dis, was da obendrauf einläuft, in Form von Schecks nur noch zur Hälfte auf das Konto gutgeschrieben wird, und zur anderen Hälfte an das ‚System Tauschring', an die Organisation. Und die Leute, die besonders aktiv sind, dahingehend motivieren, daß sie auch 'mal 'was ausgeben und Leistung nachfragen.

Sozialfonds haben wir nicht. Statt Sozialfonds, äh, ist im Endeffekt von allen gefördert, is das Konto, auf das wir die Mitglieder verbuchen, die mit Minustalenten aussteigen. Em, aber von so'nem Sozialkonto hab' ich letzte Woche grad auf 'nem Treffen der Tauschringe der Umgebung hier gehört, daß es das gibt in Karlsruhe.

Wir haben 'ne ganze Reihe von Leuten mit, em, stark im Minus laufendem Konto, die Leistungen nachgefragt haben, die, äh, – wir haben jeden Monat, wird quasi 'ne Viertelstd. an den Tauschring von jedem Mitglied abgebucht. Das is ein Grund, 'n anderer Grund das Leute viel nachgefragt haben, selbst, äh, nicht aktiv geworden sind, um ihre Talente, Fähigkeiten und Begabungen unter's Volk zu bringen, und wie wir dann in Gesprächen immer wieder mitbekommen, äh, die Leute einfach darauf warten, daß sie angerufen werden: ‚Du hast doch da dis Fensterputzen in, äh, angegeben, daß Du das machen willst, äh.' Ja, wenn man bei denen nicht anruft, dann gucken die nicht nach bei Gesuchen, ob die nich 'ne Leistung erbringen können, und da gibt es natürlich immer wieder Leute, die dann ja, enttäuscht, eben dann aufgeben und sagen, ‚ich will aus dem Tauschring 'raus, das läuft nicht, ich komm' nich 'rein, ich komm' nich zum Tauschen, ich hab' jetzt von Monat zu Monat wird mein Konto negativer und sei's auch nur dies eine ‚Talent' im Monat'. Äh, wir hatten dann also wirklich Fälle von Leuten, die sind vor drei, vier Jahren eingetreten und haben jeden Monat 'n ‚Talent' abgebucht bekommen, äh, und waren dann nach drei Jahren 40 minus und sagten, ja, jetzt muß ich irgendetwas tun, ja, ich geh' wieder 'raus. Was soll man mit den Leuten machen? Zum Teil konnten wir sie motivieren für Gemeinschaftsaufgaben, äh, monatliches Versenden des Marktblattes, da brauchen wir immer wieder Leute, die einfach Kuvertieren oder so 'was und äh, da werden die dann bewußt eingesetzt, daß sie wenigstens teilweise ihr Konto gegen null fahren können, und wir lassen die dann mit 'n bißchen Minus, lassen wir die dann als, äh, sich verabschieden. Nein, Geld wird im Endeffekt – wir haben, äh, eine monatliche Gebühr von, ich glaub', 1 Euro pro Monat. Dieses Geld geht drauf für Telefongebühren, Werbematerial, Porto vor allem, und da bleibt im Endeffekt nicht groß an Vermögen im Verein übrig."

Zusammenfassung und Interpretation f) und g):

Weniger als 20% von derzeit 165 Mitgliedern, sagt Herr U., seien Senioren, ab 55-60 Jahren. Das habe ich inzwischen bei allen Recherchen festgestellt, daß Ältere die Vorteile eines Tauschringes für sich kaum in Anspruch nehmen. Man kann spekulieren, daß es ihnen auf Grund ihrer Altersversorgung

so gut geht, daß sie Zeittausch (noch) nicht nötig haben. Hinzu kommt sicher eine besondere Hemmschwelle bei dieser Kohorte, die in der Nachkriegszeit auf Tausch- und ähnliche Überlebensstrategien angewiesen war. Das haben sie „heute nicht mehr nötig".
Wahrscheinlich wird sich diese Einstellung bei folgenden Kohorten, die in der Altersversorgung wesentlich schlechter gestellt sein werden, ändern.

Das System der Buchhaltung mit „Talenten" ist dem des Eppelheimer Tauschring vergleichbar, nur, daß das Limit bei 100 „Talenten" (statt 50 in E.) angesetzt ist. Herr U. spricht ganz klar von den Problemen des Überbarterns:

Wer sehr aktiv gewesen ist, bei dem wird alles über 100 „Talente" nur noch mit 50% vergütet, der Rest fließt dem System Tauschring-Organisation zu. Falls jemand hoch im Minus ist, wird er aufgefordert, Leistungen anzubieten. Wenn das nicht klappt, wird er zu Bürotätigkeiten animiert, der Minus-Rest wird dann beim Ausscheiden dieses Mitglieds vom System Tauschring übernommen. Einen Sozialfonds gibt es hier nicht, stattdessen tritt das ganze System für Minus-Werte ein. Minus-Werte können bereits dadurch entstehen, daß jedes Mitglied mtl.1 Euro Mitgliedsbeitrag zu entrichten hat. Ein Problem sei aber auch die Lethargie der Menschen, die auf einen Anruf, der ihre angebotenen Leistungen anfordert, warten, anstatt selbst bei „Gesuchen" nachzusehen und sich mit dem Suchenden abzusprechen.

Geldliche Erstattungen gibt es hier auch nicht; es muß aber, wie in Eppelheim mtl. zusätzlich 1 Euro für die monetären Gebühren des Tauschring-Betriebes entrichtet werden.

h) Zur Forschungsfrage 4): **Betrachten Sie diese Institution als Hilfe für Ihre Selbstsorge, können Sie dadurch ökonomisch Nennenswertes einfahren, das Ihnen das Leben erleichtert?**

„Eigentlich nein. Ich hab' eigentlich die Gründung auch von diesem ganzen Ding mehr als soziales Werk gemacht – em, wie schon erwähnt, mußt' ich seit ich den Tauschring mitgegründet hab', seitdem muß ich meine Fenster zwar nicht mehr selber putzen, aber, äh, wir hatten zeitweise auch 'ne Putzhilfe angestellt, die hätte das genauso getan, aber ... *ich kenne Leute, für die war dis 'ne wirklich wichtige Institution als Lebenshilfe. Bei Älteren sind es mehr so die Gründe, über den Tauschring wieder unter Leute zu kommen.*

Auch 'mal wieder gebraucht zu werden. Großelterndienste gibt es weniger, sondern eher eigentlich mehr, daß die Mütter gegenseitig sich Baby-Sitten, Äh, 'ne Ältere, von der ich eben noch 'was erzählen wollte, is 'ne Steuerberaterin, em, die uns immer wieder 'mal 'n Tipp gibt, darf natürlich keine richtige Steuerberatung machen aus standesrechtlichen Gründen. Die is pensioniert, und die kann da ab und zu wirklich den Leuten auch konkret helfen."

i) Zur Forschungsfrage 5): **Glauben Sie als politischer Mensch, daß das künftig auch durchaus Erweiterungschancen haben kann, wenn die Menschen weniger Geld zur Verfügung haben?**

„Geschichtlich waren Tauschringe immer in diesen Zeiten interessant, und es gab viele, und es gab große, als es den Leuten und wo es den Leuten dreckig ging finanziell/wirtschaftlich. Äh, ich denke ja, em, sehe aber andererseits in Deutschland die Werte sich wirklich nicht in die Richtung entwickeln, äh, daß das, das Tauschen, em, ein stärkeres soziales Miteinandergehen in dem Maße befördern würde."

Zusammenfassung und Interpretation h) und i):
Meine Vermutung, daß Herr U. außer seinem sozialpolitischen Engagement auch noch etwas Ökonomisches für sich selbst aus dem Tauschring gewönne, hat sich nicht bestätigt. Die Hilfe beim Fensterputzen ist wohl mehr als Beispiel für eine Nachfrage gedacht, denn er sagt, er hätte sie sich auch gegen Entgelt leisten können. Dennoch gäbe es Menschen im Tauschring, für die das Tauschen eine echte finanzielle Erleichterung sei.

Ältere im Tauschring hätten zwei Motivationen, einmal, daß sie noch von anderen gebraucht würden, aber auch, daß sie „unter Menschen kommen". Dann erzählt er von einer pensionierten Steuerberaterin, die manch guten Tipp gäbe, aber keinesfalls in Konkurrenz zu professionellen Steuerberatern tätig werden würde.

Zu meiner Forschungsfrage 5 (auf der Metaebene), ob solche Modelle einen Beitrag zum sozialen Frieden in Zeiten knapper Finanzressourcen leisten könnten, betrachtet der sozialpolitisch motivierte Herr U. die Geschichte der Tauschringe und bestätigt, daß diese immer dann interessant wurden, wenn es den Menschen finanziell schlecht ging. Für Deutschland sieht er allerdings sich die Werte in einer anderen Richtung entwickeln – gemeint ist offenbar die egozentrische Individualisierung. Aus der Literatur finden wir aber vielfache Ansatzpunkte eines Wertewandels, die genau am Individualismus anknüpfen hin zu solidarischem Handeln (vgl. *Offe, Keupp* u.a., a.a.O.).

Auch sprechen die Zahlen über die Zunahme des „bürgerschaftlichen Engagements" eine andere Sprache (vgl. *Klages*, a.a.O). Vermutlich rekurriert Herr U. hier nur auf seine eigenen Beobachtungen im Tauschring.

j) Frage nach Problemen hinsichtlich der Arbeitslosen und Sozialhilfe-empfängern, wenn sie an Tauschprozessen teilnehmen:

„Probleme existieren m.w. nach nich, es gibt auch bundesweit, äh, steuerlich, einkommenssteuerlich und gewerbesteuerlich nirgends Probleme. Es versucht ab und zu 'mal das Finanzamt da irgendwelche ‚Kisten' über Gewerbesteuern da 'n Fuß 'reinzukriegen, wurde bisher alles abgeschmettert. Beim Kasseler Tauschring kann man da nähere Informationen drüber bekommen, äh ... Prozesse gab es nicht, weil, äh, eben einfach in Kassel der entsprechende Rechtsanwalt seinen Standardbrief verschickt hat, und damit waren die ganzen ‚Kisten gegessen'. Der RA ist in Kassel Mitglied, richtig. Das beste Totschlagargument insgesamt gegen Steuern, gegen die ganze Steuerproblematik ist, verläßt man einen Tauschring, so bemüht man sich, sowohl der Tauschring als auch das einzelne Mitglied, das Konto auf ‚0' zu stellen. Und dann steigt dieses Mitglied aus, egal wieviel oder wiewenig es über die ganzen Jahre gearbeitet hat, und hat ‚0' Ertrag. Und wenn man über Jahre ohne Ertrag arbeitet, dann ist das steuerlich eine Liebhaberei!"

k) Zur Forschungsfrage 6, nach Konflikten, Konfliktmanagement:

„Konfliktmanagement machen wir im Endeffekt in den kleinen Organisationskreisen, wo diese ganzen Probleme sich irgendwie hinschleichen. Und wo wir das dann erfahren, versuchen wir über die Leute, zwischen den Leuten zu vermitteln, äh, Supervisionen waren nicht nötig bisher, weil's eigentlich noch nie so hart auf hart gekommen ist. Sicherlich sind die Leute schon 'mal im Streit ausgestiegen, äh, aber auch aus Gründen, weil sie mit den anderen sich geistig nicht so eins gefühlt haben, äh, und das also im Endeffekt der Grund war, ja, daß die Leute halt wieder gegangen sind. Jetzt gerade vor kurzem eine

Frau, die bei uns die Finanzen macht hat, äh, die hat bemängelt ein Schreiben der Mitgliedsbeiträge, äh. Da war sie für uns zu weich, das Mahnverfahren hat sie nicht, ich sag's 'mal, massiv genug betrieben. Wurde deswegen von uns kritisiert, äh, undte die Sache, wo wir für sie ungenügend waren, eben einfach, daß sie das soziale Element, das, em, äh, sich um die einzelnen Mitglieder zu kümmern, wenn es Probleme gibt, daß wir da ihr nicht gut genug waren. Äh, wir müssen andererseits schauen, daß wir mit unserer Arbeit, die wir für den Tauschring organisatorisch leisten, em, daß wir da einfach nur begrenzte Kapazitäten haben, und äh, nicht da noch zusätzlich noch Sozialstationen, em, parallel dazu laufen lassen wollen."

Zusammenfassung und Interpretation von j) und k):
Zur Frage der Arbeitsanrechnung bzw. Verdienstersatz im Tauschring bei Arbeitslosen und Sozialhilfeempfängern habe es noch keine Probleme gegeben.

Was die steuerliche Seite anbelange, so werde stets angestrebt, daß ein Punkte-Konto gegen „0" stehe, wenn das Mitglied ausscheide. Und wenn kein Gewinn erzielt werde, sei die Sache steuerlich eine Liebhaberei. Außerdem habe ein Kasseler Rechtsanwalt, selbst Mitglied des dortigen Tauschrings, sich auch für Gewerbesteuerfreiheit mit Erfolg eingesetzt. Der Standardbrief von ihm habe bislang immer zum Erfolg, d.h. steuerlicher Nichtanrechenbarkeit von Tauschgewinnen geführt.

Konfliktmanagement werde in den kleinen Organisationskreisen des Tauschrings wahrgenommen. Bislang habe es harte Auseinandersetzungen noch nicht gegeben, so daß auch eine Supervision nicht nötig war.

Befund 6
Konflikte tauchten manchmal auf, wenn die Leute „geistig" nicht auf einer Ebene seien und dadurch Mißverständnisse miteinander hätten.

Bei 165 Mitgliedern wird es wohl um unterschiedliches Bildungsniveau gehen.

Herr U. schildert einen Konflikt mit der für die Finanzen zuständigen Engagierten, die gefordert habe, man solle keine harschen Mahnschreiben verschicken, sondern der Vorstand solle sich besser persönlich um die Probleme der Menschen bemühen. Diese Frage ist Herrn U., als besonders sozial engagierter Mensch offensichtlich sehr peinlich, wie die vielen „ems" und „ähs" in diesem Interview-Segment belegen. Er sagt, daß ihre Arbeitskapazität dafür nicht ausreiche.

l) Frage nach Gewährleistungen bei den angebotenen Arbeiten:

„... daß Leute nicht zufrieden sind mit der Arbeit, gibt es immer wieder 'mal bei, em, gerade bei handwerklichen Sachen, daß da die Leute nich einverstanden sind, äh, mit der Qualität. Em, wir können wenig tun, weil, äh, *wir als Verein – also wir sind nicht eingetragener Verein –* aber von alledem, in unserer Satzung steht mehr oder weniger, daß die Tauschring-Teilnehmer die Leistungen, die da erbracht werden und w i e sie bezahlt werden oder mit ,Talenten' abgegolten werden, daß die dis untereinander aushandeln müssen, und wir wirken da im Hintergrund. Aber primär is es eigentlich Sache der Teilnehmer, die dann auch z.B. sagen, ,so, wie du Fenster geputzt hast, guck 'mal, jetzt scheint die Sonne, die Fenster sind immer noch dreckig, ich bezahl' dir das nich oder ich bezahl dir nur die Hälfte'. Äh, und dann muß man einfach miteinander klarkommen und muß das regeln. ... Wenn jemand regelmäßig Leistungen ungenügend vollbringt, spricht sich sowas im Tauschring andererseits schnell 'rum, so daß der einfach gar nicht mehr nachgefragt wird.

Es gibt diese hochwertigen Arbeiten. Sie werden, weil wir als unsere Einheit die ,Talente' in Zeiteinheiten haben, werden alle Arbeiten gleichbewertet. Das ist der, ja, einer der ganz entscheidenden anderen Gesichtspunkte gegenüber der Wirtschaft draußen, äh, daß wir bei uns sämtliche Arbeiten gleichbewerten, wobei es gibt dann natürlich schon 'mal so Sachen: Wenn eine Frau ihre Kinder zum Baby-Sitten oder wenn eine Baby-Sitterin einen Abend lang gemütlich ein Buch lesen kann oder sie einen ganzen Abend lang einen Film nach dem anderen angucken kann, mit dem Kind – weil es schläft – gar keine Probleme, keine Arbeit hat, äh, da is immer wieder die Frage, wie verrechnet man diese 4 geleisteten Stunden, wo man nur eben nich daheim gelesen hat, sondern aushäusig gelesen oder ferngesehen hat, em, da gilt es dann auch, äh, unter den Tauschpartnern auszuhandeln, was diese Leistung dann wirklich wert ist. Wir bemühen uns weitestgehend 'rauszuhalten, aber genau mit diesen Beispielen, wo wir dann schildern: ,ok, dieses eine Mal ist das Kind ... (unverständlich), das andere Mal ist das Kind krank und bedarf den ganzen Abend einer Pflege, und da is es klar, da werden dann die ganzen 4 Std. ,bezahlt'.'

Wir haben einmal monatlich einen Stammtisch, am 3. Montag im Monat, 20 Uhr, beim Griechen an der Bergbahn. Em, und da gibt es Leute – das sind dann wieder Ältere – äh, die irgendwelche Vorträge halten. Unlängst, äh, Nationalsozialismus in Heidelberg. Oder, äh, es gab vor kurzem eine, äh, Touristenführerin, die für Teilnehmer des Tauschrings, äh, 'ne Schloßführung gemacht hat, solche Sachen."

m) Auf die Frage, ob auch Ferienzimmer über Tauscheinheiten vermietet werden:

„Wir haben zumindest eine Ferienwohnung. Ich glaube, es sind 'n paar Ferienwohnungen oder Zimmer, die natürlich hier in Heidelberg relativ gut angenommen werden. Das sind dann Leistungen, die wir quasi bundesweit über den Ressourcen-Tauschring von Klaus Kleffmann anbieten. Äh, ja."

n) Frage, ob Gutschriften von Verrechnungseinheiten übertragbar seien:

„Wir haben darüber nichts vorgesehen. Aber es ist kein Problem, einfach so'n Scheck weiterzuleiten. Das is schon passiert, wenn Leute z.B. ausgestiegen sind. Die hatten 'n großes Konto und ham dann Leuten, anderen Teilnehmern den' einfach das geschenkt, ja, oder eben wenn, – wir haben neben Einzelkonten auch Familienkonten, so daß da also ja, Gemeinschaftskonten eingerichtet werden. Direkten Tausch gibt es nicht, d.h. es entwickeln sich wie bei den meisten Tauschringen bei uns auch Freundschaften, wo man füreinander 'was macht, unter Freunden wird dann nichts berechnet, weil's halt richtige Freundschaftsdienste sind, äh, sowas entwickelt sich, so was gibt's, glaub' ich, auch in jedem Tauschring ...

Es werden auch Gegenstände gegen ‚Talente' abgegeben, und äh ja, die Frage ist dann immer, wie berechne ich den Wert eines solchen Gegenstands, weil ein äh, äh ‚Talent', heißt 'ne Viertelstd. Arbeit. Aber wir haben dann irgendwie einmal als Grundsatz gesetzt, äh, 4 ‚Talente' = 1 Std. Arbeit = 20 DM, also sowas ist eine Idee, ist 'ne Krücke, wenn man eine Lederjacke hergeben will, für die man sonst, äh, 100 DM bekommen hätte, dann macht man das eben gegen ‚Talente'. Leihgeräte kann man auch gegen ‚Talente' haben. Das Letzte, was ich verliehen habe, war'n Bräter, aber da hab' ich nichts für verlangt. Äh, das ist auch eigentlich das Schöne am Tauschring, daß sich genau solche Sachen, äh, automatisieren und äh, daß man sich gegenseitig mit Sachen aushilft, die dann tendenziell zur Selbstverständlichkeit werden und nicht mehr berechnet werden."

Befund 7:

Beim Tausch von Kleidungsstücken (Gegenständen) muß der Umweg über den Geldwert berechnet werden, dergestalt: 4 „Talente" = 1 Arb.Std. = 20 DM.

Zusammenfassung und Interpretation von l), m) und n):

Die Frage nach der Gewährleistung taucht bei allen Tauschringen immer wieder auf. Herr U. meint, das sei ausschließlich Sache der „Geschäftspartner", lt. Satzung hielte sich der Vorstand da heraus. Bei Monita würde manchmal die Vergütung der Punkte gekürzt. Und schließlich haben die Anbieter innerhalb des Tauschringes einen Ruf zu verlieren, es spräche sich herum, wenn sie qualitativ minderwertige Arbeit ablieferten (soziale Kontrolle ist stark).

Auch hochwertige Arbeiten werden genauso vergütet wie einfache Tätigkeiten, nämlich mit 4 „Talenten" pro Std., das sei der Unterschied zur Wirtschaft. Eine Ausnahme entstünde gelegentlich beim Baby-Sitten, wenn die Kinder schliefen und die Sitterin für sich lesen oder fernsehen könne. Eine Vergütung dieses Bereitschaftsdienstes sei Verhandlungssache. Volle Vergütung sei zu erstatten, wenn die Kinder der unmittelbaren Fürsorge bedürfen, z.B. bei Krankheit.

Befund 8:

Bereitschaftsdienste werden nicht mit 4 „Talenten" pro Std. vergütet, wenn der Bereite in der Zeit seines Arbeitsauftrages etwas für sich selbst tun kann.

Der monatlich stattfindende Stammtisch würde außer zum Kennenlernen der Teilnehmer untereinander auch für Vorträge genutzt, die gegen „Talente" angeboten würden. Auch eine Schloßführung habe schon stattgefunden. Direkten Tausch gäbe es selten. Bei Gegenständen sei die Schwierigkeit die Bewertung. Herr U. schildert den Tausch einer Lederjacke, die noch einen Wert von ca. 100 DM gehabt habe. Die Rechnung lautet dann 4 „Talente" = 1 Std. Arbeit = 20 DM, also hier 5 x 4 „Talente".

Eine Umrechnung in Landeswährung sei aber grundsätzlich nicht vorgesehen, eine Übertragung von „Talenten" schon. Es gäbe auch Familienkonten.

Befund 9:
Familienkonten erleichtern den „Talente"-Ausgleich.

Leihgeräte seien durchaus über „Talente" abrechenbar. Aber häufig erfolge eine Ausleihe auch aus Freundschaft, ohne Vergütung.

Ferienwohnungen und Fremdenzimmer im Angebot seien für Heidelberg nützlich und würden bundesweit über eine Tauschring-Zentrale angeboten.

o) Zur Forschungsfrage 1, Rahmenbedingungen

„Wir hatten Anschubfinanzierung von der Stadt Heidelberg, und wir hatten, äh, die ersten paar Jahre die Gebühren für den Stand bei der Heidelberger Umweltmesse Anfang November jeden Jahres, äh, uns von der Stadt finanzieren lassen, äh, bzw. anfangs finanzieren, später bezuschussen lassen. Wir haben das heute nicht mehr nötig und fragen deswegen auch nicht mehr danach ...

Wir sind in den Räumen des Dt. Paritätischen Wohlfahrtsverbandes. Der is bei uns Mitglied, kriegt seine Miete für den Raum, den wir nutzen, äh, in Form von ‚Talenten', hat extrem hohe Schwierigkeiten, das Konto irgendwie 'runterzufahren, aber uns kann's recht sein, weil es gibt dort keine Leute, die auch Sachen von uns in Anspruch nehmen. Äh, insofern, weil wir die schöne Einrichtung haben, das alles, was über 100 ‚Talente' hinausgeht, nur noch zur Hälfte angerechnet wird, zahlen wir seit über einem Jahr unsere Miete nur noch zur Hälfte, weil's gleich wieder zur Hälfte zurückgebucht wird."

p) Frage nach Aufnahmegebühren für Mitglieder, gibt es ein Kreditlimit?

„Wir hatten, em, eigentlich noch nie, noch mit keinem Teilnehmer irgendwie Probleme bei der Aufnahme, daß sich jemand irgendwie als schwierig 'rausgestellt hätte. Äh, die einzigen Limits, die wir haben, liegen bei uns in der Kontoführung, daß wir Grenzen eingeschlagen haben im Konto bei 25 Std. im Plus und im Minus. Wenn das Minus-Konto gegen 25 Std. geht, äh, werden wir aktiv und fragen 'mal nach, warum die Leute nur kaufen und nichts erbringen. Em, geht es über das Plus 'raus, äh, wie gesagt, dann wird darüber hinaus nur noch die Hälfte gebucht und den Teilnehmer. Das sind aber in der Regel so aktive Leute, die schon wissen, was sie tun, die auch damit einverstanden sind. Und es gibt darüber noch die Möglichkeit, äh, Leute, die ein größeres Projekt planen, sei es die Wohnung zu modernisieren oder einen Umzug planen, die dann die 100 ‚Talente' oder 25-Std.-Grenze aufheben lassen, so daß sie dann Leistungen ansammeln, ansparen können für größere Projekte."

Zusammenfassung und Interpretation o) und p):
Daß in diesem Falle die Stadt Heidelberg die Anschubfinanzierung und die Kosten für einen Messestand übernommen hatte, liegt wohl daran, daß die landesweite Förderung über das Sozialministerium Stuttgart von Projekten, wie Bürgerkontaktbüros und Seniorengenossenschaften 1996 schon abgeschlossen war. Die Räumlichkeiten für den Tauschring stellt der Paritätische Wohlfahrtsverband zur Verfügung gegen Entrichtung von „Talenten", denn dieser ist als Non-Profit-Organisation Mitglied im Heidelberger Tauschring „Markt der Talente". Daß dieser nach der Konvention, bei 100 Talenten seien nur noch 50% anrechenbar, trotzdem einen hohen „Talente"-Überschuß habe, liege daran, daß der Verband im Tauschring keine Leistungen nachfrage. Das scheint mir absurd, zumal wir aus der Literatur (Vgl. *Offe*, a.a.O.) die Anregung haben, der Wohlfahrtsverband könne bei Ablieferung minderer Arbeits-Qualität der Tauschpartner vermittelnd schlichtend tätig werden. Das könnte gegen „Talente" abgerechnet werden. Außerdem wäre denkbar, daß der Verband z.B. eigene Renovierungskosten über „Talente" abrechnen könne. Und wenn es nun schon so ist, daß die Miete für den Tauschring nur noch zu 50% anfalle, fragt es sich, warum der Paritätische Wohlfahrtsverband die Räume nicht gleich kostenlos zur Verfügung stellt.

Die Konvention des Tauschrings, bei 100 „Talenten" im Plus oder im Minus sei nur noch die Hälfte anrechenbar, wurde an anderer Stelle bereits erörtert. Daß Mitglieder aber „Talente" ansparen können für größere Planungen, ist uns auch aus der Eppelheimer Tauschbörse „Nimm und Gib" bekannt.

Das Interview dauerte 2 Std.

14.1.3. Zum Thema: Wohnprojekte

14.1.3.1. Interview mit Herrn T.

(„Diakonische Hausgemeinschaften"[264]), im Jahre 2001. Herr T. ist Pensionär seit 1999, ehem. Gymnasiallehrer (Schulleiter), 1. Wohnsitz noch bei Tübingen, 63 Jahre alt, verh. seit 1975, 2 studierende Kinder.

Herr T. wohnt seit 2 Jahren weitgehend in Heidelberg, beabsichtigt sich hier „neu zu orientieren", offenbar in Bezug auf seine Ehe. Er hat eine Eigentumswohnung für die D.H.G. gekauft und ist Mitglied im Verein. Der Vorsitzende, Ingo Franz[265], war sein Schüler. Daher verfolgte Herr T. die Entwicklung der D.H.G., die von Ingo Franz initiiert worden sind. Wenn Herr T. nicht in Heidelberg ist, wird seine Wohnung an Gäste vermietet.

Untersuchungssetting:
Ich treffe Herrn T. beim „Bürgerschaftlichen Engagement", in der Buchhaltung der D.H.G., im Markushaus, das zur ev. Markusgemeinde in Heidelberg gehört. Hier befindet sich die Geschäftsstelle. Das Interview wird mittels Tonband aufgenommen.

Auswertungspassagen

a) Forschungsfrage 2: **Wie kamen Sie zu den D.H.G.? und**
Forschungsfrage 4: **Auswirkungen auf den Teilnehmer?**

„Mich haben seine Projekte immer interessiert, er hat mich immer informiert über seine Projekte ... ich war immer als Sprecher sozusagen von der Ferne präsent, und als ich jetzt Zeit hatte und gemerkt hab', daß er jemanden braucht in dieser Aufbauphase für Büroarbeiten, computergestützte Buchhaltung und solche Dinge, dann bin ich 'mal hierhergekommen, um das kennenzulernen und habe hier das Bedürfnis gefunden, man hat mich gebraucht, und für mich ist das 'ne sinnvolle Investition. Das heißt, ich wollte sehr gerne mich auch einbringen, weil ich selbst einen Weg suche, wo ich einmal mein Alter verbringen will. In der Beziehung hat es gut zusammengepaßt. Mein

---

[264] Im Folgenden: D.H.G. abgekürzt.
[265] Ingo Franz ist so bekannt und äußerte, keine Probleme mit seiner vollen Namensnennung zu haben.

142

Bedürfnis, ja, eine Form, wo ich irgendwann im Alter mal unterkommen könnte und hier das Bedürfnis, wir brauchen jemand wie ... (Dich), der hier ein bißchen nach dem Rechten sieht und *insofern ist das so'n typischer Fall von Tausch.*"

b) Frage, woher er als Lehrer Buchhaltung beherrsche:

„Ich hab'n gewisses Faible für solche Dinge, so Finanzen, Finanzverwaltung, hab' ich immer mehr so als Hobby gemacht. Ich hab' sogar früher 'mal 'n Praktikum in Buchhaltung gemacht, ich dachte, das ist so'n Lebensfeld, wo ich arbeiten kann, das ist mindestens besser so als vorher."

c) Nachfrage, warum wollten Sie gerade innerhalb der D.H.G. wohnen?

„Ich weiß negativ, was ich nicht will. Also ich möchte nicht in der Einsamkeit eines Einfamilienhauses auch zu Zweit leben, ich möchte nicht in einem normalen Altersheim alt werden, ich möchte nicht in einem Augustinum in Krawatte zum Essen gehen müssen, sondern ich möchte eigentlich in einem altersheterogenen Feld leben, ohne daß ich jetzt die Zwänge einer Großfamilie, also Abhängigkeit von Kindern, Enkeln in Kauf nehmen müßte."

Zusammenfassung und Interpretation a), b) und c):
Herr T. weiß genau, wie er sein Alter leben will und ist glücklich, gleichzeitig eine ihn befriedigende und für die D.H.G. nützliche Tätigkeit gefunden zu haben. Dabei half ihm seine Vielseitigkeit in der Ausbildung.

Durch Reflexion kommt er zu einer „Gestaltschließung": Er sieht den Tausch zwischen Bedürfnisbefriedigung und Nutzen für die Gemeinschaft.

d) Außerhalb des Forschungsdesigns frage ich nach der Struktur des Vereinslebens

„Ich nehme auf doppelter Ebene teil. Es gibt für die gesamte Initiative so vier Jahrestreffen, in der wir erwarten, daß so alle von den ca. 80-100 Mitgliedern dabei sind – da wird natürlich wenig Substantielles verhandelt, das ist mehr Kontaktpflege, dann nehme ich teil an den – soweit ich immer hier bin – an den sog. Organisationstreffen. Da sind aus den einzelnen Projekten – man könnte denken, das ist so'ne Art Parlament, in der einfach die Situation, die Pläne durchgesprochen, Entscheidungen getroffen werden. Die sind monatlich, sie sind offen, aber mehr oder weniger gedacht ist, daß von jedem Projekt eine Person mindestens teilnimmt durch Delegation, Aufforderung. Und ansonsten nehme ich also an der internen, an der Verwaltungskonferenz, die wir hier haben für engere Mitarbeiter, teil, wo wir unsere Arbeit absprechen, ausgleichen, was ja immer schwierig ist ... wenn viele Menschen arbeiten, daß sie sich untereinander informieren und die Kommunikation funktioniert. Unter Projekten bezeichnen wir Familien oder Wohngemeinschaften oder auch einzelne, die irgendwo in Heidelberg wohnen, aber sich uns zugehörig fühlen."

Befund 10:
Die von Herrn T. beschriebene Organisationsstruktur des Vereins hat sich im Laufe der Zeit aus Zweckmäßigkeitsgründen ergeben. Die Projekte werden lediglich „aufgefordert", Delegierte zu entsenden; es gibt kein formales Delegationsprinzip. Überhaupt erscheint der Zusammenschluß weitgehend auf freiwilliger Basis. Als Mitglied des Vereins kann sich jeder/jede „fühlen", der/die mitarbeitet. Es gibt keine offizielle Mitgliedschaft durch festgesetzte Beiträge. Wohlhabende Mitglieder leisten nach Kräften Spenden. Dies habe ich aus mehreren Gesprächen am Rande meiner Besuche dort erfahren.

e) Forschungsfrage 6, nach Barrieren, Streit zwischen den Beteiligten, und gibt es eine Streitschlichtungsinstanz?

Herr T. lacht: „Ingo Franz ist für alles zuständig. Er schafft das auch mit Einschränkungen, also das müssen wir irgendwie selbst hinkriegen. Es ist nicht institutionalisiert. Also es ist schwierig, daß sehr unterschiedliche Motivationen auch sind von Menschen, die herkommen. Also, ich sag's 'mal grob, daß man bei manchen das Gefühl hat, die wollten also 'ne gute Wohnung haben und haben sozusagen die Vermittlung ausgenützt und sind jetzt hier und können oder wollen sich nicht so einbringen, wie wir's eigentlich erwarten würden. Also das scheint oft ein Problem, also *man kann ehrenamtliches Engagement nicht einfordern durch Arbeitsverträge* oder solche Dinge. Wir können nicht sagen, ‚Du bekommst die Wohnung nur, wenn Du 2 Std.

ehrenamtlich arbeitest', sondern das sind alles ja good-will-Vereinbarungen, und da gibt es manchmal dann im Nachhinein den Eindruck, daß es gewisse Schnorrer gibt, die einfach die Vorteile ausnutzen, ohne daß sie hier irgendetwas einbringen. Wir haben keine solchen Punktsysteme oder so etwas, sondern es ist einfach die Erwartung und das Versprechen, ohne daß das kontrolliert oder sanktioniert würde und dadurch aber auch eine Konfliktmöglichkeit, weil es nicht immer realisiert wird, was erwartet wird. Das zweite Feld, das damit zusammenhängt, scheint mir das bei uns dann immer wieder,... auch gewisse Dinge entlohnen, und daß die Grenze dann oft etwas schwierig ist, macht man das gegen Bezahlung, irgendwelche Dienste für die Gemeinschaft oder macht man das ehrenamtlich, oder macht man's gemischt, wenn man 20 Std. am Computer hier arbeitet, daß man sagt, 10 Std. bringe ich als Sozialzeit und für 10 Std. möchte ich entlohnt sein. Also diese ganzen Übergänge und Vermischungen zwischen entlohnter, belohnter Arbeit und freiwilligem Engagement, das ist eine Konfliktfläche, die wir bisher noch nicht gut, für mein Gefühl, im Griff haben.

Zum Teil ist es einfach ein Arbeitsbedarf hier, also soviel, daß wir nicht freiwillig das alles abdecken könnten, also wir müssen irgendwie gewisse Entlohnungen haben und sind auch sehr viele – was bei uns wiederum hinzukommt – Menschen da, die mit uns wohnen wollen und wir auch mit ihnen wohnen wollen, die aber finanziell einfach 'ne Unterstützung brauchen auf die Art und Weise. Also ich denke z.B. an zwei Studenten, promovierende aus Rumänien, die sind mit solchen abenteuerlichen Finanzierungen hier gelandet, haben bei uns gewohnt, aber hätten eigentlich ihre Wohnung nie bezahlen können, und wir waren froh, daß sie uns geholfen haben bei handwerklichen Dingen in einem Ausmaß, das weit über Engagement, über ehrenamtliches hinausgeht, und insofern war es auch sinnvoll, obwohl es wiederum nicht ganz legal ist, also es ist ja dann die Frage, also es ist eigentlich Schwarzarbeit, die geleistet wird. Also dieses ganze Feld ist ein sehr heikles und konfliktträchtiges Feld."

Interpretation zu e):
Die „offene Gemeinschaft" hat zahlreiche Tücken. Die christliche Prägung scheint zu gebieten, daß man „ehrenamtliches Engagement nicht durch Verträge einfordern kann" und daß etliche Schnorrer sich einfach nur Wohnraum verschaffen wollen.

Wenn das Projekt nachhaltig sein soll, muß man hier sicher gegensteuern. Als Beispiel dienen die Zeitbudgets in Seniorengenossenschaften und Zeittauschbörsen. Einleuchtend erscheint es, daß insbes. ausländische Studenten hier auch Geld verdienen müssen. Hier zeigt sich die Problematik des sog. Dritten Sektors, die dringend politischer Regelung bedarf. Es kann doch nicht angehen, Menschen, die gar keine Arbeitsgenehmigung hier bekommen würden, mit „Schwarzarbeit" zu diskriminieren! Die D.H.G. hätten überhaupt keinen regulären Stundenlohn für die vielen Bauarbeiten beim Umbau des ihnen überlassenen Gebäudes und Gartens zahlen können, da sie sich vorwiegend aus Spenden finanzieren.

f) Nochmals zur Forschungsfrage 4, Auswirkungen auf den Teilnehmer:

„Mir gefällt die sehr offene Form hier. Also es liegt an mir, mir meine Freunde, Partner, also mein Lebensumfeld zu gestalten in diesem Rahmen, in einem viel größeren Maße, als ich das z.B. im Augustinum könnte. Indem ich Freunde etwa animiere, in die Nähe zu ziehen und innerhalb dieser, unserer großen Gemeinschaft ... ich hab' viel mehr Möglichkeiten.

Also ich merke, wenn ich mich hier nicht engagieren würde, wäre es für mich schwieriger, also die Langeweile, also das durchzustehen, mir tut diese Aktivität (gut) und vor allem der Kontakt durch meine Tätigkeit bin ich ja permanent in Kontakt mit sehr unterschiedlichen, also auch altersbezogenen Gruppen. Die vielen Studenten, die bei uns sind, die mit uns umgehen, die vielen Menschen, die mit Gesprächsbedarf hierherkommen, das bietet eine immense Bereicherung.

Es ist alles sehr offen. Da gibt es auch Nicht-Christen, Muslime und es ist kein konstituierendes Merkmal, Christ zu sein, um hier dazuzugehören."

Interpretation von f):
In dieser zweiten Sequenz zur Forschungsfrage 4 beschreibt Herr T. insbesondere die Erfüllung seines Bedürfnisses nach unterschiedlichen Kontakten. Er meint, er habe auch mehr Möglichkeiten, sein Umfeld zu gestalten wie z.B. nicht im Wohnstift Augustinum. Dies ist eines der vielen Vorurteile in der Gesellschaft von Menschen, die dieses Wohnstift nicht von innen kennen und die Gestaltungsmöglichkeiten, die jüngere Bewohner auch dort haben. Mehrgenerationenbezüge hat er allerdings im Augustinum nicht.

Christ zu sein, sei kein konstituierendes Merkmal, um zu den D.H.G. dazuzugehören.

g) Forschungsfrage 1 nach der Nachhaltigkeit des Projektes (als Folge davon, daß Barrieren und Probleme überwindbar sind):

„Wir sind in einer Phase des Aufbaus noch und werden sicher uns noch etwas ausweiten müssen und uns gleichzeitig professionalisieren. Also wir müssen in irgendeiner Form ... sicher gewisse Pflegedienste, also wir haben ja viel mit Behinderten z.b. zu tun und kooperieren bisher mit bestehenden Pflegediensten. Es wird sicher mit der Zeit besser sein, wenn wir selbst einen Pflegedienst gründen und wenn wir mehr Dinge direkt übernehmen und damit auch, hoffe ich, auch professionelles Personal haben, also in irgendeiner Form, Krankenschwester oder – also das ist sicher das Eine, und auch in der Verwaltungsstruktur werden wir nicht umhin können, es irgendwann zu professionalisieren. Wobei es aber schade wäre, wenn dadurch das flexible und das offene und das entwicklungsfähige, das freiwillige Engagement, wenn das dadurch zu Schaden käme."

Interpretation von g):

Eine Professionalisierung in der Pflege gibt es auch bei den Seniorengenossenschaften. Und wenn es gelänge, unter dem Dach der D.H.G. eine eigene Pflegeabteilung zu etablieren, könnte die heute gesetzlich vorgegebene „Minutenpflege" mit 50% Fachkräften in den Pflegestufen sicher noch besser hinsichtlich Zuwendung durch freiwillig Engagierte ergänzt werden. Sicher müßte damit einhergehen eine Umstrukturierung auf mehr Verbindlichkeit in der Freiwilligenarbeit z.B. durch Zeitpunkte-Vertragsregelungen, was – die Beispiele aus anderen Bereichen zeigen es – keinesfalls zu weniger Offenheit in der Einrichtung führen muß. In der Verwaltung erscheint mir keine bezahlte Tätigkeit obligatorisch zu sein, zumal unter den zunehmend sich engagierenden sog. jungen Alten genügend Fachkräfte vorkommen, die professionell, aber unentgeltlich tätig werden können. Deshalb ist in der Fachdiskussion längst nicht mehr von Laien und Professionellen die Rede, sondern nur noch von Hauptamtlichen und Freiwilligen.

h) Nochmals Forschungsfrage 6:

Nachfrage nach Problemen, die im Zusammenhang mit der Anmietung des Wohnraumes entstehen können:

„Das ist eben schwierig. Wir müssen auch – wir haben 'ne leerstehende Wohnung, die jeden Monat tausend Mark kostet, und dann muß (man) eben auch schauen, daß man diese Wohnung recht bald wieder besetzt, und durch kurze Gespräche, telefonisch, kurzes Kennenlernen ist nicht immer gewährleistet, daß man wirklich abschätzen kann, ist das jemand, der langfristig eine Bereicherung für die Gemeinschaft ist oder nicht. Ich möchte das auch gar nicht unterstellen (Anm.: er meint, daß Schnorrer darunter sind, die sich gar nicht engagieren wollten). Viele Menschen wollen vielleicht das machen, aber merken im Laufe der Zeit, es ist doch nicht das Richtige, also ist es für sie auch 'ne schwere Entscheidung, hier einzuziehen und sich damit (moralisch!) festzulegen. Also das kann auch bei denen eine Enttäuschungsein, daß sie sagen, also ich hätte da gerne mitgemacht, aber so wie der Laden läuft, gefällt's mir nicht, und dann wohnen sie halt da und sind mit dabei. Also das wird sich nicht ganz ausschließen lassen.

Bei uns funktioniert das normalerweise so, daß wir also fast durchgängig, das wir als Verein die Wohnungen mieten und wiederum untervermieten an unsere Mitglieder, und dadurch bleibt die Wohnung bei uns, auch, wenn der jetzige Bewohner auszieht. Und für viele Menschen ist das die einzige Möglichkeit, so 'ne Wohnung zu bekommen, und an uns als seriösen Verein wird leichter eine Wohnung vermietet als an Menschen, die also Sozialhilfe bekommen, und für die wäre die Hürde zu groß, und das Risiko, daß der Vermieter sehen würde, wäre zu groß, während es dadurch, daß es über uns läuft, haben die viel mehr Chancen. Wir haben auf diese Art und Weise etwa 15 Wohnungen oder so. Es passiert auch, daß Leute ihre Miete schuldig bleiben, und wir dann die Kosten haben. Wir versuchen das zu minimieren, aber z.T. geht es nicht anders. Teilweise bekommen wir Wohngeld direkt von der Stadt, aber oft sind es gerad' junge Menschen, die irgendwie in ungesicherten Arbeitsverhältnissen leben und die dann ihre Miete nicht bezahlen können, und wo wir dann als Verein erst mal in Vorleistung sind und irgendwann auch 'mal gewisse Forderungen abschreiben müssen. Die Mieten sind relativ hoch, denn wir haben sehr unterschiedliche Wohnungen ...“

Zusammenfassung und Interpretation von h):
Das Anmieten von Wohnungen ist für den seriösen Verein leichter als für ungesicherte Menschen.

Probleme entstehen durch sehr unterschiedliche Nachfragen nach Wohnraum. Einige Menschen sind sicherlich willig, sich für die erwarteten 2 Wochenstunden zu engagieren, aber nach Einzug gefällt ihnen die Art und Weise des gemeinschaftlichen Wohnens nicht oder sie finden keine Zeit für ein ehrenamtliches Engagement.

Ein zweites Problem ist, daß Leerstand vermieden werden muß und so nur eine sehr kurze Prüfung der Bewerber stattfindet. Gelegentlich muß Miete vorgestreckt werden, manchmal wird sie auch eingebüßt. Insbesondere junge Menschen haben oft ungesicherte Arbeitsverhältnisse.

Dauer des Interviews: 1 Std.

14.1.3.2. Interview mit dem Ehepaar L., ("Diakonische Hausgemeinschaften") Heidelberg.

Er war Chemiker, ist 72 Jahre alt, gebürtiger Hamburger, sie war Chemotechnikerin, 67 Jahre alt, geboren im Sudetenland. Das Ehepaar lebt seit den fünfziger Jahren in Süddeutschland, seit 1989 ist Herr L. Rentner. 1999 hat das Ehepaar ein Einfamilienhaus in W. aufgegeben, um in dieser WG zu leben, nachdem sie viele Projekte angesehen hatten. Verheiratet seit 1958, 2 erwachsene Kinder (Tochter und Sohn), 2 Enkel.

Frau L. berichtet, daß sie seit zwanzig Jahren (!) nach einer gemeinsamen Wohnmöglichkeit mit jungen Menschen gesucht habe.

Kirchenpolitisch sei sie in der Nord-Süd-Problematik sehr engagiert, sie käme ursprünglich aus der „Pax-Christi"-Bewegung.

Untersuchungssetting:
Ich treffe beide im Sommer 2001, in der Wohnküche einer Wohngemeinschaft (WG), d.h. einem zweistöckigen, modernen Anbau im Hinterhof mit malerischem Blumengarten eines Heidelberger Altbaus (Miethaus).

Auswertungspassagen

a) Zur Forschungsfrage 1, Rahmenbedingungen:

Frau L.: „Die ‚Diakonischen Hausgemeinschaften' haben das Haus angemietet für künftige Interessenten und zwar deshalb, weil der Sohn der Eigentümer ... behindert ist. Sie wohnten vorher zusammen ... mit dem Sohn in diesem Haus, und es ist ihnen dann geraten worden, einfach, ja, also, daß es günstiger ist, nicht mit dem Sohn zusammenzuleben, em, und, eh, sie haben auch die D.H.G. kennengelernt, und ist dann dieses Projekt damals entstanden oder geplant worden. ... Dieses hinterste Haus haben sie ausbauen lassen, behindertengerecht, und haben zunächst, also es gibt auch eine Rampe neben der Treppe ..."

Zusammenfassung und Interpretation zu a):
Die D.H.G. haben den kleinen Neubau am Miethaus für eine geplante WG, Gesunde – Behinderte, angemietet und behindertengerecht ausgebaut. Dort wohnt schon der behinderte Sohn, der in die WG integriert werden sollte.

b) Forschungsfrage 2, Wer sind die Engagierten? (Voraussetzungen):

„Ja, also wir hatten ja'n Haus in W. und em, als sich das hier abzeichnete, äh, daß hier also eine Wohnung zu mieten ist, ... daß hier ein Projekt entstehen soll, äh, hat uns Ingo gefragt: ‚guckt's euch an, wollt ihr nicht da einziehen?' Und dann ham wa halt gesagt, das ist eigentlich die Gelegenheit, nich? Und haben ohne viel zu überlegen ..."

c) Auf die Frage, ob sie das nicht geschmerzt habe, das Haus in W. zu verkaufen?

„Kaum. ... Vielleicht, weil es nie ganz fertig geworden ist, viel selbst gebaut ... (wir lachen alle drei) und weil's einfach für uns zu groß, zu vornehm, zu äh äh zu exklusiv – das paßte einfach nicht mehr zu unserem Lebensstil."

d) Auf die Frage, ob irgendetwas ökologisch sei an diesem WG-Haus?

Herr L.: „Ja, eine Regenwasseranlage zur Klospülung", Frau L. ergänzt: „ja, und auch für'n Keller, für die Waschmaschine, weiches Wasser, wenn es reicht ... das Haus ist gut isoliert, ja."

Befund 11:
Hier haben wir einen unerwarteten Zusatzbefund, nämlich, ein ökologisches Wohnprojekt mit Regenwasser als Brauchwasser und mit guter Haus-Isolierung.

150

e) Noch zur Forschungsfrage 2, Rahmenbedingungen

Auf die Frage, wann die jungen Leute (eine junge Frau huschte durch das Wohnzimmer während des Interviews) dazu gekommen seien:

Frau L.: „Die waren sogar vor uns da, auf unserem Stockwerk, also unsere Untermieter – etwa zwei Monate vorher, nichts ist abgeschlossen." Herr L.: „Nur oben ist 'ne abgeschlossene Wohnung, die N. (= Diplompädagogin, arbeitslos mit Gelegenheitsjobs) hat 'ne abgeschlossene Wohnung. Das ist so gebaut." Frau L.: „Also die N. hat ca. 40 qm, 'ne kleine Wohnung, das diente der Vorbesitzerin des Häuschens als ihr Arbeitszimmer."

f) Auf die Frage, ob N. denn diese kleine Wohnung bezahlen könne als Arbeitslose, antwortet Herr L.:

„Sie war ja nicht arbeitslos, als sie das gemietet hat, und sie kommt da wirklich schon über die Runden. Sie arbeitet auch etwas hier ... sie ist ja auch so heilberuflich tätig."

Herr L.: „Formell sind wir alle Untermieter bei den D.G.H., aber praktisch ist es so, daß wir so'ne Art Hauptmieter sind und wir das so regeln ... die zahlen sozusagen an uns dann ihre Miete. ... Das ist schon die zweite Generation jetzt. Das sind Studenten ..."

Frau L.: „Das war erst eine Koreanerin, die eine ..., die Musiktherapie hier studierte, und die hatten 'ne enge Beziehung zu uns. Die ist auch zuerst hier eingezogen. Die kannten wir vorher. Sie wollte mit uns zusammenleben. Die ist dann, die wollte sich dann irgendwann 'mal 'n bißchen abnabeln, und die is vor einem Jahr oder vor 'nem halben Jahr (guckt ihren Mann fragend an) is sie dann ausgezogen, hat sich dann 'ne WG gesucht, also mit Gleichaltrigen. Wir haben aber nach wie vor 'ne enge Beziehung, sie ist fast wie 'ne Tochter für uns. Und da is einfach notwendig, so 'ne Trennung gewesen (lacht). War für sie ganz wichtig ... Ja, und jetzt die Nachfolgerin, die is eine junge Frau aus Guatemala, die is Psychologin (zögert), eine Ärztin, jaaa, die is jetzt auch 'n Jahr schon bei uns. Sie arbeitet hier in der Psychiatrie." Herr L. ergänzt: „eine Zusatzausbildung in Kinderpsychiatrie, sozusagen."

g) Mühsam versuchte die Interviewerin das Gespräch fortzuführen, indem sie fragte, „sind das alle oder noch mehr Leute?"

Frau L.: „Ja, also damals als Y. (die Koreanerin) noch bei uns war, ... in der Zeit war auch D.F. bei uns, ein Theologe, der an seiner Doktorarbeit em geschrieben hat, die er jetzt fertiggestellt hat, und der is auch wieder weg."

h) Nachfrage nach Kontakt mit ihm?

Frau L.: „Ja, auch natürlich. Der is verheiratet und is jetzt in Tübingen und hat da äh äh ..." Herr L.: „'n Junior-Professur, er habilitiert jetzt, wird wohl 'mal von sich reden machen. Eine interessante, sehr interessante Arbeit geschrieben. Über ‚Opfer', Opfer im Alten und dann im Neuen Testament."

Und der Nachfolger des Theologen?

Frau L.: „Ja, jetzt is's 'ne junge Frau, die Musik studiert hat, vorher, und aber hier 'ne zweite Ausbildung macht äh an der PH. ... und O. is da, 'n ganz interessanter Mann, Musiker auch ... der is zur Zeit in Trossingen, im ‚Lebenshaus Trossingen', äh, und studiert ... da is auch so'ne Gemeinschaft ... ja."

Zusammenfassung und Interpretation b) bis h):
Bevor die sog. hauptverantwortlichen Mieter, das Ehepaar L., dort einzog, wohnten schon junge Leute dort: Eine Koreanerin, Musikstudentin (die sich später von den Quasi-Eltern L. abnabeln mußte), ein Theologie-Doktorand (jetzt in Tübingen verheiratet) und in einer kleinen abgeschlossenen Wohnung 1 Diplompädagogin, jetzt arbeitslos. Statt der Koreanerin zog dann eine Ärztin (f. Kinderpsychiatrie) aus Guatemala ein und für den Theologen wiederum eine Musikstudentin mit Zusatzausbildung und ein weiterer Musikstudent.

Da auch die junge Frau in der abgeschlossenen 40 qm-Wohnung zur Wohngemeinschaft gehört, zähle ich insgesamt 6 Personen in der WG. Mit allen, die dort gewohnt haben, hat das Ehepaar weiterhin gute Kontakte. Die Fluktuation in der WG scheint groß zu sein.

Während einer informellen Kaffeepause erzählt mir das Ehepaar L., daß sie nun ausziehen wollen. Auf die Frage nach dem Warum, antwortet Frau L.:

152

i) Zur Forschungsfrage 6, Barrieren:

„Das is 'ne schwierige Frage ... Wir wollten ja nicht unbedingt nun ein Zusammenleben und Zusammenwohnen mit Behinderten, das war ja nicht unser Schwerpunkt. Und als sich dann nun hier herausstellte, auch unsere Wohn..., also wir kommen hier nicht in Ordnung mit unserer Wohnsituation ... das is hier, da is einfach nicht der Raum da."

j) Frage: Was heißt das jetzt? Möchten Sie mehr Abgeschiedenheit für sich selbst, mehr Privatheit?

Frau L.: „Nein, nein, das is es nich. Ich würd' sagen, es sind einfach zu wenig Nebenräume da. Es is 'n Riesen-Wohnzimmer da mit Kamin, und da ham wa jetzt unsere ganzen Kartons drinstehen, die man eigentlich auf'm Boden oder in 'ner Kammer ... Als wir das mieteten, ham wir das uns nich so überlegt und ham auch gehofft, daß wir Bodenraum bekommen. Wir ham uns nich so genau vergewissert." Herr L.: „Es hat sich nicht so entwickelt, wie das eigentlich geplant war ..."

Interpretation i) und j):
Diese Nebenbeibemerkung des geplanten Auszugs scheint auf ein Scheitern durch unüberwindliche Hürden hinzuweisen, die hier aber singulär und nicht verallgemeinerbar sind.

Da ist auf der einen Seite der Behinderte im Rollstuhl, der erstaunlicherweise beim Aufzählen der Bewohner keine Rolle spielte, auf der anderen Seite wird Platzmangel für unausgepackte Kartons angeführt. Möglicherweise ist der Platzmangel eine Schutzbehauptung, da es ja unwahrscheinlich erscheint, daß sich das Ehepaar nicht vorher ausreichend darüber informiert hat.

Eine Erklärung liegt nahe, daß es unmoralisch wäre, im diakonischen Umfeld nicht mit Behinderten zusammen leben zu wollen.

Dennoch erscheint dieser Hinweis nicht als der allein stichhaltige für den geplanten Auszug. Es spricht einiges dafür, daß das Ehepaar L. Gegenstände nicht loslassen kann, daß ihnen die Abnabelung vom Einfamilienhaus zwar nicht schwer fiel, dafür aber das Aufgeben der persönlichen Möbel und Gegenstände. Niemand kann sich schließlich wohlfühlen, wenn er jahrelang zwischen unausgepackten Kartons lebt. Es steht allerdings zu befürchten, daß diese Tatsache in der neuen Behausung die gleichen Probleme aufwerfen wird.

In einem Artikel[266] schreibt das Ehepaar u.a. „Zwölf Monate lebendige Wohnküche! So lange ist es tatsächlich schon her, dass wir aus unserem Haus an der schönen Bergstraße ausgezogen und ‚Hauseltern' in ... geworden sind. Wir *haben das noch keinen Augenblick bereut*[267]. Der Umzug allerdings wird uns als Albtraum ... unvergeßlich bleiben. ... obwohl Wohnung und Keller eigentlich voll waren, entquoll dem Möbelwagen immer noch Karton um Karton ...“ „Euer Wohnzimmer ist ja immer noch ein Kartonlager", sagt die junge Frau, die mit ihnen lebt.

Auch hier haben wir den Tatbestand, daß schriftlich sehr positiv über das Projekt berichtet wird, im Interview jedoch die Hürden, die das Ehepaar schließlich zum Auszug bewegt, angedeutet werden. Das spricht für diese Art der Interviewforschung.

k) Zur Forschungsfrage 4, **wie wirkt sich „bürgerschaftliches Engagement" in eigener Sache aus?**

Meine Frage: „Gibt es in dieser WG auch eine gemeinsame Tischgemeinschaft? Sie kochen immer?"

Herr L: „Nein, nein, das wechselt. Wir haben alle 14 Tage ein gemeinsames Abendessen, für das die drei Stockwerke im Wechsel kochen. Das ist immer sehr schön, daß man auch ein kleines bißchen festlich, etwas Besonderes gemacht so, am Dienstag."

Frau L.: „Und da is immer der R. (Anm.: der Behinderte) mit dabei. Nur der R., ohne seine Eltern. Der is schon sehr behindert, und is schon so behindert, daß er professionelle Hilfe braucht."

l) Frage: „Ist das angeboren bei ihm oder hatte er einen Unfall?"

Frau L.: „Nein, er hatte einen Unfall, schweren Unfall, vom Auto überfahren worden, mit 18 Jahren ..."

---

[266] Zs. Diachronie 2000/2001. Diakonische Hausgemeinschaften Heidelberg e.V. (Hg.). S. 33.
[267] Kursiv: I. Zundel..

m) *Noch zur Forschungsfrage 1, Rahmenbedingungen:*
Frage: „Wie ist das mit der Bezahlung für das Essen?"

Herr L.: „Das machen wir so, daß das die machen, die das kochen. Und das sind auch 'n paar andere dabei, vom Mittelhaus sind noch Leute. Das will ich jetzt nich im einzelnen erklären. Da gibt's halt noch einige weitere, die zu den D.H.G. gehören, die gehören mit zu uns, zu den Hausgemeinschaften, haben dort Wohnungen. ... Ne ganz wichtige Person ist V., das is die Pflegerin von R., die das sozusagen hauptamtlich macht, die meiste Pflegearbeit macht, die meistens nachts betreut und so, die Seele des Hauses irgendwie ist, auch so hier beschrieben wird, hier bei uns. Ist also ganz wichtig. Ist ungefähr so alt wie meine Frau."

Frau L.: „Immerhin sieben Jahre jünger ..."

Herr L.: „Gut. Wir haben weitere gemeinsame Mahlzeiten, einmal in der Woche ein Kaffeetrinken, jeden Mittwoch nachmittags. Im Sommer sitzen wir draußen unter dem schönen Kirschbaum – äh ja. Und dann haben wir noch ein Mittagessen, das ist jede Woche mittwochs, das ist jetzt wieder 'ne extra Unternehmung. Da is ein junges Paar, die im Vorderhaus wohnen, 'ne kleines Kind jetzt haben und äh einmal in der Woche kochen. Das war ursprünglich noch 'n bißchen anders, da war'n noch viel mehr Leute äh, die hierher kamen, aber das äh ... hielt sich dann irgendwie nich und schmolz zusammen, und jetzt sind wir mit dabei mit dem jungen Paar und der R."

Zusammenfassung und Interpretation k), l) und m):
Nun werden die gemeinsamen Mahlzeiten geschildert, zu denen auch andere D.H.G.-Angehörige aus dem Miethaus dazu kommen und sich beteiligen. Und jetzt taucht auch der behinderte R. in der Erzählung auf, indem er an dem Festmahl alle 14 Tage dienstagsabends teilnimmt. Es scheint mir bezeichnend, daß er von Herrn L. nicht erwähnt wird, wohl aber von seiner Frau. Sie sagt, er käme ohne seine Eltern und er sei sehr behindert. Auch, daß Herr L. die Pflegerin V. als die Seele des Hauses jetzt erst erwähnt, fällt auf. Als er die V. als so alt wie seine Frau schildert, fällt sie ihm ins Wort: „Immerhin sieben Jahre jünger."

Man kann vermuten, daß von Frau L. pflegerische Hilfsdienste erwartet wurden, die sie aber wohl nicht gern leisten möchte (vgl. i) Barrieren).

Frau L. fährt fort: „Wenn ich mich nicht ganz auf das Projekt eingelassen hätte, wenn nicht bald nach 'm halben Jahr so die ersten Schwierigkeiten (vgl.

folgende Interpretation) eben sichtbar geworden wären mit dem Vermieter (Anm. das sind die Eltern von dem behinderten R.) – es hätte weitere Auswirkungen, nich, daß wir einfach hier mit den äußeren Bedingungen nicht zurecht kamen und auch ja, auch keine richtigen Ansprechpartner hatten, also auch Ingo da uns nicht der geeignete Gesprächspartner war."

n) Zu Forschungsfrage 1, Rahmenbedingungen: Frage: Ist Ingo zu idealistisch? Er sieht das offenbar nicht so, diese Schwierigkeiten?

Frau L.: „Ja, er hat das damals noch viel positiver gesehen und hat eigentlich äh alles, was nich so gut war, idealisiert. Und em, ja insofern is bei mir so bald so'n Gefühl gekommen, also ich kann hier nich bleiben. So schön ich das dann auch so mit N. und V. und so in der Hausgemeinschaft erlebt habe, aber ich kam einfach, ich hab' gesagt, ich komm' hier nicht in Ordnung. Und es ist bis heut' geblieben. Äh ..."

Zusammenfassung und Interpretation von n):
Entgegen dem euphorisch getönten Artikel in der erwähnten Zs. Diachronie, der offenbar nach einem Jahr Leben in der Hausgemeinschaft geschrieben wurde, kommt im Interview heraus, daß die großen Schwierigkeiten, wie Umgang mit dem behinderten Sohn nach den Wünschen der Eltern (= Vermieter) sowie der Platzmangel *bereits von Frau L. nach einem halben Jahr gesehen wurden.*

Mit diesen Schwierigkeiten fühlte sich das Ehepaar allein gelassen, sie hatten „keine richtigen Ansprechpartner", auch der Vereinsvorsitzende Ingo Franz, der sonst alles regelt, war hierzu „der nicht geeignete Gesprächspartner".

Was m.E. hier fehlte, war eine Supervision durch eine unabhängige Fachkraft.

o) Frage: Man denkt ja auch, was ist in zehn Jahren, wenn wir nicht mehr so können? Wird dann Hilfe kommen, wie man sich das erträumt hat in so einer Hausgemeinschaft? Können Sie dazu 'was sagen? ... Gesetzt den Fall, was ich nicht hoffen möchte, Sie sitzen dann im Rollstuhl, was wird dann sein?
(Diese Ausführlichkeit in gerichteter Fragestellung entstand bei der Interviewerin aus Empathie und sollte den Erzählfluß stimulieren.)

p) Auch Forschungsfrage 1, ... Nachhaltigkeit:

Herr L.: „Also ich denke, im Rahmen der Hausgemeinschaften wäre das kein Problem. Da bin ich ganz sicher. Aber es würde wahrscheinlich hier nicht gehen. Und em, es ist auch so, äh daß wir – na ja, spätestens in ein, zwei, drei Jahren äh gesagt hätten, also das ist doch etwas zu lebendig hier, es ist ja wunderschön das Lebendige, und es erhält jung und es ist unheimlich interessant und macht Spaß.“

Interpretation zu o) und p):
Bei dem Ehemann tritt nun noch ein weiterer Grund für den Auszug zutage, nämlich daß das Gemeinschaftsleben ihm auf Dauer zu lebendig ist. Das wäre ja doch die Frage nach etwas mehr Privatheit, nach einem abgeschlossenen Raum mit Rückzugsmöglichkeit und vielleicht auch nach etwas weniger Lärm? Ich hatte den Eindruck, daß er nach dieser Formulierung wiederum das Positive des Zusammenlebens betonen wollte und zwar seiner Frau zuliebe.

q) Nach einer längeren Schweigepause frage ich: Ist das Projekt hier nun ausgeschöpft oder ist da noch etwas zu sagen? **Also ich warte gern auf Ihre Erzählungen. Oder wollen wir zu Ihrem neuen Projekt übergehen?**

Herr L.: „Wir können schon noch etwas sagen, also es ist einfach eine sehr, sehr schöne Gemeinschaft hier, und wir haben sehr viele gute Gespräche, ganz verschieden ist das. Also mit dem Theologen haben wir immer sehr interessante Gespräche geführt und meine Frau, und em ja mit unserer koreanischen Freundin, sprich Vize-Tochter oder wie man das nennen soll sowieso auch, und eben mit V. und mit N., also ist einfach 'ne sehr herzliche Gemeinschaft und wir – bei irgendeiner Gelegenheit findet man 'was, wo man sich auch austauschen kann, und es ist so auch irgendwie schön, wenn man so aneinander gerät, was ja auch nicht ausbleibt, es ist also auch immer wieder na, so 'ne Versöhnung oder sowas, ja also ...

Frau L.: „ja, das erlebe ich als besonders schön, daß es eben auch, wie ich auch geschildert hab' am Anfang schon, äh äh sehr schwierig war hier auch wirklich mitunter ... Haufen Zeug, was wir hatten (lacht), wir haben ja 'n großes Haus gehabt und dann mußte das hier irgendwie hier 'reingehen.“

Zusammenfassung und Interpretation von q):
Auf Nachfrage, ob das Thema nun erschöpft sei, wird noch einmal betont, wie schön das Zusammenleben sei, aber auch Versöhnungen, wenn man sich einmal gezankt habe. Dann werden von Frau L. noch einmal etwas zusammenhanglos die Schwierigkeiten beim Unterbringen ihres vielen „Zeugs" erwähnt – offensichtlich ist der Zusammenhang, daß die anderen Mitbewohner sich diesbezüglich sehr tolerant zeigten.

r) Frage: Wie ist es, wenn jemand krank wird hier? Haben sie überhaupt so 'was wie 'n mündlichen Vertrag ausgemacht, daß sie sich gegenseitig helfen oder ist das von vornherein unausgesprochen gelaufen?

Frau L.: „Da ham wa nichts ausgemacht."

Herr L.: „Selbstverständlich, nich? Da guckt man erstmal, wenn wir die Zeitung lesen zu dritt, ja, jeden Tag wird die Zeitung gelesen ..."

Frau L.: „Also was ich hier als so schön und so wirklich bereichernd erlebt hab', ist – ja – da wir ja vorher im Einfamilienhaus gelebt haben und äh also eigentlich immer nur zu zweit ... in W. ist einfach anderes wichtiger, und da hat man keine gemeinsame Basis gefunden. (Zögert) ja, es gab sehr nette Nachbarn ... und hier? Ja also das war schon schwierig und *wir war'n schon 'ne Zumutung hier für alle Leute*. Aber wie wir uns dann auch immer wieder auch, wenn's Konflikte gab uns wieder zusammengefunden haben ..."

s) Zur Forschungsfrage 6, Barrieren:
Nachfrage: Sie war'n 'ne Zumutung für ihre Mitbewohner?
Die jüngeren? Oder wie darf ich das verstehen?

Frau L.: „Nein, ich würd' so sagen, ja, ... denke so für das Haus nicht, für die V., die alles so perfekt doch kann und macht und die also nicht verstehen konnten, daß wir nicht so recht zu Potte kamen (lacht) – ich wurde dann auch sehr verletzlich, ich kam ja selber mit meiner Situation nicht klar. Und em, ja. Weil wir uns ja, wir haben uns ja innerhalb von ganz kurzer Zeit Hausverkauf und Umzug, und wir konnten ja gar nicht den Umzug echt vorbereiten, überlegen, was paßt denn nun eigentlich hier 'rein. Wir haben dann einfach gedacht, also wir ziehen ja in 'ne Gemeinschaft, da brauchen wir ja nicht alles so genau planen und festmachen und überlegen, wie man das tut, wenn man

'ne Wohnung mietet. Da überlegt man sich ... Das mußte hier ja bezahlt werden diese Wohnung, der Ingo hat ja schon für die Wohnung bezahlt, es gab
zwar 'ne Zwischenvermietung, aber die war'n dann wieder ausgezogen und,
und dann hieß es, ja könnt ihr so schnell wie möglich kommen, nich? So ungefähr. Und ich – ich glaube, das war den anderen auch nicht so bewußt, ...
wie das für uns war. Na ja, aber wir haben daraus auch viel gelernt und ja,
hab' ich dann auch die Lösung der Konflikte, daß man sich doch auch sehr
schätzt ... innerhalb der WG. Das Markushaus und der Ingo, die haben das ja
so gar nicht mitbekommen. Die haben das ja von außen so gesehen, und Ingo
hatte selbst ganz viele Probleme da mit dem Apothekerhaus."

Interpretation zu r) und s):
In ihrer Suada geht Frau L. nicht recht auf die Frage nach gegenseitiger Hilfe
im Krankheitsfalle und welcher Art solche Festlegung war, ein. Es wird zwar
kurz gesagt, das sei selbstverständlich, aber möglicherweise stellte sich die
Frage noch gar nicht in den eineinhalb Jahren des dortigen Zusammenlebens.

In eigener Fremdwahrnehmung schildert Frau L. dann, daß sie sich als
Zumutung gegenüber den Mitbewohnerinnen sehr wohl empfunden habe mit
ihrer Unordnung, mit der sie nicht klar kam. Sie sagt, sie wurde verletzlich.
Offenbar gab es hierrüber auch Streit, aber die Versöhnung sei so schön gewesen.

Zu ihrer Entschuldigung bringt sie vor, daß der Umzug aus Kostengründen
so Hals über Kopf vonstatten gegangen sei, sie aber dafür Toleranz erwartete,
anders als bei einer Planung des Umzugs in eine allein bewohnte Mietwohnung.

Dies scheint mir eine echte Überforderung der Situation gewesen zu sein
und zwar für alle Beteiligten. Denn gerade eine Wohngemeinschaft erfordert
ein prophylaktisches Maß an Rücksichtnahme!

An dieser Stelle wäre eine Wohnberatung seitens des Vereins sicher wünschenswert gewesen.

t) Noch zur Forschungsfrage 1, Rahmenbedingungen:
Frage: Werden Sie im Verein drinbleiben, wenn Sie jetzt wegziehen?

Herr L.: „Wir haben keine offizielle Mitgliedschaft. Wir, die wir hier wohnen,
sind alle keine offiziellen Mitglieder. Der Verein, der e.V. mit seinen Mitgliedern ist sehr klein. Das ist auch bewußt so gemacht worden, vielleicht hat's

auch steuerliche Gründe, daß die Mitglieder da nicht in Wohnungen oder Häuser, die vom Verein gemietet sind, wohnen können oder was weiß ich, ich weiß es nicht so genau ... es war 'ne sehr, sehr schwierige Zeit, und es mußten einige, die 'n bißchen Geld haben, mußten da auch einspringen und größere Darlehensbeträge geben. Wir haben 'ne ganze Menge Kredit auch gegeben. Also weil wir auch 'was hatten vom Verkauf des Hauses, ja. Aber jedenfalls, das nur so nebenbei."

Zusammenfassung und Interpretation zu t):
Daß es von Bewohnern nicht grundsätzlich eine Vereinsmitgliedschaft gäbe, belegen auch meine Unterlagen der D.H.G. Herr L. gibt nun bekannt, daß er in der finanziell schwierigen Zeit dem Verein größere Darlehn gegeben habe, was er ja wegen des Hausverkaufs auch konnte. Er spielt das bescheiden herunter, obgleich es mir als sehr wichtig erscheint.

u) Noch zur Forschungsfrage 1, Rahmenbedingungen:
Frage: Glauben Sie denn, daß die gegenwärtige finanzielle Situation nachhaltig ist beim Verein oder kann das wieder so einbrechen?

Herr L.: „Nein, das glaube ich nicht, äh, wir (gemeint sind die D.H.G.) sind ja nur deshalb so fürchterlich eingebrochen, weil wir in einer zu großen – wie soll ich denn sagen – Vertrauensseligkeit Projekte gemietet hatten mit Leuten, die das mißbraucht haben. Und dadurch sind wir in große Schwierigkeiten gekommen, wir mußten dann prozessieren, und wir haben Prozesse verloren, die wir eigentlich gar nicht hätten verlieren dürfen. Da sind auch noch Sachen passiert mit den Juristen, die keiner versteht und äh, ja, haben keinen Bonus bekommen für das, wer wir sind, im Gegenteil. Das war also eher umgekehrt. Ich weiß nicht, was da los war ... es waren mehrere solcher Sachen. Ein Projekt ist auch total daneben gegangen. Das war das allererste, große. Ach ja, bei uns fing's ja auch schon mit 'nem Fehlschlag an. Wir wollten ja ein ökologisches Wohnprojekt haben, machen – in Ziegelhausen. Grundstück hatten wir in petto. Und wir wollten neu anfangen, wir wollten ökologisch bauen und äh äh suchten uns dazu 10 Leute oder 15 ..."
Frau L.: „wir haben in PUBLIK-FORUM[268] annonciert ..."
Herr L.: „und das wurde also nichts. Wir, wir hatten ... nicht genügend Kontakte und Zeit und haben nicht professionell genug geworben und was

---

[268] PUBLIK FORUM, ursprünglich eine kritische katholische, ist heute oekomenische Zeitschrift.

weiß ich, was das alles für Gründe noch waren. Auf jeden Fall wurde nichts daraus, und dann kam eben diese Sache hier, daß Herr G. sagte, jetzt habe ich für euch das hier. Wie isses, wollt ihr das – dann lassen wir das mit dem ökologischen Projekt jetzt."

Frau L.: „Und da wir ja noch mehr vorhatten, äh ja, das is nun auch der Grund, weshalb ich nich irgendwie alles reduzieren wollte, nur hier auf die Wohnung ..."

Interpretation zu u):

Herr L. ist überzeugt, daß die finanziellen Engpässe bei den D.H.G. nun überwunden seien. Es zeigt sich in dieser Passage sein eigener Idealismus, indem er anklingen läßt, daß er viel Geld (aus seinem Hausverkauf) in Projekte der D.H.G. gesteckt habe.

Und dann kommt noch ein weiterer Grund ihres jetzigen Auszugs hinzu: Sie wollten ein ökologisches Projekt selber machen. Die ökologischen Ansätze beim Haus mit der WG, die am Anfang des Interviews geschildert wurden, reichten ihnen offenbar nicht aus.

Hiermit scheint das Thema erschöpft zu sein. Dauer des auf 1 Std. geplanten Interviews: 3 Std. 15 Minuten.

14.1.3.3. Aus dem Interview mit Herrn B.

ca. Anfang 40, Beamter, geführt im Hofje-Projekt Berlin-Neukölln im Juni 2003.

Untersuchungsetting:

Ich traf Herrn B., rein zufällig, als ich auf der vergeblichen Suche nach einer mir benannten Kontaktfrau war, auf seiner kleinen Terrasse vor der ebenerdigen Wohnung. Auch hier konnte ich nur stenografisch aufnehmen, was er zu berichten hatte (vgl. hierzu 12.2.1).

Um es vorwegzunehmen, Herr B. berichtete vom Scheitern dieses Mehrgenerationenprojektes. Der ursprüngliche Trägerverein „Brückenschlag" habe sich aus dem Projekt zurückgezogen, und das, nachdem im Mai 2000 sein 10jähriges Bestehen gefeiert wurde. Die Vorsitzende, inzwischen hochbetagt, hatte sich mit ihrem Vorstand einem anderen Projekt im Bezirk Kreuzberg zugewandt.

Auch hier waren die schriftlichen Darstellungen, zuletzt aus dem Februar 2000, durch die wir auf dieses Projekt gestoßen waren, außerordentlich positiv dargestellt worden. Sie haben sogar Preise gewonnen! (vgl. 12.2.1).

Auswertungspassagen

Nach wie vor sind 15 Wohnungen bewohnt, davon 3 mit älteren Frauen. 50% der Gründungsmitglieder wohnten noch da. Es habe viel Streit gegeben, vor allem mit jungen Familien, wenn deren Kinder zu laut waren. Man verlangte Ruhe draußen ab 20 Uhr!

Inzwischen habe die „Wohnungsbaugesellschaft Stadt und Land", die vor 13 Jahren beim Umbau der sanierungsbedürftigen Anlage hin zu diesem Vorzeigeprojekt im Mehrgenerationenwohnen beteiligt war, das Projekt in Eigenregie übernommen. Die Bewohner hätten seither keine Mitbestimmung mehr, wer dort einzöge. Es gäbe eine ganz normale, anonyme Wohnungsvergabe im sozialen Wohnungsbau. Seither wurde auch nicht mehr gemeinsam gefeiert, er habe den Eindruck, daß die Wohnungsbaugesellschaft die Kontakte untereinander nicht mehr gefördert habe.

Er selbst sei von Anfang an dabei gewesen mit großen Hoffnungen. Seine und die Nachbarskinder hätten Kontakt, dadurch auch die Familien, und er selbst kümmere sich von Anfang an um eine alte Bewohnerin, der er auch einkaufe. Das sei aber nun die Ausnahme in der Anlage. Resigniert meint er, das seien halt menschliche Schwächen, man könne die Leute nicht „unter einen Hut kriegen".

Eine Sozialarbeiterin habe 'mal kurzzeitig eine Supervision abgehalten, als die Wogen sehr hoch schlugen, aber sie sei wohl nicht kompetent gewesen. Immer noch wohnten Familien mit insgesamt 11 Kindern, die inzwischen auf 14, 15 und 16 Jahre herangewachsen wären, in der Anlage. Sein eigener jüngster Sohn sei hier geboren. Ein Problem sei sicher, daß man hier sehr eng aufeinander lebe.
    Auf meine Frage nach Tieren in der Anlage und ob sie auch ein Konfliktpotential darstellten, meinte Herr B., „nein, sie hätten zur Zeit 4 Hunde in der Anlage".

Früher (bis Sommer 1996) habe es regelmäßige, wöchentliche Treffen in der dort ansässigen Diakonie-Station gegeben. Das sei längst vorbei und auch die Diakonie-Station ausgezogen.

Ausländer seien von Anfang an „unerwünscht" gewesen und Behinderte mit Rollstuhl gäbe es 2 (Anm.: die Anlage war behindertengerecht konzipiert worden).

Eine alleinstehende Frau mit 5 Kindern sei von Anfang an dabei gewesen. Sie wohne auch noch hier. Der behinderte Sohn sei inzwischen 18 Jahre alt. Sie sei seinerzeit von Bewohnern gefragt worden, ob sie sich nicht sterilisieren lassen wollte! Auch das sei eine große Konfliktfläche gewesen.

Er sagt: „Wir sind im Stich gelassen worden!"

Interpretation

Man spürt die Trauer und die Resignation beim Bewohner B. Wenn man von außen die Ursachen des Scheiterns aufspüren kann, dann ist zu vermuten, daß die Wohnungsbaugesellschaft nur gezwungenermaßen dieses Mehrgenerationenprojekt in der Anfangsphase mit gefördert hat – vielleicht gab es staatliche Zuwendungen. Es gab hier eben keine Hilfestellung einer „Ermöglichungsverwaltung". Eine gelegentliche Supervision von einer Nicht-Fachkraft erscheint bei massiven Konflikten ebenso wertlos.

Vermutlich war auch die hochbetagte Vorsitzende des „Vereins Brückenschlag" hier überfordert. Daß ein derartiger Verein keine jüngeren Vorstandsmitglieder rekrutieren kann, könnte zwei Gründe haben, einmal, die Vorsitzende läßt keinen Nachfolger oder Nachfolgerin in ihren Aktionskreis eindringen, und/oder es gibt tatsächlich keine jüngeren Nachrücker, was für einen solchen Verein natürlich unabdingbar ist.

Es zeigt sich, daß ohne Unterstützung von außen, wie z.B. in Stuttgart-Burgholzhof durch Martin Link oder bei den „Diakonischen Hausgemeinschaften" durch Ingo Franz und die dahinter stehenden Organisationen, solche vielschichtigen Projekte wohl zum Scheitern verurteilt sind.

Das Interview dauerte rd. 1 Std.

14.1.3.4. Aus dem Interview mit Frau S.,

etwa 60 Jahre alt, Sozialwissenschaftlerin, in der Landkommune „ÖkoLeA"
in Brandenburg, im Sommer 2002. Frau S. ist seit 9 Jahren dabei.

Untersuchungssetting:
Es war nicht einfach, hier überhaupt ein Interview zu bekommen, da alle BewohnerInnen der Landkommune ständig beschäftigt waren. Das Interview
gelang schließlich im hinteren Raum der Wohnküche, wo wir halbwegs unge-
stört sein konnten.

Auswertungspassagen

Da ich nicht wußte, wie lange wir miteinander sprechen konnten, ging ich
sofort in medias res und fragte nach Problemen:

a) Forschungsfrage 6, Barrieren sowie 2, Wer sind die Engagierten?

„Gründe für menschliche Schwierigkeiten liegen in unterschiedlichen Lebenszusammenhängen, Unterschiede in der Mittelschicht, in der Leistungsorientierung oder ob man bürgerliches Leben ablehnt. Leistungsorientierung ist
bei Frauen der nächsten Generation nicht sehr verbreitet. Ich möchte mich
auch nicht so aufopfern, wie das andere hier tun. Meine Arbeitsleistung wurde
durch Krankheit reduziert (sie weist auf ihren schlimmen Fuß). Ich mache
statt der früher üblichen Gartenarbeit vor allem Obstverarbeitung. Eine Frau
sieht halt das Problem, wenn es Schwierigkeiten gibt."
  „Das Alter ist hier gar nicht im Bewußtsein. Das ist übrigens bei der
Gruppe ‚Offensives Altern' das gleiche Problem: Alter ist nicht im Bewusstsein. Das bedeutet, daß nicht eigentlich die Generationen miteinander leben.
Das ist sicher ein politischer Konflikt.
  Aber es gibt auch unpolitische, menschliche Differenzen, schichtenspezi-
fisch, Menschen, die keinen Bezug zu Kunst und Wissenschaft haben; ich
fühlte mich elitär. Das meinen die anderen auch. Ich vertrete auch immer
noch das Gestaltungsprinzip, oft gekoppelt zwischen Leistung und Bildungsniveau. Man muß sich genau kennen, Bedürfnisse, Startchancen, Frage der
Energie.

164

Manche setzen sich produktiv ein, manche sind eher schlapp. ... Es gibt welche, die wollen Nutzen ziehen aus gemeinsamem Eigentum. Ich thematisiere das nicht. Jeder hat sein Strickmuster und seine Strickfehler. Es gibt hier eben auch Menschen mit Machtbedürfnis, das sind durchsetzungsfähige Menschen und dann Probleme mit dem Machtgefälle. Supervision ist die einzige Möglichkeit, etwas auszusprechen."

Frau S. schildert den schwierigsten Konfliktfall: „Eine Person nutzt Vorteile aus und ist unehrlich. Sie zeigt ein schlechtes Gemeinschaftsverhalten. Da sie aber sehr leistungsbewußt ist, schätze ich sie sehr. Sie braucht aber Macht und übt sie auch aus."

Zusammenfassung und Interpretation zu a):
Frau S. schildert vor allem Schwierigkeiten im zwischenmenschlichen Bereich. Zwar leben hier Angehörige der Mittelschicht, die alle mehr oder weniger studiert sind, aber sie seien sehr different durch unterschiedliche Lebenszusammenhänge, Lebenserfahrungen, Leistungsvermögen und -willen.

Als politischen Konflikt sieht sie, daß Alter nicht thematisiert werde, die Generationen nicht expressis verbis zusammenleben. Offensichtlich spiele das Alter bei Konflikten eine Rolle: Jüngere seien nicht so leistungsorientiert. Frau S. sagt, sie wolle nicht so „aufopfernd" Leistung zeigen wie andere, schildert gleichzeitig ein handicap durch Krankheit.

Sie ist immerhin im Rentenalter, und so kann man fragen, ob sie nicht ihr Alter maskieren will, da es in der Gruppe unüblich sei, darüber zu sprechen.

Als unpolitische Differenzen sieht sie Probleme mit der Schichtspezifik, keinen Zugang zu Kunst und Wissenschaft zu haben.

Man kann hier argumentieren, daß Frau S. einen recht eingeschränkten Politikbegriff „elitär", bemüht aber in der Gegenwart die eigene Fremdwahrnehmung: „Auch andere meinen das." Sie vertritt immer noch das Gestaltungsprinzip zwischen Bildung und Leistungswille. Dieses trotzige „immer noch" scheint auf Probleme der Distanz zu den anderen hinzuweisen. Nun kann man sich durchaus in allen möglichen Umwelten als „elitär" empfinden, es fragt sich nur, was daraus an Einstellungen zu anderen Menschen resultiert? Eine gewisse Distanz muß nicht zu Konflikten führen.

Die folgenden Passagen sprechen für sich und werden nicht mehr gesondert interpretiert, zumal ein Teil redundant ist:

Frau S. läßt kurz anklingen, daß Engagierte dort Probleme mit dem Gemeinschaftseigentum haben. Das ist leicht vorstellbar, wenn jemand kein eigenes Einkommen außer Sozialhilfe oder Arbeitslosenhilfe hat – und ich hörte am Rande das seien etliche.

Sie thematisiert die Frage der Gerechtigkeit. Wenn jemand 4.000 Euro mtl. an Netto-Einkommen hat, liefert 50% ab, bleiben ihm immer noch 2.000 Euro für sich! Aber jemand, der nur 800 Euro mtl. hat, dem Verbleiben nach Ablieferung der 50% ganze 400 Euro für persönliche Bedürfnisse. Dies scheint mir bei der Kommune-Idee keinesfalls geregelt zu sein.

Frau S. thematisiert des weiteren Macht und Machtgefälle, was überall konfliktbeladen sein kann. Offensichtlich gibt es bei ÖkoLeA eine wirkungsvolle Supervision.

„Eine positive Rahmenbedingung hier ist: Es gibt keine Ideologien und jedes Engagement bleibt auf der freiwilligen Basis. Die soziale Kontrolle ist groß. Es gibt keine Türschlösser, alles ist offen, es herrscht eine vertrauensvolle Atmosphäre. Konflikte entstehen durch unterschiedliche ... Leistungsansprüche und Leistungsvermögen.

Jeder/jede bringt Verletzungen des vorherigen Lebens mit, und die Akzeptanz ist ein Lernprozeß. Es gibt Diskussionen: Was ist gerecht bei der Verteilung von Arbeit und dem Einbringen von Geld. Wir sind nicht gleich. Wir haben auch nicht die gleichen Werte!

Seit Jahren ist der Sitzungsrhytmus begrenzt: Wir haben jede Woche Sonntagabend Plenum – in die Kirche geht niemand.

Wir sind in der Tendenz nicht ein Projekt der verschiedenen Generationen. Das wäre gut. Daran arbeiten wir. Eine ist ausgeschieden, sie braucht aus Krankheitsgründen eine sterile Umgebung. Ich denke nicht, daß man das an einem Gemeinschaftsort lösen kann."

b) Zur Forschungsfrage 2, wer sind die Engagierten?

Frau S. spricht nun über ihren Werdegang. Sie sei Studentin der Soziologie gewesen, habe in Werbung, Marktforschung, Produktforschung gearbeitet. Sie wurde dann mit über fünfzig arbeitslos, praktisch bis zur Rente und habe dann mit G.[269] freiberuflich gearbeitet.

---

[269] Prof. Dr. G.W. (Name wurde maskiert), emeritierter Ordinarius für Politologie. Er hat nach der „Wende" sehr viel Geld in diesen maroden alten Gutshof gesteckt mit der Vision, dort eine Lebensgemeinschaft Alt – Jung zu schaffen. Das war die Basis für ÖkoLeA. G.W. war zum Zeitpunkt des Interviews mit Frau S. 73 Jahre alt und lebte selbst dort.

Hier werden wir unterbrochen, und Frau S. hat weiter keine Zeit mehr. Ich schlendere in dem Hofgarten herum und treffe sowohl den engagierten Professor als auch einen jüngeren Franzosen, namens N., der mir Weiteres erzählt.

14.1.3.5. Aus dem Interview mit Herrn N.

N. ist seit 1994 Heilkpraktiker und verantwortlich zuständig für die Gartenpflege (Perma-Kultur!). Er hatte in früheren Jahren mehr Helfer als jetzt – meist macht er alles allein, und es bleibt dadurch viel liegen.

Untersuchungssetting:
Da wir teilweise herumlaufen, kann ich mein Tonbandgerät nicht einschalten und beschränke mich aufs Stenogramm. Daher die indirekte Rede.

Auswertungspassagen

Beschreibung der Landkommune:

Herr N. spricht von ihrer Gemeinschaftsordnung, nach der mit 4/5-Mehrheiten beschlossen werde. Sie seien kein spiritistischer Zirkel. Die Dorfbewohner hätten sie vor 9 Jahren beargwöhnt, inzwischen seien sie halbwegs integriert. Den 4 m langen Kuhstall haben sie als Seminarraum ausgebaut.
Der Gründungsverein ÖkoLeA sei unter Federführung von Prof. W. vor 12 Jahren in Berlin entstanden. Man wurde sich damals schon einig, daß man 50% des jeweiligen Netto-Einkommens an die Gemeinschaft abliefern wollte. Dafür seien Miete, Mittagessen, Heizung, Elektrizität, Wasserverbrauch und Benutzung des Autopools frei, das eigene Telefon nicht. Wer ein Auto benötige, müsse das vorab mittels einer Liste abstimmen, der km koste 25 cents. Man wollte eine Trennung von Leistung und Konsum analog den israelischen Kibbuzim. Man setze auf Zeitarbeit als Modell unterhalb des kapitalistischen Geldmanagements. Die Freiwilligkeit jeder Leistung funktioniere, Sobotniks[270] wurden abgelehnt.

---

[270] Sobotnik (russ.) waren in der DDR angeordnete, sog. freiwillige Arbeitstage, meistens an Samstagen.

a) Zur Forschungsfrage 6, Barrieren:

Die Gründung einer Genossenschaft sei an dem antigenossenschaftlichen Recht der Bundesrepublik gescheitert. Sie hätten es nicht geschafft, alles beim „Kibbuz", einem alten fränkischen Hof, anzusiedeln. Drei Projekte, Bildungsarbeit (seit 1995), unterhalten 4-5 Menschen, seit einem Jahr gäbe es eine Bäckerei, eine ökologisch orientierte Gärtnerei (Perma-Kultur). Umstritten sei, wo das Büro mit den PCs anzusiedeln sei.

Interpretation zu a):

Wie bei den „Seniorengenossenschaften" wurde die Rechtsform der Genossenschaft aufgrund der spezifischen Probleme in Deutschland zugunsten eines eingetragenen Vereins aufgegeben.

Die Kibbuz-Idee auf dem angekauften fränkischen Hof (den sie nach und nach renovierten) in Subsistenzwirtschaft habe sich in der kapitalistischen Umwelt nicht durchhalten lassen. Dennoch kann man hier nicht etwa von Rückwärtsentwicklung (wie etwa bei der Seniorengenossenschaft Köngen, siehe Interview mit K. Hummel 14.2.1.2) sprechen.

Für Geld- und Zeitprobleme gebe es monatlich eine Supervision. Das Kindergeld könne jeder in voller Höhe selbst behalten.

b) Noch Forschungsfrage 6, Barrieren und Lösungsversuche

Es gebe regelmäßige Treffen zum Thema „Arbeit und Hilfe". Es seien Ungerechtigkeiten, vor allem hinsichtlich Freizeit und Ferien vorhanden. Es gebe schwere Konflikte auf menschlicher Ebene. Um nicht kleine Konflikte ins Plenum zu bringen, hänge an der Tür eine Info-Rolle, worauf jeder „Dampf ablassen" könne.

Konflikte gebe es nach außen, zwischen urbanen und suburbanen Leuten. Was die Dorf-Connection anbeträfe, „so fallen die Erwartungen schnell in sich zusammen". So wechselten „Eiszeiten" mit aufgelockerten, nämlich dann, wenn sie ein Dorffest mit rd. 750 Jugendlichen veranstaltet hätten. Vieles habe sich in Subsistenzwirtschaft nicht regeln lassen.

Im Schnitt lebten 17-25 Erwachsene und 6-7 Kinder auf dem „Kibbuz ÖkoLeA". Zur Zeit arbeiten 24 Bewohner außerhalb, in der Stadt.

Über Netzwerke beziehe man Lebensmittel vom alternativen Großbauern TERRA, mit einer Apfelweinkellerei arbeite man zusammen, insges. mit ca. 60-70 ökologischen Kommunen!

Eine Zusammenfassung und Interpretation dieses letzten Teils scheint hier entbehrlich.

14.2. Aus den Interviews mit hauptamtlichen Experten im „Bürgerschaftliches Engagement" (BE)

14.2.1. Zum Thema: Seniorengenossenschaften

14.2.1.1. Aus dem Interview mit Herrn G.,

Beamter nach A 12 im Rathaus der Kleinstadt Köngen.

Untersuchungssettting:
Dieses Interview wurde auf der Durchreise nach Stuttgart im Sommer 1999 geführt, und zwar ohne Tonband, lediglich mit Mitschrift per Hand in Stenografie. Es dauerte 1,5 Std.

Ich war mit Herrn G. (ein Mittfünfziger) in seinem Dienstzimmer im Rathaus von Köngen verabredet.

Herr G. schildert aus seinem Lebenslauf, daß er stets kreativ gewesen sei und schon „sehr früh" ein breites Spektrum an ehrenamtlicher Arbeit neben seinem Beruf abgedeckt habe. Sein Vater sei früh gefallen, und er wollte einen Beitrag leisten, daß „die Menschen anders miteinander umgehen als im 3. Reich".

Ein Teil seiner beruflichen Aufgabe in der Altenarbeit sei es, „Leute anzuwerben, in der Gemeinde etwas zu tun. An mein eigenes Alter habe ich dabei nicht gedacht". 1975 habe er bereits an der Ortskerngestaltung von Köngen mitgewirkt und ein Heimatbuch geschrieben.

Auswertungspassagen

Hier werden keine thematischen Zusammenfassungen und Interpretationen expliziert, da es sich nicht um ein wörtliches Tonbandprotokoll handelt (siehe am Schluß des Interviews, wo dann eine Gesamtzusammenfassung und Bewertung erfolgt).

a) *Zur Forschungsfrage 1), Rahmenbedingungen*

1991 habe er mit großer Unterstützung mit den Vorbereitungen für eine Seniorengenossenschaft im Rahmen des Modellversuchs aus Stuttgart mit 7 Leuten begonnen. So viele Leute hätten immer nur geredet, es müsse etwas getan werden. Dennoch wollte er nie im Mittelpunkt stehen. Seine Beamtenstelle wurde dann mit dieser Aufgabenbeschreibung eingerichtet. In der Modellphase habe man „Beta" kreiert, d.h. „Bürger engagieren sich und teilen Altern".

Es sei gebaut worden im „Betreuten Wohnen", und so sei eines der „großzügigsten Wohnstifte" entstanden. Außerdem gebe es ein Haus, 2 Min. entfernt, für sozial Schwache und einen Handwerkerdienst. Man pflege dort das Erinnerungsvermögen, insbesondere von Dementen, z.B. anhand eines Stopfeis (was heute nicht mehr in Gebrauch sei). Man betrachte Fotoalben, um Erinnerungsbrücken zu bauen. Durch Krafttraining gebe es weniger Stürze. Man arbeite in den Heimen vorwiegend mit ausländischen Pflegekräften. Herr Z. verweist auf einen Studiengang in Englisch, das „Dementia Care Mapping". Man setze auf Beobachtung der Pflegekräfte, wie sie mit Dementen umgingen. Die Heime hätten „einen guten Ruf".

Mit Hilfe von Spendenaquisition habe er mit anderen einen zweckgebundenen Fonds installiert, um Sozialhilfeempfängern Notwendiges zukommen zu lassen.

b) *Zur Forschungsfrage 6, Barrieren:*

Inzwischen sei das „Umfeld schwieriger geworden", die Seniorengenossenschaft habe sich in eine Richtung entwickelt, die er nicht wollte. Es gäbe massive Finanzprobleme[271].

Hauptaufgabe von „Klima"[272] sei die Tagespflege, die sich aus Nachbarschaftshilfen entwickelt habe.

In der Tagespflege nach modernsten Gesichtspunkten sei es nicht länger nur mit Ehrenamtlichen gegangen. Sie sei heutzutage völlig ausgelastet und stelle eine Entlastung pflegender Angehöriger dar.

---

[271] Herr G. war nur bereit, sich kritisch zu äußern, als ich ihm versprach, seinen Namen zu maskieren.
[272] KLIMA = Köngener Leben im Alter.

c) Zur Forschungsfrage 2, Wer sind die Ehrenamtlichen?

Von den Ehrenamtlichen werde nicht nur Kaffee gekocht, sondern sie wollten auch Teilhabe. Dazu bedurfte es einer guten Fortbildung.

Eigentlich habe es ein Punktesystem gegeben, für eine Std. Ehrenamtlichkeit = 4 Punkte. Sie dürfen aber nicht die hauptamtliche Pflege ersetzen. Es gebe Ehrenamtliche, die auf ihre Punkte verzichten. Dann würden 4 Punkte pro Std. in DM 10,-- umgerechnet und auf ein Sonderkonto für Essen, Heizung und Bezahlung der Fachkraft übertragen. Zur Zeit arbeiten 8 Personen in der Tagespflege, davon 1 examinierte Fachkraft. Die anderen Fachkräfte hätten sich zurückgezogen, weil es Disziplinprobleme gegeben habe. Die Ehrenamtlichen wollten inzwischen ohne Punkte arbeiten gegen Geldvergütung (10 DM pro Std.). „Es ist nie gelungen, für das Punktesystem Jüngere zu begeistern. ... Wir müssen zufrieden sein, wenn wir überhaupt Ehrenamtliche gewinnen und können nicht fragen, was sie bringen."

Die Schule müsse „Gemeinsinn" entwickeln, auch die Kirchen müßten umdenken, aber diese „kochten ihr eigenes Süppchen".

Außerdem müßten Hauptamtliche das Freiwilligenmanagement erlernen.

Es gebe bei „Klima" eine Begegnungsstätte. Die laufe besser. Die Konstruktion einer echten Genossenschaft sei zu schwierig, er, G., kenne sich im Vereinsrecht aus, und daher hätten sie einen Verein gegründet. Zwar hätten die Älteren ein Recht auf Versorgung, aber durch den Verein sei das schwierig.

d) Noch Forschungsfrage 6, Barrieren:

Der Vorsitzende des Vereins sei der Bürgermeister, der kein Fachmann sei, weder in der Altenpflege, noch kaufmännisch, noch in der Betreuung der Ehrenamtlichen. Er sei wegen seiner Kontakte gewählt worden, aber Teamarbeit fände praktisch nicht statt. Der Verein „Klima" hätte noch 360 Mitglieder, die der Bürgermeister angeworben habe; er sei es auch, der die Einladungen zu Vereinssitzungen unterschreibe! Der hauptamtliche Geschäftsführer habe im übrigen eine Supervision „abgewürgt".

e) Noch Forschungsfrage 1, Rahmenbedingungen:

Köngen habe deshalb eine große „Überalterung", weil die Bürger, die „in alle Winde zerstreut" waren, dann aber in ihren Heimatort, zu ihren Wurzeln, zurückgekehrt seien. Darauf sei die kleine Stadt nicht vorbereitet gewesen.

Aus den Finanzmitteln des Modellversuchs habe man folgende Dienste aufgebaut: Betreutes Wohnen, Tagespflege (Fachkraft wird aus der Pflegeversicherung bezahlt), Essensdienst, Handwerkerdienst, Fahrdienst, Beratung (z.B. für geeigneten Wohnraum), Besuchsdienst.

Zusammenfassung und Bewertung des Interviews

Ich habe den Eindruck gewonnen, daß die geplante „Seniorengenossenschaft Köngen", die, wie die meisten in Baden-Württemberg ein eingetragener Verein ist, nicht mehr das Soll der Selbstorganisation von unten, d.h. von den Bewohnern (Ehrenamtlichen) erfüllt. Das Projekt hatte einmal sehr ambioniert begonnen (vgl. Veröffentlichungen in Kap. 10.7.2). Der Bürgermeister von Köngen ist Vorsitzender des Vereins und beruft die Sitzungen ein. Offensichtlich kann Herr G. kein Eigenengagement der Bürger und Bürgerinnen mehr mobilisieren, er hat inzwischen regsigniert. Das Punktesystem wurde weitgehend aufgegeben (In der Geschäftsordnung von „Klima" heißt es unter § 2: „Eine Entschädigung in Geld erfolgt nicht" und § 3.2: „Die Verrechnung von Leistungen ... ist nur durch selbst erworbene Punkte möglich"). Stattdessen werden auf Wunsch auch Leistungen mit einer – wenn auch geringen – Bezahlung (10 DM pro Std.) vergütet. Jüngere Menschen konnten nicht begeistert werden, sich zu engagieren. Es ist generell umstritten, ob beim „Bürgerschaftlichen Engagement" überhaupt ein Entgelt (außer für Auslagen wie Fahrgeld) gezahlt werden sollte. Zu befürchten ist ein Spill-over-Effekt auf andere bürgerschaftliche Projekte, der in Köngen offensichtlich schon gewirkt hat[273].

Ursprünglich hatte der Verein mit der Tagespflege, die aus der Nachbarschaftshilfe resultiere, begonnen. Inzwischen ist sie professionalisiert. Herr G. meint, das müßte heutzutage so sein. Ehrenamtliche (die aber bezahlt werden)

---

[273] Stecker, Christina (2002). Nutzen und Risiko bürgerschaftlichen Engagements für Arbeitsmarkt und Demokratie. In: Jugendsozialarbeit News. www.news. jugendsozialarbeit.de/021104Stec, 18.1.03: „Ferner würde eine materielle Förderung in einem Bereich ‚spill-over-Effekte' auf andere Bereiche auslösen, so daß der Nutzenorientierung bzw. ‚Entlohnung' des bürgerschaftlichen Engagements weiter Vorschub geleistet würde, wodurch nicht nur der Charakter des autonomen bürgerschaftlichen Handelns verändert würde, sondern der unentgeltliche soziale und politische Einsatz für sich und andere langfristig unwiederbringlich verloren ginge."

leisten nur Hilfsdienste. Was von dem Projekt bleibt, ist ein Senioren-Wohn-haus, öffentlich gefördert, aber nicht von einer Initiativgruppe geplant (also kein Beispiel für *selbstorganisiertes* Wohnen im Alter), ein Essensdienst, ein Handwerkerdienst, ein Fahrdienst, eine Wohnberatung, ein Besuchsdienst und die Tagespflege. Es war nicht im Sinne des Modellversuchs, Dienste weitge-hend mit bezahlten Hauptamtlichen zu besetzen. Immer noch Ehrenamtliche Genannte leisten in allen Bereichen offensichtlich nur Hilfsdienste. Und dabei sagt Herr G., sie wollten Teilhabe! Das bedürfe einer guten Fortbildung. Hier wäre genau zu untersuchen, was er unter „Teilhabe" überhaupt versteht. Teilhabe im politischen Sinne bedeutet ernstgenommene Mitsprache, Mitbe-ratung. Es sei dahingestellt, ob das in dieser Kleinstadt mit einem Bürger-meister als Vorsitzenden des Vereins gelingen kann. Ich hatte den Eindruck, daß es sich um eine Rückwärtsentwicklung vom „Bürgerschaftlichen Enga-gement" (BE) hin zur alten „Ehrenamtlichkeit" mit hierarchischen Strukturen handelt. Die sog. Ehrenamtlichen arbeiten *nach Weisung.* Das ist der Unter-schied zum BE, wo Freiwillige nicht bezahlte (auch nicht gering bezahlte) Arbeit im Team mit Hauptamtlichen oder auch allein übernehmen (vgl. dazu Kap. 14.1.1.2, Interview mit der ARBES-Vertreterin, Frau N.).

Auch hier haben wir es wieder mit einer positiven Pressedarstellung zu tun (vgl. Interview mit Ehepaar L., D.H.G.) – die Probleme kommen nur im Interview zum Tragen.

Ist das Modell Köngen damit gescheitert? Sind die Gelder aus dem Mo-dellversuch falsch ausgegeben worden?

Lassen wir dazu den Dezernenten im Stuttgarter Sozialministerium spre-chen:

14.2.1.2. Interview mit Herrn Dr. Konrad Hummel[274],

beamteter Leiter des Sozialreferats im Sozialministerium Stuttgart, im Jahre 1999 zum Thema „Seniorengenossenschaften". Herr Dr. H. ist 49 Jahre alt, Diplom-Sozialwirt, im Amt seit 1990. Berufserfahrung: Leiter eines Alten-heimes, Leiter einer kommunalen Leitstelle „Älterwerden in der Stadt".

---

[274] Dieser Name wurde nicht maskiert, da Herr Dr. Hummel sehr bekannt ist und viel zum Thema publiziert hat. Er ist mit seiner offenen Namensnennung einverstanden.

Untersuchungssetting:
Nach einem schwierigen Terminfindungsprozeß traf ich Herrn Dr. Hummel im Sommer 1999, in seinem Amtszimmer im Stuttgarter Sozialministerium.

Nachfolgend gehen Interpretation und Zusammenfassung ineinander über, da mein Interviewpartner fast druckreif spricht.

Auswertungspassagen

a) Zur Forschungsfrage 1, Rahmenbedingungen einer „Ermöglichungsverwaltung"[275] speziell nach der Entstehung der Seniorengenossenschaften:

„Ja, Seniorengenossenschaften als explicites Programm gibt es tatsächlich erstmals in Baden-Württemberg. Es ist im Grunde eine Kombination von zwei Elementen, nämlich der offenen Altenarbeit durch Seniorenclubs und Selbsthilfeeinrichtungen etc., die es natürlich auch schon v o r 1990 gegeben hat und daß es das Genossenschaftswesen auch vor 1990 erfolgreich gegeben hat am Beispiel der Wohnbaugenossenschaften, Weinbaugenossenschaften. Man hat versucht, die Elemente zusammenzubekommen und dahinter steht, wenn man so will, landespolitisch der sozialpolitische Flügel und der wirtschaftspolitische Flügel. Man hat sich in der Landesregierung in einem sehr schnellen Akt darauf geeinigt, das als Programm zu machen, d.h. sozusagen wie Feuer und Wasser, Elemente zusammenzufügen und zu sagen: die wirtschaftspolitische Überlegung des Genossenschaftlichen und die sozialpolitische Überlegung der neuen offenen Altenarbeit probiert eine Geschäftsstelle, befristet auf vier Jahre im ganzen Land Baden-Württemberg, an max. 10 Stellen aus, ob's geht. Und das war unsere Aufgabenstellung unter der damaligen Späth-Regierung, und man hat daher auch bewußt von außen jemand 'reingeholt, hat bewußt von innen einen Haushaltsbeamten als Experten danebengestellt, hat bewußt – wie man heute sagen würde – als ‚operatives Team' arbeiten lassen, hat eine Ausschreibung gemacht, zehn, letztlich zwölf Projektstandorte auch ausgewählt, und alle zwölf haben dann gemeinsam nach vier Jahren die ‚Arbeitsgemeinschaft Bürgerschaftliches Engagement/Seniorengenossenschaften (ARBES)' gegründet."

---

[275] Es scheint so, daß der Begriff der „Ermöglichungsverwaltung" erstmals von *Michael Bürsch*, Vorsitzender der Enquete-Kommission „Zukunft des Bürgerschaftlichen Engagements" des Deutschen Bundestages geprägt worden ist.

Zusammenfassung

Mein Interviewpartner schildert hier die Enstehungsgeschichte des Modellversuchs, auf vier Jahre angelegt, 1994 ausgelaufen. Mich interessiert, wie es dann weiterging:

„... Und dann hat das Landeskabinett noch in 1994 beschlossen, daß diese Geschäftsstelle, deren Aufgaben der Aufbau und Evaluation der Seniorengenossenschaften waren, eine andere, umfassende, weitergehende Aufgabe bekommt. Diese Aufgabenstellung war alles, von der Selbsthilfe-Koordination bis zur europäischen Regionalarbeit, bis zu der Frage des generationsübergreifenden Bürgerengagements in kommunaler Kooperation voranzubringen. Das Schlüsselwort war dann ‚in kommunaler Kooperation' und das führte dazu, daß in 1995 eine Vereinbarung getroffen wurde, die lang ausgehandelt worden war, mit Städtetag, Landkreistag, Gemeindetag einerseits und dem Sozialministerium andererseits in der von dortab erfolgenden Forderung von Standorten des BE. Im Kern waren die Aktiven der ersten Runde in den meisten Standorten ältere Menschen ... für das Geschick des Gemeinwesens Promotoren waren dieser Standorte. Inzwischen hat sich das ein bißchen gewandelt, hat aber damit zu tun, weniger, daß die Älteren in den Hintergrund getreten sind, sondern mehr damit, daß die traditionellen Strukturen von Jugendring bis Verbänden, bis Umweltgruppen, bis andere Vereinsformen, etwa Mütterzentren, Frauenforen ihrerseits auf uns zugegangen sind und gesagt haben: ‚Also das kann doch wohl nicht nur seniorengenossenschaftlich, ... nicht nur wohlfahrtsverbandlich sein, sondern auch ... ', und seit der Zeit haben wir uns für alle Gruppen geöffnet ...“

b) Zur Forschungsfrage 2, Wer sind die Engagierten?

„Die Seniorengenossenschaften hatten eine sehr spannende Diskussion im Laufe der ersten vier Jahre. Es hieß immer wieder, das hat auch die damalige Ministerin schmunzelnd kommentiert, – die Akteure wollen mehrheitlich eine Änderung des Namens! Und die Öffentlichkeit hat immer erwartet, die wollen im Grunde jetzt den Namen ‚Genossenschaft' weg, weil er umstritten ist. Es hat sich herausgestellt, ne, ne, die wollen die Namen ‚Senioren' weg, weil im Grunde genommen, das Genossenschaftsprinzip – auch heute noch – imponiert der Mehrzahl, es ist ein lebendiges Prinzip, das man weiterentwickeln kann, wenn man's nicht als juristisches Prinzip betrachtet. Das Wort ‚Senioren' legt fest, und niemand weiß, wie man's heute definiert, ob mit 50, 60, 70 oder – egal. Und alle Initiativen, die ich kenne, vor allem die vitaleren, haben sich massiv geöffnet für neue Generationen.

Einige haben Alt-Jung-Projekte gemacht, andere haben bewußt die Kooperation mit Jüngeren gesucht, z.B. Ulm ist eines ..."

Zusammenfassung zu b):
Ursprünglicher Arbeitsauftrag für die Geschäftsstelle Bürgerschaftliches Engagement (BE) im Sozialministerium war:
- Aufbau und Evaluation von Seniorengenossenschaften
1994 kam dazu:
- Selbsthilfekoordination bis hin zur europäischen Regionalarbeit
- generationsübergreifendes BE im kommunaler Kooperation
1995:
- Vereinbarung mit Städtetag, Landkreis und Gemeindetag über Standorte des BE.
Promotoren in den meisten Standorten waren Senioren!

Doch dann zeigt Herr Dr. H. auf, warum eine Wandlung von ausschließlichen Genossenschaften mit und für Senioren hin zu einer Öffnung für alle Altersgruppen geschah.

Es läßt sich folgender ***Befund 12*** generieren:

Seniorengenossenschaften, ursprünglich von Senioren gegründet, öffnen sich allen Generationen und verschiedensten Initiativen.

c) Auf meine Nachfrage nach den genossenschaftlichen Elementen der nun eingetragenen Vereine, antwortet Herr Dr. H.:

„Es sind zwei Elemente ... Kernbestandteil sowohl der genossenschaftlichen Philosophie wie auch der juristischen Praxis der heutigen Initiativen: ... diejenigen Initiativen, die ... sich weiterentwickelt haben, sind selbstverwaltet. Das ist ein wichtiger Punkt. Zum Genossenschaftsprinzip gehört ja, daß die ... Organisationsziele, die Organisationsverwaltung in hohem Maße selbstbestimmt erfolgen, d.h. abstrakt ausgedrückt, Akteure sind Subjekte des Geschehens. Sie sind nicht ausführend. Das ist ein wichtiger Punkt, weil man nach meiner Einschätzung 80% des Ehrenamtswesens bei uns im Lande, 80% ... können fachlich hervorragend laufen, aber sie sind fremdbestimmt. Jemand definiert das Ziel, ich nehme 'mal ‚Grüne Damen im Krankenhaus‘, die definieren nicht ihr Ziel, sondern das Krankenhaus ... und sie gewinnen Frauen, die im Krankenhaus für diese Ausgabe tätig sind. Wir haben den Genossenschaften nie gesagt, was sie machen müssen. Wir haben nur gesagt, wir unterstützen euch in der Selbstverwaltung. Die eine Genossenschaft ist eher zum Club geworden, wie in Marbach, die andere Tagespflege in Köngen, die dritte hat sogar investiert wie in Riedlingen, die vierte hat dann endlich ihre Wohnanlage aufgebaut wie in Steinen und die nächste hat eine Stadtteilarbeit gemacht wie in Ulm. Also wir haben nicht die Aufgaben definiert. Wir haben nur die Selbstverwaltungsform als Bedingung gemacht, und das, denke ich, gilt heute noch für die Mehrheit der Gruppen.

Zweiter genossenschaftlicher Gedanke ist, daß alle bis heute bemüht sind, *daß es zum direkten oder indirekten – oder wie auch immer gelagertem – Tausch kommt,* Gegenseitigkeitstausch. Die Genossenschaften haben sich, um es 'mal zynisch zu formulieren, extrem weit emanzipiert vom sozialstaatlichen Denken, das ja hierzulande immer noch so aussieht, daß man vom Staat die Sicherheit erwartet. Ich kenne eigentlich kein Projekt bei unseren Projekten, wo ich mehr oder minder lau gesagt (habe), die Gewährleistung, die Garantie, die Sicherheit, sowohl zeitlich als finanziell, als aufgabenmäßig etc. muß immer der Staat gewährleisten.

Das, was wir geleistet haben, vier Jahre lang und jetzt auch die letzten fünf Jahre noch wohlwollend weiter, das ist hier 'mal 'ne Finanzspritze, dort 'mal 'ne Entwicklungshilfe, aber das ist 'was ganz anderes wie 'ne Gewährleistung. Wir haben sozusagen Aufbauarbeit gemacht, und wir haben keine Gewährleistung gewollt, wir haben immer Projekte, Ideen gefördert und nicht die Gewährleistung der Sache. Insofern geht dieses Prinzip des *Gegenseitigkeitstausches* – wenn man so will, auch das Risiko selber tragen – wobei das Risiko ist natürlich überschaubar, Gott sei Dank, im Unterschied zu millionenschweren Investitionen vielleicht – dieses gilt weiterhin, und an der Stelle würde ich den ‚Spieß rumdrehen‘ und sagen, daß die Genossenschaften eingetragene Vereine in der Regel sind, ist weniger ein Problem dieser Vereine, sondern das ist ein Problem des deutschen Genossenschaftswesens. Das deutsche Genossenschaftswesen vom Land beispielsweise, wenn man aufgenommen werden will als eingetragene Genossenschaft, ein Kassenprüfungsbericht beim Genossenschaftsverband in Hamburg, und der kostet nicht unter 10.000 Mark im Jahr. ... Wer eine eingetragene Genossenschaft werden will, hat ganz erhebliche Revisions- und Kontrollbeiträge zu zahlen, und im Anfang haben unsere Genossenschaften zurecht gesagt, 10.000 Mark, das ist unser gesamter Etat! Das können wir nicht für die Rechnungsprüfung ausgeben. Und wir haben uns nicht so verstanden, daß wir jetzt Geld, Steuergelder, statt in die Aufbauarbeit in die Kontrollkosten nach Hamburg stecken ... übrigens das ist auch eine europapolitische Aussage: Es gibt kaum ein Land, wo die Genossenschaften so verregelt und hoch abgesichert sind wie in Deutschland! Mit der Folge, daß bei uns Genossenschaften überhaupt nicht im gleichen, spontanen Maße wachsen und gehen wie in Holland oder England oder Italien. ... Es sind im Grunde Kooperativen, wahrscheinlich wird man im Englischen auch Cooperatives sagen und meint damit, sehr stark den Genossenschaftsgedanken, also im Latino-Englischen Bereich läuft das alles unter Kooperativen. ... In Italien sind Seniorengenossenschaften auch sehr verbreitet, sogar der Caritas-Verband betreibt die Hälfte seiner Altenarbeit in Italien als Kooperative, allerdings hat das dann damit zu tun, daß die Wohlfahrtsverbände in Italien nicht oder noch nicht oder nicht in der Form den Dienstleistungscharakter haben wie unsere Wohlfahrtsverbände. Aber insofern sind dort doch aktive Mitglieder, die für andere etwas tun. Das hat ein Element des Genossenschaftlichen, aber wir gehen hier noch einen Schritt weiter, wir sagen: es geht nicht nur darum, daß einige Aktive 'was für andere tun, sondern der Idealfall wäre, daß viele miteinander tauschen, also Menschen ihren Nutzen nicht nur ansparen, sondern tauschen."

Zusammenfassung von c)
Bedingungen für die Initialzündung seitens des Ministeriums zur Bildung von sog. Seniorengenossenschaften waren
1. Selbstbestimmung der Ziele durch die Akteure (im Gegensatz zu 80% üblicher, herkömmlicher „Ehrenamts"-Arbeit)
2. Weitgehende Abkehr von Gewährleistungen, Garantien und damit Sicherheit durch staatliche Stellen, aber beratende „Hilfe zur Selbsthilfe", Förderung von Ideen und Projekten seitens des Ministeriums
3. Gegenseitiger Tausch, direkt oder indirekt auf eigenes Risiko (was allerdings überschaubar bleibt).

Die sog. Genossenschaften sind i.d.R. eingetragene Vereine, weil das originäre deutsche Genossenschaftswesen zu bürokratisch und die Eintragung ins Genossenschaftsregister zu teuer ist (10.000 DM).

d) **Ich frage Herrn Dr. H. nach dem Scheitern einiger Seniorengenossen-schaften, z.B. Köngen. Müßte an den Rahmenbedingungen etwas ver-ändert werden, um Scheitern zu verhindern?** *(Zur Forschungsfrage 7, nach dem Scheitern, bzw. Forschungsfrage 1 nach den Rahmenbedin-gungen)*:

„Also, meine Gegenthese ist, daß im Augenblick überhaupt niemand ge-scheitert ist ... – auch Köngen nicht, sondern daß der genossenschaftliche Gedanke, so, wie wir ihn angelegt haben, mehr als Virus in diesen Städten, Standorten und Menschen drinsitzt in Baden-Württemberg, daß dieser Ge-danke eben nicht im Gehalt so offen dynamisch bleibt, sondern daß er sich permanent weiterentwickelt. Und so 'rum gesehen, würde ich gern mathema-tisch antworten wollen: Einige Standorte entwickeln sich zurück, einige nach vorne. Scheitern würde ich also so definieren als eine Rückwärtsentwicklung, aber nicht als ein Scheitern im Sinne von, daß man alles aufgibt und daß es nicht gelohnt hat.

Es haben sich wahrscheinlich Seniorengenossenschaften wie Köngen oder auch Stuttgart-Birkach ein bißchen zurückentwickelt in eine Art – das sage ich jetzt hart – gutmeinende Senioren-Helfergruppe, die vielleicht Betreu-ungsfahrten, Kontaktarbeit, Besuchsdienste aufrechterhalten, aber nicht nach vorne entwickelt. Sie haben sich nach hinten entwickelt in eine Art klassi-schen Hilfsverband. Andere Seniorengenossenschaften haben aktiv sich nach vorne entwickelt und wurden zur Triebfeder weitergehender Vernetzung, wie z.B. in Ulm ist die Genossenschaft zur Triebfeder geworden, dann mit ganz anders gestrickten Vereinen zusammen, darunter Selbständigenkontaktzent-rum u.a., um ZEBRA (a.a.O.) zu entwickeln ..., oder einige Genossenschaften haben sich massiv weiterentwickelt wie Riedlingen und Steinen hin zu Dienstleistungsträgern, etwas, was man ganz verschieden beurteilen kann. Manche könnten sagen: Das ist ein Rückschritt. Manche würden sagen: Das ist vielleicht ein Fortschritt. Auf jeden Fall, die beiden sind der Inbegriff da-für, daß sie sich weiter entwickelt haben, und der gegenseitige Tausch und die Lebendigkeit der Tauschdiskussion und Ähnliches mehr; das genossenschaft-liche Gedankengut, Verantwortungsprinzip, Werthaltung sind zweitrangig. Dazu: das dies vor allem vergleichbar dem Bauherrenmodell Requirierungs-und Akquisitionsinstrumente sind, d.h. es sind so viele Menschen in Steinen und Riedlingen Mitglied, auch interessierte, künftige Bewohner, auch solche, die Wohnungen kaufen, investieren, daß eigentlich aus der Genossenschaft ein Dienstleistungsverein geworden ist, der auch Menschen inzwischen be-schäftigt, die Genossenschaft Steinen und Riedlingen Mitarbeiter, und sie

haben Wohnungen verkauft, und vom Gewinn des Verkaufs lebt ihr Vereinsleben."

Ich frage nochmal nach Köngen – Rückentwicklung?

„... Das ist 'ne Rückentwicklung und zwar vor allem auch deshalb, weil damit
genau die Strukturen gestärkt werden, die wir (eigentlich) weiterentwickeln
wollten. ... Wir wollten das Ehrenamt weiterentwickeln, und das, was Köngen
macht, ist so'rum gesehen in der herrschenden Landschaft des deutschen Ehrenamtes überhaupt nichts Ungewöhnliches. Es ist im Grunde genommen so,
daß jemand 15 Mark, dort 'mal 10 Mark, dort 'mal 30 Mark Aufwandsentschädigung – das gilt alles noch als Ehrenamt! Ich persönlich halt' das für
nicht gut, aber das, was die Köngener machen, ist ein Rückschritt dazu. ... Es
gäbe viel über Köngen zu sagen, auch über das Dilemma, daß dort die Sozialplanung dieser kleinen Gemeinde genau den Schwachsinn produziert hat oder
sagen wir 'mal etwas freundlicher, daß dort durch zwei Heime an einem so
kleinen Ort mit voller Dienstleistungspalette, privatwirtschaftlich strukturiert,
und wo die Gemeinde beidesmal die Finger drin hat in Planung und Durchführung, kein offenes Abstimmungsvorgehen erfolgt ist mit der Folge, daß in
Köngen im Grunde genommen 'ne Überkapazität von Plätzen da ist, also die
ganze Stimmung ist ja auch so, daß der Genossenschaftsgedanke in der Tagespflege durchaus weitergehen könnte, wenn – ich sag's mal hart – nicht ein
Überangebot von Plätzen da ist und wenn ich – ich sag's mal offen – wenn
die Autos so billig sind in Benzin und Anschaffung, daß ich nicht gezwungen
bin, ein ... (leider unverständlich)."

Zusammenfassung zu d)
Rückentwicklung (am Beispiel Köngen) bedeutet, so weitermachen im Sinne
des herkömmlichen Ehrenamtes ohne Selbstbestimmung, mit Aufwandsentschädigung (was der Idee des Zeittausches zuwiderläuft). Außerdem gibt es
keine Mitsprache, keine Beteiligung der Ehrenamtlichen bei der Sozialplanung der Gemeinde, was ein Überangebot an Altenheimplätzen zur Folge
hatte (nicht in der Tagespflege mit nach wie vor 8 Plätzen). Dennoch könnte
der Genossenschaftsgedanke fortentwickelt werden, wenn die Angebote nicht
zu teuer wären für die Nutzer (was nicht „Betuchte" ausschließt). Barrieren
werden auch hier innerhalb der Akteure liegend beschrieben.

Das Interview dauerte rd. 1 Std., Transskript 7 Seiten.

14.2.2. Zum Thema Tauschbörsen

14.2.2.1. Interview mit Herrn Z.,

45 Jahre alt, im „Bürgertreff Nürtingen", Nürtingen b. Stuttgart. Herr Z. ist seit 1991 als Sozialarbeiter und Diplompädagoge öffentlich Bediensteter der Stadt Nürtingen (40.000 Einwohner) und Leiter der Geschäftsstelle für „Bürgerschaftliches Engagement". Zuvor war er tätig in der offenen Altenhilfe und seit 1980 in der Jugendarbeit.

Untersucht wurde die „Tauschbörse", die zunächst als klassische Kontaktbörse mit der Zielgruppe Ältere Menschen (auch institutionalisierte Begleitdienste für Ältere) begann. Man kann hier das Schichtenmodell außer acht lassen, also nicht nur finanziell [276] Schwache engagieren sich hier, sondern ein Querschnitt aller dort lebenden Mitbürger. Die Basis der Tauschbörse ist eine Tätigkeitsvergütung in Punktwerten, in Form von Zeit- und Talentkrediten (vgl. 10.2).

Untersuchungssetting:
Ich treffe Herrn Z. am 17.6.1999 in seinem Amtszimmer des „Bürgertreffs Nürtingen", wo er mir im Anschluß an das Interview noch das Haus mit seinen vielfältigen Bereichen zeigt.

Auswertungspassagen

a) Zur Forschungsfrage 1: **Welche Rahmenbedingungen muß eine „Ermöglichungsverwaltung" (a.a.O.) zur Verfügung stellen, damit „Bürgerschaftliches Engagement" eine nachhaltige, zukunftsweisende Chance erhält?**

„... Die Stadt Nürtingen hat sich in den Jahren '89 bis '91 ein neues Rathaus geleistet ... man hat damals das ursprüngliche Rathaus erweitert, ... ganz schön groß erweitert, nämlich für 38 Mio. Mark, und dann hat man gesagt, ... in die Rathauserweiterung möchte man nicht nur die Verwaltung hereinneh-

---

[276] Es muß semantisch unbedingt „finanziell Schwache" heißen und nicht – wie allgemein üblich – „sozial Schwache", denn diese Menschen haben nicht notwendigerweise kein soziales Netzwerk; vielmehr können sie oft nur überleben durch Sozialkontakte!

men, sondern ... das Rathaus s o gestalten, daß die Bürgerschaft ... verstärkt Zugang hat, man möchte ein Haus für Bürger und Rat bauen, sozusagen. Und dann hat man zunächst darüber nachgedacht, eine Seniorenbegegnungsstätte hier 'reinzusetzen, und unterwegs hat man im Gemeinderat und mit der Verwaltungsspitze darüber diskutiert, daß es sinnvoll doch wäre, das Haus für alle Generationen zu öffnen. Man hat dann nachgefragt, vor allem mit aktiven Gruppierungen geredet in Nürtingen, und die sagten auf gut schwäbisch: Wenn das Seniorenbegegnungsstätte heischt, dann komm' ich nich, weil isch bin erscht 74 ... ich hab' dann damals im Gemeinderat und dem Büro Bürgermeister ein Konzept auch entwickelt und vorgelegt zu einer generationsübergreifenden Begegnungsstätte ‚Treffpunkt'. Und so haben wir im Juni '91, als ... das Rathaus eröffnet wurde, ... mit dem ‚Bürgertreff' hier begonnen.

Interpretation von a):
Hier wird von außerordentlich günstigen Rahmenbedingungen aufgrund von Zur-Verfügung-Stellen der Räumlichkeiten im umgebauten Rathaus berichtet, was, wie die Interviewerin aus anderen, mündlichen Quellen weiß, in den letzten beiden Jahren zur herausragenden, bundesweiten Würdigung der Arbeit des Bürgertreffs Nürtingen geführt hat.

Die Tatsache, daß es sich letztendlich um ein generationsübergreifendes Projekt handelt, stützt den Befund aus dem Jung-Alt-Projekt in Ulm (vgl. Kap. 14.1.1.1 sowie 14.2.1.2, Befund 12).

Innerhalb der vielfachen Angebote des „Bürgertreffs Nürtingen" will ich mich hier auf die Tauschbörse beschränken und erläutere dem Interviewpartner den Ansatz.

*b) Noch zur Forschungsfrage 2, **Wer sind die Engagierten?***

„... zweierlei Tauschbörsen. Wir hatten am Anfang eine klassische Kontaktbörse, die sich regelte nach Nachfrage und Angebot ..., in der aber vor allem Zielgruppe ältere Menschen sich wiedergefunden hat, also sprich ... ich brauch jemand, zum Arzt zu gehen, zum Begleiten oder auch 'mal in die Oper oder ins Theater, und dafür such' ich einen Partner ... da wurden dann aber auch praktische Dinge getauscht, also sprich handwerkliche Dienschte ... Diese Form hat sich bei uns nach zwei Jahren, will nicht sagen, totgelaufen,

aber es hat sehr stagniert. Und zwar, wenn ich so im Land 'rumgeschaut hab'
der Zeitpunkt, wo auch die anderen Kontaktbörsen etwas gelernt haben.

Wir haben dann nach einiger Zeit Nachdenken ... etwas gemacht, wo eben
nicht nur A tauscht mit B, und B muß A 'was geben, sondern wir haben nach
einer Form gesucht, die wirklich ... dies letztendlich auch 'n bargeldloses Ver-
rechnungssystem beinhaltet und sind denn auf einen Tauschring gestoßen.

... Wir lassen uns immer wieder anregen durch's Ministerium und durch
Dr. Hummel, isch gar keine Frage, explicit auf den Tauschring sind wir aber
mit einer Gruppe von Bürgerinnen und Bürgern gekommen, ... es sind dabei
Frühruheständler, arbeitslose Lehrer, auch jüngere Leute, die gesagt haben,
also ‚hört her, ich bin jetzt schon seit einiger Zeit arbeitslos, aber ich möchte
auf bestimmte Dinge nicht verzichten in meinem Leben und ... wir haben darüber nachgedacht, daß es eben verschiedene Formen der Arbeit gibt, daß es
nicht nur Erwerbsarbeit gibt, sondern eben auch Formen der bargeldlosen
Zahlung sozusagen, wo Talente und Fähigkeiten ausgetauscht werden‘. Wir
haben das dann gegründet, und ich denke, es war beschreibend, 1996, '97 auf
unserer Sozialkonferenz zum Thema ‚Zukunft der Arbeit‘. ... Sozialkonferenz
in Nürtingen mit Bürgern, ... mit Verbänden ..., mit anderen sozialen Einrichtungen und haben gesagt, ‚ja, wir wollen uns um das Thema ‚Zukunft der
Arbeit‘ kümmern‘ ... und e i n Projekt war dann dieser Tauschring, der von
einer 6-7-köpfigen Gruppe von Bürgerinnen und Bürgern ins Leben gerufen
wurde. Er nennt sich bezeichnenderweise ‚1001 Talent‘, denn die Verrech-
nungseinheit sind ‚Talente‘ ... ungefähr so ... von der Größenordnung ‚pro
Stunde‘ können 15 Talente berechnet werden. Und hier ischt jetzt eben der
wirklich große Unterschied zu einer klassischen Interessens- oder Kontaktbörse, daß man sehr stark immer nur auf e i n e Person fixiert ist beim
Tausch. Hier is'sch so, daß im Prinzip ... wie an einer Börse Talente und Fähigkeiten gehandelt werden, daß die Interessierten Mitglied werden im
Tauschring wie in einem Verein ... und daß sie sagen: ‚Ich kann sehr gut kuchenbacken‘ und ... eine andere Frau sagt, mein Talent isch ... beispielsweise
die Betreuung von Kindern oder von älteren Leuten ... die Leute, die in einem
Tauschring drin sind, können schauen, was sie gebrauchen können, was sie
nicht können, aber was andere für sie machen können.“

Zusammenfassung und Interpretation von b)

Der Tauschring Nürtingen wurde also zunächst als Kontaktbörse für Ältere
gegründet, die in direktem Austausch Leistungen erbrachten. Im Laufe der
Zeit und angeregt durch eine Sozialkonferenz zum Thema „Zukunft der Ar-

beit" erweiterte sich das Projekt zum Tauschring. Nicht mehr nur alte Menschen, sondern auch jüngere, Arbeitslose und andere Interessenten wurden Mitglieder und boten Zeiteinsatz gegen „Talente", nicht mehr unmittelbar, sondern in Form einer Anlage bei einer „Bank", die Kredit und Debit abrechnet. Es handelt sich also um einen Kooperationsring, wie ihn *Offe und Heinze* (a.a.O.) beschreiben.

c) Auf meine Nachfrage nach dem Geldwert von „Talenten" antwortet Herr Z.:

„Also ... wir sind da schon in der Diskussion ... es wird immer wieder gesagt, Kuchenbacken isch ja wesentlich einfacher als 'n Internetzugang ... aber dies halt isch für notwendig, daß irgend 'ne gewisse Gleichbehandlung passiert. ... ‚Gewisse‘ heißt, daß es ... ein' Verhandlungsspielraum zwischen Anbietern und Nehmern gibt, aber die grobe Richtlinie, die vom Tauschring als Organisation ausgeht, 15 ‚Talente‘ in der Stunde sind. Und daß eben das Prinzip des ‚Talents‘, als ... einerseits subjektives ... Können von Menschen gleichbehandelt wird, also daß Kuchenbacken isch für 'ne Frau genausoviel ... Fähigkeit, Fertigkeit, Kreativität wie das Anschließen ans Internet für 'nen jungen Mann sein kann. ... Wenn jetzt natürlich ... ein Kuchen gebacken wird ... in 'ner halben Stunde ... und der Internetzugang eben länger braucht, ... ich denk', das macht den Verhandlungsspielraum aus, auch die Wertigkeit dieser beiden Tauschpartner. Wer länger braucht beim Kuchenbacken ... ich denk', hier fängt dann unsere Philosophie an mit den generationsübergreifenden Verständigungen, Kommunikationen zwischen den Generationen, also daß man 'nen jungen Mann, der Hecken schneidet, der Bäume schneidet, ... daß der die Erfahrung eben auch machen soll, ganz bewußt ... mit 'nem älteren Menschen, das zu akzeptieren, was der in weniger oder in mehr Zeit tut und länger dazu braucht."

Zusammenfassung und Interpretation von c)
Hier wird also versucht, das Prinzip der Gleichwertigkeit von getauschter Zeit, pro Std. = 15 „Talente", durchzuhalten mit Ausnahme von unterschiedlicher Geschwindigkeit im kommunikativen Handeln, d.h. es wird eine Erkenntnis aus der Gerontologie berücksichtigt, daß die handlungsleitende Informationsverarbeitungsgeschwindigkeit mit zunehmendem Alter abnimmt.

Hierfür wird dann ein Altersbonus gegeben, was ich in der Literatur über Tauschsysteme bislang nicht gefunden habe.

Dies ist ein neuer **Befund 13,** den ich aus dem Vortrag meines Interviewpartners generieren kann:

Grundsätzlich ist zwar Gleichwertigkeit bei Zeittauscheinheiten geboten, ein Altersbonus für nachlassende Geschwindigkeit in der handlungsleitenden Informationsverarbeitung muß im Sinne der Gerechtigkeit gewährt werden (vgl. Altersbonus bei Intelligenztestungen).

d) Der Tausch geht wie folgt vonstatten:

„... Es gibt zum einen 'nen monatlichen ... Tauschring-Treff oder das Tauschring-Café isch einmal monatlich, und dann muß man natürlich eins sehen, ... dis isch auch 'n Grundprinzip: es geht ja nich nur um den Austausch, sondern um die Kommunikation, um die Begegnung, um das Miteinander-Telefonieren, ums Verhandeln, vielleicht auch um die Talente, zu jemand anderes zu gehen und 'mal zu schauen, wie der Baum oder die Hecke aussieht. Es geht ja auch um ... ursprünglich menschliches Bedürfnis, also Kontakt zu kriegen zu anderen. ...

Es gibt denn aber auch ... ganz viele persönliche Kontakte, ... also was ich mitbekommen hab', daß sie sich treffen, sonntags wandern gehen, Fahrradfahren, Kaffee trinken. Also ich denke, man kann mittelfristig nich immer davon ausgehen, so'n Zentrum zur Verfügung zu haben wie wir, sondern ... diese Tauschringe, das kann auch in den Wohnzimmern ... passieren. ...

Also wir haben eine ... Zukunft, aber ... nicht jede Stadt kann davon ausgehen, einen zentralen Anlaufpunkt zu bekommen, oder aber zusätzlich. Ich denk' nicht alles, ... kann in einem zentralen Treffpunkt passieren, wir haben 'ne ideale Größe von 40.000 Einwohnern hier in Nürtingen, aber da fängt's an, das müssen wir anfangen zu dezentralisieren. ... und dann, also ... für die Zukunft ... dis isch meine Strategie, Wohnzimmeragenturen einzurichten, ... analog von meintwegen Tupper-Parties oder ... Quelle oder Neckermann zu Hause bestellt wird, kann man ... Engagement und Tauschgeschäfte auch bei sich zu Hause erledigen. ... Tauschring veröffentlicht regelmäßig ... eine Marktzeitung. In dieser Marktzeitung sind die Angebote anonymisiert mit entsprechenden Zahlen, und den Schlüssel dazu bekommen nur die Mitglieder, ... einfach datenschutzrechtlich ..."

Zusammenfassung und Interpretation von d)

Neben der Freude und dem Bedürfnis zu tauschen steht das Bedürfnis nach Sozialität, was in den Druckschriften der Tauschringe nicht explicit zum Ausdruck kommt.

In seiner Suada entwirft mein Interviewpartner ein Zukunftsscenario für Zeiten oder Bereiche, wo kein Zentrum der Stadt für derartige Aktivitäten zur Verfügung steht. Er sieht dezentrale Treffs in privaten Wohnbereichen der Interessenten voraus.

Ich kann daraus folgenden ***Befund 14*** generieren:

> Sollte aus öffentlichem Geldmangel und/oder wegen der Kleinheit des Ortes kein Zentrum für Tauschringe zur Verfügung stehen, werden sich Tausch-Aktivitäten „im Wohnzimmer" entwickeln.

In größeren Bereichen scheint eine Marktzeitung für Tauschofferten und -wünsche geboten, in der Anbieter und Sucher anonymisiert sind.

e) Zur Forschungsfrage 1, Rahmenbedingungen:
Auf meine Frage nach den Kosten der Mitgliedschaft:

„... 6 Mark ... halbjährlich. ... Wir ha'm also deshalb, war wichtig, daß daß Leute, die keine Arbeit ha'm ganz maßgeblich hier mitgestrickt haben. Wir ha'm es wirklich an an ihrem eigenen Niveau, ihrem eigenen Level angesetzt."

f) Zur Forschungsfrage 2, Wer sind die Mitglieder?

Auf meine Frage nach der Schichtspezifik der Mitglieder, auch bei den Arbeitslosen: „Also BE, die ganze Bewegung in Baden-Württemberg, die sich ja, sicherlich auch bundesweit, wird ja zunächst 'mal unterstellt, was wir tun, ist sehr mittelschichtsorientiert. Hm, wir sind dazu übergegangen von Anfang an, dieses klassische Schichtmodell, was wir aus der Sozialwissenschaft kennen, schlichtweg zu vergessen und zu sagen: ‚alle Leute, die hierher kommen, behandeln wir 'mal gleich.' Und vor allem, wir fragen nicht, ob jemand 'n Defizit hat, ob er arbeitslos ist oder ob er Arbeiter oder Ingenieur ist,

186

sondern wir – dis erzählen die Leute irgendwann ganz von alleine. ... Aber wir wollen versuchen, so'n Gleichheitsniveau zu schaffen, wo der arbeitslose Ingenieur sich nicht ... schon als 'was Besseres fühlt, als der arbeitslose Arbeiter. ... meiner Wahrnehmung nach, läuft's verhältnismäßig gut, und wir haben die unterschiedlichsten ... Menschen, aus den unterschiedlichsten Funktionen. ... Was beim Tauschring natürlich gut isch, im Gegensatz zu manchen anderen Bereichen des BE, daß viele Männer mitmischen. Also ... dieses orientiert auf Fähigkeiten, Talente, Fertigkeiten, dis isch schon auch was Männer gerne besetzen und für sich in Anspruch nehmen. ..."

Zusammenfassung von e) und f):
Von Anfang an wurde in Nürtingen der Gleichheitsgrundsatz gewahrt, die halbjährlichen Mitgliedsbeiträge von 6 DM den Ärmsten angepaßt, was offenbar ausreichend ist für den noch staatlich bezuschußten Büro- und Unterhaltsbetrieb der Tauschringes.

Da der Tauschring auf Fähigkeiten und Fertigkeiten orientiert, fühlen sich Männer stärker angesprochen. Defizite der Mitglieder (z.B. Arbeitslosigkeit) werden nicht erfaßt.

Es ergibt sich folgender ***Befund 15:***
Schichtenspezifik spielt beim Tauschring keine Rolle, den Beitrag kann sich jeder/jede leisten.

Befund 16:
Im Gegensatz zu anderen Bereichen des BE fühlen sich Männer für den Einsatz von Fähigkeiten/Fertigkeiten im Tauschring verstärkt angesprochen.

g) „Das läuft eigentlich nur über Buchführung. Also ... die Gruppe, diese 6 Leute, die haben außer diesem Café, diesem Treff einmal monatlich, sind sie zweimal in der Woche sozusagen hier vor Ort in dem Tauschring ... Montagmorgen von 9-11, donnerstags von 18-20 Uhr. Isch immer jemand da ... das machen die Bürger und Bürgerinnen selber... zum einen nehmen sie da die Wünsche entgegen und vermitteln dann weiter, und zum anderen aber machen sie die Buchführung, ... die arbeiten mit einem Talentscheck, jedes Mitglied bekommt einen Talentscheck, kann, wenn er was abrufen will, diesen Scheck ausfüllen, reicht ihn an die Zentrale ein und die Ehrenamtlichen verbuchen dann. ...

Es gibt – wie bei jeder guten Bank – Kredite bei uns, Zeitkredite und Talentkredite sozusagen. Man kann sein Konto ... überziehen und ohne Vorleistung in Anspruch nehmen, aber nur ... bis zu einem gewissen Level ... wie's mit 'm Überziehungskredit auch bei der Bank so ist ...

Wir hatten ... einige Anfragen, wo Leute ... dis sagten: ,Ich kann nichts mehr.' Hm, zum einen glaub' ich nicht, daß es dis gibt, wenn ... dis so ist, dann werden die Leute auch im Prinzip schon fast pflege-, betreuungsbedürftig und ... dann ist natürlich die Frage, ob man nicht in dem Punkt, mit so'was wie 'nem Tauschring – wir kommen in 'n grauen Markt hier 'rein, ganz klar. Könnt' ich mir vorstellen, daß der Tauschring Dinge tut, die'n Haus- und Nachbarschaftsdienst mit erbringt, sei es, vorzulesen, 'mal spazierenzugehen, hm im klassischen Sinn, jo, nach den Leuten zu gucken. Aber ... wenn's dann mehr wird, dann denk' ich, dann müßt man auch mobile Dienste, wie Wohlfahrtsverbände in Anspruch nehmen, man müßte Nachbarschaftshilfe aktivieren, hm, das können wir tun, den Rat geben ... also geben den Leuten die Tel.-Nr. und schauen, daß so'n Kontakt zustande kommt."

Zusammenfassung und Interpretation von g)

Im Gegensatz zur Seniorengenossenschaft (SG) scheinen hier Ältere, Hilfsbedürftige kaum nachzufragen (Schwellenangst aufgrund der Ausschreibungen?), es gibt auch keinen Sozialfonds für Zeitwertpunkte wie bei den Seniorengenossenschaften oder anderen Zeittauschbörsen.

Zwar könnte sich Herr Z. eine derartige Aufgabenerweiterung vorstellen, gibt aber zu bedenken, daß man damit in den „grauen Markt" hineinkomme. Er scheint sensibel zu sein für Konkurrenz zu bezahlter Tätigkeit und würde lieber vermittelnd tätig werden hin zu anderen Zuständigkeiten.

h) Nochmals zur Forschungsfrage 2:

Abschließend berichtet Herr Z. zur Frage der Rekrutierung von Engagierten noch: „.... wir gehen jetzt 'raus mit dem Tauschring in die Stadtteile. Also wir haben vor, ganz konkret, zwei Agenturen aufzumachen in ... zwei Stadtteilen ... die beide sehr überaltert sind, aber in die ... jeweils junge Familien eingebunden wurden. ... Diese jungen Familien, die sind auf uns zugekommen, haben's dann signalisiert, sie würden ... so'n Tauschring – Zweigstelle quasi machen ... die werden dort dann ... ihre Informationen ... zu streuen, nicht nur hier zentral, sondern auch dezentral zu gehen. ... Marktzeitung liegt hier, liegt in der gesamten Innenstadt in Geschäften aus, Kindergärten, Schulen, bei Ärzten, da ha'm wa 'n Verteiler und bedienen den ... regelmäßig. Auflage 1.000."

i) Nicht nur altersunabhängig, sondern auch unabhängig von sozialer Schicht:

„... Der Einstieg in den Tauschring ... war ja über diese Sozialkonferenz der Gedanke, daß die Zukunft der Arbeit anders aussehen wird. Diesen Spuren werden wir verstärkt Rechnung tragen bzw. nicht ich als Hauptamtlicher, sondern vor allem die Leute, die sich im Tauschring formieren. Ich habe beobachtet, daß es vor allem auch jüngere Leute sind, also, wenn es heißt, Bürgerschaftliches Engagement wird vor allem von und für Ältere gemacht, stimmt das bei den Tauschringen überhaupt nicht.

Ich hab' diesen Trend von Kolleginnen und Kollegen aus den Großstädten bestätigt bekommen ... und es isch eben wichtig, daß ... sich 'ne berufliche Biographie heute nicht mehr so durchzieht, man macht Abitur, studiert, wird Akademiker und arbeitet bis zum 65. Lebensjahr dann in der Schule als Studienrat, sondern beruflich geht es oft so, sehr holperig, ... die Leute finden nicht immer gleich 'ne Arbeit, sie ... orientieren sich um, sie haben aber auch Talente und Fähigkeiten, die sie nicht beruflich unterbringen, und so denke ich, daß ... in der Zukunft ... mindestens vier oder fünf Bereiche die Arbeit ausmachen werden. Und ein großer Bereich wird der Talenttausch sein, weil nicht mehr alles bezahlbar sein wird auf die Dauer. ... Daran glaub' ich und daran arbeitet unser Tauschring, also der Trend ist wirklich sichtbar, speziell auch bei jüngeren Familien, die darüber sich Dinge leisten können, wenn man arbeitslos isch, könnt' man also sich normalerweise niemand für'n Internetzugang ... besorgen, aber im Tauschring schon. ...

Also ... ich denk', wir sind noch lange nit am Ende der Fahnenstange angelangt. Was wir hier machen, ... – wir nennen das Freiwilligenseminare – da könnt' ich mir durchaus vorstellen, daß auch diese Freiwilligenseminare sozusagen als e i n Angebot, das wir als Organisation in den Tauschring einspeisen, in Anspruch genommen wird."

Zusammenfassung und Interpretation von h) und i):
Zur Forschungsfrage 1., der Rahmenbedingungen und Nachhaltigkeit, führt Herr Z. aus, daß man bereits jetzt dezentral zu den Menschen in die Stadtteile

gehe, was langfristig weniger staatliche Kosten verursachen wird, da von den Bürgern im Wohnzimmer selbst organisiert. Sein Zukunftsscenario rekurriert auf Patchwork-Biographien von jüngeren Erwerbstätigen, die sich zwischendurch, z.b. in Zeiten von Erwerbslosigkeit, verstärkt unentgeltlich z.b. in Tauschringen organisieren, was ihnen einen größeren Handlungsspielraum als Konsumenten ermöglicht, für Arbeiten, die sie sich von ihrem Budget nicht leisten könnten. Das dadurch größere Angebots- und Nachfragespektrum minimiert die Gefahr des Überbarterns. Da Herr Z. jetzt schon Freiwilligenseminare durchführt, meint er, dies wäre künftig auch auf Tauschring-Engagierte zu erweitern, so daß hier BE mit einer regelrechten Fortbildung einhergeht.

Ich generiere aus dieser Passage folgenden *Befund 17:*

> Künftiges bürgerschaftliches Engagement wird verstärkt mit Fortbildungsveranstaltungen verbunden werden, so daß eine „Auszeit" z.b. für Arbeitslose der Patchwork-Biographie dienlich ist.

sowie einen weiteren *Befund 18:*

> Mitglieder in Tauschringen sind unabhängig vom Alter und sozialer Schicht (vgl. auch Befund 15).

Wir haben in Herrn Z. m.E. den Idealtypus des „Ermöglichungsverwalters" vor uns, der als „Brückenbauer" im BE fungiert.

14.2.3. Zum Thema: Wohnprojekte

14.2.3.1. Interview mit Dipl. Päd. Martin Link[277]

Leiter und Geschäftsführer des Bildungswerks des Paritätischen Wohlfahrtsverbandes Baden-Württemberg in Stuttgart.
Herr Link ist 51 Jahre alt, verh., 3 Kinder (Jugendliche): 2 Mädchen, 1 Buben. Wohnort: Heckingen b. Tübingen. Geboren in Laufen/Neckar (nahe Heilbronn). Abitur, Studium der Pädagogik in Tübingen.

---

[277] Herr Link ist mit voller Namensnennung einverstanden. Er hat publiziert und erscheint auch in meiner Bibliographie.

Das Wohnprojekt WABE begann mit ca. 30 Gründungsmitgliedern im Jahre 1991. Das erste WABE-Haus steht auf dem Burgholzhof beim Robert-Bosch-Krankenhaus in Stuttgart. M. Link bezeichnet sich als „Geburtshelfer".

Untersuchungssetting:
Ich treffe Herrn Link in seinem Arbeitszimmer im Bildungswerk (s.vor) in Stuttgart am 21.3.03.

Dauer des Interviews: 1,5 Std.

Auswertungspassagen

a) Zur Forschungsfrage 2, wer sind die Engagierten?

„Es fing so an: Ich hab' sehr lange mit meiner damaligen Chefin, einer sehr engagierten, älteren Dame – sie hat das Paritätische Bildungswerk gegründet – und ich hab' über sie sehr viel in der Altenarbeit gemacht, viele Gesprächs-kreise, Veranstaltungen im Rahmen des ‚Treffpunkts Senior', aber auch lan-desweit, und als sie dann altershalber nicht mehr die Arbeit fortführen konnte, hab' ich das so quasi übernommen und aus der Arbeit mit Gesprächskreisen Älterer, äh, wurde mir immer wieder diese Fragestellung deutlicher oder diese Idee, daß viele Menschen, die älter werden – so ab 50 – sich die Frage stellen, wie Leben und Wohnen dann im Alter aussehen kann. Auch so der Schreck oder die Vorstellung, daß ein Leben dann entweder ganz allein, oder wenn nichts mehr geht, dann im Pflegeheim keine gute Perspektive ist. Und so bin ich auf die Idee gekommen, em, zunächst 'mal ein offenes Ohr, um zu be-gründen – so hat es hier begonnen – Ich hab' einfach über die Zeitung Men-schen eingeladen. Und es kamen sehr viele, die an der Problematik Interesse hatten. Das ging vielleicht ein, zwei Jahre, regelmäßig ein Forum jeden Monat, und dann hab' ich gemeinsam mit diesen Aktiven die WABE gegrün-det, weil klar war, es braucht einen Rahmen, und ich wollte ja auch, daß die Idee sich ein bißchen verselbständigt, auch nicht nur an meiner Person hängt. So ist die WABE entstanden.
Wir hatten damals einen Wettbewerb der Namen, und dis heißt eigentlich nur, daß Menschen, die zunächst vereinzelt in ihren kleinen Teilen der WABE also leben, daß sie in einen Verbund gehen, so wie in einer Wabe und jeder sein' kleinen Teil hat, so wie man das bei einer Wabe sieht und dann gemein-sam nur funktionieren kann."

b) Frage: Was ist jetzt DeineTätigkeit?

„Es ist so, ich treff' mich immer wieder 'mal mit dem Vorstand der WABE, ich mach', wenn Du so willst, eine Art Supervision. Ich versuch' vor allem, Dinge einzufädeln, z.B. mit der Stadt Stuttgart, daß wenn sie in Altenhilfeplanung gehen, daß sie immer an die WABE denken, daß sie wissen, es gibt 'ne Gruppe, die sich um solche neuen Wohnprojekte kümmert, d.h. ich mach' von außen Zuarbeit zur WABE, kann nicht mehr die andern Dinge ... regelmäßig an den Treffen teilnehmen, und es gibt den anderen, natürlich sehr engen Bezug – die haben dann irgendwann gemerkt, es entstehen viele Basisgruppen, Initiativgruppen, die dieses Wohnen wollen, aber sie trauen sich dann selbst nicht zu, zu bauen. Und deshalb hab' ich im Zusammenhang mit der WABE dann mitbegründet eine Genossenschaft ‚Pro – Gemeinsam bauen und leben' – ... und diese Baugenossenschaft hat dann für die WABE oder im Zusammenhang mit der WABE das Projekt auf dem Burgholzhof in Stuttgart gebaut. Das heißt, ich bin ... Vorsitzender dieser Baugenossenschaft, und in diesem Zusammenhang natürlich noch immer eng verbunden mit der WABE, aber die ganzen vereinsmäßigen Dinge, das machen die alles selbständig. Da brauchen die mich nicht zum Glück, weil ich kann natürlich nicht alles. Ich hab' sehr viel dann mit den sehr heiklen zum Teil und verantwortungsvollen Dingen – da geht's immer um sehr viel Geld in dieser Baugenossenschaft. Da kümmere ich mich immer nebenher, ehrenamtlich."

c) Zur Forschungsfrage 1), Rahmenbedingungen:
Mußtet Ihr da auch 10.000 Mark oder entsprechend in Euro nach Genossenschaftsrecht einzuzahlen?

„Es ist so – ich kann's erzählen, relativ kompliziert. Es gibt einen Pflichtanteil für Genossenschaftsmitglieder, der war damals 1.000 DM plus 200 DM Eintrittsgeld – das müssen die alle bezahlen. Damit haben sie noch gar nichts. Wenn sie dann bauen, dann müssen sie noch mehr Genossenschaftsanteile zeichnen, je nach Größe der Wohnung. Das hat sich so bewegt zwischen 10.000 und 20.000 DM, je nach Wohnungsgröße. Und gleichzeitig mußten sie, äh, selbst mit Hand anlegen, also Eigenbeteiligung ... Sie haben also in der Endausbaustufe den Boden gefliest, dann Wände tapeziert, gemalt, sind jetzt noch dabei, Außenanlagen mit zu erstellen. Das is mit Teil des Konzeptes."

d) Zur Forschungsfrage 2), Wer sind die Engagierten?

Also ein Mittelschichtsprojekt. Einfache Leute können ja nicht so viel Geld aufbringen?

„Äh, ich muß sagen, da sind wir'n bißchen stolz, wenn's auch schwierig war, es isch wirklich ein sehr gemischtes Projekt. Da sind wirklich – z.B. alleinerziehende Mutter mit vier Kindern, die absolut nichts hatten. Und wir haben dann, das isch 'ne sehr komplizierte Geschichte – über Eigenheimzulage, die's vom Staat gibt, zwischenfinanziert diese Geschäftsanteile – die hatten wirklich nichts und sind auch sehr stolz, trotzdem so 'was hinzukriegen, in so einem Projekt. Das heißt, wir haben in diesem Projekt nicht nur alle Generationen, – der Jüngste ist inzwischen – ne, das sind Zwillinge, geboren schon im Projekt – das heißt, es isch von weniger als ein Jahr, halt die Zwillinge, bis hin zu Jugendlichen, bis hin zu 70 so in etwa is die Altersspanne. Alles vertreten und in der Tat auch sehr unterschiedliche Einkommen. Für manche war es sehr hart, überhaupt so einen Schritt zu machen, weil sie kein Geld haben oder keine Ersparnisse haben, und wir haben auch insofern ein gemischtes Projekt, daß die größere Zahl der Wohnungen sind geförderte Mietwohnungen, wozu man ja auch nur 'n bestimmtes Einkommen haben darf. Und es gibt in den 15 Wohnungen insgesamt 3 Eigentumswohnungen, also für diejenigen, die dann Eigentum bilden können und auch wollen.

Wir hatten am Anfang, als wir mit ca. 30 Leuten begannen, eher das Problem, daß die WABE also alterslastig war, das waren schon Menschen, sehr aktive Ältere, em, die aber gerne wollten, daß es generationsübergreifend isch, und die jungen Familien waren im Anfang überhaupt nicht dabei. Die sind erscht so mit der Zeit dazugekommen. Da kommt auch dazu, die Älteren, em, waren in der Tendenz, hatten viele kei Zeiträume so, während die jungen Familien gesagt haben: ,Also wenn dis nich in zwei Jahren steht, wer weiß, wo wir dann sind, äh, dann ändert sich uns're Situation oder beruflich müssen wir uns neu orientieren, also wir wollen, das solche Projekte schnell realisiert werden!'

Dis is natürlich nich ganz einfach, die Dinge da aufeinander passend zu machen, und deshalb is eigentlich – da bin ich sehr froh drum – gut gelungen, zumindest in diesem Projekt – sowohl diese Mischung der Generationen als auch die Mischung der unterschiedlichen Lebensstile. Wir haben von, äh, alleinerziehend, Familie, Singles, Paare, ältere Paare – alles drin, bis hin: Wir haben 'ne afghanische Familie, mit 15 Wohneinheiten! Behinderte, extreme, sind keine bischher. Es gibt einen Fahrstuhl. Im Grund ist das Haus so errichtet – es gibt ja diese DIN-Normen –, behindertenfreundlich, nicht behindertengerecht. Also die Türbreiten, der Aufzug is da, aber wenn man das richtig – also dann müßte man natürlich so Dinge anbringen, die aber möglich sind. Es gibt Balkone und Garten auch."

Zusammenfassung und Interpretation a), b), c) und d)

Martin Link schildert den Anfang des Projektes WABE aus seinen Erfahrungen mit Alten-Gesprächskreisen heraus, wo Menschen ab 50 sich überlegten, wie sie ihr Alter einmal leben wollten.

Aus einer über ein Zeitungsinserat zusammengebrachten Interessentengruppe von rd. 30 Menschen entstand der eingetragene Verein WABE, was bedeutet, die Menschen wollten nicht mehr vereinzelt, sondern gemeinsam und intergenerativ leben.

Zur Realisierung gründete er die Baugenossenschaft „Pro", die die Finanzierung sogar für Mittelose lösen konnte.

Auf meine Nachfrage zur sozialen Schichtung im Projekt verfiel der sonst fast druckreif hochdeutsch Sprechende in schönstes Schwäbisch: „isch", „erscht". Das zeigt, daß er an dieser Stelle emotional mitschwingt, er betont auch seinen Stolz darauf, daß es ihnen gelungen sei, auch Leute, die nichts erspart haben, in das Projekt hinneinnehmen zu können. Im Projekt WABE, Stuttgart-Burgholzhof, gäbe es öffentlich geförderte Wohnungen, und bei den 15 Wohneinheiten, 3 Eigentumswohnungen von Leuten, die Eigentum bilden konnten und wollten. Der Generationen-Range reicht von Kleinstkindern über Jugendliche, deren Eltern bis zur Generation der 70-Jährigen. Auf die Schichtenspezifik und die Generationendurchmischung sei er sehr stolz. So lebten in der Anlage Familien, Alleinerziehende, Singles, Paare, ältere Paare bis hin zu einer afghanischen Familie. Lediglich extrem Behinderte seien nicht vorhanden. Die Wohnanlage sei behindertenfreundlich, wenn auch nicht (nach DIN) behindertengerecht. Es gäbe einen Fahrstuhl, Balkone und einen Garten.

Befund 19:

Um bessere Realisierungschancen für Wohnprojekte selbständiger Interessengruppen für gemeinsames Wohnen im Alter zu bekommen, hat sich die Gründung einer Baugenossenschaft durch einen gemeinnützigen Träger bewährt.

Inzwischen arbeite der WABE-Vorstand völlig selbständig, er treffe ihn nur gelegentlich, weil er auch die Zeit dazu nicht habe. Seine Aufgabe sei derzeit eine Art Supervision bei auftauchenden Schwierigkeiten. Darüber hinaus bedeute die Vorstandsarbeit in der Baugenossenschaft „Pro" für ihn, daß er sich um städtische Kontakte bemühe, daß die Stadt bei der Altenplanung die WABE mit im Blick habe und um „heikle Dinge", da es stets um sehr viel Geld ginge. Dies mache er alles „ehrenamtlich".

e) Martin Link fährt fort:

„Es ist eigentlich relativ zentral gelegen. Das hat damit zu tun, äh, daß, äh, dieser Burgholzhof mitten in Stuttgart, so'n bißchen nördlich, aber schon in der Innenstadt, äh, sehr lang eine amerikanische Siedlung war. Die Amerikaner sind dann gegangen, ein größerer Teil der Gebäude is abgerissen oder steht nicht mehr. Dort isch ein großes Neubaugebiet entstanden, ich weiß nich genau, wieviele, ich glaub' zwischen 5.000 und 10.000 Menschen sind dort in diesem Neubaugebiet. Auch Infrastruktur, ja, da gibt's sowohl Geschäfte, gibt Kindergarten, gibt Kirche, also sowohl ärztliche, also Läden gibt's. Sicher, es gibt keine großen Supermärkte, das wird wachsen. Das is immer so in solchen Siedlungen. Wenn die Menschen kommen, wächst auch die Infrastruktur. Kein Gewerbetreibender isch bereit, auf die ‚grüne Wiese' so 'was zu setzen, aber wenn dann 10.000 da wohnen oder auch 5, dann lohnt sich's da 'ne Bäckerei dort zu machen oder 'ne Metzgerei oder 'nen kleinen Gemischtwarenladen, und dis isch, findet statt. Natürlich gibt's, und dis isch halt bißchen dis, was die Leut' anstreben, daß der Bus nicht mehr nur alle Std. fährt, sondern halbstündlich, äh, da waren immer wieder Überlegungen über 'ne bessere Anbindung an die Straßenbahn ..."

f) Nochmals zur Forschungsfrage 2), Wer sind die Engagierten?
Auf die Nachfrage, wieviele Gründungsmitglieder abgesprungen seien und wieviele dann endgültig von denen eingezogen seien, antwortet Martin Link:

„Von den Gründungsmitgliedern der WABE ist, so weit ich weiß, gar niemand eingezogen. Es war so, die Familie Pf., die waren eigentlich mit die Motoren. Die haben auch, – der Herr Pf. war lange Vorsitzender, äh, dem hat es dann auch zu lang gedauert für seine persönliche Situation. Die hatten ein schönes – ich wollt' schon fast sagen – Gartenhäuschen im Grünen mit vielen Treppen, das ging dann nimmer. Dann sind sie umgezogen, weil die WABE noch kein Projekt hatte. Der war halt schon älter, und dann war – der isch jetzt, ich weiß nich, also über 70 auf jeden Fall – und, äh, is dann noch Krankheit – also dann war einfach für ohnehin die Sache vorbei. Aber er is nach wie vor aktiv in der WABE und, äh, is nich ausgeschieden. Und so war's eigentlich schon so, daß erst als die Genossenschaft gegründet wurde, sind auch neue Leute hinzugekommen, die nicht in der WABE waren, also nicht alle waren von vornherein WABE-Mitglieder, die dann dort in dieses Projekt gegangen sind. Und dis wurde auch der WABE mit der Zeit so'n bißchen vorgeworfen: ‚Ihr sitzt da zwar und redet über Wohnideen, aber ihr kriegt eure Projekte nicht realisiert!' Wenn man so will, hat es 10 Jahre gedauert.

Ja, jetzt, wenn die Genossenschaft da is, wir bauen jetzt auch weitere Projekte, die gehn dann schon schneller, und die gehören dann alle dazu."

Zusammenfassung und Interpretation von e) und f):

Martin Link schildert die relativ zentrale Lage des Burgholzhofs, was daran lag, daß hier die Amerikaner weggezogen seien. Einige Häuser wurden abgerissen, und dann sei ein Neubaugebiet mit ca. 5 bis 10.000 Einwohnern entstanden. Es folgte die Infrastruktur. Schwierigkeiten gäbe es noch mit dem stündlich verkehrenden Bus. Die Bewohner wollten ihn wenigstens halbstündlich verkehren sehen, auch, wegen einer besseren Verkehrsanbindung.

Von den Gründungsmitgliedern der WABE sei niemand letztlich eingezogen. Ein sehr aktiver älterer Herr konnte nicht länger auf die Projekt-Realisierung warten wegen zunehmender Altersbeschwerden, er sei aber nach wie vor aktiv im Verein WABE, auch, wenn er dort nicht wohne. Schließlich waren es sämtlich neue Leute, die nach Gründung der Baugenossenschaft und Realisierung eingezogen und erst danach Mitglieder des Vereins WABE geworden seien.

10 Jahre habe die Realisierung nach Vereinsgründung noch gedauert, jetzt, mit neu geplanten Projekten, werde es wesentlich schneller gehen.

Dies habe ich durchgängig in der Projekte-Literatur gefunden, daß die Realisierung im Schnitt 10 Jahre dauert. Verständlich, daß ältere Menschen dann abspringen, weil sie dieses Zeitfenster nicht mehr haben.

g) Nachfrage: Aber nicht mehr an diesem Standort die neuen Projekte?

„Ja, also dazu muß ich sagen, eins, das hätte auch schon lange direkt in der Nachbarschaft von dem ersten im Burgholzhof gebaut werden sollen. Da gab's dann eine lange Geschichte, nach dem 11. September, Streitigkeiten mit den Amerikanern um die Grundstücksflächen, die zwar schon gekauft waren, auch für uns freigegeben. Wir haben jetzt einen Grundstückstausch, und es wird, hoffentlich noch in diesem Jahr beginnend, ein größeres Projekt gebaut ..., die aber verbunden sind miteinander, wo insgesamt 27 Wohnungen entstehen, verteilt auf drei Häuser, drei Wohngruppen. Das sind junge Familien, das sind Ältere, also ganz auch wieder sehr gemischt. Das isch 'ne große Herausforderung, und die Frage isch natürlich, ob wir's schaffen. Aber das isch ganz konkret in Planung. Ein weiteres Projekt in Planung isch in Tübingen mit ... (unverständlich), auch sehr stark ausgehend von Älteren, aber auch mit dem Ziel: generationsübergreifend. Da wird's so ca. 15-16 Wohnungen geben im französischen Viertel. Das isch diese dort in Tübingen in Bewegung gebrachte Ecke, wo die Franzosen gegangen sind, aber's sind alles Neubauten. 'N weiteres Projekt könnte entstehen – da sind wir auch dabei – in Bad Boll oder in Boll, dem Ort.

Wir steh'n mit verschiedenen anderen, auch mit Heidelberg und auch Karlsruhe – es gab immer wieder Gespräche ... Es muß ja auch nich sein, daß alles über die Genossenschaft realisiert wird. Manchmal gibt's dann eben diese Kontakte, und wir geben dann auch an, eben zu den Bedingungen, wie so'ne kleine Baugenossenschaft, die im Grunde ja von 0 anfangen mußte, keine Rücklagen hat, nicht auf'n alten Bestand, wie viele traditionelle Baugenossenschaften, zurückgreifen kann, und insofern sind wir da Pioniere!

h) Zur Forschungsfrage 5), Beitrag zum „sozialen Frieden" (Metaebene):
Gibt es eine Philosophie oder ist die einzige Philosophie der Menschen dort: Wir wollen jung und alt zusammenleben? Oder gibt es auch Konzepte wie: Wir wollen uns gegenseitig helfen. Gibt es Gemeinschaftsräume, solche Sachen?

„Also es gibt viele Tatbestände, die man zur Philosophie rechnen könnte. Äh, dazu gehört natürlich ‚generationsübergreifend', ‚lebendiges Miteinander der Generationen'. Es gehört aber auch dazu das ‚gegenseitige Helfen', Unterstützen, soweit es irgendwie denkbar und möglich ist, also nicht die Pflege und alles zu übernehmen. Es gibt eine Art Präambel zur Hausordnung, die auch von den Teilnehmern lange diskutiert wurde. ... Aber es geht nicht nur um gegenseitige Hilfe, sondern einfach auch Dinge miteinander zu gestalten, deshalb auch Gemeinschaftsräume.

Wir haben in dem Projekt, äh, ein' Gemeinschaftsraum für die Erwachsenen, also mit Küche und, äh, Tischen, wo man alles mögliche machen kann, wo sie sich auch treffen, wo sie auch Leute von außen einladen, wo 'mal 'n Vortrag isch. Es gibt 'n Jugendraum, 'n Kinder- und Jugendraum, wo die Kinder des Hauses sich treffen. Es gibt als Gemeinschaftsflächen den Garten oder wenn man so will, die Grünanlagen, wo neben dem, daß die, die im Erdgeschoß wohnen, natürlich so'n Privatbereich haben, wo ...

Die ham immer 'mal wieder 'n Tag der offenen Tür, aber jetzt nicht regelmäßig. Also nicht so'n offizielles Café, wo man von außen kommt. Dis isch vielleicht 'was, was wir in einem zweiten Projekt realisieren könnten. Hängt ja immer davon ab, was isch denn eigentlich wichtig. Wir hatten auch diskutiert, äh, Gästezimmer. Das war dann einfach bei denen nicht im Mittelpunkt. Aber solche Sachen spielen 'ne wichtige Rolle. Und es isch natürlich von der Philosophie her auch drin, Vereinzelung vorzubeugen, so ein Stück – wenn man so will – Gesellschaftspolitik, daß die Leut' sagen, wir wissen sehr genau, der Staat kommt an seine Grenzen. Wir wollen dann nit nur auf den Staat bauen, der den Menschen hilft, sondern wir wollen ... eigene Verantwortung und Eigeninitiative, selber die Dinge soweit wir's irgend können, in die Hand nehmen.

Das Projekt ist schon selbstorganisiert, es ist auch so, daß die ganze Planung schon die Gruppe immer gemeinsam überlegt hat, gemacht hat, die treffen sich auch regelmäßig und das isch auch mit Bestandteil dieser Idee, dieser Philosophie. Es wohnen Ältere, so um die 60 hier, ein Mann, drei Frauen im mittleren Bereich, ja, dann geht's quer durch."

Zusammenfassung und Interpretation von g) und h):
Inzwischen befinden sich neue Projekte in der Planung, eines, was in der Nähe vom Burgholzhof errichtet werden sollte, scheiterte an den Amerikanern. Ein Grundstückstausch soll den Verein WABE nun der Realisierung von 3 untereinander verbundenen Häusern mit 3 Wohngruppen und insgesamt 27 Personen näher bringen (Baubeginn: noch 2003). Weitere Planungen bestehen in Tübingen, im französischen Viertel und dem Ort Orb, sämtlich intergenerative Projekte, ausgehend stets von Älteren. Verhandlungen laufen auch mit Heidelberg und Karlsruhe. Nicht alles müsse mit Hilfe der

Baugenossenschaft realisiert werden, meint mein Interviewpartner. Mit der Baugenossenschaft, die bei 0 angefangen habe und über keine Bestände verfüge, seien sie Pioniere!

Zur Philosophie der WABE gehöre nicht nur die Intergenerativität, sondern auch, sich gegenseitig zu helfen (in der Präambel der Hausordnung fixiert), Leben miteinander zu gestalten, das heißt ein Stück Gesellschaftspolitik, gegen Vereinzelung des Menschen. Hilfreich dafür seien ein Gemeinschaftsraum für Erwachsene und einer für Kinder und Jugendliche, aber auch der Garten und die Grünflächen.

Regelmäßige Tage der „offenen Tür" fänden nun nicht mehr statt. Ein Café für Treffen sei aber abgelehnt worden, ebenso die Einrichtung von Gästezimmern, was alles hätte freifinanziert werden müssen. Die Bewohner und Vereinsmitglieder leben völlig selbstbestimmt. Sie haben erkannt, daß der Staat an seine Grenzen stößt, wollen Verantwortung übernehmen und sich so weit wie möglich selbst helfen.

i) Zur Forschungsfrage 1), Rahmenbedingungen: **Konntet Ihr nicht davon absehen, daß die Stadt die Auflage des sozialen Wohnungsbaus angewendet hat? Also, wenn einer mehr Geld hat, muß er dann Fehlbelegungsabgabe zahlen oder darf er überhaupt nicht 'rein?**

„So ist es, weil Stuttgart sehr streng is mit genauen Regeln, äh, wie die Einkommensgrenzen sind, immer dann – das is so schwierig. Bei Familien mit Kindern gibt's Vereinfachungen, dis erhöht sich ja dann Stück für Stück. Und deshalb – es gab auch Ältere, die gern zur Miete gewohnt hätten, aber da sie zu hohe Einkommen hatten, deshalb nich in den Mietwohnungsbau, also dann eben – wenn man so will: notgedrungen – dann auch Eigentum gebildet. Äh, so die Stadt, das muß ich schon sagen, sie hat für den geförderten Teil die Grundstücke verbilligt. Wir hatten unterschiedliche Grundstückspreise, gemischt, dann in diesem Projekt für das gleiche Grundstück. Das war dann 'n Ausgleich. Und solche Dinge, da kommt die Stadt schon entgegen, aber grundsätzlich isch es halt in Baden-Württemberg und das isch ... nich so – das Land sagt, wir setzen die Wohnbauförderung, also die Grundsätze insofern außer Kraft, daß wir die Flächen anders zulassen. Das gibt's ja auch, daß man die Flächen für eine Person 40 qm, für zwei 60 qm usw., äh, da geht's um 1 bis 2 qm. Da schaun se schon nich so. Aber vom Grundsätzlichen, dann kommt das Problem: die Gemeinschaftsflächen gehen in diese ganzen

Berechnungen nicht ein, d.h. die müssen immer am teuersten finanziert werden, also da gibt's keinerlei Kredite. Äh, insofern sind wir da nicht so weit,
wie z.B. Nordrhein-Westfalen oder Hamburg, die dann ...“

j) Noch zur Forschungsfrage 1), Rahmenbedingungen:

Besteht ein Vorschlagsrecht der Hausgemeinschaft bezüglich neuer Bewerber?

„Ja, ja, die bestimmen dis sogar weitgehend. Die Eigentümer sind die Menschen, die die Baugenossenschaft bilden. Und es is auch so geregelt, daß die
Mieter, wenn jemand Neues kommt, jemand auszieht, daß sie bestimmen. Wir
hatten auch in der Endphase beim Bau als dann in einer Wohnung jemand
wieder abgesprungen war, da gab's ... (unverständlich). Das hat alles die
Gruppe entschieden. Und auch die Eigentümer. Da gibt's auch 'ne sehr interessante Regelung, wenn die ja verkaufen würden, hat erschtens die Genossenschaft ein Vorkaufsrecht und die Gruppe genauso, wenn's um 'nen neuen
Mieter geht, ein, äh, das Recht, die Mieter, auch im Eigentum. Das isch sehr
ungewöhnlich.“

k) Zur Forschungsfrage 6), Barrieren, Probleme:
Gibt es eine Streitschlichtungsinstanz?

„Also 'ne echte Inschtanz gibt's nicht. In der Regel ist's so, daß alles, was
irgendwie geht, lösen wir selber. Aber wenn es drum geht, bin ich zumindest
behilflich oder misch mich manchmal auch selbst ein. Also wenn es wirklich
jetzt Konflikte gibt, rate ich zumindest auch: Wenn ihr nich klarkommt, holt
jemand von außen. Den muß man dann bezahlen. Das wissen sie auch. Deshalb machen sie das nich einfach automatisch und regelmäßig, daß sie dann
jemand von außen haben, sondern wenn's wirklich gravierende Probleme
gibt ...

Es gibt einerseits natürlich Konflikte zwischen den Generationen. Die sind
aber im Moment sehr im Hintergrund. Im Anfang, also so Kinder laut, mit
den Älteren, die verstehen sich im Moment, hab' ich den Eindruck, sehr gut.
Es gibt manchmal Konflikte mit einzelnen Familien. Z.B. hatten wir eine Familie, die es einfach nich richtig hinkriegt, bei denen sieht's aus wie in 'ner
Rumpelkammer, die ham also große Probleme, ihren Alltag zu organisieren.

Da hilft die Gruppe dann schon, aber is 'ne heikle Geschichte, wieweit mischt man sich ein, und das, was da von außen wahrgenommen nich gut läuft und inwieweit muß man die allein machen lassen, also solche Konflikte gibt's schon."

Zusammenfassung und Interpretation i), j) und k):
Die Richtlinien der Förderung des sozialen Wohnungsbaus gehören zu den rigiden Rahmenbedingungen der Stadt Stuttgart. Daher sind Ältere mit einem höheren Einkommen oft nicht als förderungswürdig eingestuft worden und mußten notgedrungen im Projekt eine Eigentumswohnung erwerben, obgleich sie lieber zur Miete gewohnt hätten. Auf der anderen Seite sei die Stadt dem Verein damit entgegengekommen, daß sie Teile des Grundstücks verbilligt abgegeben habe. Auch bei der Wohnraumförderung in qm seien sie bezüglich 1, 2 qm mehr in der Förderung großzügig gewesen.

Gemeinschaftsflächen seien grundsätzlich nicht förderungswürdig, nicht so wie etwa in Hamburg oder Nordrhein-Westfalen.

Alle Mieter und Eigentümer hätten als Mitglieder der Baugenossenschaft selbstverständlich das Recht zu bestimmen, w e r im Projekt wohne. Bei etwaigem Verkauf einer Eigentumswohnung hätte sowohl die Genossenschaft als auch die Mieter und Eigentümer ein Vorkaufsrecht. Das sei sehr ungewöhnlich.

Eine Streitschlichtungsinstanz schlechthin gäbe es nicht, aber mein Interviewpartner bemüht sich, hier zu helfen. Gelinge das nicht, müsse von außen ein Schlichter gegen Entgelt angefordert werden. Das wüßten die Bewohner und würden daher alles daran setzen, den Streit selbst zu schlichten.

Bisher seien M. Link nur zwei Fälle erinnerlich, einmal, daß es Generationenkonflikte gegeben habe, weil die Kinder zu laut gewesen wären – das sei aber inzwischen ausgestanden.

Zum anderen, weil eine Familie mit ihrer eigenen Unordnung nicht klarkam. Dabei sei das Problem, inwieweit man sich von außen einmischen dürfe/solle.

l) Zur Forschungsfrage 3), Zeitbudget: **Wieviel Zeit kostet Dich Dein ehrenamtliches Engagement in der Genossenschaft?**

„Ich versuch 'mal so'n bißchen zu überschlagen. Also es kostet mich sicher jede Woche mindestens 3-4 Std. Und dis eben die Woche am Rande. Dis war manchmal schon an der Grenze. Es war eben so, als ich die ganze Idee auch mit vorangebracht habe und dann diese Genossenschaftsgründung vorge-schlagen, alles vorbereitet hatte, Satzung mit organisiert, da konnt' ich nich sagen, ich bin jetzt aber nich bereit, hier auch in Verantwortung zu gehen, hat man mir natürlich schon sehr deutlich gezeigt, also es isch ja mit deine Sache, deine Idee und da wollen wir dich da sehen, und das versteh ich ja auch, nich?"

m) Nachfrage: Du hattest ja sicher von Deiner Vorbildung her auch nicht so viel Ahnung von Baugenossenschaften. **Wie is das? Hast Du Dich da weitergebildet, hast Du viel gelesen oder?**

„Ja, das auch, aber ich hatte das große Glück oder ich hab' ganz gezielt ge-sucht, als wir den Vorstand gebildet haben, einen erfahrenen Architekten und Betriebswirt, der die ganzen bautechnischen – sonst wär' ich völlig überfor-dert gewesen – der auch sehr viel für die Genossenschaft tut – ohne ihn ... – der macht das auch ehrenamtlich, ich meine, der is in der schönen Situation, daß er auch noch 'n Architekturbüro, natürlich da irgendwo Geld verdient, aber er macht sehr viel für die Genossenschaft und ist ein unverzichtbarer Teil. Das merk' ich immer wieder, auch die selbstorganisierten Projekte in dieser ganzen Umsetzung von Bautechnik und allem – da is man ganz schnell überfordert. Da gibt's so viele Vorschriften und Fallen in die man dann tap-pen kann, insofern sind wir da ganz froh. daß das im Moment so läuft.

Ich kann abschließend sagen, ich bin mit dem Projekt ganz zufrieden, es läßt sich gut an."

Zusammenfassung und Interpretation von l) und m):
3-4 Std. mind. setzt Martin Link für seine Tätigkeit in der Baugenossenschaft wöchentlich ehrenamtlich, neben seiner hauptamtlichen Tätigkeit als Ge-schäftsführer des Bildungswerks ein.

Daneben hat er Sachverstand in den Vorstand geholt, einen Architekten und Betriebswirt, der ihm unverzichtbar geworden ist. Auch dieser arbeitet ehrenamtlich neben seinem Hauptberuf als Architekt. Ohne ihn wäre er sicher in manche „Falle getappt", denn es gäbe so viele unübersichtliche Vorschrif-ten.

Auf diese Weise sei er mit dem Projekt „ganz zufrieden".

15. Überblick in Zusammenfassungen sämtlicher Interviews (teilweise gekürzt)

15.1. Engagierte in Projekten

15.1.1. in Seniorengenossenschaften

15.1.1.1. Zusammenfassung des Interviews mit Frau V., SG Wiblingen (14.1.1.1)

Frau V., 77-jährige Chemikerin und ehemalige Gymnasiallehrerin, engagierte sich als Vorsitzende des neu gegründeten Vereins „Seniorengenossenschaft Stuttgart-Wiblingen", heute SGG = „Solidargemeinschaft der Generationen" genannt. Ihre Erfahrungen und Fähigkeiten aus dem Berufsleben bildeten die Folie für ihr Engagement. Sie bewältigte damit u.a. ihr Alleinsein nach dem Tode ihres Mannes. Nach 4 Jahren Vorsitz des Vereins trat sie zurück, weil sie den demokratischen Wechsel befürwortete, aber auch der Weg von ihrem neuen Zuhause zu weit war. Als Mitglied von ARBES[278] fand sie ein neues Engagementfeld bei ZEBRA[279], da sie sich weiterhin für das Gemeinwesen einsetzen wollte. Das bescherte ihr Sozialkontakte und „Spaß".

In den ersten zwei Jahren habe sie sich rd. 20 Wochenstd. engagiert, soviel wie ein 2/3-Lehrauftrag. Sie wollte aber kein Geld mehr verdienen! Wegen privater Betätigungen wie Chorsingen und sich um die Enkelkinder kümmern, sei sie an der Grenze ihrer Belastbarkeit gewesen.

Probleme, Barrieren, Hürden

Die Möglichkeit des Scheiterns der SSG machte Frau V. von den Rahmenbedingungen abhängig, als da sind: Spendengelder statt staatlicher Unterstützung, 1 bezahlte Angestellte zur Koordination und Wahrung der Kontinuität, Sondermittel durch die Stadt für Geräte. Der Jahresetat müsse aus der „öffentlichen Hand" erhöht werden, da Miete und Mietnebenkosten gestiegen seien. Probleme zwischen den Vorstandsmitgliedern (Generationenkonflikt)

---

[278] ARBES: Arbeitsgemeinschaft Bürgerschaftliches Engagement/Seniorengenossenschaften (in Baden-Württemberg).
[279] ZEBRA: Zentrale Bürgeragentur, in Ulm.

wurden mit Hilfe eines Psychologen zu lösen versucht: Problem zwischen hauptamtlicher Sekretärin und einem Vorstandsmitglied[280]. Probleme in zwischenmenschlichen Beziehungen haben negativen Einfluß auf die inhaltliche Projektarbeit. – Durchlöcherung des Zeitpunkte-Systems zugunsten von Geldwertberechnungen, insbesondere für körperlich schwere Arbeiten durch Handwerker (Std.-Lohn auf 15 DM begrenzt). Vermeidung von Konkurrenz zu Professionellen des Arbeitsmarktes.

Frau V. beschreibt das buchhaltungsmäßig erfaßte Zeitpunkte-Konto als „geronnene Anerkennung" für zumeist finanzschwache Nutzer, die nicht imstande sind, die Hilfeleistungen auf dem 1. Arbeitsmarkt zu erwerben. In Zeitpunkten werden auch Leiter von Interessengruppen (Handarbeiten, Singen, Malen, Englisch) vergütet.
Vorstandsmitglieder erhalten keine Zeitpunkte.
Es gibt einen Hilfefond für zweckgebundene Spendengelder für Hilfsbedürftige, ein zweiter Hilfefond nimmt gespendete Zeitpunkte auf.
Im Sinne einer Aufgabenerweiterung der SSG wurde ein Mittagstisch für SchülerInnen des nahen Gymnasiums eingerichtet im Tausch gegen Öffnung des Computerraumes der Schule für Senioren.

15.1.1.2. Zusammenfassung des Interviews mit Frau N., ARBES (14.1.1.2)

Das Interview fand am Rande eines Seminars statt (keine Tonbandaufzeichnung) mit der knapp 60-jährigen Frau N., langjähriges Vorstandsmitglied von ARBES.

Probleme, Barrieren, Hürden

Auf die Frage nach dem Scheitern der Seniorengenossenschaft Köngen nannte Frau N. folgende Gründe: Die engagierten Bürger hätten sich zu sehr als Helfer gesehen und wenig Verantwortung für das Projekt übernommen. Sie hätten sich von Amts wegen einsetzen lassen. Offenbar wegen mangelnder Teamfähigkeit hätten die Hauptamtlichen keinen Kontakt zu den engagierten Bürgern hergestellt. Grundsätzlich, meinte Frau N., sei ein Scheitern dann wahrscheinlich, wenn ein Bürgermeister nicht voll hinter dem Projekt

---

[280] Im BE kann nicht wie im politischen Bereich das hauptamtliche Personal von den gewählten Freiwilligen-Vorständen ausgewechselt werden.

stehe. Auch in Riedlingen sei die Unterstützung des Bürgermeisters äußerst gering gewesen – man habe ihn dort abgewählt. Die SG Wiblingen bestehe schlecht und recht seit 10 Jahren (vgl. Interview mit Frau V., 14.1.1.1). Kontraproduktiv sei ein mangelnder Informationsfluß innerhalb des Vorstandes gewesen. Man habe große Schwierigkeiten im Überwinden von „etabliertem Denken in Vereinsstrukturen" gehabt, sich aber gegen Einmischung von außen gewehrt.

Wenn die Stadt sich zu viel einmische, machten die Initiativen „dicht". Wichtig sei ein „nicht-kapitalistisches Denken", denn wenn Kommunen die Aktivitäten großzügig mit Geld unterstützten, dann würde insbesondere das Engagement der Älteren stagnieren. Der Solidaritätspakt zwischen Hauptamtlichen und Freiwilligen müsse sich grundsätzlich ändern. ARBES und das Sozialministerium Stuttgart hätten darauf gedrungen, in das Curriculum der Fachhochschule einen „Bürgerkurs" Sozialmanagement" aufzunehmen. Hier werden die Hemmnisse von den Akteuren verursacht!

15.1.2. Engagierte in Tauschbörsen

15.1.2.1. Zusammenfassung des Int. mit Frau M.-T. vom Tauschring Eppelheim (14.1.2.1)

Meine ca. 40-jährige Interviewpartnerin gehört nicht zu den Gründungsmitgliedern. Sie ist erst vor 2 1/2 Jahren zum Tauschring gestoßen. Dieser bestehe nun 5 Jahre. Als Motivation für ihr Engagement im Tauschring E. gibt Frau M.-T. an, daß sie sich als Zugereiste in einer gewissen Außenseiterposition in dem kleinen Ort empfunden habe und diese durchbrechen wollte und nach einem Ansatzpunkt gesucht habe, indem sie sich in der Gemeinde einbrachte. Als „offener, interessierter Mensch" wollte sie die Angelegenheiten der Tauschbörse zunächst einmal auf sich wirken lassen. In der eigenen Fremdwahrnehmung empfindet sie ihr Anderssein („... die von außen kommt, die anders lebt, die mit anderen Menschen in ihrem Freundeskreis zu tun hat ... die einfach nich so dem gewohnten Bild entspricht").

Frau M.-T. stellt dann mit Erstaunen fest, daß ca. 99% der im Tauschring Engagierten Zugereiste, nicht Alt-Eingesessene sind.

Eine weitere Motivation war, daß sie „etwas mitbewegen wollte". Anlaß bot eine in der Nähe gelegene Senioreneinrichtung und die Tatsache, daß der nahe gelegene Supermarkt geschlossen wurde. Das brachte sie, die sowieso für ihre

4-köpfige Familie mehrmals wöchentlich einkaufen ging, auf die Idee, dort Einkaufshilfe anzubieten. Weiter dachte sie an Hilfeleistungen für kranke, bettlägerige alte Menschen, was aber wohl bis dato nicht zum Tragen kam. Zwei ältere Damen dieser Senioreneinrichtung sind inzwischen als Mitglieder der Tauschbörse ausgetreten oder verstorben.

Auf die Nachfrage, was wohl die Motivationen der anderen Tauschring-Mitglieder seien, erläutert sie anhand ihrer eigenen Gefühle, daß alle gern Kontakte knüpften und das Soziale im Vordergrund stehe. Das Tauschring-Konzept „springe einen förmlich an", denn nicht jeder mache sämtliche Arbeiten im Haus, Garten oder anderen Bereichen gleich gern. Man könne sich durch Hilfen anderer den „Alltag versüßen", alles geschehe entspannter. Sie schildert, wie sie Hilfen mobilisieren könne, wenn sie spontan irgendwo hinwollte. Über den Stammtisch kenne man ein „feines, verbindliches Netz".

Sie bestätigt, daß ihr ihre Erfahrungen aus der Sprachenschule beim Umgang mit „wildfremden Menschen" sowie ihre dortige Tätigkeit in der Administration in ihrem Engagementfeld geholfen haben.

Der zeitliche Aufwand läge derzeit bei zwei Sprechstd. einmal im Monat. Für die Mithilfe bei der Entstehung der Marktzeitung schätzt sie ihre Gruppenteilnahme einmal monatlich auf 3-4 Std. oder mehr. Insgesamt schätzt sie ihr Engagement auf das Doppelte, nämlich 10-12 Std. monatlich.

Zu den Rahmenbedingungen gehört die Finanzierung des Marktblattes und des PC-Zubehörs durch die in Euro geleisteten Mitgliederbeiträge (12 Euro p.a.). Das Bürgerkontaktbüro Eppelheim stellt sowohl die Räume als auch die Computer der Tauschbörse zur Verfügung. Portokosten für Versand der Marktzeitung entstehen nicht, da diese in dem kleinen Ort von Aktiven der Tauschbörse ausgetragen wird.

Daß Tauschaktionen steuerfrei seien und es Probleme mit Anrechnungen auf Arbeitslosen- und Sozialhilfe-Leistungen auch noch nicht gegeben habe, scheint das allgemein Übliche zu sein (vgl. *Offe, Claus*, a.a.O.). Frau M.-T. schildert nun ausführlich die Abrechnungsmodi der „Talente" (4 „Talente" = 1 Arbeitsstd., wobei die Art der Arbeit gleichwertig sei). Über Werte-Schecks läuft die Buchhaltung, Kredite sind durch Limits (Soll-Limit = 50 „Talente") begrenzt. Eine Umrechnung in die Landeswährung ist auch bei hohen Haben-Konten nicht vorgesehen, was dem „reinen Modell" eines Korporationsringes entspricht. „Talente" sind übertragbar, auch in einen Sozialfonds. Sondervereinbarungen zum Ansparen eines größeren Guthabens für höhere Aufwendungen, z.B. für Übernachtungskapazitäten sind nach Absprache mit dem Aktivenkreis möglich.

Probleme beim Tauschring E.

Scheitern durch Überbartern sei möglich. Für das Überangebot einiger Mitglieder sei das Büroteam nicht verantwortlich zu machen. Wenn solche Mitglieder dann wieder ausstiegen, bliebe ein Negativ-Konto (mind. mit Verwaltungs-„Talenten") bestehen, daß sie dann mit Hilfe des Sozialfonds ausgleichen müßten.

Seit sie dabei wäre, gäbe es ein ständiges Kommen und Gehen im Tauschring. Einige würden sich ärgern, daß sie für die Verwaltung mtl. 1 Euro abführen müßten.

Diese Verwaltungskasse würde unter den vier aktiven Bürotätigen nach einem festgelegten Schlüssel verteilt; die Austeiler der Marktzeitung bekämen weniger.

15.1.2.2. Zusammenfassung des Interviews mit Herrn U. vom Tauschring
Heidelberg (14.1.2.2)

Seit Herr U. (ca. Anfang 50) vorwiegend von den Mieteinkünften seines Heidelberger Miethauses lebt und freiberuflich als Journalist und Reisefotograf tätig ist, hatte er offenbar noch Kapazitäten frei, um sich um die Gründung eines Tauschringes zu bemühen. Über sein politisches Engagement in einer Agenda-21-Gruppe gewann er zwei Mitstreiter. Aufgrund seiner Vorlieben (und Management-Ausbildung) kümmert er sich um Organisatorisches und die Öffentlichkeitsarbeit des Tauschringes. Als ein „nach dem Lustprinzip lebender Mensch" hat er seither nie mehr Fenster geputzt (diese Leistung erbringt für ihn ein Tauschring-Partner). Herr U. kümmert sich um die vierteljährlich erscheinende Marktzeitung, die in den beiden Folgemonaten aktualisiert wird. Darüber laufe aber relativ wenig, meint er.

Er sieht als politischer Mensch ganz klar, daß er früher bei seinem Engagement als Gymnasiast reine Freizeit investiert habe, jetzt aber für seinen Einsatz sozialer Zeit auch etwas zurückbekommt über das „Talente"-System (4 „Talente" für 1 Arb.Std.).

Seine beruflichen Qualifikationen haben ihm nicht so viel geholfen bei Fragen der Organisation und Öffentlichkeitsarbeit wie seine politischen Erfahrungen, insbesondere bei Greenpeace, Friedensinitiativen und während der Studentenzeit. Als Nebeneffekt bezeichnet Herr U. seine handwerklichen Fähigkeiten, die er auch in seinem Mietshaus einsetze und gelegentlich im Tauschring anbiete. Von seinen rd. 15 Engagement-Std. monatlich lasse er sich nur 50% über das Punkte-System vergüten, also auch hier ein idealistisch-politischer Anteil bei seinem Einsatz.

Weniger als 20% von derzeit 165 Mitgliedern, sagt Herr U., seien Senioren ab 55-60 Jahren.

Das System der Buchhaltung mit „Talenten" ist dem des Eppelheimer Tauschrings vergleichbar, nur, daß das Limit bei 100 „Talenten" statt bei 50 in E. liegt. Herr U. spricht ganz klar von den *Problemen des Überbarterns:*

Wer sehr aktiv gewesen ist, bei dem wird alles über 100 „Talente" nur noch mit 50% vergütet, der Rest fließt dem System „Tauschring-Organisation" zu.

Falls jemand im Minus ist, wird er aufgefordert, Leistungen anzubieten. Wenn das nicht klappt, wird er zu Bürotätigkeiten animiert, der Minus-Rest wird dann beim Ausscheiden dieses Mitglieds vom System „Tauschring" übernommen.

Allerdings kann ein Mitglied auch für größere Planungen nach Absprache „Talente" ansparen, wie das auch bei der Eppelheimer Tauschbörse möglich ist.

Geldliche Erstattungen gibt es nicht; es muß aber, wie in Eppelheim mtl. Zusätzlich 1 Euro für die monetären Gebühren des Tauschring-Betriebes entrichtet werden.

Die Hilfe beim Fensterputzen ist wohl mehr als Beispiel für eine Nachfrage gedacht, denn er sagt, er hätte sie sich auch gegen Entgelt leisten können. Dennoch gäbe es Menschen im Tauschring, für die das Tauschen eine echte finanzielle Erleichterung sei.

Ältere im Tauschring hätten zwei Motivationen, einmal, daß sie noch von anderen Menschen gebraucht würden, aber auch, daß sie „unter Menschen kommen". Dann erzählt er von einer pensionierten Steuerberaterin, die manch guten Tipp gäbe, aber keinesfalls in Konkurrenz zu professionellen Steuerberatern tätig werden würde.

Zur Frage der Arbeits- bzw. Verdienstanrechnung im Tauschring bei Arbeitslosen und Sozialhilfeempfängern habe es noch keine Probleme gegeben. Was die steuerliche Seite anbelange, so werde stets angestrebt, daß ein Punkte-Konto gegen „0" stehe, wenn das Mitglied ausscheide. Und wenn kein Gewinn erzielt werde, sei die Sache steuerlich eine Liebhaberei. Außerdem habe ein Kasseler Rechtsanwalt, selbst Mitglied des dortigen Tauschringes, sich auch für Gewerbesteuerfreiheit mit Erfolg eingesetzt. Der Standardbrief von ihm habe bislang immer zum Erfolg, d.h. steuerliche Nichtanrechenbarkeit von Tauschgewinnen geführt.

Konfliktmanagement werde in den kleinen Organisationskreisen des Tauschringes wahrgenommen. Bislang habe es harte Auseinandersetzungen noch nicht gegeben, so daß auch eine Supervision nicht nötig war.

Konflikte tauchten manchmal auf, wenn die Leute „geistig" nicht auf einer Ebene seien und dadurch Mißverständnisse miteinander hätten.

Herr U. schildert einen Konflikt mit der für die Finanzen zuständigen Engagierten, die gefordert habe, man solle keine harschen Mahnschreiben verschicken, sondern der Vorstand solle sich besser persönlich um die Probleme der Menschen bemühen. Er sagt, daß die Arbeitskapazität des Vorstands dafür nicht ausreiche.

Die Frage der Gewährleistung taucht bei allen Tauschringen immer wieder auf. Herr U. meint, das sei ausschließlich Sache der „Geschäftspartner", lt. Satzung hielte sich der Vorstand da heraus. Bei Monita würde manchmal die Vergütung der Punkte gekürzt. Und schließlich haben die Anbieter innerhalb des Tauschringes einen Ruf zu verlieren, es spräche sich herum, wenn sie qualitativ minderwertige Arbeit ablieferten (soziale Kontrolle).

Auch hochwertige Arbeiten werden gleichwertig vergütet mit 4 „Talenten" pro Std., das sei der Unterschied zur Wirtschaft. Eine Ausnahme entstünde gelegentlich beim Baby-Sitten, wenn die Kinder schliefen und die Sitterin für sich lesen oder fernsehen könne. Eine Vergütung dieses Bereitschaftsdienstes sei Verhandlungssache. Volle Vergütung sei zu erstatten, wenn die Kinder der unmittelbaren Fürsorge bedürfen, z.B. bei Krankheit.

Der monatlich stattfindende Stammtisch würde außer zum Kennenlernen der Teilnehmer untereinander auch für Vorträge genutzt, die gegen „Talente" angeboten würden. Auch eine Schloßführung habe schon stattgefunden. Direkten Tausch gäbe es selten. Bei Gegenständen sei die Schwierigkeit die Bewertung. Herr U. schildert den Tausch einer Lederjacke, die noch einen Wert von ca. 100 DM gehabt habe. Die Rechnung lautet dann 4 „Talente" = 1 Std. Arbeit = 20 DM, also hier 5 x 4 „Talente". Eine Umrechnung in Landeswährung sei aber grundsätzlich nicht vorgesehen, eine Übertragung von „Talenten" schon. Es gäbe auch Familienkonten.

Leihgeräte seien durchaus über „Talente" abrechenbar. Aber häufig erfolge eine Ausleihe auch aus Freundschaft, ohne Vergütung.

Ferienwohnungen und Fremdenzimmer im Angebot seien für Heidelberg nützlich und würden bundesweit über eine Tauschring-Zentrale angeboten.

Die Anschubfinanzierung und die Kosten für einen Messestand habe die Stadt Heidelberg übernommen. Die Räumlichkeiten für den Tauschring stellt der Paritätische Wohlfahrtsverband zur Verfügung gegen Entrichtung von „Talenten", denn dieser ist als Non-Profit-Organisation Mitglied im H'berger Tauschring „Markt der Talente". Daß dieser nach der Konvention, bei 100 „Talenten" seien nur noch 50% anrechenbar, trotzdem einen hohen „Talente"-Überschuß habe, liegt daran, daß der Verband im Tauschring keine Leistungen nachfrage.

15.1.3. Engagierte in Wohnprojekten

15.1.3.1. Zusammenfassung des Interviews mit Herrn T., D.H.G. (14.1.3.1)

Der 63-jährige, ehemalige Studiendirektor eines Gymnasiums wohnt seit 2 Jahren weitgehend in den „Diakonischen Hausgemeinschaften" und engagiert sich als Buchhalter in der Zentrale der Markusgemeinde in Heidelberg.

Herr T. weiß, wie er sein Alter leben will und ist glücklich, gleichzeitig eine ihn befriedigende Tätigkeit gefunden zu haben. Dabei half ihm seine vielseitige Ausbildung.

Durch Reflexion kommt es zu einer „Gestaltschließung": Er sieht den Tausch seiner Arbeit zwischen Bedürfnisbefriedigung und Nutzen für die Gemeinschaft.

Probleme und Hürden

Eine Streitschlichtungsinstanz bestehe in der Person des Leiters, Ingo Franz[281], Er schaffe dies auch mit Einschränkungen. Die „offene Gemeinschaft" habe zahlreiche Tücken. Die christliche Prägung scheint zu gebieten, daß „ehrenamtliches Engagement" nicht durch Verträge eingefordert wird. Dadurch verschaffen sich etliche „Schnorrer" preiswerten Wohnraum, ohne das Obligo für 2 Std. ehrenamtlicher Arbeit in der Zentrale oder im „Feld"

---

[281] Da hier der Leiter eindeutig identifizierbar ist und die Interviewerin von ihm die Genehmigung der namentlichen Erwähnung hatte, entfällt hier die Maskierung des Namens.

einzugehen, wie das eigentlich erwartet wird. Ein Zeitpunktesystem hierfür besteht nicht.

Einleuchtend erscheint es, daß insbesondere ausländische Studenten hier auch etwas Geld verdienen müssen. Hier zeigt sich besonders deutlich die Problematik des 3. Sektors, die dringend politischer Regelung bedarf.

Probleme entstehen auch durch sehr unterschiedliche Nachfragen nach Wohnraum. Einige Bewohner seien sicherlich willig, sich für die erwarteten 2 Wochenstd. zu engagieren, aber nach Einzug gefällt ihnen die Art und Weise des gemeinschaftlichen Wohnens nicht oder sie finden keine Zeit für ein Engagement.

Ein weiteres Problem ist es, daß Leerstand aus Kostengründen vermieden werden muß und so eine sehr kurze Prüfung der Bewerber stattfindet. Gelegentlich muß Miete vorgestreckt werden, manchmal wird sie seitens der D.H.G. auch eingebüßt, denn insbesondere junge Menschen haben oft ungesicherte Arbeitsverhältnisse.

Motivation

Hier beschreibt Herr T. insbesondere die Erfüllung seines Bedürfnisses nach unterschiedlichen. intergenerativen Kontakten. Er könne sein Umfeld nach seinen Vorstellungen gestalten, anders, meint er, als z.B. in einem Wohnstift.

Eine eigene professionelle Pflegeabteilung einzurichten, werde von den D.H.G. angestrebt.

Das Anmieten von Wohnungen ist für den seriösen Verein leichter als für finanziell ungesicherte Menschen.

15.1.3.2. Zusammenfassung des Interviews mit dem Ehepaar L., D.H.G.
(14.1.3.2)

Herr L., 72 Jahre alt, läßt seiner Frau, 67 Jahre alt, zumeist den Vortritt beim Interview. Sie ist im Gegensatz zu ihm nicht sehr redegewandt. Beide haben ein Einfamilienhaus in einer Kleinstadt nahe Heidelberg aufgegeben, weil die Frau schon seit rd. 20 Jahren in eine Wohngemeinschaft zusammen mit jungen Menschen strebt. Die Möglichkeit bot sich bei den D.H.G. Es handelt sich um einen zweigeschossigen kleinen Neubau, der an ein altes Mietshaus im

2. Hinterhof angebaut worden war. Die D.H.G. haben das kleine Gebäude angemietet für eine WG, Gesunde mit einem Behinderten. Insofern ist das Haus durch Rampe und Fahrstuhl behindertengerecht gebaut worden. Der behinderte Sohn der Eigentümerin wohnte bereits dort, als die anderen WG-Mitglieder einzogen.

Bevor die hauptverantwortlichen Mieter, das Ehepaar L., dort einzogen, wohnten schon junge Leute dort.

Probleme, Barrieren, Hürden

Ich erfahre fast nebenbei, daß das Ehepaar nun nach Jahren wieder ausziehen will, und dafür werden zwei Gründe genannt: Der stark Behinderte im Rollstuhl und der Platzmangel für unausgepackte Umzugskartons.

Erstaunlicherweise kam der Behinderte bei der Aufzählung der Bewohner gar nicht vor. Es schien so, als ob die Tatsache, nicht mit einem Behinderten leben zu wollen/zu können, sehr zögerlich und erst nach geraumer Zeit (als genügend Empathie mit der Interviewerin aufgebaut war) eingeräumt wurde, vermutlich, da solche Äußerung in einem christlichen Umfeld unerwünscht war.

Beide wollen nach Kassel wieder in eine WG ziehen, allerdings ohne Behinderte. In der Schilderung der gemeinsamen Mahlzeiten in der WG, teilweise noch mit weiteren Mietern, taucht nun der behinderte P. auf. Er erscheine ohne seine Eltern zum Festmahl alle 14 Tage dienstagabends. Die Pflegerin V. wird von Herrn L. als so alt wie seine Frau geschildert. Frau L. erhebt dagegen Einspruch: sie sei immerhin 7 Jahre jünger als sie.

Beim Ehemann zeigt sich nun ein weiterer Grund für den Auszug, nämlich, daß das Gemeinschaftsleben ihm auf Dauer „zu lebendig" sei. Dann betont er aber wieder (mit einem Seitenblick auf seine Frau), wie schön er die Lebendigkeit fände.

Frau L.: Das Zusammenleben sei so schön, auch die Versöhnung, wenn man sich einmal gezankt habe. Es folgt eine Schilderung von Herrn L. der schwierigen Anfangszeit der D.H.G., wo einige und auch er größere Darlehn geleistet hätten. Inzwischen sei die Lage aber besser.

Dann folgt noch ein weiterer Grund für ihren Auszug: Sie wollten aus dem Haus mit der WG selber ein ökologisches Projekt machen, was hier nur teilweise möglich war.

15.1.3.3. Zusammenfassung Int. Mit Herrn B., Hofje-Projekt Berlin-Neukölln (vgl. 14.1.3.3)

Das Interview bezieht sich nur auf das Scheitern dieses Projekts. 15 Parteien leben nach wie vor dort, jedoch nur 50% der Gründungsmitglieder von vor 13 Jahren. Alles, was hier progressiv war, wurde zurückgedreht: Die Wohnungsbaugenossenschaft bestimmt, wer einzieht, keine Mitbestimmung der Bewohner mehr, Kinder dürfen nach 20 Uhr draußen nicht mehr laut sein, es gibt keine gemeinsamen Feste mehr, keine Zusammenkünfte in der Diakonie-Station, die geschlossen wurde. Mein Interviewpartner engagiert sich in seinem kleinen Kreis, hat aber im übrigen resigniert.

15.1.3.4. Zusammenfassung des Interviews mit Frau S., ÖkoLeA (14.1.3.4)

Die rd. 60-jährige Frau S. schildert vor allem Schwierigkeiten im zwischenmenschlichen Bereich.

Barrieren, Probleme Hürden

Zwar leben bei ÖkoLeA Angehörige der Mittelschicht, die alle mehr oder weniger studiert sind, aber sie seien sehr different durch unterschiedliche Lebenszusammenhänge, Lebenserfahrungen, Leistungsvermögen und -willen. Als politischen Konflikt sieht sie, daß Alter nicht thematisiert werde, die Generationen nicht expressis verbis zusammenleben. Aber bei Konflikten spiele das Alter dann doch eine Rolle: Jüngere seien nicht so leistungsorientiert. Frau S. sagt, sie wolle nicht so aufopfernd Leistung zeigen wie andere, schildert gleichzeitig ein handicap durch Krankheit.

Als unpolitische Differenzen sieht sie Probleme mit der Schichtspezifik, keinen Zugang zu Kunst und Wissenschaft zu haben. Sie empfand sich als „elitär", bemüht aber heute die eigene Fremdwahrnehmung: „auch andere meinen das". Sie vertritt „immer noch" das Gestaltungsprinzip zwischen Bildung und Leistungswille.

Frau S. läßt kurz anklingen, daß Engagierte dort Probleme mit dem Gemeinschaftseigentum haben. Sie schildert, daß etliche kein eigenes Einkommen außer Sozialhilfe oder Arbeitslosenhilfe haben.

Sie thematisiert die Frage der Gerechtigkeit. Wenn jemand 4.000 Euro mtl. an Netto-Einkommen hat, liefert 50%, wie dort usus, ab, bleiben ihm immer noch 2.000 Euro mtl. für sich. Aber jemand, der nur 800 Euro mtl. hat, dem verbleiben nach Ablieferung der 50% ganze 400 Euro für persönliche Bedürfnisse.

Frau S. thematisiert des weiteren Macht und Machtgefälle, was überall konfliktbeladen sein kann. Offensichtlich aber gibt es bei ÖkoLeA eine wirkungsvolle Supervision.

Eine positive Rahmenbedingung sei, daß es keine Ideologien gäbe, jedes Engagement bleibe freiwillig. Die soziale Kontrolle aber sei groß. Es herrsche eine vertrauensvolle Atmosphäre, es gäbe keine Tür- und andere Schlösser, alles sei offen. Die BewohnerInnen seien nicht gleich, sie hätten verschiedene Werte. Wöchentlich, Sonntagabend sei Plenum, in die Kirche ginge niemand.

In der Tendenz seien sie kein intergeneratives Projekt, sie arbeiteten aber daran.

15.1.3.5. Zusammenfassung des Interviews mit Herrn N., ÖkoLeA (14.1.2.4)

Herr N. berichtet von der Gemeinschaftsordnung von ÖkoLeA, derzufolge mit 4/5-Mehrheiten Beschlüsse gefaßt würden. Die Dorfbewohner hätten sie vor 9 Jahren beargwöhnt, inzwischen seien sie aber weitgehend integriert. Den 4 m langen Kuhstall haben sie als Seminarraum ausgebaut. Der Gründungsverein ÖkoLeA habe sich vor 12 Jahren unter Federführung von Prof. W. in Berlin gegründet. Man wurde sich damals schon einig, daß man 50% des jeweiligen Netto-Einkommens an die Gemeinschaft abliefern wollte. Dafür sei Miete, Mittagessen, Heizung, Elektrizität, Wasserverbrauch und Benutzung des Autopools frei, das eigene Telefon nicht. Das Kindergeld könne jeder für sich behalten. Wer ein Auto benötige, müsse das vorab mittels einer Liste abstimmen, der km koste 25 cents. Man wollte eine Trennung von Leistung und Konsum analog der israelischen Kibbuzzim. Man setzte auf Zeitarbeit als Modell unterhalb des Kapitalistischen Geldmanagements. Die Freiwilligkeit funktioniere gut.

Probleme, Barrieren, Hürden

Die Gründung einer Genossenschaft sei an dem antigenossenschaftlichen Recht der Bundesrepublik gescheitert.

Sie hätten es nicht geschafft, alles beim „Kibbuz", der hier ein alter fränkischer Hof sei, anzusiedeln.

214

Drei Projekte, Bildungsarbeit unterhalten 4-5 Menschen seit 1985, seit einem Jahr gäbe es eine Bäckerei, eine ökologisch orientierte Gärtnerei (Permakultur). Umstritten sei noch, wo das Büro mit den PCs anzusiedeln sei. Für Geld- und Zeitprobleme gäbe es monatlich eine Supervision. Es gäbe regelmäßige Treffs zum Thema „Arbeit und Hilfe".

Ungerechtigkeiten seien vor allem hinsichtlich Freizeit und Ferien vorhanden. Es gäbe schwere Konflikte auf menschlicher Ebene. Um nicht kleine Konflikte ins Plenum zu bringen, hänge an der Tür eine Info-Rolle, worauf jeder „Dampf ablassen" könne.

Konflikte gäbe es nach außen zwischen urbanen und suburbanen Leuten. Was die Dorf-Connection anbeträfe, „so fallen die Erwartungen schnell in sich zusammen". Es wechselten „Eiszeiten" mit aufgelockerten, nämlich dann, wenn sie ein Dorffest mit rd. 750 Jugendlichen veranstalteten.

Im Schnitt lebten 17-25 Erwachsene und 6-7 Kinder auf dem „Kibbuz Öko-LeA". Zur Zeit arbeitete der größte Teil der Erwachsenen außerhalb, in der Stadt. Über Netzwerke beziehe man Lebensmittel vom alternativen Großbauern TERRA, man arbeite mit einer Apfelweinkellerei zusammen, insges. mit ca. 60-70 Kommunen.

15.2. Hauptamtliche Experten für Projekte

15.2.1. für Seniorengenossenschaften

15.2.1.1. Zusammenfassung des Interviews mit dem Hauptamtlichen Herrn G. bezüglich SG Köngen (14.2.1.1)

1991 habe er mit großer Unterstützung die Vorbereitungen für eine Seniorengenossenschaft im Rahmen des Stuttgarter Modellversuchs mit 7 Leuten begonnen, berichtet Herr G. Seine Beamtenstelle wurde dann mit dieser Aufgabenbeschreibung eingerichtet. In der Modellphase habe man „Beta" kreiert, d.h. „Bürger engagieren sich und teilen Altern". Es sei gebaut worden im „betreuten Wohnen" und so sei eines der großzügigsten Wohnstifte entstanden. Außerdem gäbe es ein Haus für „sozial Schwache" einen Handwerkerdienst, einen Essensdienst, einen Fahrdienst, Besuchsdienst und Beratung (z.B. für geeigneten Wohnraum). Hauptaufgabe von „Klima" („Köngener Leben im Alter") sei die Tagespflege, die sich aus Nachbarschaftshilfen entwickelt habe. Sie dient insbes. Dementen und deren Betreuern. Man pflege dort Erinnerungsvermögen. Durch Krafttraining gäbe es weniger Stürze. Von den Ehrenamtlichen werde nicht nur Kaffee gekocht, sondern sie wollten auch Teilhabe. Dazu bedürfe es einer guten Fortbildung. Zur Zeit arbeiteten 8 Personen in der Tagespflege, davon 1 examinierte Fachkraft, die aus der Pflegeversicherung vergütet werde. In den Heimen arbeite man vorwiegend mit ausländischen Pflegekräften. Es gibt Qualitätssicherung, und so hätten die Heime einen guten Ruf.

Mit Hilfe von Spendenakquisition habe er mit anderen einen zweckgebunden Fonds installiert, um Sozialhilfeempfängern Notwendiges zukommen zu lassen.

Probleme, Barrieren, Hürden

Inzwischen sei das „Umfeld schwieriger geworden", die SG habe sich in eine Richtung entwickelt, die er nicht wollte. Es gäbe massive Finanzprobleme. Die Tagespflege habe nicht länger mit Ehrenamtlichen allein arbeiten können. Eigentlich habe es ein Punktesystem gegeben, für 1 Std. Ehrenamtlichkeit = 4 Punkte. Es gäbe Ehrenamtliche, die auf ihre Punkte verzichteten. Dann würden 4 Punkte pro Std. in 10 DM umgerechnet und auf ein Sonderkonto für Essen, Heizung und Bezahlung der Fachkraft übertragen. Die Ehrenamtlichen wollten inzwischen ohne Punkte gegen Geldvergütung arbeiten (10 DM pro Std.). „Es ist nie gelungen, für das Punktesystem Jüngere zu begeistern. Wir müssen zufrieden sein, wenn wir überhaupt Ehrenamtliche gewinnen und können nicht fragen, was sie bringen." Hauptamtliche müßten das Freiwilligenmanagement erlernen.

Der Vorsitzende des Vereins sei der Bürgermeister, der kein Fachmann sei, weder in der Altenpflege noch kaufmännisch, noch in der Betreuung der Ehrenamtlichen. Er sei wegen seiner Kontakte gewählt worden, aber Teamarbeit fände praktisch nicht statt. Der Verein „Klima" der inzwischen die Seniorengenossenschaft ersetzt, habe noch 360 Mitglieder, die der Bürgermeister angeworben habe. Er sei es auch, der zu den Vereinssitzungen einlade.

Eine Supervision für das Ganze sei vom hauptamtlichen Geschäftsführer abgelehnt worden.

Statt einer komplizierten Genossenschaft hätten sie einen Verein gegründet. Die Versorgung der Älteren durch den Verein sei aber schwierig, obgleich diese ein Recht auf Versorgung hätten.

15.2.1.2. Zusammenfassung des Interviews mit dem hauptamtlichen Herrn Dr. Konrad Hummel, Sozialministerium Stuttgart (14.2.1.2):

Der Modellversuch „Seniorengenossenschaften" (SG) in Baden-Württemberg sei auf vier Jahre angelegt gewesen und 1994 ausgelaufen. Ursprünglicher Arbeitsauftrag für die Geschäftsstelle BE im Sozialministerium Stuttgart war, Aufbau und Evaluation von Seniorengenossenschaften. Nach Auslaufen des Modellversuchs, 1994 kam dazu: Selbsthilfe-Koordination bis hin zur europäischen Regionalarbeit, generationsübergreifendes BE in kommunaler Kooperation, Vereinbarung mit Städtetag, Landkreis und Gemeindetag über Standorte des BE. Promotoren in den meisten Standorten waren Senioren. Bedingungen für die Initialzündung seitens des Ministeriums zur Bildung von sog. SG waren 1. Selbstbestimmung der Ziele durch die Akteure, 2. weitgehende Abkehr von Gewährleistungen, Garantien und damit Sicherheit durch staatliche Stellen, aber beratende „Hilfe zur Selbsthilfe", Förderung von Ideen und Projekten seitens des Ministeriums, 3. gegenseitiger Tausch, direkt oder indirekt auf eigenes Risiko.

Die SG sind in der Regel eingetragene Vereine, weil das dt. Genossenschaftswesen zu bürokratisch und die Eintragung ins Genossenschaftsregister zu teuer ist.

Probleme, Barrieren, Hürden

Rückentwicklung am Beispiel Köngen bedeutet, so weitermachen wie bisher im herkömmlichen Ehrenamt, ohne Selbstbestimmung, mit Aufwandsentschädigung, was der Idee des Zeittausches zuwiderläuft. Außerdem gäbe es keine Mitsprache, keine Beteiligung der „Ehrenamtlichen" bei der Sozialplanung der Gemeinde, was ein Überangebot an Altenheimplätzen zur Folge hatte.

Dennoch könnte der Genossenschaftsgedanke fortentwickelt werden, wenn die Angebote nicht zu teuer wären für die Nutzer (was nicht „Betuchte" ausschließe).

Es sei aber niemand gescheitert, auch Köngen nicht. Eine Rückwärtsentwicklung bedeute nicht, daß man alles aufgäbe und sich die Sache nicht gelohnt habe.

Massiv weiterentwickelt hätten sich Riedlingen und Steinen hin zu Dienstleistungsträgern, was man verschieden beurteilen könne. Der gegenseitige Tausch läuft, das genossenschaftliche Gedankengut, das Verantwortungsprinzip, Werthaltung seien zweitrangig.

Dies seien Requirierungs- und Akquisitionsinstrumente, vergleichbar dem Bauherrenmodell. Es gäbe auch Mitglieder, die Wohnungen kauften, investierten. Der Verein beschäftige auch Menschen, und vom Gewinn des Verkaufs lebe ihr Vereinsleben.

Später gab es landesweit eine Diskussion darüber, daß man den Namen „Senioren" weg haben wollte. Es ginge ja auch darum, daß niemand wisse, wie man Senioren heute definiere, ob mit 50, 60 oder 70 Jahren. Die aktiven Initiativen haben sich inzwischen geöffnet für Alt-Jung-Projekte. Sie seien auch selbstverwaltet, was ganz wichtig sei. Akteure sind aber Subjekte des Geschehens.

15.2.2. Hauptamtlicher Experte für eine Tauschbörse

15.2.2.1. Zusammenfassung des Interviews mit dem hauptamtlichen Herrn Z., i.S. Tauschbörse Nürtingen (14.2.2.1)

Hier wird von günstigen Rahmenbedingungen in Form von Zur-Verfügung-Stellen der Räumlichkeiten im umgebauten Rathaus berichtet. Es handelt sich beim „Bürgertreff Nürtingen" (einschl. Zeittauschbörse) um ein generationsübergreifendes Projekt, was inzwischen zur bundesweiten Würdigung seiner Arbeit geführt hat.

Der Tauschring wurde zunächst als Kontaktbörse für Ältere gegründet, die in direktem Austausch Leistungen erbrachten. Im Laufe der Zeit und angeregt durch eine Sozialkonferenz zum Thema „Zukunft der Arbeit" erweiterte sich das Projekt zum Tauschring. Nicht mehr nur alte Menschen, sondern auch jüngere, Arbeitslose und andere Interessenten wurden Mitglieder und boten Zeiteinsatz für „Talente", nicht mehr unmittelbar, sondern über eine Bank, die Kredit und Debit abrechnet. Das Prinzip der Gleichwertigkeit von getauschter Zeit (pro Std. = 15 „Talente") wird durchgehalten, allerdings mit unterschiedlicher Geschwindigkeit im kommunikativen Handeln, d.h. es wird eine Erkenntnis aus der Gerontologie berücksichtigt, daß die handlungsleitende

Informationsverarbeitungsgeschwindigkeit mit zunehmendem Alter abnimmt. Hierfür wird dann ein Altersbonus gewährt.

Neben der Freude und dem Bedürfnis zu tauschen steht das Bedürfnis der Sozialität, was in den Druckschriften der Tauschringe nicht explicit zum Ausdruck kommt.

In seiner Suada entwirft Herr Z. ein Zukunftsscenario für Zeiten oder Bereiche, wo kein Zentrum der Stadt für derartige Aktivitäten zur Verfügung steht. Er sieht dezentrale Treffs in privaten Wohnbereichen der Interessenten voraus.

In größeren Bereichen scheint eine Marktzeitung für Tauschofferten und -wünsche geboten, in der Anbieter und Sucher anonymisiert sind.

Von Anfang an wurde in Nürtingen der Gleichheitsgrundsatz gewahrt, die halbjährlichen Mitgliedsbeiträge in Höhe von 6 DM den Ärmsten angepaßt, was offenbar ausreichend ist für den noch staatlich bezuschußten Büro- und Unterhaltsbetrieb des Tauschringes.

Da der Tauschring auf Fähigkeiten und Fertigkeiten orientiert, fühlten sich Männer stärker angesprochen. Defizite der Mitglieder (z.b. Arbeitslosigkeit) werden nicht erfaßt.

Im Gegensatz zur Seniorengenossenschaft (SG) scheinen hier Ältere, Hilfsbedürftige kaum nachzufragen, es gibt auch keinen Sozialfonds für Zeitwertpunkte. Zwar könnte sich Herr Z. eine derartige Aufgabenerweiterung vorstellen, gibt aber zu bedenken, daß man damit in den „grauen Markt" hineinkomme.

Bezüglich der Nachhaltigkeit führt Herr Z. aus, daß man bereits jetzt dezentral zu den Menschen in die Stadtteile gehe, was langfristig weniger staatliche Kosten verursachen wird, da von den Bürgern im Wohnzimmer selbst organisiert.

Sein Zukunftsscenario rekurriert auf Patchwork-Biographien von jüngeren Erwerbstätigen, die sich zwischendurch verstärkt unentgeltlich z.B. in Tauschringen organisieren, was ihnen in Zeiten von Erwerbslosigkeit einen größeren Handlungsspielraum als Konsumenten ermöglicht für Arbeiten, die sie sich von ihrem Budget nicht leisten könnten.

Da Herr Z. jetzt schon Freiwilligenseminare durchführt, meint er, dies wäre künftig auch auf Tauschring-Engagierte zu erweitern, und zwar gegen Zeittauschpunkte.

15.2.3. Hauptamtlicher Experte für Wohnprojekte

15.2.3.1. Zusammenfassung des Interviews mit dem hauptamtlichen Geschäftsführer des Paritätischen Bildungswerkes, Herrn Dipl. Päd. Martin Link (14.2.3.1)

Martin Link schildert den Anfang des Projektes WABE aus seinen Erfahrungen mit Alten-Gesprächskreisen heraus, wo Menschen ab 50 sich überlegten, wie sie ihr Alter einmal leben wollten.

Aus einer über ein Zeitungsinserat zusammengebrachten Interessentengruppe von rd. 30 Menschen entstand der eingetragene Verein WABE, was bedeutet, die Menschen sollten (und wollten) nicht mehr vereinzelt, sondern gemeinsam und intergenerativ leben.

Zur Realisierung gründete er die Baugenossenschaft „Pro", die die Finanzierung sogar für Mittellose lösen konnte. Auf meine Nachfrage zur sozialen Schichtung im Projekt betont er stolz, daß es ihnen gelungen sei, auch Leute, die nichts erspart haben, in das Projekt hineinnehmen zu können. Im Projekt WABE, Stuttgart-Burgholzhof, gäbe es öffentlich geförderte Wohnungen, und bei den 15 Wohneinheiten, 3 Eigentumswohnungen von Leuten, die Eigentum bilden konnten und wollten. Der Generationen-Range reicht von Kleinstkindern über Jugendliche, deren Eltern bis zur Generation der 70-Jährigen. Auf die Schichtenspezifik und die Generationendurchmischung sei er sehr stolz.

So lebten in der Anlage Familien, Alleinerziehende, Singles, Paare, ältere Paare bis hin zu einer afghanischen Familie. Lediglich extrem Behinderte seien nicht vorhanden. Die Wohnanlage sei behindertenfreundlich, wenn auch nicht behindertengerecht (nach DIN). Es gäbe einen Fahrstuhl, Balkone und einen Garten. Inzwischen arbeite der WABE-Vorstand völlig selbständig, er treffe ihn nur gelegentlich, weil er auch die Zeit dazu nicht habe. Seine Aufgabe sei derzeit eine Art Supervision bei auftauchenden Schwierigkeiten. Darüber hinaus bedeute die Vorstandsarbeit in der Baugenossenschaft „Pro" für ihn, daß er sich um städtische Kontakte bemühe, daß die Stadt bei der Altenplanung die WABE mit im Blick habe und um „heikle Dinge", da es stets um sehr viel Geld ginge. Dies mache er alles „ehrenamtlich".

Er schildert die relativ zentrale Lage des Burgholzhofs, was daran lag, daß hier die Amerikaner weggezogen seien. Einige Häuser wurden abgerissen, und dann sei ein Neubaugebiet mit ca. 5-10.000 Einwohnern entstanden. Es folgte die Infrastruktur. Schwierigkeiten gäbe es noch mit dem stündlich verkehrenden Bus. Die Bewohner wollten ihn wenigstens halbstündlich verkehren sehen, auch, wegen einer besseren Verkehrsanbindung.

Von den Gründungsmitgliedern der WABE sei niemand letztlich eingezogen. Ein sehr aktiver älterer Herr konnte nicht länger auf die Projekt-Realisierung warten wegen zunehmender Altersbeschwerden, er sei aber nach wie vor aktiv im Verein WABE, auch, wenn er dort nicht wohne. Schließlich waren es sämtlich neue Leute, die nach Gründung der Baugenossenschaft und Realisierungsaussichten eingezogen und erst danach Mitglieder des Vereins WABE geworden seien.

10 Jahre habe die Realisierung nach Vereinsgründung noch gedauert, jetzt, mit neu geplanten Projekten, werde es wesentlich schneller gehen.

Inzwischen befinden sich neue Projekte in der Planung, eines, was in der Nähe vom Burgholzhof errichtet werden sollte, scheiterte an den Amerikanern. Ein Grundstückstausch soll den Verein WABE nun der Realisierung von 3 untereinander verbundenen Häusern mit 3 Wohngruppen und insgesamt 27 Personen näher bringen (Baubeginn noch 2003). Weitere Planungen bestehen in Tübingen, im französischen Viertel und dem Ort Orb, sämtlich intergenerative Projekte, ausgehend stets von Älteren. Verhandlungen laufen auch mit Heidelberg und Karlsruhe. Nicht alles müsse mit Hilfe der Baugenossenschaft realisiert werden, meint mein Interviewpartner. Mit der Baugenossenschaft, die bei 0 angefangen habe und über keine Bestände verfüge, seien sie Pioniere!

Zur Philosophie der WABE gehöre nicht nur die Intergenerativität, sondern auch, sich gegenseitig zu helfen (in der Präambel zur Hausordnung fixiert), Leben miteinander zu gestalten, das hieße ein Stück Gesellschaftspolitik, gegen Vereinzelung des Menschen. Hilfreich dafür seien ein Gemeinschaftsraum für Erwachsene und einer für Kinder und Jugendliche, aber auch der Garten und die Grünflächen. Regelmäßige Tage der „offenen Tür" fänden nun nicht mehr statt. Ein Café für Treffen sei aber abgelehnt worden, ebenso die Einrichtung von Gästezimmern, was alles hätte freifinanziert werden müssen. Die Bewohner und Vereinsmitglieder leben völlig selbstbestimmt. Sie haben erkannt, daß der Staat an seine Grenzen stößt, wollen Verantwortung übernehmen und sich so weit wie möglich selbst helfen.

Die Richtlinien der Förderung des sozialen Wohnungsbaus gehören zu den rigiden Rahmenbedingungen der Stadt Stuttgart. Daher sind Ältere mit einem höheren Einkommen oft nicht als förderungswürdig eingestuft worden und mußten notgedrungen im Projekt eine Eigentumswohnung erwerben, obgleich sie lieber zur Miete gewohnt hätten. Auf der anderen Seite sei die Stadt dem Verein damit entgegengekommen, daß sie Teile des Grundstücks verbilligt abgegeben habe. Auch bei der Wohnraumförderung in qm seien sie bezüglich 1, 2 qm mehr in der Förderung großzügig gewesen.

Gemeinschaftsflächen seien grundsätzlich nicht förderungswürdig, nicht so wie etwa in Hamburg oder Nordrhein-Westfalen.

Alle Mieter und Eigentümer hätten als Mitglieder der Baugenossenschaft selbstverständlich das Recht zu bestimmen, w e r im Projekt wohne. Bei etwaigem Verkauf einer Eigentumswohnung hätte sowohl die Genossenschaft als auch die Mieter und Eigentümer ein Vorkaufsrecht. Das sei sehr ungewöhnlich.

Eine Streitschlichtungsinstanz schlechthin gäbe es nicht, aber mein Interviewpartner bemüht sich, hier zu helfen. Gelinge das nicht, müsse von außen ein Schlichter gegen Entgelt angefordert werden. Das wüßten die Bewohner und würden daher alles daran setzen, den Streit selbst zu schlichten. Bisher seien M.Link nur zwei Fälle erinnerlich, einmal, daß es Generationenkonflikte gegeben habe, weil die Kinder zu laut gewesen wären – das sei aber inzwischen ausgestanden. Zum anderen, weil eine Familie mit ihrer eigenen Unordnung nicht klarkam. Dabei sei das Problem, inwieweit man sich von außen einmischen dürfe/solle.

3-4 Std. mindestens setzt Martin Link für seine Tätigkeit in der Baugenossenschaft wöchentlich ehrenamtlich, neben seiner hauptamtlichen Tätigkeit als Geschäftsführer des Bildungswerks, ein.

Daneben hat er Sachverstand in den Vorstand geholt, einen Architekten und Betriebswirt, der ihm unverzichtbar geworden ist. Auch dieser arbeitet ehrenamtlich neben seinem Hauptberuf als Architekt. Ohne ihn wäre er sicher in manche „Falle getappt", denn es gäbe so viele unübersichtliche Vorschriften.

Auf diese Weise sei er mit dem Projekt „ganz zufrieden".

16. Zusammenschau der Projekte hinsichtlich Problemen, Hürden, Barrieren und ihre Lösungsversuche

16.1. Menschliches, allzu Menschliches

In allen Projekten gibt es immer wieder Schwierigkeiten in menschlicher Kommunikation. Aus der Zeittauschbörse Heidelberg wird berichtet, daß es gelegentlich Mißverständnisse aufgrund eines Bildungsgefälles gäbe.

Generationenkonflikte sind weit verbreitet und schwer lösbar.

Konflikte zwischen Haupt- und Ehrenamtlichen kann man mit Fortbildung bewältigen. Ein guter Ansatz für die Zukunft bietet der Vorstoß von ARBES hinsichtlich eines „Bürgerkurses Sozialmanagement" an der Fachhochschule Stuttgart.

Nicht selten sind Machtkämpfe innerhalb von Vorständen, wobei hier immer noch ein Geschlechterkampf toben kann.

Diesen Problemen ist sicherlich am schwersten beizukommen, weil insbesondere ältere Menschen sich schwerlich wesentlich ändern wollen und können. Eine gute Supervision und Fortbildungsveranstaltungen sind Lösungsmöglichkeiten. Am preiswertesten ist das neue Mentoring-Konzept in Baden-Württemberg. Mentoren-Trainer, d.h. Hauptamtliche und freiwillig Engagierte aus Projekten, wurden inzwischen (2003) in drei Durchgängen in Baden-Württemberg, bezahlt durch das Sozialministerium, ausgebildet, um in den einzelnen Einrichtungen Mentoren einsetzen zu können[282]. Mit dem Ausbildungsvertrag übernahmen sie die Verpflichtung, Mentoren in 40 Unterrichtsstunden auszubilden.

Mentoren sind „Brückenbauer" in der „Landschaft Sozialengagement"; sie haben eine Katalysator-Funktion. Sie sollen Projekte untereinander, dann im Nah- und Fernbereich, auch im Ausland, vernetzen, um voneinander lernen zu können. Wenn sie bei Konflikten nicht selbst helfen könne, sind sie die Ansprechpartner zum Weiterverweis an Fachleute.

---

[282] Literatur ist hierzu noch nicht entstanden. Die Verf. ist selbst als ausgebildete Mentoren-Trainerin tätig.

Auch wenn Einrichtungen scheitern oder sich „rückentwickeln" (wie Konrad Hummel das im Falle der SG Köngen bezeichnete, vgl. 14.2.1.2), sind es Menschen, die nicht optimal arbeiten. Frau N. von ARBES sieht einen Grund für das Scheitern von Köngen darin, daß „die engagierten Bürger sich zu sehr als Helfer sahen und zu wenig eigene Verantwortung für das Projekt übernommen haben". Die Hauptamtlichen vor Ort seien nicht teamfähig gewesen, das hatten sie nicht gelernt. Hinzu kam ein offenbar autoritärer Bürgermeister, dem das Projekt nicht so wichtig war. In der SG Riedlingen habe man den Bürgermeister aus solchen Gründen erfolgreich abgewählt.

Frau N. hält „nicht-kapitalistisches Denken" für notwendig, „denn wenn Kommunen mit Geld großzügig Aktivitäten unterstützen", so ihre Erfahrung, „dann würde insbesondere das Engagement der Älteren stagnieren".

Wie wichtig eine fachliche Unterstützung von außen, besonders für Wohnprojekte ist, zeigt sich am Beispiel von Stuttgart-Burgholzhof (WABE-Projekt) und bei den „Diakonischen Hausgemeinschaften" in Heidelberg. Ein Negativ-Beispiel hierfür ist, das genau an fehlender fachlicher Beratung von außen gescheiterte Hofje-Projekt in Berlin-Neukölln.

Auch eine gute Auswahl der Personen, die zusammenleben wollen, ist erforderlich – sie müssen gleiche Zielvorstellungen haben. Im Hofje-Projekt lebten bereits Menschen dort, denen das „fortschrittliche" Projekt „übergestülpt" wurde. So konnte es zu derartig intoleranten Äußerungen der Bewohner kommen, die zu massiven Konflikten führten. Möglicherweise war der Verein „Brückenschlag" überfordert damit, passende Menschen zusammenzuführen, die sich auch über einen längeren Zeitraum vor Einzug kennenlernen sollten, um sich abzustimmen, ob sie zusammen passen.

16.2. Strukturprobleme

Herr T. von den D.H.G. meint, daß man ehrenamtliches Engagement nicht durch Arbeitsverträge einfordern könne. Diese Ansicht wird von uns nicht geteilt. Es geht nicht um Arbeitsverträge, sondern um eine verbindliche, schriftliche Regelung, die im Einvernehmen mit dem freiwillig Engagierten aufgestellt wird, damit eine gewisse Verpflichtung und damit Planungssicherheit für das Projekt gewährleistet sind (vgl. den Ausbildungsvertrag des Sozialministeriums für Mentoren-Trainer. Auch diese mußten sich zur Ausbildung der Mentoren verpflichten).

Ohne eine solche Regelung werden die D.H.G. von sog. „Schnorrern" ausgenutzt, wie zu beweisen war. Ein zweiter, wichtiger Punkt für zukünftige erfolgreiche Arbeit bei den D.H.G. ist die rückhaltlose Aufklärung der Mieter von Projekten mit Behinderten. Es ist legitim, daß nicht jeder/jede sich ein solches enges Zusammenleben wünscht und er/sie auch nicht dafür geeignet ist.

Was hier m.E. hinderlich war, ist die Überzeugung, wonach es im kirchlichen Raum unziemlich ist, Regelungen vorzunehmen, wie Verträge und schriftliche Abmachungen bei Ehrenamtlichen und ungewolltes Zusammenleben mit Behinderten zu thematisieren und zu problematisieren. Auch ein Punktesystem zur Erfassung von freiwilliger Arbeit wäre eine faire Lösung, weil einige Engagierte sich hier kaputtmachen, während andere lediglich als Nutznießer auftreten. Good-will ist nicht ausreichend!

Herr T. spricht von einer weiteren Konfliktfläche zwischen entlohnter und belohnter Arbeit. Die entlohnte Arbeit ist hier z.T. obligatorisch, weil z.B. ausländische Studenten sich etwas dazu verdienen müssen, andererseits die D.H.G. auch auf handwerkliche und fachliche Arbeiten gegen ein moderates Entgelt angewiesen sind. Dies ist, wie Einiges bei den Tauschbörsen, eine kipplige Balance hin zur Schwarzarbeit. ABER: die ausländischen Studenten würden überhaupt keine Arbeitsgenehmigung bekommen! Und die D.H.G. als Non-Profit-Unternehmen, das auf Spendenakquisition angewiesen ist, könnte für nötige kleinere Bau- und Reparaturarbeiten überhaupt keine regulären Stundenlöhne auf dem 1. Arbeitsmarkt bezahlen! Hier zeigt sich deutlich, daß der Gesetzgeber dieses Kapitel im sog. „Dritten Sektor" sinnvoll regeln muß.

Als große finanzielle Belastung bei den D.H.G. gilt ein, wenn auch vorübergehender Leerstand von angemieteten Wohnungen. Oft finden mit Interessenten nur kurze Gespräche statt, die nicht gewährleisten, daß eine/ein Zuziehende(r) auch eine Bereicherung für die Gemeinschaft sein werde und sie/er sich – wie gewollt – 2 Std. wöchentlich für die Gemeinschaft engagiert. Auch die oben angemerkte Aufklärung seitens der D.H.G. hinsichtlich der Gemeinschaft mit Behinderten kommt dann zu kurz.

Da die Gemeinschaft auch Arbeitslose und Sozialhilfeempfänger aufnimmt, kommen auch Mietausfälle vor, für die der Verein in Vorleistung treten und diese Kosten oft auch abschreiben muß. Durch mein eigenes Engagement ist mir bekannt, daß dort ein Rollstuhlfahrer mit großem Erfolg persönlich Fundraising bei Firmen und Unternehmen betreibt. Solche Spendengelder können u.a. für Mietausfälle eingesetzt werden.

Im Falle des gescheiterten Hofje-Projekts in Berlin muß festgestellt werden, daß eine Wohnungsbaugenossenschaft mit ihren beamtenähnlichen Mitarbeitern offensichtlich nicht geeignet ist, innovative Mehrgenerationen-Projekte selbst zu unterhalten.

Eine Lösung wäre gewesen, wenn der „Paritätische Wohlfahrtsverband" z.B. das Projekt auf Dauer betreut hätte. Ein Verein (hier: „Brückenschlag") aus Ehrenamtlichen, noch dazu hochaltrigen, kann keine Gewähr dafür bieten, Mitbestimmungsrechte der Bewohner gegenüber einer Wohnungsbaugesellschaft durchzusetzen. Beispielhaft könnte hier die Struktur des WABE-Vereins in Stuttgart mit jüngeren, dynamischen Menschen und im Hintergrund dem Paritätischen Wohlfahrtsverband mit seinem Geschäftsführer im Bildungsbereich, der gleichzeitig Vorsitzender der von ihm gegründeten Baugenossenschaft ist, sein.

16.3. Fluktuation in der Planungsphase

Bei Interessenten an gemeinsamem Wohnen im Alter besteht vor allem die Schwierigkeit, daß ein Großteil dieser Menschen in der meist langwierigen Projektphase nicht durchhält. Viele kriegen Angst vor der eigenen Courage, wenn sie zum Zwecke des gemeinsamen Neuerwerbs ihre Immobilien verkaufen sollen, weil sie beim Scheitern ohne Sicherheiten dastehen könnten. Anhand der Fallstudien von *Otto*, a.a.O., schlägt dieser vor, die „Wohnprojekte möglichst nicht als unumkehrbare Schicksalsentscheidung auszugestalten."

Probleme bereiten allenthalben Grundstücks- und Althausfindung, das Sichern der Finanzierung und das Durchstehen einer langen Planungsphase und die dadurch auftretende Fluktuation.

Beispielhaft wurde das schließlich gelöst in Burgholzhof/Stuttgart durch Gründung einer Baugenossenschaft (vgl. Interview mit Martin Link). Vorteilhaft sind auch Fachleute bei den Interessenten, wie Architekten und Betriebswirtschaftler.

Ulrike Petersen vom Pantherhaus in Hamburg (12.2.2) führt aus: „Der Reibungsprozeß entsteht an der Schnittstelle von sich verändernden Wohn- und

Lebensgestaltungswünschen und herkömmlichen Rahmenbedingungen." Nicht wahrgenommen werde eine volkswirtschaftliche Entlastung im Sozialbereich durch freiwillige Selbst- und Nachbarschaftshilfe, da sie von planungs- und förderrechtlichen Umsetzungsbarrieren überschattet werde. Schließlich habe das Argument gezogen, daß die Höhe des Einkommens kein Hinderungsgrund sein sollte, um in dem Projekt eine soziale Durchmischung zu gewährleisten.

16.4. Wohngemeinschaft muß nicht Wegfall jeglicher Privatheit bedeuten

Die Wohngemeinschaftsidee Jüngerer hat sich nur sehr begrenzt bei Älteren bewährt, weil Menschen mit zunehmendem Alter immer differenter werden. Privatheit und Rückzugsmöglichkeiten werden als zu gering empfunden, dauerhafte Belastung durch Hilfs- und Pflegebedarf wird befürchtet (vgl. *Petzold*, 1980, a.a.O.).

Dies läßt sich aber regeln durch eigene, abschließbare Räume. Durch Mobilisierung von Pflegediensten u.s.w., bieten Wohngemeinschaften doch gute Möglichkeiten gegen Vereinsamung im Alter. Bei den D.H.G. hat sich das, abgesehen vom Ergebnis meines Interviews aus einer WG, durchaus vielfach bewährt, wie ich durch mein dortiges Engagement weiß.

16.5. Gerechtigkeit

Regelungsbedarf besteht bei den Richtlinien für den öffentlich geförderten Wohnungsbau. Bei Gemeinschaftsprojekten kann es doch nicht angehen, daß Ältere, weil sie ein höheres Einkommen haben, nun gezwungen sind, in der Wohnanlage Eigentum zu erwerben, obgleich sie lieber zur Miete wohnen wollen. Da wäre tatsächlich eine Fehlbelegungsabgabe sinnvoller. Auch daß Gemeinschaftsflächen bei einem solchen Projekt nicht gefördert werden, ist unsozial. Hier geht es ja gerade um soziale Räume, damit Einsame der Gemeinschaft nicht z.B. durch Depression zur Last fallen. Hier könnten die Bundesländer voneinander lernen (vgl. Hamburg, Nordrhein-Westfalen).

Bei den Landkommunen (hier: ÖkoLeA) stellt sich die Frage nach der Gerechtigkeit, wenn es um das Abführen von 50% des eigenen Einkommens an die Gemeinschaft geht. Beträge eigenen, privaten Geldes sind schließlich höchst unterschiedlich, je nachdem, ob jemand von Sozialhilfe lebt oder das Einkommen eines Ordinarius hat.

Diese ökonomischen Fragen könnten m.E. nur durch ein Schlüsselsystem mit Gewichtungen in absoluten Beträgen gelöst werden, nicht aber in prozentualer Aufschlüsselung.

16.6. Barrieren bei der Tauschring-Vernetzung

Eine besondere Hürde bei Tauschringen, die bislang nicht problematisiert wurde, ist die unterschiedliche Wertigkeit der Punkte-Währung, „Talente" oder wie diese auch immer heißen mag.

Bei den Tauschringen Eppelheim und Heidelberg gelten 4 „Talente" für eine Arbeitsstunde, in Nürtingen bei Stuttgart aber z.B. 15 „Talente" für 1 Std. Dies erschwert zweifellos eine überregionale Vernetzung, wichtig vor allem, um Überbartern zu verhindern.

Hier sollte auf der regelmäßig stattfindenden bundesweiten Tauschring-Tagung eine Normierung angestrebt werden. Auch der Mitgliedsbeitrag ist sehr unterschiedlich: in Nürtingen 6 DM pro Jahr (!), in Eppelheim 12 Euro! Durch den niedrigen Mitgliedsbeitrag hat Nürtingen auch ein breites Teilnehmerspektrum, vor allem von finanziell Schwachen, während Eppelheim offenbar ein reines Mittelschichtsprojekt ist.

Eine Barriere, die auch zu Austritten führt, ist die Tatsache, daß manche Angebote im kleinen Tauschring nicht nachgefragt werden. Auf diese Weise ist das Konto des Mitglieds durch die Belastung mit „Talenten" für die Arbeit des Büroteams unausgeglichen. Das Ansinnen an das Büroteam, für die Angebote dieser Mitglieder Werbung zu machen, kann nicht erfüllt werden. Die Aktivität muß von der Basis ausgehen.

Auch Menschen, die gar nichts anbieten und nur in „Talenten" zahlen, scheiden oft frustriert aus. Im Tauschring Heidelberg wird versucht, sie mit Büroarbeiten zu betrauen. Das reicht aber oft nicht aus, um genügend „Talente" zu sammeln. Dann muß das Konto bei Ausscheiden des Mitglieds aus der Gemeinschaftskasse/Sozialfonds ausgeglichen werden.

Hier hilft nur noch Vernetzung mit anderen Tauschbörsen, die vielleicht nicht abgeforderte Angebote bundesweit machen können. So kann ein Überbartern verhindert werden.

16.7. Gewährleistung für optimale Arbeit durch Zeittausch kann es nicht geben

Auch das Ansinnen, für Gewährleistung der Arbeit geradezustehen, muß vom Aktiventeam der Tauschbörse abgelehnt werden. Hier kann es nur um Aushandelung zwischen den Vertragspartnern gehen. Schlechte Arbeitsleistung aber „spricht sich herum", und diese Angebote werden dann nicht mehr nachgefragt (soziale Kontrolle).

16.8. Rechtssicherheit im Dritten Sektor dringend geboten

Was die steuerliche Seite (Einkommens- und Gewerbesteuer) der Tauschringe anbetrifft, so sei bundesweit noch kein Fall bekannt, wo das Finanzamt Steuern erhoben habe. Auch Anrechnung von „Talente"-Entgelten auf Arbeitslosengeld oder Sozialhilfe sei noch nicht erfolgt. Ein Kasseler Rechtsanwalt hat sich dafür sehr eingesetzt. Dennoch gibt es öfter Ängste in dieser Richtung (vgl. Tauschring Nürtingen).

Rechtssicherheit kann nur durch eine allgemeine Gesetzgebung für den sog. Dritten Sektor erfolgen und ist dringend erforderlich.

Vor dieser Problematik stehen auch die „Diakonischen Hausgemeinschaften" in Heidelberg, dadurch, daß sie ausländische Studenten gegen eine (geringe) Entlohnung beschäftigen, die hier keine Arbeitsgenehmigung erhalten können, andererseits sind die D.H.G. auf preiswerte Arbeiten angewiesen, da sie vor allem durch Spenden existieren.

Eine weitere Überlegung ist es, bei Neu- bzw. Umbauten für Mehrgenerationen-Wohnen (vgl. WABE Stuttgart) die erforderliche „Muskelarbeit" durch Tauschbörsen-Partner ausführen zu lassen. Künftige Bewohner, die das körperlich nicht mehr selbst leisten können, aber finanzschwach sind, sind auf solche Hilfen angewiesen. Wenn aber solche Projekte alle gesellschaftlichen Schichten umfassen sollen, ist es unabdingbar, daß staatliche Regelungen hierfür getroffen werden, damit Helfer (z.B. aus den Tauschbörsen) nicht an die Grenze der Schwarzarbeit geraten.

17. Neue Befunde aus den Interviews

Folgende Befunde wurden aus den Interviews zusammengetragen im Hinblick darauf, daß es sich um neue Erkenntnisse, die weder aus der Literatur hervorgehen, noch aus den drei Projekten erwartet werden konnten, handelt. Diese Befunde haben zum Ziel, den Praktiker auf solche Möglichkeiten aufmerksam zu machen und die einschlägige wissenschaftliche Literatur um einiges zu ergänzen.

17.1. Zum Thema: Seniorengenossenschaften (Freiwillige)

Befund 1: (S. 115)
Folgeprojekte aus der SG Wiblingen: Jung-Alt-Projekt mit dem ortsansässigen Gymnasium.

Befund 2: (S. 117)
Aufnahme eines „Bürgerkurses Sozialmanagement" in das Curriculum der Fachhochschule (auf Veranlassung von ARBES und dem Stuttgarter Sozialministerium), um Studenten und Bürger als Gasthörer für gemeinsames Arbeiten von Hauptamtlichen und Freiwilligen zu qualifizieren.

17.2. Zum Thema: Tauschbörsen (Freiwillige)

Befund 3: (S. 118)
Neu in Tauschringen erscheint das Angebot von Ferienquartieren und Kartenservice für Touristenprogramme.

Befund 4: (S. 120)
Die Motivation, als Zugereiste, als Neuling und aus einer anderen Schicht stammend wie das Umfeld, sich im Tauschring zu engagieren, um die Außenseiterposition zu durchbrechen, erscheint neu.

Befund 5: (S. 127)
Neben dem Tausch der Arbeitskraft gegen „Talente" werden auch Geräte verliehen gegen „Talente".

Befund 6: (S. 136)
Konflikte können sich auch aus einem Bildungsgefälle der Teilnehmer im Tauschring ergeben, was zu Mißverständnissen führen kann.

Befund 7: (S. 139)
Beim Tausch von Kleidungsstücken (Gegenständen) muß der Umweg über den Geldwert wie folgt berechnet werden: 4 „Talente" = 1 Arbeitsstunde = 20 DM (bzw. 10 Euro).

Befund 8: (S.139)
Bereitschaftsdienste werden nicht mit 4 „Talenten" vergütet, wenn der Bereite in der Zeit seines Arbeitsauftrages etwas für sich selbst tun kann (Abrechnungshöhe = Verhandlungssache).

Befund 9: (S. 140)
Familienkonten erleichtern den „Talente"-Ausgleich.

17.3. Zum Thema: Wohnprojekte (Freiwillige)

Befund 10: (S. 144)
Die von Herrn T. für die „Diakonischen Hausgemeinschaften e.V." beschriebene Organisationsstruktur des Vereins hat sich im Laufe der Zeit aus Zweckmäßigkeitsgründen ergeben.

Die Projekte werden lediglich „aufgefordert", Delegierte in eine Vollversammlung zu entsenden; es gibt kein formales Delegationsprinzip. Überhaupt erscheint der Zusammenschluß weitgehend auf freiwilliger Basis. Als Mitglied des Vereins kann sich jeder/jede „fühlen", der/die mitarbeitet (Minimum: 2 Std. wöchentlich). Es gibt keine offizielle Mitgliedschaft, etwa durch festgesetzte Beiträge.

Wohlhabende Mitglieder leisten nach Kräften Spenden. (Dies habe ich aus mehreren Gesprächen am Rande meiner Besuche dort erfahren).

Befund 11: (S. 150)
Hier haben wir einen unerwarteten Zusatzbefund, nämlich ein ökologisches Wohnprojekt mit Regenwasser als Brauchwasser und mit guter Hausisolierung.

17.4. Zum Thema: Seniorengenossenschaften (Hauptamtliche)

Befund 12: (S. 176)
Seniorengenossenschaften, ursprünglich von Senioren gegründet, öffnen sich allen Generationen und verschiedenen, neuen Initiativen (vgl. auch Befund 1 S. 115).

17.5. Zum Thema: Tauschbörsen (Hauptamtliche)

Befund 13: (S. 185)
Grundsätzlich ist zwar Gleichwertigkeit bei Zeittauscheinheiten geboten, ein Altersbonus für nachlassende handlungsleitende Geschwindigkeit bei der Informationsverarbeitung muß im Sinne der Gerechtigkeit gewährt werden (vgl. Altersbonus bei Intelligenztests).

Befund 14: (S. 186)
Sollte aus öffentlichem Geldmangel und/oder der Kleinheit des Ortes kein Zentrum für Tauschringe zur Verfügung stehen, werden sich BE-Aktitivitäten in Wohnzimmern entwickeln.

Befund 15: (S. 187)
Schichtenspezifik spielt beim Tauschring (hier: Nürtingen) keine Rolle, den Jahresbeitrag (hier von 6,-- DM) kann sich jeder/jede leisten.

Befund 16: (S. 187)
Im Gegensatz zu anderen Bereichen des BE fühlen sich Männer für den Einsatz von Fähigkeiten/Fertigkeiten im Tauschring verstärkt angesprochen.

Befund 17: (S.190)
Künftiges BE wird verstärkt mit Fortbildungsveranstaltungen verbunden werden, so daß eine solche „Auszeit" der „Patchwork"-Biographie z.B. von Arbeitslosen dienlich ist.
Fortbildungsveranstaltungen ließen sich auch über „Talente" finanzieren.

Befund 18: (S. 190)
Mitglieder im Tauschring sind unabhängig vom Alter und sozialer Schicht (vgl. auch Befund 15, S. 187).

17.6. Zum Thema: Wohnprojekte (Hauptamtliche)

Befund 19: (S. 194)

Um bessere Realisierungschancen für Wohnprojekte selbständiger Interessentengruppen für gemeinsames Wohnen im Alter zu bekommen, hat sich die Gründung einer Baugenossenschaft durch einen gemeinnützigen Träger bewährt.

18. Interpretation der neuen Befunde

Seniorengenossenschaften in Baden-Württemberg, so entnehmen wir das dem Interview mit dem Dezernenten im Sozialministerium Stuttgart, von Senioren gegründet, öffnen sich nun zunehmend intergenerativen Projekten. Eindrucksvoll das Alt-Jung-Projekt der SG Wiblingen (die Interviewte nennt es übrigens Jung-Alt-Projekt), wo Kontakte mit der nahegelegenen Schule dazu führten, daß die Älteren selbstgekochte Schulspeisung anbieten und dafür den Computerraum der Schule nutzen können und Hilfe durch die älteren Schüler erhalten, ein echtes Tauschbeispiel. Das Säubern der Küche nach dem Kochen und Geldeinsammeln übernehmen ebenfalls die Schüler.

Von der ARBES-Vertreterin wird dann von einem erfolgreichen „Bürgerkurs Sozialmanagement" an der Fachhochschule Stuttgart berichtet, der ein Defizit bei einschlägigen Ausbildungsgängen und bei engagierten Bürgern und Bürgerinnen füllt, nämlich den Umgang von Hauptamtlichen mit Freiwilligen zu erlernen.

Aus Berlin ist uns bekannt, daß Ähnliches seit Jahren an den Fachhochschulen und an der Freien Universität erfolglos gefordert wurde.

Tauschbörsen werden sich langfristig nicht nur auf Zeittausch, was ihr ursprüngliches Anliegen war, beschränken lassen, sondern sich auch phantasievoll öffnen für alle möglichen Angebote, wie das *Offe und Heinze* (a.a.O.) für die Kooperationsringe schon beschrieben haben. Aus der Tauschbörse der Touristenstadt Heidelberg konnten wir erfahren, daß Ferienquartiere bundesweit gegen „Talente"-Punkte ebenso angeboten werden wie ein Kartenservice für Kulturprogramme, aber auch die Ausleihmöglichkeit von Geräten und Maschinen. Schwieriger wird es beim Tausch von Kleidungsstücken oder Gegenständen. Hier muß zunächst der Zeitwert in DM/Euro ermittelt werden, um dann in „Talente" umgerechnet werden zu können (1 Arbeitsstd. = 4 „Talente" = 20 DM oder 10 Euro).

Immer wieder taucht das Problem des Überbarterns auf, daß teilweise durch die Zulassung von Familienkonten gelöst werden kann.

Ein wichtiges Thema ist die Tatsache, daß ältere Menschen aufgrund der Verlangsamung ihrer Informationsverarbeitung (fluide Intelligenz)[283] auch

---

[283] Baltes, P.B. (1984). Intelligenz im Alter. In: Zs. Spektrum der Wissenschaft, Mai 1984, S.46-60. Die Basis ist das Catell-Horn-Modell der fluiden und kristallinen Intelligenz.

langsamer arbeiten, d.h. ihr Arbeitsprodukt u.U. teuerer wird als von einem jüngeren Menschen. Hier zeigt sich das soziale Engagement in der Tauschbörse Heidelberg, wo man i.d.R. gewillt ist, einen „Talente"-Bonus dafür zu entrichten.

Soziale Schichtung, Alter und Geschlecht des Klientels von Tauschbörsen scheint recht unterschiedlich zu sein. So wird dies in vielen Tauschbörsen nicht und in der Literatur kaum thematisiert.

In Nürtingen bei Stuttgart spielen Schichtzugehörigkeit und Alter keine Rolle, dafür fühlen sich Männer wegen des geforderten Einsatzes von Fähigkeiten und Fertigkeiten stärker angesprochen.

In Eppelheim bei Heidelberg scheint die Tauschbörse mehr ein Mittelschichtsprojekt zu sein.

Ein Novum ist die Überlegung von Herrn Z. aus Nürtingen, daß Tauschbörsen auch vor Ort, in Wohnzimmern funktionieren könnten, falls einmal wegen der Kleinheit eines Ortes oder aus Geldmangel kein öffentlicher Raum mehr zur Verfügung stünde.

Dies erscheint mir für künftige Generationen besonders zukunftsweisend zu sein, wenn man davon ausgehen muß, daß ihr Lebensstandard sehr viel schlichter sein wird, als heutzutage (vgl. Theorieteil Kap. 1.2 und 5), wonach immer weniger Menschen noch erwerbstätig sein werden.

Martin Link vom Paritätischen Bildungswerk Stuttgart und der interviewte ehem. Studienrat bei den D.H.G. sehen selbstbestimmte Wohnprojekte ebenfalls unter der Ägide „Tausch", d.h. man setzt sich ein für andere und erhält selbst sehr viel durch ein solches Engagement zurück, z.B. Gemeinsamkeit statt Einsamkeit, Großelterndienste gegen Zuwendung usw.

Die Realisierung solcher Wohnprojekte bedarf in der Regel eines Vorlaufs von 10 Jahren. In dieser Zeit springen viele Interessenten wieder ab. Vor allem für Ältere wäre es wichtig, diesen Planungszeitraum zu verkürzen. Da hat sich in Stuttgart mit großem Erfolg die Gründung einer Baugenossenschaft bewährt.

Die besondere Variante, daß Wohngruppen immer öfter sich nicht nur um Intergenerativität, sondern auch um ökologisches Bauen bemühen, nimmt ständig zu.

Eine Sonderform stellen die „Diakonischen Hausgemeinschaften" dar, bei denen nicht alle Engagierten auch Vereinsmitglieder sind. Das liegt an der Gruppenzusammensetzung mit vielen Behinderten, die von Sozialhilfe leben und Studenten, die kaum ein Einkommen haben. Dennoch kann man nicht von einem Unterschichtsmodell sprechen, weil sich gerade im Vorstand auch finanzkräftigere Mitglieder engagieren und außerdem bildungsgewohnte Menschen (Studenten, aber auch einige Bewegungsbehinderte) engagiert haben.

Ein besonderes Thema ist in allen Projekten die Qualifizierung Engagierter. Hier haben sowohl gemeinnützige Verbände, als auch staatliche Institutionen eine große Aufgabe, kostengünstige oder sogar kostenlose Weiterbildungen zu offerieren. Für engagierte Arbeitslose könnte die Teilnahme an Fortbildungen als Zusatzqualifikation einer häufigen „Patchwork"-Biographie zugefügt werden.

Auch dies ist ein besonders zukunftsweisendes Thema, da immer mehr Menschen aus der Erwerbsarbeit fallen werden.

Für alte Menschen bedeutet Fortbildung Anerkennung ihres Engagements und Qualifizierung. Sie sind stolz, daß sie gesellschaftlich noch gefragt sind. Mit einer solchen Aufwertung werden sie viele kleine Einschränkungen kompensieren und – wie wir Gerontologen wissen – weniger unser Gesundheitssystem belasten.

19. Ergebnisse aufgrund der Forschungsfragen Kap. 13.2

19.1. Forschungsfrage 1, nach Rahmenbedingungen einer „Ermöglichungsverwaltung"

Es ist sicher unbestritten, daß sich eine „Ermöglichungsverwaltung", die für „empowerment" (*Keupp*, a.a.O.) steht, künftig noch sehr viel stärker dafür einsetzen muß, daß sinnvolle Projekte, die aus dem Eigenengagement von Menschen entstehen, Bestand haben können. Vorbildlich hierfür erscheinen die Zielsetzungen des Sozialministeriums in Stuttgart, aber auch, wie Martin Link erwähnt hat, die Landesverwaltungen von Hamburg und Nordrhein-Westfalen hinsichtlich ihrer gewährten Erleichterungen bei sozial gemischten Wohngruppen. Dort werden begüterte Ältere nicht gezwungen, Wohneigentum zu erwerben, wenn sie lieber in einer Mietwohnung leben wollen. Vorherrschend ist dort das Prinzip der eigenständigen Gruppe, die zusammen leben und sich unterstützten will. Auch *Ulrike Petersen* (a.a.O.) von den „Grauen Panthern Hamburg" weist in ihren Schriften darauf hin.

Die Gesellschaft hat einen Vorteil davon, wenn Menschen sich gegenseitig unterstützen und einzelne Einsame nicht dem Sozialsystem zur Last fallen. Die vielen Stunden unentgeltlicher Arbeit der Engagierten sind überdies ein wesentlicher Beitrag zum Bruttosozialprodukt.

Zu den Rahmenbedingungen, die die Verwaltung zur Verfügung stellen sollte, gehören ebenso Räume z.B. für Tauschbörsen, für die Gründung von weiteren Seniorengenossenschaften, überhaupt für Erstzusammenkünfte von Initiativgruppen. Auch Gelder für Fortbildung der Engagierten zahlen sich erheblich aus.

Eine besondere Schwierigkeit zu Zeiten knapper Kassen stellen Personalmittel dar. Wenn es langfristig gelänge, in jedem Projekt wenigstens 1/2 oder 1 Stelle für eine(n) Hauptamtliche(n) zur Verfügung zu stellen, wäre uns um die Nachhaltigkeit nicht bange. Dennoch denken wir, daß spätere Altenkohorten immer besser ausgebildet sein werden und sich unter ihnen dann genügend unentgeltlich arbeitende Fachkräfte finden lassen unter der Voraussetzung, daß ein grundsätzlicher Wertewandel zu mehr in der Gesellschaft verankertem Gemeinsinn (Kommunitarismus) einsetzt.

In den USA ist das längst der Fall wie eigene Befragungen in einem Forschungsprojekt der University of Massachusetts, Boston im Jahre 1996 zeigten. Bei der Frage: „Do you volunteer?" wurde, falls gegenwärtig kein Engagement vorlag, vertextet, man könne im Moment nicht, weil man kranke Eltern/Enkel pflege, würde dies aber sofort wieder aufnehmen, wenn die Zusatzbelastung vorüber sei. Da wir selbst die Auswertung der Fragebögen vorgenommen haben, konnten wir Derartiges vielfach lesen, ohne daß es möglich war, solche inhaltlichen Aussagen in der mainstream-Forschung bei der Auswertung von Fragebögen mit SPSS zu berücksichtigen.

19.2. Forschungsfrage 2: Wer sind die Engagierten und ihre Voraussetzungen

Ich beschränke mich hier auf die „Experten des eigenen Engagements", denn bei den Hauptamtlichen ist der Beruf verzeichnet.

19.2.1. Engagierte bei Seniorengenossenschaften und der Dachorganisation ARBES

Frau V., eine ehemalige Chemielehrerin, 77 Jahre alt, gehört noch der Verantwortungsgeneration an und fühlt sich vielfach verpflichtet, bestimmte Aufgaben zu übernehmen, verfügt aber auch über eine sozialpolitische Grundeinstellung dahingehend, daß sie etwas „für das Gemeinwesen" tun wollte. Als ehemalige Personalratsvorsitzende ihrer Schule bringt sie beste Voraussetzungen für die Vorstandsarbeit mit.

Es gibt immer wieder Engagierte, hier Handwerker, die nicht für Punkte arbeiten wollen, so ganz besonders bei der SG Köngen. Man hat dann 15 DM pro Std. zugrunde gelegt, was aber das Tauschprinzip durchbricht und langfristig nicht wünschenswert ist (vgl. 14.2.1.2 Interview mit Herrn Dr. K. Hummel).

Frau N., langjähriges Vorstandsmitglied bei ARBES, ist ehemalige Vorstandssekretärin eines großen Konzerns. Sie tritt sehr gewandt auf und wird noch heute (2003) nach ihrem Ausscheiden bei ARBES als Referentin in der Sache eingesetzt.

Sie sagt von den Engagierten in Köngen, daß diese sich stets als Helfer gesehen (wie beim alten Ehrenamt) und keine eigenständige Verantwortung übernommen hätten. Das hat sicher auch Ursachen in der Konstellation mit einem vorsitzenden, sehr dominanten Bürgermeister. Auch das Punktesystem klappt in K. nicht.

Offenbar gibt es keinen Zusammenhang zwischen Eigenverantwortung im Tauschsystem und auf der anderen Seite Sich-bezahlen-lassen als Helfer.

19.2.2. Engagierte in Tauschbörsen

Frau M.-T., Anfang 40, studiert, mit Auslandserfahrung, engagiert sich mit anderen jüngeren Frauen in der Tauschbörse E. Sie empfindet sich als Fremde in ihrer Umgebung. Sie kann auf Gelerntes in anderen Engagementfeldern zurückgreifen (Mentorenkurs, Freiwilligenbörse und als frühere Elternvertreterin) und hat sich selbst dort eingebracht, weil ihre Kinder groß sind, sie freie Kapazitäten hatte und Kontakte in ihrem Umfeld anstrebte.

Die Mitstreiterinnen in der Tauschbörse sind ebenfalls Mittelschichtsfrauen und zumeist keine langfristig Ortsansässigen.

Herr U. ist viel herumgekommen, war selbständig (Naturkostladen), als Student politisch engagiert, was er auch einsetzt in seinem Engagement mit dem von ihm gegründeten Tauschring in Heidelberg. Da er freiberuflich tätig ist (Journalist und Fotograf) und aus den Einkünften eines ererbten Miethauses lebt, wollte er sozialpolitisch etwas aufbauen. Das war der Tauschring „Markt der Talente". Er kann sich dort auch gelegentlich handwerklich engagieren. Diese Tauschbörse hat Angehörige aller sozialen Schichten, aber wenige Ältere.

19.2.3. Engagierte in Wohnprojekten

Herr T., 61 Jahre alt, ehem. Gymnasiallehrer (Schulleiter) engagiert sich bei den „Diakonischen Hausgemeinschaften", wo er auch wohnt. Er ist dabei, sein Leben „umzustrukturieren" und will mit Jüngeren zusammenleben. Sein Hobby ist die Buchhaltung, die er computergestützt dort ausübt. Er ist Mitglied des Vereins und hat sich dort auch finanziell engagiert.

Ehepaar L. (Ende sechzig) von den D.H.G., er ehemaliger Ingenieur, sie wollte schon lange in einer WG mit Jüngeren leben, was zunächst mit großer Euphorie gelungen ist. Konflikte (Nicht-loslassen-können von Gegenständen und das Leben mit einem Schwerstbehinderten) führten nun zu ihrem Auszug.

In der WG leben Studenten, Jungakademiker, ein schwerstbehinderter junger Mann und seine nebenberufliche Pflegerin und dieses Ehepaar. Wie es hier weitergeht, ist ungewiss.

Frau S., Anfang 60, lebt und arbeitet in der Landkommune ÖkoLeA in Brandenburg. Sie war Studentin der Soziologie, hat in Werbung, Markt- und Produktforschung gearbeitet und wurde mit über 50 arbeitslos. Jetzt ist sie die Mitarbeiterin eines dort lebenden, emeritierten Professors und fühlt sich „elitär". Sie thematisiert ihre Leistungsbezogenheit, die bei den jüngeren Mitbewohnern weniger vorhanden sei. Allen Bewohnern hat es die faszinierende Kibbuzidee angetan, die aber aufgrund der 50%gen Einkommensabgabe bei unterschiedlichen Einkommen problematisiert wird.

Herr N., ca. Ende 30, ist im Kubbiz ÖkoLeA verantwortlich für die Gartenpflege (Permakultur) und seit 1994 Heilpraktiker. Was er davor machte, ist unbekannt, ich konnte ihn auch nicht fragen. Er kam ursprünglich aus Frankreich.

19.3. Forschungsfrage 3: Welches Zeitbudget steht zur Verfügung?

19.3.1. beim Engagement in der Seniorengenossenschaft

Bei Aufbau der SG Wiblingen setzte die pensionierte Lehrerin ca. 20 Wochenstunden ein. Sie vergleicht das mit einem 2/3 Lehrauftrag. Parallel hat sie später wieder Aufbauarbeit im Vorstand von ARBES geleistet, dann aber den Vorsitz in Wiblingen aufgegeben. Ein drittes Mal leistet sie Aufbauarbeit als Vorsitzende bei ZEBRA neben ihrer Tätigkeit bei ARBES. Wir haben es hier mit einem zeitlich ungewöhnlich hohen Engagement zutun, was keinesfalls die Regel bei den Engagierten ist.

19.3.2. beim Engagement in Tauschbörsen

Bei den Tauschbörsen zeigt sich ein unterschiedler Zeitaufwand bei den dort Engagierten. Frau M.-T. überlegt, einmal monatlich 2 Std. in der Sprechstunde und ca. 12 Std. mtl. zur Vorbereitung und Gestaltung der Marktzeitung.

240

Der politisch denkende Herr U. will sich gar keine Zeit für sein Engagement anrechnen lassen, weil er meint, er bekomme ja dafür etwas zurück (nämlich Punkte aus dem Tauschsystem), während er bei seiner politischen Arbeit Freizeit eingesetzt habe.

19.3.3. beim Engagement in Wohnprojekten

Bei den „Diakonischen Hausgemeinschaften" werden 2 Std. wöchentlich ehrenamtliches Engagement erwartet, aber durchaus nicht von allen erbracht. Unter den Behinderten gibt es welche, die das nicht leisten können. „Schnorrer", die die gute Sache für sich in Anspruch nehmen, aber nichts dafür leisten, gibt es auch (vgl. meine Kritik am Konzept). Mein Interviewpartner arbeitet sicher sehr viel mehr als 2 Std., kann es aber nicht beziffern, zumal er unregelmäßig anwesend ist. Es muß halt vor allem von ihm die Buchhaltung bewältigt werden.

Bei den anderen Wohnprojekten (WG, ÖkoLea) konnten Zeitbudgets naturgemäß gar nicht erhoben werden, da das Engagement der dort lebenden Menschen kontinuierlich für sich und in Gemeinschaft abläuft.

Anders sieht es bei dem hauptamtlichen Sozialpädagogen Martin Link aus, der sich nebenberuflich in der Baugenossenschaft „Pro" und der Aufbauhilfe für das Projekt Burgholzhof einsetzt. Er kann „überschlagen": pro Woche 3-4 Std. neben seinem fulltime job. Bei der Vorbereitung der Vereinsgründung hat er sicherlich sehr viel mehr Zeit eingesetzt. Der Architekt und Betriebswirt, der sich in der Baugenossenschaft engagiert, arbeitet auch nebenberuflich unentgeltlich dort. Zeitlich beziffern lassen sich seine Beratungen nicht, zumal ein großer Teil Telefongespräche sind.

Wir meinen, es ist legitim, den Zeiteinsatz zu kalkulieren, auch, wenn man dafür etwas Anderes (nämlich B e lohnung statt E n t lohnung) zurückbekommt. Denn bei bezahlter Erwerbsarbeit spielt die Arbeitszeit auch eine Rolle. Warum soll der Engagierte nicht stolz darauf sein können, wieviel Zeit er einsetzt?

Es hat sich gezeigt, daß die Frage nach dem Zeitbudget in den heterogenen Interviews nicht sehr ertragreich war. Sie wurde deshalb gestellt, weil in der öffentlichen Debatte über „Bürgerschaftliches Engagement" stets gesagt wird, es seien einige, wenige Stunden pro Monat ausreichend. Keinesfalls werde

erwartet, daß sich jemand in einer 38- oder 40-Std.-Woche freiwillig enga-
giere! Wir haben aber gesehen, daß es in Aufbauphasen oftmals eine größere
zeitliche Belastung gibt, als ursprünglich angenommen.

Die untersuchten Formen von BE stellen durch den offensichtlichen Eigen-
nutz eine Besonderheit dar, denn üblicherweise, wenn Menschen etwas für
andere tun, kann man sehr wohl eine zeitliche Belastung beziffern.

19.4. Forschungsfrage 4: Wie wirkt sich „Bürgerschaftliches Engage-ment" (BE) in eigener Sache aus? (Motivation und Einlösung von Erwartungen)

Die Ergebnisse des Freiwilligensurveys von 1999 geben die Erwartungen der
Befragten an ihr ehrenamtliches Engagement und ihre tatsächliche Einlösung
wieder[284].

Indirekt kommen solche Rangfolgen in Erwartung und Einlösung an die ehrenamtlichen Tätigkeiten auch in den vorliegenden Interviews vor. *Klages*
(a.a.O.) rechnet diese „neuen" Engagementmotive dem *Wertewandel* zu. Er
meint, sie vertrügen sich recht gut mit eher herkömmlichen Motiven wie „anderen Menschen helfen" und „etwas für das Gemeinwohl tun". Eine Korrela-
tionsanalyse dieser Ergebnisse erbrachte, „daß zwischen ‚neuen' und eher
herkömmlichen Motiven sehr deutliche positive Beziehungen bestehen". Man
müsse davon ausgehen, so *Klages*, „daß das offensichtliche Zurücktreten dieser traditionellen Engagementmotive" (d.h. persönliche Opfer- und Verzicht-
bereitschaft) „den Typus des freiwillig Engagierten in Richtung eines Menschen verändert, der in einem höheren Maß mit eigenen Wunscherfüllungser-
wartungen und -ansprüchen an das Engagement herantritt und der infolgedes-
sen mit Sicherheit auch als ‚schwieriger' einzustufen ist als der/die ‚selbstlose
Helfer/in' früherer Zeiten" (S. 307). Dessen ungeachtet könne man darauf
schließen, daß der Wertewandel von Pflicht- und Akzeptanzwerten zu *Selbstentfaltungswerten* die gesellschaftliche Engagementbereitschaft – im Sinne
der *These vom kooperativen Individualismus* – nicht schwäche, sondern gerade umgekehrt stärke. Dieser Wertewandel sei ein wesentlicher Erklärungs-
faktor für Selbstentfaltungswerte, die am Individualismus anknüpfen.

---

[284] Klages, Helmut, Motivation und Motivationswandel bürgerschaftlichen Engagements. S. 306.

In den vorliegenden Fällen geht es um direkte Einbindung der Menschen in Tauschsysteme, d.h. sie bekommen direkt und sichtbar etwas zurück, entweder in Form von Tauschwährung oder bei den Wohnprojekten in Form von Nutznießung beim gemeinschaftlichen Wohnen.

Frau V. der SG Wiblingen reflektierte offensichtlich erst bei meiner Frage darüber, was sie wohl von ihrem Engagement hätte. Zögerlich räumte sie ein, daß es ihr geholfen habe, nach dem Tode Ihres Mannes der Einsamkeit zu entgehen und auch als Zugezogene in ein neues Umfeld integriert zu werden, neue Sozialkontakte zu schließen. Vor allem die Aufbauarbeit habe ihr einfach Spaß gemacht. Und die Förderung des Gemeinwesens sei ihr wichtig.

Nicht in jedem Falle ließen sich Wirkfaktoren erheben.

Frau M.-T. engagierte sich in der Tauschbörse E., weil sie etwas mitbewegen wollte, weil sie ihr Außenseitertum als Zugereiste und „anders-Lebende" als Menschen ihres Umfeldes überwinden wollte. Sie hat, wie die anderen Tauschringmitglieder, neue Kontakte schließen, sich den Alltag „versüßen" können durch Arbeiten, die sie nicht so gern machte wie andere Tauschringpartner, die diese gegen Punktevergütung übernehmen.

Herr U. gründete den Tauschring Heidelberg aus sozialpolitischem Engagement. Politische Tätigkeit war ihm schon immer ein Bedürfnis, und jetzt bekomme er sogar noch etwas zurück. Er möchte zum Wertewandel in Deutschland beitragen, wobei „das Tauschen ein stärkeres soziales Miteinander ..." befördere.

In Bezug auf die Älteren im Tauschring meint er, dieser sei für sie „ne wirklich wichtige Institution als Lebenshilfe". Sie wollten gebraucht werden und neue Sozialkontakte knüpfen.

Herr T. von den D.H.G. sieht klar den Tausch, indem er sich einbringt. Man habe ihn gebraucht, und das sei eine „sinnvolle Investition" in sein Alter. Daß er auch eine Wohnung dort gefunden habe, gehört auch dazu. Er wollte weder in einem Altersheim, auch nicht zu zweit einsam im Einfamilienhaus sein Alter leben, noch wollte er Zwänge einer Großfamilie, in Abhängigkeit von Kindern und Enkeln. Er sieht den Tausch zwischen Bedürfnisbefriedigung und Nutzen für die Gemeinschaft. Durch Reflexion kommt es zu einer

Gestaltschließung. Außerdem sei er in Kontakt mit sehr unterschiedlichen Menschen, die eine Bereicherung für ihn und für die D.H.G. darstellten.

Frau L. wollte seit 20 Jahren mit ihrem Mann in einer WG mit jüngeren Menschen leben. Das Einfamilienhaus in W. war ihnen „zu groß, zu vornehm, zu exklusiv", es habe nicht zu ihrem Lebensstil gepaßt. Sie erfüllt sich mit ihrem Mann zunächst diesen Wunsch bei den D.H.G. Sie genießen dienstags gemeinsame, festliche Abendessen 14-tägig, mittwochs gemeinsames Mittagessen und Kaffeetrinken, im Sommer unter'm Kirschbaum und die guten Gespräche mit den jüngeren Leuten. Zunächst genießen sie auch die „Lebendigkeit" der Wohngemeinschaft und Versöhnungen, wenn es einmal Unstimmigkeiten gegeben habe.

19.5. Forschungsfrage 5: Können solche Modelle einen Beitrag zum sozialen Frieden leisten?[285]

Bislang nicht ausreichend wahrgenommen wird die volkswirtschaftliche Entlastung im Sozialbereich durch freiwillige Selbst- und Nachbarschaftshilfen.

19.5.1. Modell Seniorengenossenschaften

Frau V. beschreibt das Urkonzept der Seniorengenossenschaft, wonach jemand durch Arbeit Punkte erwirbt, die auf seinem Zeitpunktekonto gutgebracht werden und die er später bei eigenem Hilfebedarf einlösen könne. Die Zeitpunkte seien „dokumentierte Anerkennung". Durch einen Außenstehenden sei ihr erstmalig aufgegangen, wieviel volkswirtschaftlichen Nutzen die Freiwilligenarbeit eingebracht habe.

Mitglieder, die nicht mehr selbst tätig sein könnten, aber Hilfe brauchten, denen werde geholfen.

Dann schildert Frau V. das Jung-Alt-Projekt mit der Einbindung der Schule und die Tatsache, daß sie bislang für jedes Bedürfnis einer Gruppe jemanden gefunden hätten, der anleitet, und zwar gegen Zeitpunkte. Schwerere Arbeiten, z.B. grobe Gartenarbeit vorwiegend durch Männer, würden allerdings wieder gegen Bezahlung und nicht gegen Zeitpunkte geleistet.

---

[285] Diese Frage auf der Metaebene konnte nicht von allen Interviewpartnern beantwortet werden.

Vermutlich wird hier langfristig eine Haltungsänderung auch der Männer eintreten, wenn Geld für derartige Arbeiten nicht mehr ausgegeben werden kann.

Dennoch gibt es Menschen, die ihre Punkte nicht brauchen, wie sie meinen, und diese in den Hilfefonds spenden. Schon heute können viele Tätigkeiten von finanzschwachen Nutzern nicht auf dem 1. Arbeitsmarkt bezahlt werden. In diesem Fall tritt der Hilfefonds der SG dafür ein. So wird deutlich, wie „bürgerschaftliches Engagement" (BE) einen Beitrag zum sozialen Frieden leisten kann.

19.5.2. Modell Tauschring

Frau M.-T. vom Tauschring E. bestätigt, daß dort keinesfalls eine Umrechnung von „Talenten" in die Landeswährung erfolge.

Raumprobleme gibt es in dem kleinen Ort nicht. Notwendige Räume können kostenlos genutzt werden.

Anders im Tauschring H., wo Räume gegen „Talente" vom Paritätischen Wohlfahrtsverband gemietet werden, was aber deswegen sinnlos erscheint, weil diese „Tauschwährung" vom Verband nicht eingelöst wird und dann verfällt. Langfristig wird dieser Verband wohl die Räume kostenlos zur Verfügung stellen müssen.

Herr U. führt weiter aus, daß „geschichtlich Tauschringe immer ... interessant" wurden, wenn es den Menschen finanziell schlecht ging. Zwar sieht er noch nicht den für die Nachhaltigkeit notwendigen Wertewandel in Deutschland, meint aber, daß soziales Lernen im Tauschring befördert würde.

19.5.3. Modell gemeinschaftliches Wohnen

Bei den „Diakonischen Hausgemeinschaften" läuft Tausch, d.h. unentgeltliches Arbeiten gegen Wohnung (für die allerdings Miete gezahlt und Gemeinschaft geboten wird), ohne vertragliche Regelungen und ohne Ersatzwährung. Das Projekt basiert auf einem christlichen Wertekanon, ohne daß ausschließlich Christen zugelassen werden. Zwar ist das System in der heutigen Zeit hoch anerkannt, bietet es vor allem auch Behinderten ein Leben in vergleichsweise normalem Wohnumfeld durch Nachbarschaftshilfe. Ob es allerdings nach Ausfall des Leiters Ingo Franz, der alle Fäden in der Hand hält, ohne Regelungen zukunftsträchtig sein kann, sei dahingestellt.

So schildert Herr T. „die Übergänge und Vermischungen zwischen entlohnter und belohnter Arbeit ...“ als Konfliktfläche. Insofern wäre ein Punktesystem mit dem Engagement vergolten wird, durchsichtiger und damit zukunftsweisend. Zum „sozialen Frieden“ leistet das Modell der D.H.G. gewiß
heute schon einen profunden Beitrag. Zum Interview des Ehepaars L. muß
festgestellt werden, daß mit zahlreichen Befunden belegt wird: Menschen, die
eng in einer Wohngemeinschaft (WG) zusammenleben, brauchen ein Minimum an Privatheit, d.h. mindestens ein eigenes Zimmer, das nur nach Vor-
anmeldung von anderen betreten werden sollte. Außerdem gehört eine genaue
Planung und Beratung dazu, damit die künftigen Bewohner wissen, was auf
sie zukommt. Wichtig ist auch, daß die Gruppe sich vorher gut kennt und
m a g, damit Konflikte auf so engem Raum weitgehend ausgeschlossen werden. Unter dieser Voraussetzung haben WG-Modelle, auch mit Behinderten,
Zukunft.

Martin Link von der Baugenossenschaft „Pro“ berichtet zum WABE-Projekt,
daß die Philosophie dort laute: „lebendiges Miteinander der Generationen“,
gegenseitige Hilfe sei selbstverständlich. Gemeinschaftsräume und Gemeinschaftsflächen wirken fördernd. Die Meinung der dort Lebenden sei, der Staat
komme an seine Grenzen, deshalb wollten sie Eigenverantwortung und Eigeninitiative, soweit wie irgend möglich; dies sei ein Stück Gesellschaftspolitik.
Einschränkung stellen die Einkommensgrenzen dar, wonach die besser Situ-
ierten Eigentum erwerben mußten, obgleich sie vielleicht lieber zur Miete
gewohnt hätten.
    Wenn bei späteren Kohorten weit weniger Finanzmittel zur Verfügung ste-
hen, entfallen diese Einschränkungen per se.
    Die Selbstbestimmung der Gruppe, wen sie bei sich aufnehme, ist zwei-
fellos zukunftsweisend und trägt zum sozialen Frieden bei.
    Das Konstrukt der Baugenossenschaft an sich ist schon zukunftsweisend,
weil durch die kollektive Ausschöpfung der Fördermittel Teilhaber aus allen
Bevölkerungsschichten aufgenommen werden können.

Die Bewohner des Panther-Hauses am Lerchenweg in Hamburg-St. Georg
fragen sich nach mehr oder weniger erfolgreichen 16 (!) Jahren, „ob ihre Lebensgemeinschaft wohl Modellcharakter hat“.
    Wir meinen durchaus, denn hier ist im Gegensatz zum gescheiterten Hofje-
Projekt in Berlin-Neukölln (vgl. 14.1.3.3), die ständige fachliche Begleitung
durch *Ulrike Petersen* gesichert (vgl. 12.2.2, Schluß).

246

Sind Landkommunen ein Beitrag zum sozialen Frieden? Trotz einiger Kritik-punkte am Projekt ÖkoLeA können wir die Frage bejahen. Sicher muß die kollektive Geldabgabe noch gerechter geregelt werden (vgl. Forschungsfrage 6), auch das würde sich bei grundgesicherten Menschen einfacher regeln las-sen. Daß „die Freiwilligkeit jeder Leistung funktioniere" und man „auf Zeit-arbeit als Modell unterhalb des kapitalistischen Geldmanagements" setze, wird sicher auch langfristig zum sozialen Frieden beitragen.

19.6. Forschungsfrage 6: Wann, wo und warum werden Barrieren sichtbar, die zum Scheitern solcher Modelle führen können?

19.6.1. bei Seniorengenossenschaften

Von der im allgemein recht gut funktionierenden SG Wiblingen (vgl. 14.1.1) erfahren wir, daß es Probleme vorwiegend im menschlichen Bereich gibt. Eine Supervision habe nur marginal Abhilfe schaffen können. Günstig wäre hier der Einsatz eines/einer Mentors/Mentorin im BE (s.vor).

Für die Zukunft fürchtet Frau V., daß das Projekt scheitern könnte, wenn die staatlichen Zuschüsse für Personalkosten einer Angestellten, Raummiete und Reparaturkosten bzw. Ersatz für den Maschinenpark entfielen. Von den Mitgliedsbeiträgen sei das nicht finanzierbar, meint sie.

Zukunftssicherung liegt auch hier im Fundraising, was einen Wertewandel im Sinne des Ausspruchs von J.F. Kennedy voraussetzt.

Bei der sog. Rückwärtsentwicklung (vgl. 14.2.1.2, Interview mit *Konrad Hummel*) der SG Köngen gab es ein Defizit in der Eigenverantwortung der Engagierten, so Frau N. (vgl. 14.1.1.2). Vermutlich liegt das in einer man-gelnden Ermöglichungsverwaltung, die durch den zuständigen Beamten, aber auch durch den ehrgeizigen Bürgermeister zu wenig Ermutigung für die Frei-willigen bot. Frau V. hatte bereits auf die Konfliktfläche zwischen Hauptamt-lichen und Freiwilligen hingewiesen, was Frau N. von ARBES bestätigte. Sie setzt auf generelle Abhilfe durch ein Curriculum „Bürgerkurs Sozialmanage-ment" an der Fachhochschule Stuttgart.

19.6.2. bei Tauschbörsen

Das Risiko des Überbarterns (vgl. 8.2) scheint bei allen Tauschringen zu bestehen. Es wird unterschiedlich gelöst, entweder dadurch, daß die Tauschpartner, die zu viele Verrechnungseinheiten auf ihren Konten haben, aufgefordert werden, Leistungen nachzufragen oder aber ihre Punkte für Sozialzwecke zu spenden.

Beim Tauschring Heidelberg werden mehr als 500 „Talente" nicht mehr gutgeschrieben, was die sozial engagierten Tauschpartner offenbar auch akzeptieren. Langfristig wäre eine großräumige Vernetzung der Tauschbörsen zur Abhilfe gegen Überbartern denkbar. Das setzt allerdings eine Gleichwertigkeit der Punkte-Währung voraus, die derzeit noch nicht gegeben ist.

Frau M.-T. berichtet vom Tauschring E., daß der monatliche Punkt, der für die Verwaltung berechnet werde, dazu führe, daß Tauschpartner, deren Angebote nicht nachgefragt würden, ausscheiden. Das Defizit würde dann mit Hilfe eines Sozialfonds ausgeglichen. Wir meinen, das hier eine weiträumigere Vernetzung Abhilfe schaffen könnte.

19.6.3. bei selbstorganisierten Wohnprojekten

Im Vorfeld der Planung gibt es aus unterschiedlichen Gründen viele Aussteiger. Ein Grund ist die Angst, daß das Projekt nach kurzer Zeit wieder scheitern könnte. Es sollte daher nicht unumkehrbar sein (*Otto, Ulrich* [1996] a.a.O. und vgl. 12.1). Engagierte bekommen während der Planungsphase Angst vor der eigenen Courage und davor, daß sie sich finanziell übernehmen könnten und springen deshalb wieder ab. Das Zeitfenster ist zu groß, als das absehbar wäre, wann ein Haus oder ein Grundstück gefunden wird. Wenn dann schließlich ein geeignetes Objekt gefunden wurde, kann es vorkommen, daß mangelnde Infrastruktur und Verkehrsanbindung Menschen zum Ausstieg veranlassen.

Auch die vorgegebenen Normierungen des Welfare-Mix mit Zuständigkeitsabgrenzungen, Finanzierungsregelungen und Förderrichtlinien stoßen häufig auf schier unüberwindliche Hindernisse und behindern das Durchstehen einer langen Planungsphase.

Abhilfe scheint hier die Gründung einer Baugenossenschaft zu sein, wie sie Martin Link für das Projekt WABE in Stuttgart beschreibt (vgl. 14.2.3.1).

Die vielen positiven Projektbeschreibungen und Zeitungsberichte maskieren häufig die konkreten Schwierigkeiten, wie es z.B. bei dem gescheiterten Hofje-Projekt in Berlin der Fall war (vgl. 12.2.1 bzw. 14.1.3.3).

Eine ausführliche und realitätsnahe Schilderung der Schwierigkeiten bei Gründung des Pantherhauses in Hamburg findet sich im Aufsatz von *Klünder, Torsten und Sinclair, Karen* (aus 1996 a.a.O.) und durch umfangreiche Dokumentationen aus dem Verlauf des jetzt 16-jährigen Bestehens des Vereins „Graue Panther Hamburg durch die Gründungsinitiatorin *Ulrike Petersen* (vgl. 12.2.2).

Ergänzt wird die Dokumentation mit einer Darstellung der Initiativen der Gründungsmitglieder zur Überwindung der sich auftürmenden Hürden (aggressive Öffentlichkeitsarbeit führte schließlich zum Erfolg). Das Haus in der Lerchenstr. in Hamburg existiert inzwischen seit 1987 (!). Nach langen, zähen Verhandlungen konnten hier sogar Gemeinschaftsflächen öffentlich gefördert werden (im Gegensatz zu Stuttgart Burgholzhof, vgl. 14.2.3.1).

Die Höhe des Einkommens der Bewohnerinnen sollte kein Hinderungsgrund für das Einziehen in eine selbstorganisierte Hausgemeinschaft sein, um eine „soziale Durchmischung zu gewährleisten". Herkömmliche Förderrichtlinien, die sich am öffentlich geförderten Mietwohnungsbau orientieren, korrespondieren nicht mit gemischten Einkommens- und Haushaltstypen der Wohngruppen. So führen strukturelle Hindernisse zum Scheitern vieler bundesweit sich vernetzender Projektgruppen.

Beim Vergleich des Hamburger Pantherhauses mit dem sehr viel später vollendeten Gemeinschaftsprojekt in Baden-Württemberg (Stuttgart-Burgholzhof), wo eine soziale Durchmischung nur deshalb gelungen ist, weil wohlhabende Ältere Eigentum im Gemeinschaftsprojekt erwerben mußten, bleibt zu fragen, ob wir heute möglicherweise ein „roll-back" in Bezug auf Förderung von Gemeinschaftswohnprojekten haben oder ob es doch nur an den unterschiedlichen Länderinteressen liegt. Auf lange Sicht m u ß gefordert werden, daß mind. auf diesem Sektor eine in allen Bundesländern einheitliche Förderung von gemeinschaftlichem Wohnen vorangetrieben wird.

Petersen (a.a.O.) beschreibt die oft schwierigen Lern- und Kommunikationsphasen in Aushandelungs- und Annäherungsprozessen, wodurch aber die Hausgemeinschaft in ihrem Zusammenhalt ständig „wachse". Reibungsprozesse gäbe es immer wieder an dem sich verändernden Wohn- und Lebensgestaltungswillen. Sie entstünden an so banalen Kleinigkeiten wie unterschiedlichem Sauberkeitsbedürfnis im Hause, Pflege des Gartens oder andere Zwistigkeiten zwischen den Bewohnerinnen. Das Austragen der Konflikte sei aber eingebettet in den gemeinsamen Wunsch, miteinander leben zu wollen.

20. Neue Lebensentwürfe Älterer in Tauschsystemen als Beitrag zum Kommunitarismus

Was haben Tauschsysteme mit Kommunitarismus zu tun?

Tauschen ist schon immer eine Überlebensstrategie des homo sapiens gewesen. Durch die hier in Rede stehenden Tauschsysteme wurden neue Lebensentwürfe initiiert dergestalt, daß sie

- gegen Engagement Sozialität bieten (Gemeinsamkeit statt Einsamkeit)
- nicht mehr bezahlbare Dienstleistungen tauschen
- Wohnraum gegen Hilfe bieten.

Im Grunde geht unmittelbarer Tausch als realer und wahrer Beziehungsstifter auf Auswirkungen guter menschlicher Eigenschaften zurück, die auf Autonomie beruhen und imstande sind, die von Kommunitaristen geforderte „gute Gesellschaft" zu konstituieren. Initiativen der beschriebenen drei Programmelemente sind u.a. für die Zukunft des Sozialstaates von großer Bedeutung. Infrastrukturelle Selbsthilfe und Eigenverantwortung leisten einen Beitrag zu sozialer Prävention. Der reformierte Sozialstaat sollte in gemeinschaftsbildender Absicht die notwendigen Rahmenbedingungen bereitstellen. „In den Mittelpunkt der Aufmerksamkeit rückt nicht der verteilende und sichernde Staat, sondern die Gesellschaft und ihre Normen und Herrschaftsstrukturen. Sie gilt es zu beeinflussen, in ihr Beispiele zu setzen und in ihr nicht nur Versorgung, sondern vor allem die Teilhabe aller Beteiligten im Sozialstaat zu sichern."[286]

Im Gegensatz zur heutigen Situation, wo sich die beschriebenen Programme an Fähigkeiten und Interessen der Betroffenen orientieren, werden sie sich zukünftig verstärkt noch an Versorgungs- und Bedürfnissituationen orientieren müssen. Der gesellschaftspolitischen Forderung entspricht ein Werte- und Einstellungswandel der Betroffenen und besonders auch der künftig quantitativ wichtigen Gruppe der 50-75-Jährigen (*Tews* zit. nach *Hummel,* 1995).

Die Akteure dieser Programme werden dadurch zu Beteiligten an der Sozialpolitik und folglich an der Zivilgesellschaft. Das Rollenverständnis des älteren Menschen und seine Wahrnehmung durch Jüngere wird dadurch nach-

---

[286] Hummel, Konrad (1995). Editoriel zu Bürgerengagement. Seniorengenossenschaften, Bürgerbüros und Gemeinschaftsinitiativen. K. Hummel (Hg.). Freiburg i.Br.: Lambertus.

haltig verändert. Engagement ist eng verbunden mit der Hoffnung, Verhältnisse zu verändern und zu verbessern[287].

Die in den USA konstituierte kommunitaristische Plattform stellte den hohen Stellenwert der Gemeinschaft („community") und des Gemeinwesens heraus im Unterschied zur Vereinzelung. Die Spannbreite reicht dabei von den Tugenden bis zur Analyse, „daß nur durch mehr Demokratie die Zukunft der Gemeinwesen und der sozialstaatlichen Solidarität gesichert werden können"[288].

„Die Suche nach einer ‚kommunitären Individualität' ist der motivationale Motor für ein eigenes experimentelles Anliegen." (*Keupp, 1993*)[289] Allen Akteuren gemeinsam ist es, ihr Leben selbstgestaltend zu verändern, weg von allzuviel Sozialstaatlichkeit, vom überfürsorglichen Staat. Ob es sich um Engagierte in den Seniorengenossenschaften, Aktive in den Tauschbörsen oder gemeinschaftliche Wohnprojekte Planende und dann in ihnen Lebende handelt: Alle eint die Vorstellung, selbst mit Hand anzulegen, im Sinne von *Hannah Arendt* schöpferisch tätig zu sein. Das sichert den Individuen Autonomie in Anknüpfung an moderne Individualität, ist aber ausbalanciert mit sozialer Verantwortung. Die Äußerungen, Kontakte knüpfen, nicht allein leben, in Gemeinschaft alt werden zu wollen, zeugen von dem Bedürfnis, der Isolation zu entgehen. Den Kommunitariern zufolge, bieten diese Eigenschaften Gewähr für das Fortbestehen der westlichen Wertegesellschaft, die nur dann nicht untergehen wird, wenn durch Rückbesinnung selbstsüchtiges Durchsetzen von Einzelinteressen eingedämmt wird. Das Individuum soll sich nicht nur seiner Rechte, sondern auch seiner Pflichten bewußt werden.

Wenn es sich bei den untersuchten Lebensentwürfen Älterer auch noch um Randerscheinungen im gesamtgesellschaftlichen Kontext handelt, so dienen sie doch als Marker für einen Wertewandel in künftigen Kohorten und den so dringend erforderlichen, nachhaltigen Umbau des Sozialstaates.

Da die „Bewegung den Kapitalismus von links und den Sozialstaat von rechts" angreift, und damit parteiübergreifend wirkt (vgl. Kap. 8.1 und unsere Analyse der heutigen Parteiprogramme), sind in den untersuchten Lebensent-

---

[287] Hummel, Konrad (1995). Das bürgerschaftliche Engagement als Lernprojekt des Sozialstaates. In: a.a.O., S. 16.

[288] Hummel, Konrad (1995), a.a.O.

[289] zit. nach Schaafs-Derich, Carola (1995). Agentur für Sinnstiftung in der Großstadt: der Treffpunkt Hilfsbereitschaft in Berlin. In: K. Hummel (Hg.) Bürgerengagement ..., a.a.O., S. 254.

würfen Keimzellen für die von *Etzioni u.a.* geforderte „gute Gesellschaft" zu sehen.

Michael Walzer (a.a.O.) fürchtet als Ergebnis von Toleranz (die in all diesen Projekten geübt werden muß) eine „Entpolitisierung mit dem Ergebnis der Nicht-Partizipation an der demokratischen Willensbildung bis hin zur Öffnung autoritär-harmonisierender populistischer Propaganda". Das ist sicher gegenwärtig nicht ganz von der Hand zu weisen, betrachtet man die abnehmende Wahlbeteiligung in den westlichen Industrienationen. Er setzt aber auf Konfliktaustragung, und solche Ansätze haben wir in sämtlichen Interviews ausmachen können. Es ist durchaus denkbar, daß aus diesen Ansätzen Lernprozesse in Gang gesetzt werden, die sich dann auch in gesamtgesellschaftlichem Verhalten widerspiegeln.

Die Kommunitarismus-Kritik, die *Frazer and Lacey* (1993, a.a.O.) formuliert haben, daß „Machtbeziehungen zwischen verschiedenen Gemeinschaften", und wir ergänzen: und zwischen Einzelpersonen nicht ausreichend berücksichtigt werden, ist sicher zutreffend, scheint aber im Einzelfall mit Strategien wie Supervision, Konfliktmanagement, Mentoring lösbar.

Etzioni (a.a.O.) beschreibt die Verantwortungsgesellschaft als soziale Ordnung, die „dauerhaft von ihren Mitgliedern" anzuerkennen sei, „gekennzeichnet durch das Spannungsverhältnis zwischen eigenen Präferenzen und sozialen Verpflichtungen". In unseren Modellen scheint sich so eine „Verantwortungsgesellschaft" anzukündigen.

Nach *Dahrendorf* (a.a.O.) ist die „gute Gesellschaft" ein unfertiger Prozeß, „ständig im Bestreben, unsere Lebenschancen zu verbessern mit Versuch und Irrtum". Letztlich, so meint er, habe „die gute Gesellschaft sogar mehr zu bieten, als die ‚offene Gesellschaft'".

Im „Kommunitaristischen Manifest", was 1991 von (amerikanischen) Konservativen, Liberalen und Linken unterzeichnet wurde, wird die jahrelange kontroverse Debatte ad absurdum geführt. „Demokratien können nur dann überleben, wenn sie von der Gemeinschaft der Bürger in einer aktiven Bürgergesellschaft getragen werden".

Wir meinen, der Kommunitarismus ist auch ein Rezept für Deutschland. Schon in der katholischen Soziallehre (*Oswald von Nell-Breuning*, a.a.O.) heißt es, „die beste Gemeinschaftshilfe ist die Hilfe zur Selbsthilfe, wo immer Gemeinschaftshilfe zur Selbsthilfe möglich ist, soll daher die Selbsthilfe unterstützt, Fremdhilfe dagegen nur dann und insoweit eingesetzt werden, wie Gemeinschaftshilfe zur Selbsthilfe nicht möglich ist oder nicht ausreichen würde" (vgl. Kap. 8.3).

Selbsthilfe und Gemeinschaftshilfe zeigen sich in allen untersuchten Modellen. Fremdhilfe über eine „Ermöglichungsverwaltung" muß Rahmenbedingungen schaffen, damit eine Zivilgesellschaft sich ausbreiten kann (vgl. Kap. 9)

Soweit der Versuch, das Konzept des Kommunitarismus zu „erden".

Damit ist diese Arbeit ein Beitrag zum Erkenntnisprozeß, daß vermeintlich alltägliche Projekte und politische Grundsatzfragen m e h r miteinander zu tun haben, als es vorherrschende Politikdiskurse wahrhaben wollen.

21. Schluß und Ausblick auf die Zukunft

„In der idealen Gesellschaft, die ich hier beschworen habe, würde, so kann man hoffen, das Alter gewissermaßen gar nicht existieren: der Mensch würde, wie es bei manchen Privilegierten vorkommt, durch Alterserscheinungen unauffällig geschwächt, aber nicht offenkundig vermindert, und eines Tages einer Krankheit erliegen; er stürbe also, ohne zuvor Herabwürdigung erfahren zu haben. Das letzte Lebensalter entspräche dann wirklich dem, als was es gewisse bürgerliche Ideologien definieren: eine Existenzphase, die sich von der Jugend und dem Erwachsenenalter unterscheidet, aber ihr eigenes Gleichgewicht besitzt und dem Menschen eine weite Skala von Möglichkeiten offenläßt."[290] Dann brauchen wir auch die willkürlichen kalendarischen Unterscheidungen der Altersgruppe nicht mehr – es würde nur noch das Kompetenzalter zählen. Und diese letztgenannte Gruppe wäre der Träger der Innovation für neue Lebensstile, wie ich sie hier beschrieben habe.

Wir meinen, daß auch die völlige gesellschaftliche Einbindung des Alters in den Lebenslauf zum Wertewandel und einer „guten Gesellschaft" (*Etzioni u.a.,* a.a.O.) gehört. Warum sollte nicht auch das Alter eine neue (alte!) Wertschätzung erfahren, wie es die Ökologiebewegung für die Natur durchgesetzt hat? „Bewahrung der Schöpfung, zu der auch alle Menschen gehören" muß die neue Devise lauten. Erleichtert wird die Einbindung der Älteren dadurch, daß in wenigen Jahren die (erwerbstätige) Bevölkerung so abgenommen haben wird, daß die produktiven Alten dringend für bezahlte und unbezahlte Arbeit eingesetzt werden müssen. Damit wird sich ganz allgemein das negative Altersbild in der Gesellschaft zum Positiven hin wenden.

Langfristig, d.h. für die Generation unserer Enkel, Ur-Enkel und Ur-Ur-Enkel wird dann allerdings endgültig die Erwerbsbevölkerung dramatisch abnehmen, da wir heute erst am Anfang des Produktivitätsgewinns stehen (vgl. Kap. 5.1). Die immer älter werdende Bevölkerung wird ihre Alterssicherung von immer weniger Erwerbstätigen finanziert erhalten. Selbst wenn dann analog einer Maschinensteuer für unsere mikroelektronisch gesteuerten Systeme Abgaben in die sozialen Sicherungssysteme geleistet werden müssen und es für alle Menschen eine Grundsicherung geben könnte, wird die Alters-

---

[290] Beauvoir, Simone de (1972). Das Alter. Reinbek b. Hamburg: Rowohlt, S. 467.

sicherung für alle gering ausfallen. Dann könnten die hier beschriebenen Modelle eine Alltagsentlastung für Ältere darstellen.

Der Soziologe *Rolf Kreibich*, Leiter des Instituts für Zukunftsstudien und Technologiefolgenabschätzung, schließt sich bereits 1996 ausdrücklich dem Befund des „Club of Rome" (1991) an, wenn er feststellt, daß heute „revolutionär Innovatives praktisch nicht mehr in den tradierten Institutionen" stattfände, „sondern in vielen Projekten und Initiativen außerhalb von diesen"[291].

„Die Entwicklungen mit akzentuiertem Problemzuwachs liegen noch vor uns" stellt *Amann* fest, aber der Altersstrukturwandel führe kein eigenes Leben außerhalb der allgemeinen gesellschaftlichen Veränderungen. Zündstoff verberge sich hinter den Begriffen „Lebensstile – Alter – Zukunft" und zugleich habe man die Schwierigkeit, Zukunft zu datieren. Wenn daraus auch keine soziologischen Konsequenzen ableitbar seien, so ergeben sich diese allein „aus der kritischen Sicht des Hier und Jetzt"[292]. Meine Arbeit fokussiert nicht soziale Ungleichheit und Milieustudien. Was heute noch, insbesondere in der vorliegenden Untersuchung als Mittelschichtsmodelle subsumiert werden muß, könnte sich – wie ausgeführt – später ändern. Aber soviel kann schon gesagt werden, daß „Lebensalter und Bildungsgrad die trennschärfsten Linien zwischen den Erlebnismilieus ziehen (*Schulze, G.* 1993, S. 188, zit. nach *Amann*, a.a.O.). Insofern muß die erste Priorität in der Budgetierung unseres Staatshaushaltes dem Bildungssystem gelten, denn nur – in welchen Abstufungen auch immer – gebildete Menschen besitzen die Flexibilität und Phantasie, sich bei knappen persönlichen Finanz-Ressourcen ein auskömmliches Leben zu gestalten. Dafür geben die Lebensstil-Modelle Seniorengenossenschaften, Tauschbörsen und selbstorganisiertes gemeinschaftliches Wohnen für das später nicht mehr ausreichend alimentierte Alter gelebte Beispiele.

---

[291] Kreibich, Rolf (1996). Sustainable Economy. Ausweg aus der globalen Wirtschafts- und Umweltkrise. In: Zs. ZUKÜNFTE Nr. 15 (März 1996). Gelsenkirchen: Sekretariat für Zukunftsforschung (Hg.). S. 67.

[292] Amann, Anton (1996). Lebenslagen, Lebensstile und das Alter. Fragen an die Zukunft. In: Graue Zeiten? Zur Zukunft sozialstaatlicher Alterssicherung und Alterspolitik. Christoph Hürtig (Hg.). Ev. Akademie Loccum. S. 49 ff.

Literaturverzeichnis

Amann, Anton (1996). Lebenslagen, Lebensstile und das Alter. Fragen an die Zukunft. In: Graue Zeiten? Zur Zukunft sozialstaatlicher Alterssicherung und Alterspolitik. Christoph Hürtig (Hg.). Ev.Akademie Loccum. S. 49ff.

Amrhein, L. (2002). Dialog der Generationen durch altersintegrative Stukturen? Anmerkungen zu einer gerontologischen Utopie. In: Zs. Gerontologie und Geriatrie 33. S. 315-327.

Arendt, Hannah (1984). Vita activa oder vom tätigen Leben. München, Zürich: Piper & Co. 4. Aufl.

Backes, Gertrud M. (1991). Geschlecht und Alter(n) als künftiges Thema der Alter(n)ssoziologie

dieselbe, Clemens, Wolfgang (2003). Lebensphase Alter. Eine Einführung in die sozialwissenschaftliche Alternsforschung. Weinheim, München: Juventa.

Baltes, M.M. (1995). Verlust der Selbständigkeit im Alter. Theoretische Überlegungen und empirische Befunde. In: Psychologische Rundschau 46, S. 156-170.

Baltes, M. und L. Montada (Hg.) (1996). Produktives Leben im Alter. Frankfurt a.M., New York.

Baltes, P.B. (1984). Intelligenz im Alter. In: Spektrum der Wissenschaft, Mai 1984. S. 46-60.

Bartjes, Heinz, Otto, Ulrich (1999). Freiwilliges soziales Engagement im Paritätischen Wohlfahrtsverband Baden-Württemberg. Quantitative und qualitative Befunde. Forschungsprojekt Tübingen. Stuttgart.

Beauvoir, Simone de (1972). Das Alter. Reinbek bei Hamburg: Rowohlt.

Beck, Ulrich (1986). Risikogesellschaft. Auf dem Weg in eine andere Moderne. 4. Aufl. Frankfurt a.M.: Ed. Suhrkamp Nr. 1365, S. 365.

Beck, Ulrich, Schröder, Gerhard (7.8.1997). Dem Kapitalismus geht die Arbeit aus. Das Ende der Vollbeschäftigung und öffentliche Arbeit. Diskussion im: VORWÄRTS – Brennpunkt, S. 12.

Beck, Ulrich (1997). Kapitalismus ohne Arbeit. Stiftung Mitarbeit (Hg.). Zukunftsfähige Gesellschaft. Demokratische Entscheidungen für eine dauerhaft tragfähige Gesellschaft (236 Seiten).

Beck, Ulrich (1999). Transnationale Bürgergesellschaft oder: Wie wird politisches Handeln im Zeitalter der Globalisierung möglich? In: ZUKÜNFTE 27, Zukunftsprojekt Bürgergesellschaft. Gelsenkirchen: Sekretariat für Zukunftsforschung und Gesellschaft für Zukunftsgestaltung (Hg.). S. 26.

Beck, Ulrich (2000). Wohin führt der Weg, der mit dem Ende der Vollbeschäftigung beginnt? In: Die Zukunft von Arbeit und Demokratie. U.Beck (Hg.) Edition Zweite Moderne. Frankfurt a.M.: Suhrkamp. S. 46.

Below, Michael (15.1.97). In:
http://bi-node.teuto.de/leute/m.below/lib-komm -referat/node19.html sowie node11.html.

Bellah, Robert (1991). The Good Society. Zitiert nach Dahrendorf (1997 a.a.O.).

Biesecker, Adelheid (2000). Welche Zukunft? Neun Thesen zur Zukunft des Bürgerschaftlichen Engagements. In: ZUKÜNFTE 34. Gelsenkirchen: Sekretariat für Zukunftsforschung und Gesellschaft für Zukunftsgestaltung (Hg.).

Borchardt, Wolfgang, Joachim Wirtz (Hg.)(1996). Geldloser Ressourcentausch für Vereine, Betriebe und Projekte. Beiträge zur Demokratieentwicklung von unten. Ein Instrument zur Förderung der ökonomischen Selbsthilfe. Band 11. Bonn.

Bude, Heinz (1985). Der Sozialforscher als Narrationsanimateur. Kritische Anmerkungen zu einer erzähltheoretischen Fundierung der interpretativen Sozialforschung. In: KZfSS 37. S. 327-336.

Bude, Heinz (1987). Deutsche Karrieren. Lebenskonstruktionen sozialer Aufsteiger aus der Flakhelfer-Generation. Frankfurt a.M.: Suhrkamp.

Bude, Heinz (1995).Das Altern einer Generation (1938-1948). 1. Aufl., Frankfurt a.M.: Suhrkamp.

Bude, Heinz (2004). Lebenskonstruktionen. Begriff und Methode interpretativer Sozialforschung. Frankfurt a.M.: im Erscheinen begriffen.

Bürsch, Michael (2001). Nachhaltige Strukturen für Bürgerschaftliches Engagement. In: Freiwillig. Magazin zum Internat.Jahr der Freiwilligen. Bundesministerium für Familie, Senioren, Frauen und Jugend. S. 26.

Bunte Mischung aus Alt und Jung. Das Neuköllner „Hofje" vereint seit fünf Jahren die Generationen unter einem Dach. In: LENZ 2/2000, S. 18-20.

Carp, F.M. (1979). Improving the Functional Quality of Housing and Environment for the Elderly through Transportation. In: Byerts, T.O. et al. (Ed.) Environmental Context of Aging. Zitiert nach der Übers. von Klaus Friedrich.

Clemens, Wolfgang, Backes, Gertrud M. (1998) (Hg.). Altern und Gesellschaft. Modernisierung durch Altersstrukturwandel. Opladen: Leske und Budrich. S. 13.

Dahrendorf, Ralf (1987). Fragmente eines neuen Liberalismus. Deutsche Verlagsanstalt Stuttgart.

Dahrendorf, Ralf (1997). Wohlstand, Zivilisiertheit und Freiheit: Ist eine Quadratur des Kreises möglich? In: Georgios Chatzimarkakis u. Holger Hinte (Hg.). Freiheit und Gemeinsinn. Vertragen sich Liberalismus und Kommunitarismus? Bonn: Lemmens. S. 77-94.

Dahrendorf, W. (1997). After 1989. Morals, Revolution and Civil Society. Oxford: St. Anthony's College and London: McMillan Press Ltd.

Der Weg nach vorne für Europas Sozialdemokraten. Ein Vorschlag von Gerhard Schröder und Tony Blair (9.5.00). Im Internet: http://spd.landtag-bw.de/dokumente/schroeder_blair.html. S. 2.

Diakonische Hausgemeinschaften e.V. (2002/2003). Caritas, in der Gemeinde leben lernen. Zusatzbrief zu: DIACHRONIE. Das Magazin der D.H.G. Integrative Wohnprojekte. Lebensfelder für solidarische Nachbarschaft.

Die alternde Gesellschaft. Mehr ältere, weniger jüngere Menschen in Deutschland. In: Derriere.de. Online-Magazin für Politik und Gesellschaft. Dossier vom 13.6.2001.

Dem Kapitalismus geht die Arbeit aus. Gerhard Schröder und der Soziologe Ulrich Beck diskutieren das Ende der Vollbeschäftigung und öffentliche Abeit. In: VORWÄRTS – Brennpunkt 7.8.97. und Jugend (Hg.).S. 14, 15.

Etzioni, Amitai (1997). Die Verantwortungsgesellschaft. Individualismus und Moral in der heutigen Demokratie. Frankfurt a.M., New York: Campus.

Everard, K.M. (1999). The Relationsship Between Reasons For Activity And Older Adult Well-Being. In: Journal of Applied Gerontology, 18, S. 325-340.

Flade, Antje (1997). Wohnen im Alter aus psychologischer Sicht. In: Blonski, Harald (Hg.). Wohnformen im Alter. Weinheim und Basel: Beltz.

Flick, U. (1991a). Stationen des qualitativen Forschungsprozesses. In: U. Flick u.a. (Hg.). Handbuch Qualitative Sozialforschung. München.

Geiger, Klaus F.(1997). Wer redet heute noch von der Zivilgesellschaft? In: Kapitalismus am Ende des 20. Jahrhunderts. Johanna Klages und Peter Strutynski (Hg.). Hamburg: VSA.

Geuss, Raymond (Cambridge 2001). Das Unbehagen am Liberalismus. In: DZ Phil. Berlin, 49, H. 4, S. 499-516.

Giarini, O., Liedke, P.M. (1991). Wie wir arbeiten werden. Der neue Bericht (Club of Rome).

Giddens, Anthony (1997). Jenseits von Links und Rechts. Die Zukunft radikaler Demokratie. Frankfurt a.M.: Suhrkamp.

Glaser, Barney, Strauss, Anselm (1998). Grounded Theory. Strategien qualitativer Sozialforschung. Bern u.a.

Göpel, Eberhard (2002). Gesundheit fördern durch bürgerschaftliches Engagement. Aktuelle Ziele und Voraussetzungen für eine Neuordnung öffentlicher Gesundheitspolitik. In: Wechselwirkung und Zukünfte, H. 6, Nr. 118, Jg. 24.

Heinze, R.G., Eichener, V., Naegele, G. et al. (1997). Neue Wohnung auch im Alter. Folgerungen aus dem demographischen Wandel für Wohnungspolitik und Wohnungswirtschaft. Darmstadt: Schrader-Stiftung.

Heinze, Rolf G. (1998). Tausch-Netzwerke. Chancen und Potentiale in der erwerbsarbeitsfixierten Gesellschaft. In: ZUKÜNFTE 23, Sekretariat für Zukunftsforschung und Gesellschaft für Zukunftsgestaltung (Hg.). Gelsenkirchen. S. 36.

Heinze, Rolf G. und Strünck, Christoph (2000). Die Verzinsung des sozialen Kapitals. Freiwilliges Engagement im Strukturwandel. In: U.Beck (Hg.). Die Zukunft von Arbeit und Demokratie. Frankfurt a.M.: Suhrkamp. S. 172 f.

Henckmann, Antje (1999). Aufbruch in ein gemeinsames Altern. In: Blonski, Harald (Hg.). Wohnformen im Alter. Weinheim, Basel: Beltz.

Hesse, Hans-Albrecht ((1998). Experte, Laie, Dilettant. Opladen, Wiesbaden: Westdt. Verl. S. 35-38.

Heuser, Uwe Jean (1999). Die Zukunft der Solidarität. Vorbilder aus der Provinz. In: DIE ZEIT Nr. 16 vom 15.4.99.

Heuser, Uwe Jean und von Randow, Gero (2000). Freiwillige vor! Der Gemeinsinn wächst – trotz Geldfiebers und schwarzer Konten. Ehrlichkeit und Mitmenschlichkeit gehen nicht unter. In: DIE ZEIT Nr. 12.

Hoff. E.H. (1985). Datenerhebung als Kommunikation: Intensivbefragungen mit zwei Interviewern. In: Jüttemann, G. (Hg.). Qualitative Forschung in der Psychologie. Weinheim: Beltz. S. 161-185.

Honneth, Axel (1993). Kommunitarismus – Eine Debatte über die moralischen Grundlagen moderner Gesellschaften. Frankfurt a.M.: Campus. S. 14 u. 16.

Horch, H.-D. (1983). Strukturbesonderheiten freiwilliger Vereinigungen. Analyse und Untersuchung einer alternativen Form menschlichen Zusammenarbeitens. Frankfurt a.M., New York: Campus.

Humboldt, W. (1960). Ideen zu einem Versuch, die Grenzen der Wirksamkeit des Staats zu bestimmen. Andreas Flitner u. Klaus Giel (Hg.). Darmstadt: Schriften zur Anthropologie und Geschichte. S. 56-97.

Hummel, Konrad (1995). Editorial zu: Bürgerengagement, Seniorengenossenschaften, Bürgerbüros und Gemeinschaftsinitiativen. Freiburg i.Br.Lambertus. S. 9-12.

Hummel, Konrad (1995). Das bürgerschaftliche Engagement als Lernprojekt des Sozialstaates. In: K.Hummel (Hg.). Bürgerengagement. Seniorengenossenschaften, Bürgerbüros und Gemeinschaftsinitiativen. Freiburg i.Br.: Lambertus. S.16-20.

Huntington (1977/1998). The Clash of Civilization and the Remaking of World Order. London: Simon and Schuster. S. 184.

Jani-Le Bris, Hannelore (1995). Perspektiven für ein neues Engagement. In: Konrad Hummel (Hg.). Bürgerengagement – Seniorengenossenschaften, Bürgerbüros und Gemeinschaftsinitiativen. Freiburg i.Br.: Lambertus. S. 129 (-133).

Joas, Hans (1996). Die Kreativität des Handelns. Frankfurt a.M.: Suhrkamp.

Joas, Hans (1997). Die Entstehung der Werte. Frankfurt a.M.: Suhrkamp.

Kerkhoff, Engelbert (1988). Die persönlichen Grundbedingungen für ein Leben und Wohnen in der Gemeinschaft und die äußeren (sozialen) Bedingungen. In: FORUM 9, Altenwohn-Gemeinschaften. Dokumentation und Diskussionsbeiträge. Reinhard Dierl, Kinie Hoogers (Hg.) Köln: KDA. S. 65.

Keynes, John Maynard (1935). Allgemeine Theorie der Beschäftigung, des Zinses und des Geldes. Berlin. S.300.

Keupp, Heiner (1997). Gesellschaftliche Bedeutung von Tätigkeiten außerhalb der Erwerbsarbeit. Gutachten für die „Kommission Zukunftsfragen" der Freistaaten Bayern und Sachsen. Bochum, München.

Keupp, Heiner (1997). Neue Alltagssolidarität in der Risikogesellschaft. In: Zwischen Egotrip und Ehrenamt. AGr. Bürgerschaftliches Engagement für München (Hg.). Dokumentation zum Studientag. S. 20 u.24.

Keupp, Heiner (1999). Visionen einer Zivilgesellschaft – Neue Perspektiven der Freiwilligenarbeit. In: Stiftung Mitarbeit Nr. 34.

Keupp, Heiner (1998). Von der „fürsorglichen Belagerung" zur „eigenen Stimme" der Betroffenen. In: R. Geislinger (Hg.). Experten in eigener Sache. Psychiatrie, Selbsthilfe und Modelle der Teilhabe. München: Zenit. S. 19-30.

Keupp, Heiner (1998). Ohne Angst verschieden sein. Von der fürsorglichen Belagerung zum Empowerment. In: T.Bock und H.Weigand (Hg.). Handwerksbuch Psychiatrie. Bonn: Psychiatrie-Verlag. S. 76-92.

Keupp, Heiner (2001). Eine Gesellschaft der Ichlinge? Unveränderter Sonderdruck, herausgegeben vom Sozialpädagogischen Institut im SOS-Kinderdorf e.V. München. Eigenverlag.

Keupp, Heiner (2003). Lokale Einrichtungen zur Förderung bürgerschaftlichen Engagements. In: Bürgerschaftliches Engagement. Enquete-Kommission „Zukunft Bürgerschaftliches Engagement". Dt. Bundestag (Hg.). Opladen: Westdt. Verl. S. 13 u. 31.

Klages, Helmut (1993). Körber-Stiftung. S. 40.

Klages, Helmut (2000). Engagementpotential in Deutschland. In: Freiwilliges Engagement in Deutschland. Ergebnisse der Repräsentativerhebung zu Ehrenamt, Freiwilligenarbeit und bürgerschaftlichem Engagement. Zugangswege. Joachim Braun und Helmut Klages (Hg.) Stuttgart, Berlin, Köln: Kohhammer. S. 114, 115, 119 und 170.

Klages, Helmut (2000). Engagement und Engagementpotential in Deutschland. In: U.Beck (Hg.) Die Zukunft von Arbeit und Demokratie. Frankfurt a.M.: Suhrkamp. S.170.

Klose, Hans-Ulrich (1993). Zukunft ist, was wir daraus machen. Innovative Optionen für unsere alternde Gesellschaft. In: Altern hat Zukunft. Bevölkerungsentwicklung und dynamische Wirtschaft.Opladen: Westdt.Verlag.

Klünder, Torsten, Sinclair, Karen (1996). ... kein Paradies auf Erden, sondern Alltag, Leben, Dasein, selbstbestimmt ... (Motto nach Petersen 1992, S. 109). Das Pantherhaus in Hamburg – Eine Mehrgenerationenhausgemeinschaft. In: Soziale Altenarbeit. Cornelia Schweppe (Hg.). Weinheim, München: Juventa.

Knopf, Detlef, Schäffter, Ortfried und Schmidt, Roland (Hg.) (1989/1995). Produktivität des Alters. 3.Aufl. Berlin.

Knopf, Detlef (1994). Ehrenamtliche Arbeit – Chancen zur Selbstverwirklichung im Alter. In: „Aktiv im Alter", Landessportbund und Paritätischer Wohlfahrtsverband Berlin.

Koch, R. (1976). Altenwanderung und räumliche Konzentration alter Menschen. Forschungen zur Raumentwicklung 4. Bonn: Bundesforschungsanstalt für Landeskunde und Raumordnung.

Kohli, Martin (1978). „Offenes" und „geschlossenes" Interview, neue Argumente zu einer alten Kontroverse. Soziale Welt, 29, S. 1-25.

Kohli, Martin u. Künemund, Harald (Hg.) (2000). Die zweite Lebenshälfte. Gesellschaftliche Lage und Partizipation im Spiegel des Alterssurvey. Bd. 1. Opladen: Leske und Budrich. S. 25 u. 189.

Kort-Weiher, Gesine (2002). Die Bedürfnisse der Senioren beachten. Andere Infrastrukturen werden die Gesichter der Städte verändern. In: Das Parlament Nr. 19/20 vom 10./17.5.02.

Kreibich, Rolf (1996). Sustainable Economy. Ausweg aus der globalen Wirtschafts- und Umweltkrise. In: ZUKÜNFTE 15 (März 1996). Gelsenkirchen: Sekretariat für Zukunftsforschung und Gesellschaft für Zukunftsgestaltung (Hg.). S. 67.

Kruse, Andreas (1999). Lebensstile und Wohnformen im Wandel. Workshop in Hamburg: Lebensstile – Wohnbedürfnisse – Wohnformen. 20./21.4.1999. In: 1998/2001 Newsletter 3/99. Bundesministerium für Familie, Senioren, Frauen und Jugend (Hg.).

Kruse, Andreas (2002). Zentrale Themen des dritten Altenberichts. In: Alter und Gesellschaft. Frank Schulz-Nieswandt (Hg.). Weiden u. Regensburg: eurotrans-Verlag. S. 23.

Kruse, A., Schmitt, E. (2000). Wir haben uns als Deutsche gefühlt. Lebensrückblick und Lebenssituation jüdischer Emigranten und Lagerhäftlinge. Kap. 4 Methodik der Untersuchung. S. 128. Darmstadt: Steinkopf.

Künemund, H. (2000). In: Martin Kohli, Harald Künemund. Die zweite Lebenshälfte. Gesellschaftliche Lage und Partizipation im Spiegel des Alterssurvey, Bd. 1, Opladen: Leske und Budrich.

Lamnek, S. (1988). Qualitative Sozialforschung. Bd. 1, Methodologie. München.

Landschaft Bürgerschaftliches Engagement (1996). Das Praxis-Handbuch der ARBES. Kontaktstelle für praxisorientierte Forschung e.V.

Lang, Oliver (1996). Die Einkommens- und Vermögenslage künftiger Altengenerationen in Deutschland. In: Enquete-Kommission „Demographischer Wandel". Dt. Bundestag (Hg.). S. 24.

Laslett, Peter (1991). A Fresh Map of Life. The Emergence of the Third Age. Cambridge, MA: Harvard University Press. P. 156 f.

Lehr, Ursula (1991). Psychologie des Alterns. 7.Aufl. Heidelberg, Wiesbaden: UTB Quelle & Meyer. S. 52.

Lepenies, A. (1996). Produktives Helfen im Alter. Praktische Beispiele. In: Baltes M., Montada, L. (Hg.) a.a.O. S. 374-381.

Lippmanns, Walter (1938/1943). The Good Society. Zitiert nach Dahrendorf After 1989 ... (1997 a.a.O.).

Link, Martin (1995). Älter werden und verbindlich zusammenleben. In: Konrad Hummel (Hg.) Bürgerengagement, Seniorengenossenschaften, Bürgerbüros und Gemeinschaftsinitiativen. Freiburg i.Br.: Lambertus. S. 200-209.

Lübbe, Hermann (1999). Zukunftsthesen zur Jahrtausendwende. In: MUT. Forum für Kultur, Politik und Geschichte. N 385.

MacIntyre, Alasdair (1987). Der Verlust der Tugend. Zur moralischen Krise der Gegenwart. Frankfurt a.M., New York: Campus.

Markard, M. (1991). Methodik subjektwissenschaftlicher Forschung. Jenseits des Streits um quantitative und qualitative Methoden. Hamburg, Berlin: ARGUMENT.

Mayer, K.U., Baltes, P.B., Gerok, W. et al. (1994). 28. Ges. Politik und Altern. In: Alter und Altern. Ein interdisziplinärer Studientext zur Gerontologie. Paul Baltes, Jürgen Mittelstraß u. Ursula M. Staudinger (Hg.). Berlin, N.Y.: De Gruyter. S. 722 f.

Merkel, Wolfgang, Lauth, Hans-Joachim (1999). Was ist eigentlich Zivilgesellschaft? In: ZUKÜNFTE 8.Jg., H. 27, Frühjahr '99. Thema: Zukunftsprojekt Bürgergesellschaft. Gelsenkirchen: Sekretariat für Zukunftsforschung und Gesellschaft für Zukunftsgestaltung (Hg.)

Mitschke, Joachim (1998), sowie Artikel o.Verf.: Bürgergeld für alle ist bezahlbar. In: ZUKÜNFTE 23. Gelsenkirchen: Sekretariat für Zukunftsforschung und Gesellschaft für Zukunftsgestaltung (Hg.).

Mosdorf, Siegmar (1993). Europa vor der Alternative: Altersheim oder Laboratorium der Moderne? In: Altern hat Zukunft, a.a.O.

Motel, Andreas (1998). Einkommen und Vermögen. In: Wolfgang Clemens, Gertrud M. Backes (Hg.). Altern und Gesellschaft. Modernisierung durch Altersstrukturwandel. Opladen: Leske und Budrich. S. 100.

Müller, E.O. (1998). Forum Bürgerbewegung. In: ZUKÜNFTE 26, 7.Jg. (Winter '98/'99). Sekretariat für Zukunftsforschung und Gesellschaft für Zukunftsgestaltung (Hg.). S. 43.

Narten, Renate (1997). Wohnbedürfnisse alter, alleinstehender Frauen. In: Blonski, Harald (Hg.). Wohnformen im Alter. Weinheim, Basel: Beltz.

Nell-Breuning, Oswald von (1985). Gerechtigkeit und Freiheit. Grundzüge der katholischen Soziallehre. München: 2.Aufl., S. 55 ff.

Netzwerk Selbsthilfe e.V., Berlin. Kreuzberger Tauschring, Berlin. Verein für Kooperation, Partizipation und Selbsthilfe e.V. Berlin (1995). Förderverein für Jugend- und Sozialarbeit e.V. Berlin (Hg.). Austausch der Tauschring-Initiativen vom 27.-29.10. 1995 in Berlin. Dok.- und Materialsammlung.

Nipper, J. (1978). Zum intraurbanen Umzugsverhalten älterer Menschen. Geographische Zs. 66, S. 289-311.

Offe, Claus, Heinze, Rolf G. (1990).Organisierte Eigenarbeit. Das Modell Kooperationsring. Frankfurt a.M., New York: Campus.

Offe, Claus (2003). Prinzipien sozialer Gerechtigkeit und die Zukunft des Sozialstaats. http://www.goethe.de/br/poa/wsf/offede.html

Oswald, F., Wahl, H.-W., Gäng, K. (1999). Umzug im Alter: Eine ökogerontologische Studie zum Wohnungswechsel privatwohnender Älterer in Heidelberg. Zs. für Gerontopsychologie und -psychiatrie, 12, S. 1-19.

Otto, Ulrich (1995). Seniorengenossenschaften. Modell für eine neue Wohlfahrtspolitik? Opladen: Leske und Budrich.

Otto, Ulrich (1996). Gemeinschaftliches Wohnen mit Älteren. Seniorengenossenschaften als geeignete Projektschmiede? In: Soziale Altenarbeit. Cornelia Schweppe (Hg.). Weinheim, München: Juventa.S. 133-163.

Paulus, P. (1993). Selbstverwirklichung und psychische Gesundheit. Göttingen: Hogrefe.

Petersen, Ulrike (1993). Vier vor – zwei zurück ... Gemeinschaftliche Wohnformen im Alter. In: Widersprüche. Zs. für sozialistische Politik im Bildungs-, Gesundheits- und Sozialbereich. Alte Menschen zwischen Norm und Selbstbestimmung.

Petersen, Ulrike (1997). Idee und Praxis gemeinschaftlicher Wohnformen im Alter. In: Blonski, Harald (Hg.). Wohnformen im Alter. Weinheim, Basel: Beltz.

Petersen, Ulrike (2000). Erfahrungen für die Zukunft nutzen. In: BAGSO-Nachrichten I/2000, S. 16.

Petzold, Hilarion (1980). Wohnkollektive – eine Alternative für die Arbeit mit alten Menschen. In: H.Petzold, G. Vormann (Hg.): Therapeutische Wohngemeinschaften – Erfahrungen, Modelle, Supervision. München. S. 242.

Popper, Karl R.(1973). Objektive Erkenntnis. Ein evolutionärer Entwurf. Hoffmann u. Campe: Kritische Wissenschaft.

Probst, Lothar (1997). Bürgergesellschaft, Gemeinschaft und Sozialstaat. In: ZUKÜNFTE 21, Gelsenkirchen: Sekretariat für Zukunftsforschung und Gesellschaft für Zukunftsgestaltung (Hg.). S. 37.

Rifkin, Jeremy (1997). Das Ende der Arbeit und ihre Zukunft. Frankfurt a.M.: Fischer-Taschenbuch.

Rosenmayr, Leopold (1989). Wandlungen der gesellschaftlichen Sicht und Bewertung des Alters. In: Zs. für Gerontopsychologie und -psychiatrie, 2, H. 1-3, S. 96-101.

Rosenmayr, Leopold (2/2002). Jung gegen Alt? In: Im blick. Informationen vom Landes-seniorenrat Baden-Württemberg.

Rürup, Bert (1999). Zit. nach Sächsischer Zeitung 27.10.99. Referat anläßlich der Richter-woche zu Folgen der Bevölkerungsentwicklung.

Rüskamp, Wulf (2001). Das Bürgerland-Handbuch. Landesregierung Baden-Württemberg (Hg.) im Auftrag der Interministeriellen Arbeitsgruppe „Ehrenamt/Bürgerschaftliches Engagement".

Saiger, Helmut (1998). Die Zukunft der Arbeit liegt nicht im Beruf. Neue Beschäftigungs-und Lebensmodelle. München: Kösel. S. 13 ff.

Salaman, Lester M., Anheier, K. (1997). Der Non-Profit-Sektor: Ein theoretischer Versuch. In: Der Dritte Sektor in Deutschland. Organisationen zwischen Staat und Markt im gesellschaftlichen Wandel. Helmut K. Anheier, Eckhard Priller, Wolfgang Seibel, Annette Zimmer (Hg.)

Saup, Winfried (2001). Menschen im betreuten Wohnen. Ergebnisse der Augsburger Längs-schnittstudie.

Schaafs-Derich, Carola (1995). Agentur für Sinnstiftung in der Großstadt: der „Treffpunkt Hilfsbereitschaft" in Berlin. In: K. Hummel (Hg.). Bürgerengagement, Seniorengenos-senschaften, Bürgerbüros und Gemeinschaftsinitiativen. Freiburg i.Br.: Lambertus.

Schäffter, O. (1989b). Produktivität des Alters – Perspektiven und Leitfragen. In: D. Knopf, O. Schäffter, R. Schmidt (Hg.), a.a.O. S. 20-25.

Schmidt, Josef, Otto, Ulrich et al. (2003). Intentionen, Instrumente und Wirkungs- einschät-zungen ausgewählter Förderstrategien bürgerschaftlichen Engagements im föderalen Staat. In: Enquete-Kommission „Zukunft Bürgerschaftlichen Engagements". Dt. Bundes-tag (Hg.). Opladen: Leske und Budrich. S. 27.

Schmidt, Roland (1995). Seniorengenossenschaften und die Modernisierung der Altenhilfe. In: Konrad Hummel (Hg.) Bürgerengagement. Seniorengenossenschaften, Bürgerbüros und Gemeinschaftsinitiativen. Freiburg i.Br.: Lambertus.

Schroeter, R. (2000). Die Lebenslagen älterer Menschen im Spannungsfeld zwischen „spä-ter Freiheit" und „sozialer Disziplinierung": forschungsleitende Fragestellungen. In: Gertrud M. Backes, Wolfgang Clemens (Hg.). Lebenslagen im Alter. Opladen: Leske und Budrich. S. 34-45.

Schütze, F. (1981). Prozeßstrukturen des Lebenslaufs. In: J. Matthes (Hg.) Biographie in handlungswissenschaftlicher Perspektive. Nürnberg. S. 67-156.

Seibel, Wolfgang (1997). Erfolgreich gescheiterter Institutionentransfer: Eine politische Analyse des Dritten Sektors in den neuen Bundesländern. In: Der Dritte Sektor in Deutschland. Organisationen zwischen Staat und Markt im gesellschaftlichen Wandel. Helmut K.Anheier, Eckhard Priller, Wolfgang Seibel, Annette Zimmer (Hg.)

Selbstbestimmt wohnen im Alter 1998-2001. Modellprogramm des Bundesministeriums für Familie, Senioren, Frauen und Jugend. Abschlußbericht der Koordinierungsstelle Heidel-berg, Sept. 2001.

SPIEGEL Spezial Nr.2 (1999). Generationen im Konflikt. Jung gegen Alt.

Statistisches Bundesamt (2000a). Bevölkerungsentwicklung Deutschlands bis zum Jahr 2050. Ergebnisse der 9. koordinierten Bevölkerungsvorausberechnung. Wiesbaden: Statistisches Bundesamt.

Stecker, Christina (2002). Nutzen und Risiko bürgerschaftlichen Engagements für Arbeitsmarkt und Demokratie. Aus: Jugendsozialarbeit News.www.news. jugendsozialarbeit.de/021104-stec, 18.1.03.

Strachwitz, Rupert Graf (1999). In: ZUKÜNFTE 7.Jg., H. 26, a.a.O. S. 43.

Tews, Hans-Peter (1992). Die neuen „Alten" – aus der Sicht der Soziologie. In: GfK-Tagung (Hg.). Die neuen Alten – Schlagworte der Medien oder marketingrelevante Zielgruppe? Nürnberg. S.5-24.

Tews, Hans-Peter (1995). Ältere Menschen und bürgerschaftliches Engagement. In: K. Hummel (Hg.). Bürgerengagement. Seniorengenossenschaften, Bürgerbüros und Gemeinschaftsinitiativen. Freiburg i.br.: Lambertus. S. 80-110.

Tews, Hans-Peter (1996). Produktivität des Alters. In: M. Baltes, L. Montada (Hg.), a.a.O. S.184-210.

Thomae, H., Kruse, A. und Wilbers (1987)(Hg.). Kompetenz und soziale Beziehungen im Alter. München: Deutsches Jugendinstitut.

Thomi, W. (1985). Zur räumlichen Segregation und Mobilität alter Menschen in Kernstädten von Verdichtungsräumen. In: Frankfurter Wirtschafts- und sozialgeographische Schriften 47. Frankfurt: Wirtschafts- und Sozialgeographisches Institut. S. 15-58.

Vierter Bericht zur Lage der älteren Generation (April 2002). B.1 Demografischer Wandel und Hochaltrigkeit. Bundesministerium für Familie, Senioren, Frauen und Jugend (Hg.). S. 18, 19, 207 sowie 215.

Vierter Bericht zur Lage der älteren Generation a.a.O. 28. Außerfamiliale soziale Unterstützung, freiwilliges Engagement. S. 363.

Vorlaender, Hans (1987/2000). Was kann der Liberalismus vom Kommunitarismus lernen? In: liberal,Vierteljahreshefte der Friedrich-Naumann-Stiftung für Politik und Kultur. Heft 2, 39.Jg., Mai '87. S. 33-39.

Walzer, Michael (1990). Kritik und Gemeinsinn. Berlin: Rotbuch-Verlag.

Walzer, Michael (1992). Was heißt zivile Zivile Gesellschaft? In: Zivile Gesellschaft und amerikanische Demokratie. M.Walzer (Hg.). Frankfurt a.M.: Campus.

Weber, Max (1938/1988). Gesammelte Politische Schriften. Antrittsrede im Vorwort der 3.Aufl. Der Nationalstaat und die Volkswirtschaftslehre. Tübingen: J.C.B. Mohr (Paul Siebeck). S. 12.

Weber, Max (1938/1988). Politik als Beruf. In: ders. Gesammelte Politische Schriften. Tübingen: J.C.B. Mohr (Paul Siebeck). S. 545.

www.graue-panther-hamburg-e.v.de/texte/wohnprojekte/htm
www.tauschring-archiv.de/html/senior1.html 5.4.2003.

Zundel, Ingrid (1995). Muster erfüllten Ruhestands. Einzelfallstudien zu ehemaligen Verwaltungsangestellten des Öffentlichen Dienstes am Beispiel der Freien Universität Berlin. Diplomarbeit, vorgelegt an der Freien Universität Berlin.

Anhang

Anlage A

**Phasenmodell
der „Wohnformenentwicklungswerkstatt"
(nach Beschreibung Otto 1997)**

1. Gespräche/Beratung mit Interessenten/
teilw. durch Fachleute (Bauträger, Architekten,
berufl. HelferInnen)

2. Öffentlichkeitsarbeit (Flyer, Inserate etc.)
Ansprechen geeigneter Multiplikatoren

3. Gruppenfindungsphase der Interessenten
bestehend aus:

Stammtischen bzw.   gemeinsamen Unterneh-
regelm. Treffen   mungen

4. Gruppenarbeit zur Vorbereitung gemeinschaftlichen Wohnens
(Finden eines Arbeitsraumes, Zusammkünfte
evtl. mit anleitenden Experten/Mentoren, die
die Gruppe nicht von Selbstbestimmung ab-
halten sollten)

Gemeinsames Ziel: Projektidentifikation

Probleme erkennen, Aushandeln   Finanzierungsmöglichkeiten
unterschiedl. Wünsche, Abstecken
der Leistbarkeit

5. Kontaktaufnahme mit bereits bestehenden
Gruppen (nicht das „Rad jedesmal neu erfinden")

6. Vereinsgründung (auch für feste Ansprechpartner)
und eine gewisse Verpflichtung zur ständigen
Mitarbeit

7. Austausch auf Sach- und Personalebene
Defizite durch andere abfedern lassen,
bereichernde Erfahrungen einbringen,
Durchhaltevermögen trainieren,
Nähe und Distanz abstecken (auch für späteres
gemeinsames Wohnen wichtig!)

8. Bauphase:

Hier schwankt häufig der Gruppenprozeß zwischen
Zutrauen, Zuversicht mit Tatkraft und Mutlosigkeit,
bes. dann, wenn Selbsthilfe u. Eigenarbeit erforderlich
werden.

9. Das Zusammenziehen:

Grundbedingungen: Entscheidungsfähigkeit, Verantwortung für sich u. andere, Zuverlässigkeit, Überzeugung,
Stabilität und Vertrauen.
Diese Grundbedingungen können von außen flankiert
werden (durch Mentoren, Expertenberatung od. von
bereits gut laufenden Wohngruppen).

Zwischen den einzelnen Phasen gibt es naturgemäß Hin- und Herbewegungen.

„Aber", so **Otto** 1997 (S. 162), „weitreichende Erfahrungen stehen noch immer aus". Das dürfte
auch im Jahre 2004 noch der Fall sein, wenngleich derartige Wohnprojekte in den letzten Jahren erheblich zugenommen haben. Auch heute noch sind, wie **Otto** in 1997 feststellte, institutionelle Un-
terstützungsfunktionen immernoch unterentwickelt.

Das Hofje-Projekt in Berlin-Neukölln

(gehörte zu den ersten gemeinschaftlichen
Wohnprojekten Jung und Alt)

Anlage C

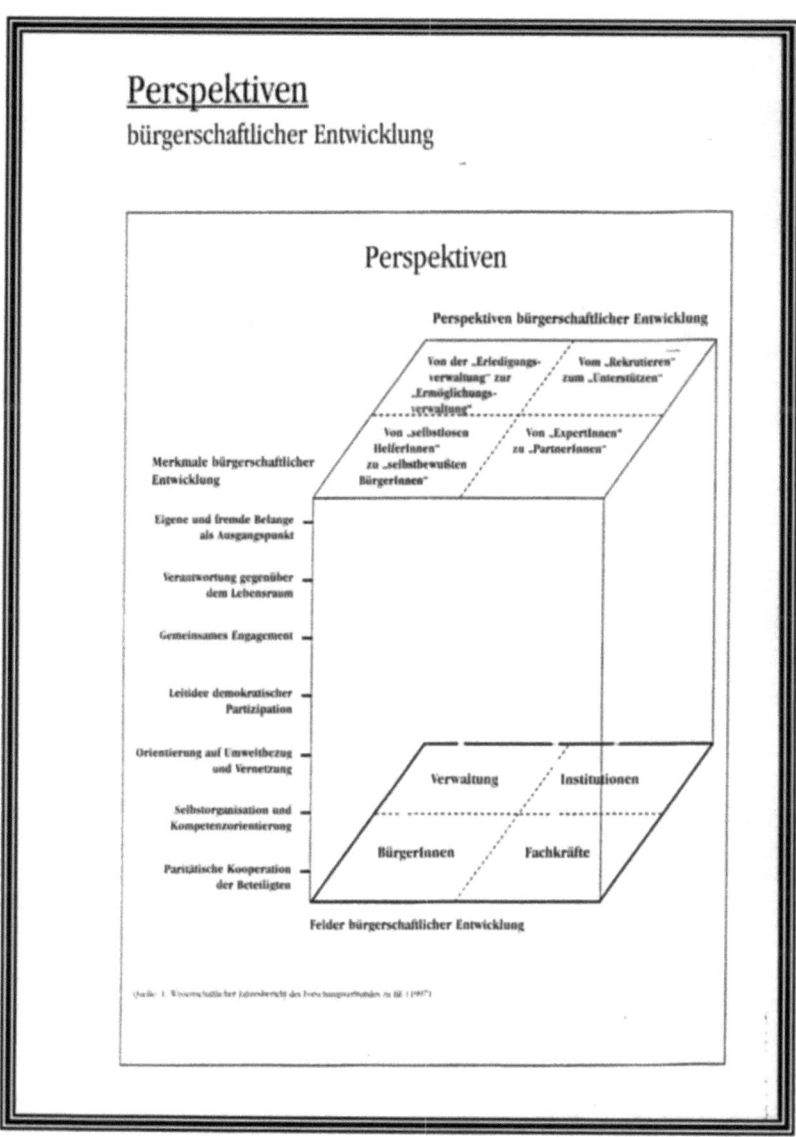

Münchner Studien zur Kultur- und Sozialpsychologie

Münchner Studien zur Kultur- und Sozialpsychologie

⇨ *Mitzscherlich, Beate*
„Heimat ist etwas, was ich mache".
Eine psychologische Untersuchung zum individuellen Prozeß
von Beheimatung.
Bd. 9, 2. Aufl. 2000, 252 S., ISBN 3-8522-0127-2, 25,46 €

⇨ *Teuber, Kristin*
„Ich blute, also bin ich".
Eine sozialpsychologische Analyse des Hautritzens bei Mädchen
und jungen Frauen.
Bd. 10, 3. Aufl. 2000, 176 S., ISBN 3-8255-0090-X, 20,35 €

⇨ *Kiss, Kathrin*
Abschied und Neubeginn.
Die Funktion christlicher Schwellenrituale aus psychologischer Sicht
Bd. 11, 1998, 270 S., ISBN 3-8255-0223-6, 24,95 €

⇨ *Holzer, Alexandra*
"Anders als normal."
Illegale Drogen als Medium der biographischen und
psychosozialen Entwicklung junger Frauen
Bd. 12, 2001, 300 S., ISBN 3-8255-0357-7, 25,80 €

⇨ *Zuehlke, Ramona*
Nichts an mir ist anders, eigentlich ...
Becoming-out – Die Verwirklichung lesbischer Selbst- und
Lebenskonzepte im postmodernen Spannungsfeld von
Individuum, Subkultur und Gesellschaft
Bd. 13, 2004, 316 S., ISBN 3-8255-0487-5, 24,90 €

⇨ *Karnbaum, Silvia*
Die Kinder der Entwurzelung ... kehren sie zurück?
Beweggründe der jüdischen Nachkommengeneration für
eine Re-Migration nach Deutschland
Bd. 14, 2004, 98 S., ISBN 3-8255-0491-3, 14,90 €

⇨ *Wouters, Gerlinde*
**Die Identitätsrelevanz von freiwilligem Engagement
im dritten Lebensalter.**
Anzeichen einer Tätigkeitsgesellschaft?
Bd. 15, 2005, 342 S., ISBN 3-8255-0525-1, 26,50 €

If you have any concerns about our products,
you can contact us on
ProductSafety@springernature.com

In case Publisher is established outside the EU,
the EU authorized representative is:
Springer Nature Customer Service Center GmbH
Europaplatz 3, 69115 Heidelberg, Germany

Printed by Libri Plureos GmbH
in Hamburg, Germany